“十二五”职业教育国家规划教材
经全国职业教育教材审定委员会审定

全国高职高专教育土建类专业教学指导委员会规划推荐教材

建设工程法规（第二版）

（建筑工程管理与工程管理类专业适用）

高玉兰　　江　怒　主　编
皇甫婧琪　刘晓春　副主编
田恒久　　鲁选民　主　审

中国建筑工业出版社

图书在版编目（CIP）数据

建设工程法规/高玉兰，江怒主编．—2 版．—北京：
中国建筑工业出版社，2014.5（2023.1 重印）
全国高职高专教育土建类专业教学指导委员会规划推
荐教材（建筑工程管理与工程管理类专业适用）
ISBN 978-7-112-16392-2

Ⅰ.①建… Ⅱ.①高…②江… Ⅲ.①建筑法-中国-高
等学校-教材 Ⅳ.①D922.297

中国版本图书馆 CIP 数据核字(2014)第 027068 号

本教材根据《中华人民共和国建筑法》、《中华人民共和国招标投标法》、《中华人民共和国合同法》、《建设工程安全生产管理条例》、《建设工程质量管理条例》等相关法律法规，结合执业资格考试内容，重点对“建设法规概论、建设法律制度、建设工程招标投标法律制度、建设工程质量管理法律制度、建设工程安全生产管理法律制度、建设工程合同法律制度、建设工程纠纷处理法律制度、其他相关法律制度”等 8 章内容进行较为系统的阐述，使读者学习后能够综合掌握建设工程法律法规基本制度与法律框架以及实践案例。

本教材具有显著的特点：第一，新颖性，本教材以最新颁布或修改的法律法规为蓝本；第二，实用性，本教材体系与内容与学生将要参加的建造师考试相衔接；第三，科学性，每章节安排合理，紧扣教学目标，在编写过程附有特别提示、知识链接等，每章内容后附有课后练习与案例分析，力争通俗易懂。

本教材适合全国高职院校建设类专业学生使用，也可供建设行业职工培训学习参考。

为更好地支持相应课程的教学，我们向采用本书作为教材的教师提供教学课件，有需要者可与出版社联系，邮箱 jckj@cabp. com. cn，电话：(010)58337285，建工书院 https://edu. cabplink. com。

责任编辑：张　晶
责任设计：张　虹
责任校对：党　蕾　刘梦然

全国高职高专教育土建类专业教学指导委员会规划推荐教材
建设工程法规（第二版）
（建筑工程管理与工程管理类专业适用）
高玉兰　江　怒　主　编
皇甫婧琪　刘晓春　副主编
田恒久　鲁选民　主　审
*
中国建筑工业出版社出版、发行（北京西郊百万庄）
各地新华书店、建筑书店经销
北京科地亚盟排版公司制版
天津翔远印刷有限公司印刷
*
开本：787×1092 毫米　1/16　印张：18　字数：449 千字
2015 年 1 月第二版　2023 年 1 月第二十五次印刷
定价：**35.00** 元（赠教师课件）
ISBN 978-7-112-16392-2
(25122)

修订版教材编审委员会名单

本教材编审委员会名单

修订版序言

住房和城乡建设部高职高专教育土建类专业教学指导委员会工程管理类专业分委员会（以下简称工程管理类分指委），是受教育部、住房和城乡建设部委托聘任和管理的专家机构。其主要工作职责是在教育部、住房和城乡建设部、全国高职高专教育土建类专业教学指导委员会的领导下，按照培养高端技能型人才的要求，研究和开发高职高专工程管理类专业的人才培养方案，制定工程管理类的工程造价专业、建筑经济管理专业、建筑工程管理专业的教育教学标准，持续开发“工学结合”及理论与实践紧密结合的特色教材。

高职高专工程管理类的工程造价、建筑经济管理、建筑工程管理等专业教材自2001年开发以来，经过“专业评估”、“示范性建设”、“骨干院校建设”等标志性的专业建设历程和普通高等教育“十一五”国家级规划教材、教育部普通高等教育精品教材的建设经历，已经形成了有特色的教材体系。

通过完成住房城乡建设部课题“工程管理类学生学习效果评价系统”和“工程造价工作内容转换为学习内容研究”任务，为该系列“工学结合”教材的编写提供了方法和理论依据。使工程管理类专业的教材在培养高素质人才的过程中更加具有针对性和实用性。形成了“教材的理论知识新颖、实践训练科学、理论与实践结合完美”的特色。

本轮教材的编写体现了“工程管理类专业教学基本要求”的内容，根据2013年版的《建设工程工程量清单计价规范》内容改写了与清单计价和合同管理等方面的内容。根据“计标［2013］44号”的要求，改写了建筑安装工程费用项目组成的内容。总之，本轮教材的编写，继承了管理类分指委一贯坚持的“给学生最新的理论知识、指导学生按最新的方法完成实践任务”的指导思想，让该系列教材为我国的高职工程管理类专业的人才培养贡献我们的智慧和力量。

住房和城乡建设部高职高专教育土建类专业教学指导委员会

工程管理类专业分委员会

2013年5月

第一版序言

全国高职高专教育土建类专业教学指导委员会工程管理类专业指导分委员会(原名高等学校土建学科教学指导委员会高等职业教育专业委员会管理类专业指导小组)是建设部受教育部委托，由建设部聘任和管理的专家机构。其主要工作任务是，研究如何适应建设事业发展的需要设置高等职业教育专业，明确建设类高等职业教育人才的培养标准和规格，构建理论与实践紧密结合的教学内容体系，构筑“校企合作、产学结合”的人才培养模式，为我国建设事业的健康发展提供智力支持。

在建设部人事教育司和全国高职高专教育土建类专业教学指导委员会的领导下，2002年以来，全国高职高专教育土建类专业教学指导委员会工程管理类专业指导分委员会的工作取得了多项成果，编制了工程管理类高职高专教育指导性专业目录；在重点专业的专业定位、人才培养方案、教学内容体系、主干课程内容等方面取得了共识；制定了“工程造价”、“建筑工程管理”、“建筑经济管理”、“物业管理”等专业的教育标准、人才培养方案、主干课程教学大纲；制定了教材编审原则；启动了建设类高等职业教育建筑管理类专业人才培养模式的研究工作。

全国高职高专教育土建类专业教学指导委员会工程管理类专业指导分委员会指导的专业有工程造价、建筑工程管理、建筑经济管理、房地产经营与估价、物业管理及物业设施管理等6个专业。为了满足上述专业的教学需要，我们在调查研究的基础上制定了这些专业的教育标准和培养方案，根据培养方案认真组织了教学与实践经验较丰富的教授和专家编制了主干课程的教学大纲，然后根据教学大纲编审了本套教材。

本套教材是在高等职业教育有关改革精神指导下，以社会需求为导向，以培养实用为主、技能为本的应用型人才为出发点，根据目前各专业毕业生的岗位走向、生源状况等实际情况，由理论知识扎实、实践能力强的双师型教师和专家编写的。因此，本套教材体现了高等职业教育适应性、实用性强的特点，具有内容新、通俗易懂、紧密结合工程实践和工程管理实际、符合高职学生学习规律的特色。我们希望通过这套教材的使用，进一步提高教学质量，更好地为社会培养具有解决工作中实际问题的有用人材打下基础。也为今后推出更多更好的具有高职教育特色的教材探索一条新的路子，使我国的高职教育办得更加规范和有效。

全国高职高专教育土建类专业教学指导委员会
工程管理类专业指导分委员会

第二版前言

本教材与国内外已经出版的同类书籍相比，从选题到框架结构及具体内容和理论表述都有诸多创新之处和闪光点，具有很强的针对性、实用性、通读性，尤其在2008年第一次印刷的基础上，结合现行法律法规进行了全面的修改，更加突出了内容的新颖性。

本教材从学生对接工作岗位上说，力求结合学生将来可能从事的工作性质、工作需要而编制其学习范畴，结合行业培训，突出行业特点，力求选择与执业资格考试相衔接的内容，突出本教材的针对性和实用性；从建设法规的效力上讲，竭力关注建设法规的前沿动态，渗透最新的法律思想，吸收最新的法律内容，尽量使学生接受新观点，阅读新内容，突出新颖性；在其结构体系上，以“法理、法条、法案”为体例，以规范建设活动的建设法规为基础，以法律为主线，以行政法规、部门规章为辐射，对建设工程法律法规进行系统阐释；以专业法律法规为重点，以其他法律法规为了解，特别是对建设法规概论、建设法律制度、建筑工程招标投标法律制度、建设工程质量管理法律制度、建筑安全生产管理法律制度、建设工程合同法律制度、建设工程纠纷处理的法律制度、其他相关法律制度等一系列涉及社会关注的热点问题的论述和每章后的复习思考、课后练习、案例分析，对学生准确把握法律实质、正确理解法律理论有着非常重要的意义。

《建设工程法规》是建设工程类专业基础课，为高职高专建设类专业教学用书，也可作为高等学校工程类专业的教学用书，还可作为建设工程管理人员与注册建造师考生学习参考读物。

本教材在编写过程中，由山西建筑职业技术学院教授高玉兰和四川建筑职业技术学院江怒老师主编，1～4章由山西建筑职业技术学院皇甫婧琪老师编写，5～6章由主编高玉兰老师编写，第7章由山西建筑职业技术学院刘晓春老师编写；第8章由山西建筑职业技术学院李文亮老师编写；同时，该教材分别由山西建筑职业技术学院副院长田恒久副教授、山西省宏图建设有限公司高级工程师鲁选民，对教材提纲、目录、正文以及复习思考、课后练习、案例分析都一一进行了审定，并提出了非常宝贵的修改意见，对此深表感谢。

由于编者水平有限，时间仓促，本书难免有不当之处，敬请广大读者、同行专家批评指正。

2013年12月

第一版前言

本书的框架结构、具体内容和理论表述都有诸多创新和闪光点，具有很强的针对性、实用性、新颖性、可读性。本教材主要针对全国高职高专院校建筑管理类专业学生教学使用，可以作为建设行业培训教材。从学生就业工作岗位上说，本教材力求结合学生将来可能从事的工作性质、工作需要而编制其学习范围，结合行业培训，突出行业特点，力求选择与执业资格考试相衔接的内容，突出本教材的针对性和实用性特点；从建设法规的效力上讲，竭力关注建设法规的前沿动态，渗透最新的法律思想，吸收最新的法律内容，尽量使学生接受新观点，阅读新内容，突出新颖性；在其结构体系上，以“法理、法条、法案”为体例，以规范建设活动的建设法规为基础，以法律为主线，以行政法规、部门规章为辐射，对建设工程法律法规进行系统阐释；以专业法律法规为重点，以其他法律法规为了解，特别是对建设法规概论、建设法律制度、建设工程招标投标法律制度、建设工程质量管理法律制度、建筑安全生产管理法律制度、建设工程合同法律制度、建设工程纠纷处理法律制度、其他相关法律制度等一系列涉及社会关注的热点问题的论述和每章后附有的案例分析、复习思考、课堂练习等内容，对学生准确把握法律实质、正确理解法律理论有着非常重要的意义。

《建设工程法规》为高职高专土建类专业教学用书，也可作为高等学校工程管理类专业教学用书，还可作为建设工程管理人员、注册建造师等考生的学习参考读物。

本教材由山西建筑职业技术学院副教授高玉兰老师和四川建筑职业技术学院副教授江怒老师担任主编，第一、三、六章由山西建筑职业技术学院皇甫婧琪编写，第二、四、五章由高玉兰编写，第七、八章由卫斌编写，山西建筑职业技术学院建筑经济管理系主任田恒久副教授进行审定，并提出非常宝贵的修改意见，对此深表感谢。

由于编者水平有限，时间仓促，本书难免有不当之处，敬请广大读者、同行专家批评指正。

2009年1月

目　录

1　建设法规概论

【学习目标】

1. 了解建设法规的概念、调整对象与特征
2. 掌握建设法规体系
3. 掌握建设法律关系
4. 掌握建设法律责任

【学习重点】

1. 建设法规体系的构成
2. 建设法律关系的构成要素
3. 民事责任、行政责任与刑事责任

1.1　建设法规概述

1.1.1　建设法规的定义和调整对象

建设法规是指国家立法机关或其授权的行政机关制定的旨在调整国家及其有关机构、企事业单位、社会团体、公民之间，在建设活动中或建设行政管理活动中发生的各种社会关系的法律、法规的统称。

建设法规的调整对象，是在建设活动中所发生的各种社会关系。它包括建设活动中所发生的建设管理关系、建设协作关系及其建设民事关系。

1）建设管理关系

建设活动与国家经济发展、人们的生命财产安全、社会的文明进步息息相关，国家对之必须进行全面的严格管理。当国家建设行政主管部门在对建设活动进行管理时，就会与建设单位（业主）、设计单位、施工单位、建筑材料和设备的生产供应单位及建设监理单位等中介服务单位产生管理与被管理关系。这些社会关系需要由相应的建设法规来规范和调整。

2）建设协作关系

工程建设是非常复杂的活动，要有许多行业、部门、单位和人员参与，共同协作完成。因此，在建设活动中存在着大量的寻求合作伙伴和相互协作的问题，在这些协作过程中所产生的权利、义务关系，也应由建设法规来加以规范、调整。

3）建设民事关系

在建设活动中，会涉及土地征用、房屋拆迁、从业人员及相关人员的人身与财产的伤害、财产及相关权利的转让等涉及公民个人的权利问题。由之而产生的各主体之间的民事权利与义务关系，应由建设法规中有关法律规定及民法等相关法律来予以规范、调整。

1.1.2 建设法规的特征

1. 行政性

这是建设法规区别于其他法律的主要特征。建筑活动投入资金量大，需要消耗大量的人力、物力、财力及土地等资源，涉及面广，影响力大且持久，建筑产品的质量又关系到人民的生命和财产安全。因此，国家对建筑活动的监督和管理较其他行业而言，较为严格。建设行业的特殊性决定了建设法律必然要采用直接体现行政权力活动的调整方法，即以行政指令为主的方法调整建设法律关系。

建设法律规范中，调整方式的特点主要体现为行政强制性，调整方式有授权、命令、禁止、许可、免除、确认、计划、撤销等。

2. 广泛性

建设法规调整的是建设领域的各种社会经济关系。这种关系既有行政机关或被授权组织与建设单位、勘察设计单位、施工单位、监理单位等“行政相对人”之间的行政管理和被管理关系，又有国家在协调经济运行过程中发生的经济关系，包括企业组织管理关系，即企业设立、变更、终止和企业内部管理过程中发生的经济关系；市场管理关系，即在市场管理过程中发生的经济关系；宏观经济调控关系及社会经济保障关系。还有公民个人、法人或法人组织等主体之间的民事、商事关系，如工程建设合同等。

3. 经济性

建设法规是经济法的重要组成部分，因此也必然带有经济性特征。建筑业和房地产业等建设活动直接为社会创造财富，为国家增加积累。如房地产开发、商品房销售、建设工程勘察设计、施工安装等都是直接为社会创造财富的活动。随着建筑业的发展，其在国民经济中的地位日益突出。许多国家把建筑业和房地产业看作是国民经济的强大支柱之一，我国也是如此，可见建设法规的经济性特征是很强的。

4. 技术性

工程建设与人们生存、进步、发展息息相关，建设产品的质量与人们的生命财产密切相关。这就需要诸如《生活饮用水质标准》、《建筑设计规范》、《城镇燃气管网抢修与维护技术规程》等大量的标准、规范、规程来对工程建设的方方面面进行规范，这些被称为技术规范（或技术标准）。但技术规范不属于建设法律的范畴，因为技术规范调整的是人与自然的关系，不是社会关系，并不必然涉及人们的交互行为。但如果不遵守技术规范，则可能引起伤亡事故，导致生产效率低下，危及生产、生活秩序和交通秩序，或造成其他严重的损害。此时，不遵守技术规范的行为，就是一个有害的交互行为，为了避免此类行为的发生，将某些技术规范上升为法律规范，称为“技术法规”，强迫人们予以遵守。技术法规属于建设法规范畴。除了技术法规之外，还需要大量的管理性的法律、法规和规章（简称“管理法规”）来规范建设行为，当然这些管理法规也会交叉有大量的技术性条文。

1.2 建设法规体系

1.2.1 建设法规体系的概念

建设法规体系，是指把已经制定的和需要制定的建设法律、建设行政法规、地方性法规与建设部门规章和地方政府规章等衔接起来，形成一个相互联系、相互补充、相互协调的完整统一的法规框架。

建设法规体系是我国法律体系的重要组成部分。同时，建设法规体系又相对自成体系，具有相对独立性。根据法制统一原则，要求建设法规体系必须服从国家法律体系的总要求，建设方面的法律必须与宪法和相关的法律保持一致，建设行政法规、部门规章和地方性法规、规章不得与宪法、法律以及上一层次的法规相抵触。另外，建设法规应能覆盖建设事业的各个行业、各个领域以及建设行政管理的全过程，使建设活动的各个方面都有法可依、有章可循，使建设行政管理的每一个环节都纳入法制轨道。并且，在建设法规体系内部，不仅纵向不同层次的法律、法规之间，应当相互衔接，不能抵触；横向同层次的法律、法规之间，亦应协调配套，不能互相矛盾、重复或者留有“空白”。

1.2.2 建设法规体系的构成

建设法规体系是由很多不同层次的法规组成的，组成形式一般有宝塔形和梯形两种。宝塔形结构形式，是先制定一部基本法律，将领域内业务可能涉及的所有问题都在该法中做出规定，然后再分别制定不同层次的专项法律、行政法规、部门规章，对一些具体问题进行细化和补充。梯形结构则不设立基本法律，而以若干并列的专项法律组成法规体系的顶层，然后对每部专项法律再配置相应的不同层次的行政法规和部门规章作补充，形成若干相互联系而又相对独立的专项体系。

根据《中华人民共和国立法法》有关立法权限的规定和住房城乡建设部《建设法律体系规划方案》的规定和要求，我国建设法规体系确定为梯形结构方式，由以下几个层次组成：

1. 宪法

宪法是国家的根本大法，具有最高的法律地位和效力，任何其他法律、法规都必须符合宪法的规定，而不得与之相抵触。宪法是建筑业的立法依据，同时又明确规定国家基本建设的方针和原则，直接规范与调整建筑业的活动。

2. 建设法律

建设法律是指由全国人大或全国人大常委会制定颁布的属于国务院建设行政主管部门主管业务范围的各项法律，是建设法规体系的核心和基础。如《中华人民共和国建筑法》、《中华人民共和国城乡规划法》等。

3. 建设行政法规

建设行政法规指国务院依法制定并颁发的属于建设行政主管部门业务范围的各项行政法规，其效力低于建设法律，在全国范围内有效。如《建设工程质量管理条例》、《建设工程安全生产管理条例》等。

4. 建设部门规章

建设部门规章是指住房和城乡建设部根据国务院规定的职责范围，依法制定并颁布的各项规章，或由住房和城乡建设部与国务院有关部门联合制定并发布的法规。如住房和城乡建设部颁布的部门规章《建筑业企业资质管理规定》、《建筑业企业资质等级标准》、《建设工程监理范围和规模标准规定》等。

5. 地方建设法规

地方建设法规指在不与宪法、法律、行政法规相抵触的前提下，由省、自治区、直辖市人大及其常委会以及省级人民政府所在地的市和经国务院批准的较大的市人大及其常委会制定并发布的建设方面的法规。如《广东省建设工程质量管理条例》已由广东省第十二届人民代表大会常务委员会第四次会议于 2013 年 9 月 27 日修订通过，自 2014 年 3 月 1 日起施行。

6. 地方建设规章

地方建设规章是指省、自治区、直辖市以及省级人民政府所在地的市和经国务院批准的较大的市的人民政府，根据法律和国务院的行政法规制定并颁发的建设方面的规章。如北京市人民政府令第 247 号《北京市建设工程施工现场管理办法》已经 2013 年 4 月 11 日市人民政府第六次常务会议审议通过并公布，自 2013 年 7 月 1 日起施行。

7. 技术法规

技术法规是国家制定或认可的，在全国范围内有效的技术规程、规范、标准、定额、方法等技术文件。它们是建筑业工程技术人员从事经济技术作业、建筑管理监测的依据。如预算定额、设计规范、施工规范、验收标准等。

8. 国际公约、国际惯例、国际标准

我国已经加入世贸组织，我国参加或与外国签订的调整经济关系的国际公约和双边条约，还有国际惯例、国际上通用的建筑技术规程都属于建设法规的范畴，都应当遵守和实施。如涉外建设工程承包合同非常复杂，它涉及有形贸易、无形贸易、信贷、委托、技术规范、保险等诸多法律关系，这些法律关系的调整必须遵守我国承认的国际公约、国际惯例和国际通用的技术规程和标准。

【知识链接】

《立法法》规定：宪法具有最高的法律效力，一切法律、行政法规、地方性法规、自治条例和单行条例、规章都不得同宪法相抵触。法律的效力高于行政法规、地方性法规、规章。行政法规的效力高于地方性法规、规章。地方性法规的效力高于本级和下级地方政府规章。省、自治区的人民政府制定的规章的效力高于本行政区域内的较大的市的人民政府制定的规章。部门规章之间、部门规章与地方政府规章之间具有同等效力，在各自的权限范围内施行。同一机关制定的法律、行政法规、地方性法规、自治条例和单行条例、规章，特别规定与一般规定不一致的，适用特别规定；新的规定与旧的规定不一致的，适用新的规定。

1.3 建设法律关系

1.3.1 建设法律关系的概念

我们知道人与人之间会形成各种各样的关系，这种关系统称为社会关系，如管理关系、合同关系等，一旦这种关系被法律所调整就变成了法律关系。即法律关系是指在法律规范所调整的一定社会关系中所形成的人与人之间的权利和义务关系。建设法律关系是法律关系中的一种，它是指由建设法律规范所确认和调整的，在建设活动中所产生的权利和义务关系。

1.3.2 建设法律关系的构成要素

建设法律关系的构成要素是指建设法律关系不可缺少的组成部分。建设法律关系由建设法律关系主体、建设法律关系客体和建设法律关系内容所构成。

1. 建设法律关系主体

建设法律关系主体是指建设活动的参加者，或者说是建设法律规范所调整的在法律上享有权利、承担义务的当事人。在建设活动中可能出现的主体有：

1）国家机关

（1）国家权力机关。国家权力机关是指全国人民代表大会及其常务委员会和地方各级人民代表大会及其常务委员会。

国家权力机关参加建设法律关系的职能是审查批准国家建设计划和国家预决算，制定和颁布建设法律，监督检查国家各项建设法律的执行。

（2）国家行政机关。国家行政机关是依照国家宪法和法律设立的依法行使国家行政职权，组织管理国家行政事务的机关。它包括国务院及其所属各部、各委、地方各级人民政府及其职能部门。参加建设法律关系的国家行政机关主要有：

① 国家计划机关。主要是国家发展和改革委员会以及各级地方人民政府发展和改革委员会。其职权是负责编制长、中期和年度建设计划，组织计划的实施，督促各部门严格执行工程建设程序等。

② 国家建设主管部门。主要指住房和城乡建设部以及各级地方建设行政主管部门。其职权是制定建设法规，对城市建设、村镇建设、工程建设、建筑业、房地产业、市政公用事业进行组织管理和监督。如管理基本建设勘察设计部门和施工队伍；进行城市规划；制定工程建设的各种标准、规范和定额；监督勘察、设计、施工安装的质量，规范房地开发；市政建设等。

③ 国家建设监督部门。它主要包括国家财政机关、中国人民银行、国家审计机关、国家统计机关等。

④ 国家建设各业务主管部门。如交通运输部、水利部等部门，负责本部门、本行业的建筑管理工作。

国家机关还有审判机关和检察机关。但作为国家机关组成部分的审判机关和检察机关不以管理者的身份成为建设法律关系的主体，而是建设法律关系监督与保护的重要机关。

2）建设单位

建设单位是指进行工程投资建设的国家机关、企业或事业单位。在我国建筑市场上，建设单位一般被称之为业主方或甲方。由于建设项目的多样化，作为业主方的社会组织也是种类繁多的，有工业企业、商业企业、文化教育部门、医疗卫生单位、国家各机关等。

建设单位作为建设活动权利主体，是从设计任务书批准开始的。任何一个社会组织，当它的建设项目设计任务书没有批准之前，建设项目尚未被正式确认，它是不能以权利主体资格参加工程建设的。当建设项目编有独立的总体设计并单独列入建设计划，获得国家批准时，这个社会组织方能成为建设单位，以已经取得的法人资格及自己的名义对外进行经济活动和法律行为。建设单位作为工程的需要方，是建设投资的支配者，也是工程建设的组织者和监督者。

3）承包单位

承包单位是指有一定生产能力、机械设备、流动资金，具有承包工程建设任务的营业资格和具备相应资质条件，在建筑市场中能够按照业主方的要求，提供不同形态的建筑产品，并最终得到相应工程价款的建筑企业。在我国建筑市场上，承包单位一般被称之为建筑企业或乙方，在国际工程承包中习惯被称为承包商。按照生产的主要形式，承包单位主要有：勘察设计企业，建筑安装施工企业、建筑装饰施工企业，混凝土构配件、非标准预制件等生产厂家，商品混凝土供应站，建筑机械租赁单位，以及专门提供建筑劳务的企业等。按照提供的主要建筑产品，还可以分为不同的专业，例如土建、水电、铁路、冶金、市政工程等专业公司。

4）中介组织

中介组织是指具有相应的专业服务资质，在建筑市场中受发包方、承包方或政府管理机关的委托，对工程建设进行估算测量、咨询代理、建设监理等高智能服务，并取得服务费用的咨询服务机构和其他建设专业中介服务组织。在市场经济运行中，中介组织作为政府、市场、企业之间联系的纽带，具有政府行政管理不可替代的作用。从市场中介组织工作内容和作用来看，建筑市场中介组织可分为多种类型。如建筑业协会及其下属的设备安装、机械施工、装饰施工、产品厂商等专业分会，建设监理协会；为工程建设服务的专业会计事务所、律师事务所、资产与资信评估机构、公证机构、合同纠纷的仲裁调解机构、招标代理机构、工程技术咨询公司、监理公司，质量检查、监督、认证机构，以及其他产品检测、鉴定机构等。

5）中国建设银行

中国建设银行是我国专门办理工程建设贷款和拨款、管理国家固定资产投资的专业银行。其主要业务范围是：管理国家工程建设支出预决算；制定工程建设财务管理制度；审批各地区、各部门的工程建设财务计划和清算；经办工业、交通、运输、农垦、畜牧、水产、商业、旅游等企业的工程建贷款及行政事业单位和国家指定的基本建设项目的拨款；办理工程建设单位、地质勘察单位、建筑安装企业、工程建设物资供销企业的收支结算；经办有关固定资产的各项存款、发放技术改造贷款；管理和监督企业的挖潜、革新、改造资金的使用等。

6）公民个人

公民个人作为建筑市场的主体参与建设活动的领域已经相当广泛，如公民作为注册建筑师、注册建造师、注册造价师、注册监理师、注册房地产估价师、注册房地产经纪人等参与建筑活动、房地产经营活动。公民个人提供具有个人知识产权的设计软件、预决算软件等与建设参与单位确立法律关系。建设企业职工同企业单位签订劳动合同时，即成为建设法律关系主体。

2. 建设法律关系客体

建设法律关系客体是指参加建设法律关系的主体享有的权利和承担的义务所共同指向的对象。在通常情况下，建设主体都是为了某一客体，彼此才设立一定的权利、义务，从而产生建设法律关系，这里双方各自享受权利、承担义务所指向的对象，便是建设法律关系的客体。

建设法律关系客体分为财、物、行为和非物质财富。

（1）财。财一般指资金及各种有价证券。在建设法律关系中表现为财的客体主要是建设资金，如基本建设贷款合同的标的，即一定数量的货币。

（2）物。法律意义上的物是指可为人们控制的并具有经济价值的生产资料和消费资料。在建设法律关系中表现为物的客体一般是建筑材料、机械设备、建筑物或构筑物等有形实体。某个建设项目本身也可以成为工程建设法律关系的客体。

(3) 行为。法律意义上的行为是指人的有意识的活动。在建设法律关系中，行为多表现为完成一定的工作，如勘察设计、施工安装、检查验收等活动。如勘察设计合同的标的(客体)，即完成一定的勘察设计任务。建筑工程承包合同的标的，即按期完成一定质量要求的施工行为。

(4) 非物质财富。法律意义上的非物质财富是人类脑力劳动的成果或智力方面的创作，也称智力成果。在建设法律关系中，如设计单位提供的具有创造性的设计成果，该设计单位依法可以享有专有权，使用单位未经允许不能无偿使用。如个人开发的预决算软件，开发者对之享有版权（著作权）。

【特别提示】

非物质财富是知识产权的保护对象。我国知识产权主要侧重于对著作权、专利权和商标权的保护。

3. 建设法律关系的内容

建设法律关系的内容即建设活动参与者具体享有的权利和应当承担的义务。建设法律关系的内容是建设主体的具体要求，决定着建设法律关系的性质，它是联结主体的纽带。

(1) 建设权利。建设权利是指建设法律关系主体在法定范围内，根据国家建设管理要求和自己业务活动需要，有权进行各种工程建设活动。权利主体可要求其他主体做出一定的行为和抑制一定的行为，以实现自己的工程建设权利，因其他主体的行为而使工程建设权利不能实现时，有权要求国家机关加以保护并予以制裁。

(2) 建设义务。建设义务是指工程建设法律关系主体必须按法律规定或约定应负的责任。工程建设义务和工程建设权利是相互对应的，相应主体应自觉履行建设义务，义务主体如果不履行或不适当履行，就要承担相应的法律责任。

1.3.3 建设法律关系的产生、变更和消灭

1. 建设法律关系的产生、变更和消灭的概念

1) 建设法律关系的产生

建设法律关系的产生是指建设法律关系的主体之间形成了一定的权利和义务关系。如某建设单位与承包商签订了建筑工程承包合同，主体双方就确立了相应的权利和义务。此时，受建设法律规范调整的建设法律关系即告产生。

2) 建设法律关系的变更

建设法律关系的变更是指建设法律关系的三个要素发生变化：

主体变更是指建设法律关系主体数目增多或减少，也可以是主体改变。

客体变更是指建设法律关系中权利义务所指向的事物发生变化。客体变更可以是其范围变更，也可以是其性质变更。

建设法律关系主体与客体的变更，必须导致相应的权利和义务的变更，即内容的变更。

3) 建设法律关系的消灭

建设法律关系的消灭是指建设法律关系主体之间的权利义务不复存在，彼此丧失了约束力。建设法律关系的消灭形式有三种：

(1) 自然消灭。建设法律关系自然消灭是指某类建设法律关系所规范的权利义务顺利得到履行，取得了各自的利益，实现了各自的目的，从而使该法律关系消灭。

(2) 协议消灭。建设法律关系协议消灭是指建设法律关系主体之间协商解除某类建设法律关系规范的权利和义务，致使该法律关系归于消灭。

(3) 违约消灭。建设法律关系违约消灭是指建设法律关系主体一方违约，致使另一方的权利不能实现，导致法定解约事由的产生，另一方行使解约权而使双方权利义务归于消灭。

2. 建设法律关系产生、变更和消灭的原因

建设法律关系并不是由建设法律规范本身产生的，建设法律规范并不直接产生法律关系。建设法律关系只有在一定的情况下才能产生，而这种法律关系的变更和消灭也是由一定的情况决定的。这种引起建设法律关系产生、变更和消灭的情况，即是人们通常称之为的法律事实。法律事实即是建设法律关系产生、变更和消灭的原因。

1) 建设法律事实的概念

建设法律事实是指能够引起建设法律关系产生、变更和消灭的客观现象和事实。建设法律关系不会自然而然地产生，不是任何客观现象都可以作为法律事实，也不能仅凭建设法律规范规定，就可在当事人之间发生具体的建设法律关系。只有通过一定的法律事实，才能在当事人之间产生一定的法律关系，或者使原来的法律关系变更或消灭。不是任何事实都可成为建设法律事实，只有当建设法规把某种客观情况同一定的法律后果联系起来时，这种事实才被认为是建设法律事实，成为产生建设法律关系的原因，从而和法律后果形成因果关系。

2) 建设法律事实的分类

建设法律事实按是否包含当事人的意志分为事件和行为两类。

(1) 事件，指不以当事人意志为转移而产生的自然现象。如洪水灾害导致工程施工延期，致使建筑安装合同不能履行。

事件产生大致有两种情况：

① 自然现象引起的。如地震、台风、水灾、火灾等。

② 社会现象引起的。如战争、暴乱、政府禁令、恐怖活动等。

(2) 行为，是指人们的有意识的活动。包括积极的作为或消极的不作为，都能引起法律关系的产生、变更或消灭。

行为通常表现为：

① 合法行为。合法行为是指实施了建设法规所要求或允许做的行为，或者没有实施建设法规所禁止做的行为。合法行为要受到法律的肯定和保护，产生积极的法律后果，如依法签订建设工程合同，依法定程序进行招标投标等行为。

② 违法行为。违法行为是指受法律禁止的侵犯其他主体的建设权利和建设义务的行为。违法行为要受到法律的矫正和制裁，产生消极的法律后果，如不履行建设工程合同等行为。

③ 行政行为。行政行为是指国家授权机关依法行使对建设业的管理权而发生法律后果的行为。如国家建设管理机关下达基本建设计划，监督执行工程项目建设程序的行为；地方政府决定削减某项目的投资等行为。

④ 立法行为。立法行为是指国家机关在法定权限内通过规定的程序，制定、修改、废止建设法律规范性文件的活动。如国家制定或颁布建设法律、法规、条例、标准定额等行为。

⑤ 司法行为。司法行为是指国家司法机关的法定职能活动。如人民法院对建设工程纠纷案件作出判决或裁定行为。

1.4 建设法律责任

1.4.1 建设法律责任概述

1. 建设法律责任的概念与特点

法律责任是指行为人由于违法行为、违约行为或者由于法律规定而应承受的某种不利的法律后果。法律责任的形式主要可分为民事责任、行政责任和刑事责任等。

法律责任具有以下特点：

(1) 法律责任具有法定性。即承担法律责任的最终依据是法律。法律责任的大小、范围、期限、性质，都是由法律明确规定的。法律责任的认定和追究必须由国家专门机关通过法定程序来进行，其他组织和个人无此项权力。

(2) 法律责任具有国家强制性，即法律责任的履行由国家强制力保证。当然，国家强制力只是在必要时，在责任人不能主动履行其法律责任时才会使用。

2. 建设法律责任的构成要件

1) 一般构成要件

法律责任的一般构成要件由以下四个条件构成，它们之间互为联系、互为作用缺一不可。

(1) 有损害事实。发生损害事实，就是违法行为对法律所保护的社会关系和社会秩序造成的侵害。没有存在损害事实，则不构成法律责任。

(2) 存在违法行为。法律规范中规定法律责任的目的在于让国家的政治生活和社会生活符合统治阶级的意志，以国家强制力来树立法律的威严，制裁违法，减少犯罪。如果没有违法行为，就无需承担法律责任，而且合法的行为还要受到法律的保护。行为没有违法，尽管造成了一定的损害结果，也不承担法律责任。

(3) 违法行为与损害事实之间有因果关系。违法行为与损害事实之间的因果关系，是违法行为与损害事实之间存在着客观的、必然的因果关系。就是说，一定损害事实是该违法行为所引起的必然结果，该违法行为正是引起损害事实的原因。

(4) 违法者主观上有过错。所谓过错，是指行为人对其行为及由此引起的损害事实所抱的主观态度，包括故意和过失。如果行为在主观上既没有故意也没有过失，则行为人对损害结果不必承担法律责任。

2) 特殊构成要件

特殊构成要件是指由法律特殊规定的法律责任的构成要件，它们不是有机地结合在一起的，而是分别同一般要件构成法律责任。

(1) 特殊主体。在一般构成要件中对违法者即承担责任的主体没有特殊规定，只有具备了相应的行为能力才可成为责任主体。而特殊主体则不同，它是指法律规定违法者必须具备一定的身份和职务时才能承担法律责任。主要指刑事责任中的职务犯罪，如贪污、受贿等，以及行政责任中的职务违法，如徇私舞弊、以权谋私等。不具备这一条件时，则不承担这类责任。

（2）特殊结果。在一般构成要件中，只要有损害事实的发生就要承担相应的法律责任，而在特殊结果中则要求后果严重、损失重大，否则不能构成法律责任。如质量监督人员对工程的质量监督工作粗心大意、不负责任，致使应当发现的隐患而没有发现，造成严重的质量事故，那么他就要承担玩忽职守的法律责任。

（3）无过错责任。一般构成要件都要求违法者主观上必须有过错，但许多民事责任的构成要件则不要求行为者主观上是否有过错，只要有损害事实的发生，那么，行为人就要承担一定的法律责任。这种责任，主要反映了法律责任的补偿性，而不具有法律制裁意义。

（4）转承责任。一般构成要件都是要求实施违法行为者承担法律责任，但在民法和行政法中，有些法律责任则要求与违法者有一定关系的第三人来承担。如未成年人将他人打伤的侵权赔偿责任，应由未成年人的监护人来承担。

1.4.2 民事责任

1. 民事责任的概念和种类

民事责任是指民事主体违反民事法律规范规定的义务所应承担的法律后果。民事责任包括违约责任与侵权责任。违约责任，是指当事人违反合同约定义务承担的民事责任。侵权责任，是当事人违反法定义务，侵犯他人合法民事权利（财产权与人身权）承担的民事责任。

【特别提示】

侵权责任与违约责任的区别

1）侵权行为违反的是法定义务，违约行为违反的是约定义务；

2）侵权行为侵犯的是绝对权，违约行为侵犯的是相对权；

3）侵权责任包括财产责任和非财产责任，违约责任仅限于财产责任。

2. 民事责任的承担方式

根据《民法通则》的规定，承担民事责任的方式分别是：停止侵害；排除障碍；消除危险；返还财产；恢复原状；修理、重作、更换；赔偿损失；支付违约金；消除影响、恢复名誉；赔礼道歉。

3. 工程建设领域较常见的民事侵权责任

1）环境污染致人损害

违反国家保护环境防止污染的规定，污染环境造成他人损害的，应当依法承担民事责任。

2）地面施工致人损害

在公共场所、道旁、通道上施工、铺设地下管线，没有设明显标志和采取安全措施造成他人损害的，施工人应当承担民事责任。

3）建筑物及地上物致人损害

建筑物或者其他设施（如房屋、桥梁、梁柱、围墙、脚手架、龙门架）以及建筑物上搁置物、悬挂物（如地上堆放材料）倾倒、脱落、坠落造成他人损害的，它的所有人或者管理人应当承担民事责任，但能够证明自己没有过错的除外。

1.4.3 行政责任

1. 行政责任的概念与种类

行政责任是指相关主体违反行政管理法律规范的规定，但尚未构成犯罪的行为所依法应当受到的法律制裁。行政责任主要包括行政处罚和行政处分。

2. 行政处分

行政处分是指国家机关、企事业单位和社会团体依照行政管理法规、规章、制度、纪律等，按干部、人事管理权限对机关工作人员和职工所作的处罚。它是一种内部处罚，对这种处罚不服，不能提起诉讼，只能向作出处罚决定的机关、单位或者上级主管部门提出申诉或者提请劳动仲裁。如《公务员法》中规定的行政处分：警告、记过、记大过、降级、撤职、开除。

3. 行政处罚

我国《行政处罚法》将目前行政处罚明确为7种：警告；罚款；没收违法所得、没收非法财物；责令停产停业；暂扣或者吊销许可证、暂扣或者吊销执照；行政拘留；法律、行政法规规定的其他行政处罚。

1.4.4 刑事责任

1. 刑事责任的概念

刑事责任是指行为人实施了刑法所禁止的犯罪行为而必须承担的法律后果。

2. 犯罪构成

犯罪构成，是指认定犯罪的具体标准，是我国刑法规定的某种行为构成犯罪所必须具备的主观要件和客观要件的总和。按照我国犯罪构成的一般理论，刑法规定的犯罪都必须具备犯罪客体、犯罪的客观方面、犯罪主体、犯罪的主观方面这四个要件。

(1) 犯罪客体。是刑法所保护的而被犯罪所侵害的社会关系。

(2) 犯罪的客观方面。是指客观上必须具备危害社会的行为和由这种行为所引起的危害社会的结果。

(3) 犯罪主体。指实施了犯罪行为，依法应当承担刑事责任的人。

(4) 犯罪的主观方面。指犯罪主体对自己实施的危害社会行为及其结果所持的心理态度，包括故意或过失。

3. 刑罚

刑罚分为主刑和附加刑。主刑只能独立适用，不能附加适用，对一个罪只能适用一个主刑，不能同时适用两个或两个以上的主刑。附加刑是补充主刑适用的刑罚方法，既可以独立适用又可以附加于主刑适用，对一个罪可以适用一个附加刑，也可以适用多个附加刑。

1) 主刑

(1) 管制

管制是对罪犯不予关押，但限制其一定自由，由公安机关执行和群众监督改造的刑罚方法。管制具有一定的期限，管制的期限为3个月以上2年以下，数罪并罚时不得超过3年。管制的刑期从判决执行之日起计算，判决前先行羁押的，羁押1日折抵刑期2日。对于被判处管制的犯罪分子，在劳动中应当同工同酬。

【特别提示】

数罪并罚是指人民法院对1人犯数罪分别定罪量刑，并根据法定原则与方法决定应当执行的刑罚。

（2）拘役

拘役是短期剥夺犯罪人自由，就近实行劳动的刑罚方法。拘役的期限为1个月以上6个月以下，数罪并罚时不得超过1年。拘役的刑期从判决执行之日起计算，判决执行前先行羁押的，羁押1日折抵刑期1日。

拘役由公安机关在就近的拘役所、看守所或者其他监管场所执行。在执行期间，受刑人每月可以回家1～2天，参加劳动的，可以酌量发给报酬。

（3）有期徒刑

有期徒刑是剥夺犯罪人一定期限的自由，实行强制劳动改造的刑罚方法。被判处有期徒刑的犯罪分子，在监狱或者其他执行场所执行；凡有劳动能力的，都应当参加劳动，接受教育和改造。

有期徒刑的刑期为6个月以上15年以下，数罪并罚时不超过20年。有期徒刑的刑期从判决执行之日起计算，判决执行以前先行羁押的，羁押1日折抵刑期1日。

（4）无期徒刑

无期徒刑是剥夺犯罪人终身自由，实行强迫劳动改造的刑罚方法。对于被判处无期徒刑的犯罪分子，应当剥夺政治权利终身。

（5）死刑

死刑是刑法体系中最为严厉的刑罚方法，是剥夺犯罪人生命的刑罚方法，死刑只适用于罪行极其严重的犯罪分子。死刑包括立即执行与缓期2年执行两种情况。

【知识链接】

判处死刑缓期执行的，在死刑缓期执行期间，如果没有故意犯罪，2年期满以后，减为无期徒刑；如果确有重大立功表现，2年期满以后，减为15年以上20年以下有期徒刑；如果故意犯罪，查证属实的，由最高人民法院核准，执行死刑。

2）附加刑

（1）罚金

罚金是人民法院判处犯罪分子向国家交纳一定数额金钱的刑罚方法。《刑法》第52条规定，判处刑罚，应当根据犯罪情节决定罚金数额。

（2）剥夺政治权利

剥夺政治权利，是指剥夺犯罪人参加管理国家和政治活动的权利的刑罚方法。剥夺政治权利是剥夺下列权利：

① 选举权和被选举权；

② 言论、出版、集会、结社、游行、示威自由的权利；

③ 担任国家机关职务的权利；

④ 担任国有公司、企业、事业单位和人民团体领导职务的权利。

（3）没收财产

没收财产是将犯罪人所有财产的一部分或者全部强制无偿收归国有的刑罚方法。没收全部财产的，应当对犯罪分子个人及其扶养的家属保留必需的生活费用。

4. 工程建设领域常见的犯罪

1）重大责任事故罪

根据《刑法》第134条及《刑法修正案（六）》规定：在生产、作业中违反有关安全管理的规定，因而发生重大伤亡事故或者造成其他严重后果的，处3年以下有期徒刑或者拘役；情节特别恶劣的，处3年以上7年以下有期徒刑。重大责任事故罪的犯罪构成是：

（1）犯罪客体

本罪的客体，是生产安全。

（2）犯罪的客观方面

本罪的客观方面，表现为在生产、作业中违反有关安全管理的规定，因而发生重大伤亡事故或者造成其他严重后果的行为。

（3）犯罪主体

本罪的主体是一般主体，包括建筑企业的安全生产从业人员、安全生产管理人员以及对安全事故负有责任的包工头、无证从事生产、作业的人员等。

（4）犯罪的主观方面

本罪的主观方面表现为过失。这种过失不论是表现为疏忽大意，还是表现为过于自信，行为人在主观上的心理状态都是一样的，即在主观上都不希望发生危害社会的严重后果。但行为人对于在生产、作业中违反有关安全管理的规定本身，则可能是故意的。

2）强令违章冒险作业事故罪

根据《刑法》第134条及《刑法修正案（六）》规定：强令他人违章冒险作业，因而发生重大伤亡事故或者造成其他严重后果的，处5年以下有期徒刑或者拘役；情节特别恶劣的，处5年以上有期徒刑。强令违章冒险作业事故罪的犯罪构成是：

（1）犯罪客体

本罪的客体，是生产安全。

（2）犯罪的客观方面

本罪的客观方面，表现为强令违章冒险作业，因而发生重大伤亡事故或者造成其他严重后果的行为。

（3）犯罪主体

本罪的主体是特殊主体，即具有强令资格的人，通常情况下是作业的领导者、指挥者、调度者。

（4）犯罪的主观方面

本罪的主观方面是过失。所谓过失是指行为人对所发生的后果而言，而对于既违章又冒险则是明知的。

3）重大劳动安全事故罪

根据《刑法》第135条及《刑法修正案（六）》规定：安全生产设施或者安全生产条件不符合国家规定，因而发生重大伤亡事故或者造成其他严重后果的，对直接负责的主管人员和其他直接责任人员，处3年以下有期徒刑或者拘役；情节特别恶劣的，处3年以上7年以下有期徒刑。重大劳动安全事故罪的犯罪构成是：

（1）犯罪客体

本罪的客体，是劳动安全。

（2）犯罪的客观方面

本罪的客观方面，表现为安全生产设施或者安全生产条件不符合国家规定，因而发生重大伤亡事故或者造成其他严重后果的行为。

（3）犯罪主体

本罪的主体是特殊主体，即直接负责的主管人员和其他直接责任人员。其中，“直接负责的主管人员”包括生产经营单位的负责人、生产经营的指挥人员、实际控制人、投资人。“其他直接责任人员”包括对安全生产设施、安全生产条件负有提供、维护、管理职责的人。

（4）犯罪的主观方面

本罪的主观方面表现为过失，即在主观上都不希望发生危害社会的严重后果。但行为人对安全生产设施或者安全生产条件不符合国家规定，则可能是故意的，也可能是过失。

4）工程重大安全事故罪

根据《刑法》第137条规定：建设单位、设计单位、施工单位、工程监理单位违反国家规定，降低工程质量标准，造成重大安全事故的，对直接责任人员，处5年以下有期徒刑或者拘役，并处罚金；后果特别严重的，处5年以上10年以下有期徒刑，并处罚金。工程重大安全事故罪的犯罪构成是：

（1）犯罪客体

本罪的客体，是公共安全和国家有关工程建设管理的法律制度。

（2）犯罪的客观方面

本罪的客观方面，表现为违反国家规定，降低工程质量标准，造成重大安全事故的行为。

（3）犯罪主体

本罪的主体是特殊主体，仅限于建设单位、设计单位、施工单位、工程监理单位。

（4）犯罪的主观方面

本罪的主观方面表现为过失。至于行为人违反国家规定、降低质量标准则可能是故意，也可能是过失。

【课后练习】

1. 单项选择题

（1）发电厂甲与施工单位乙签订了价款为5000万元的固定总价建设工程施工合同，则这笔5000万元工程价款是（　　）。

A. 工程建设法律关系主体

B. 工程建设法律关系客体

C. 工程建设法律关系的内容

D. 工程建设法律关系内容中的义务

（2）消费者王某从某房屋开发公司开发的小区购买别墅一栋，半年后发现屋顶漏水，于是向该公司提出更换别墅。在这个案例中，法律关系的主体是（　　）。

A. 该小区

B. 王某购买的别墅

C. 别墅的屋顶

D. 王某和该房屋开发公司

(3) 下面不属于法律事实中的事件的是（　）。

A. 海啸

B. 暴雨

C. 战争

D. 实施盗窃

(4) 下列各项，不属于建设法律责任构成要件的是（　）。

A. 有损害事实发生

B. 违反职业道德

C. 存在违法或损害行为

D. 违法行为与损害事实有因果关系

(5) 下列各项，属于刑事责任的承担方式是（　）。

A. 有期徒刑

B. 警告

C. 没收违法所得

D. 拘留

2. 多项选择题

(1) 下列选项中属于非物质财富的有（　）。

A. 股票

B. 100 元人民币

C. 建筑图纸

D. 建筑材料的商标

E. 太阳光

(2) 建设法规的表现形式多种多样，以下属于建设法规形式的有（　　）。

A. 某省人大常委会通过的《建筑市场管理条例》

B. 建设部发布的《注册建造师管理办法》

C. 某省人民政府制定的《招投标管理办法》

D. 某市人民政府办公室下发通知要求公办学校全部向外来工子女开放，不收取任何赞助费用

E. 某省建设行政主管部门下发的加强安全管理的通知

(3) 属于行政处罚的方式有（　　）。

A. 警告

B. 没收违法所得

C. 责令停产停业

D. 开除

E. 行政拘留

(4) 关于侵权责任，下列说法正确的是（　　）。

A. 因为行为人不履行合同义务而产生的责任

B. 某施工企业在施工过程中扰民将产生侵权责任

C. 某建设单位的办公楼挡住了北面居民住宅区的阳光将产生侵权责任

D. 某施工企业在施工过程中楼上掉下的砖头砸到了路上的行人将会产生侵权责任

E. 当对象是法人时，侵权的客体只能是财产权利

3. 问答题

(1) 什么是建设法规？其法律特征有哪些？

(2) 建设法规的表现形式有哪些？

(3) 简述建设法律关系的构成要素。

(4) 建设法律责任有哪几种表现形式？

4. 案例分析题

甲电讯公司因拟建办公楼而与乙建筑承包公司签订了建设工程总承包合同。其后，经甲同意，乙分别与丙建筑设计院和丁建筑工程公司签订了工程勘察设计合同和工程施工合同。勘察设计合同约定，由丙对甲的办公楼及其附属工程提供设计服务，并按勘察设计合同的约定交付有关设计文件和资料。施工合同约定，由丁根据丙提供的设计图纸进行施工，工程竣工时依据国家有关验收规定及设计图纸进行质量验收。合同签订后，丙按时将设计文件和有关资料交付给丁，丁依据设计图纸进行施工。工程竣工后，甲会同有关质量监督部门对工程进行验收，发现工程存在严重质量问题，是由于设计不符合规范所致。原来丙未对现场进行仔细勘察即自行进行设计导致设计不合理，给甲带来了重大损失。丙以与甲没有合同关系为由拒绝承担责任，乙又以自己不是设计人为由推卸责任，甲遂以丙为被告向法院起诉。法院受理后，追加乙为共同被告，判决乙与丙工程建设质量问题承担连带责任。

问题：本案有哪些法律关系？

2 建设法律制度

【学习目标】

1. 了解建筑法调整对象和适用范围
2. 熟悉和掌握各项建设许可制度
3. 掌握建设工程发包与承包制度
4. 掌握建设工程监理制度

【学习重点】

1. 建设工程施工许可制度
2. 建设工程总承包、联合承包、分包与转包
3. 建设工程监理的范围和依据

2.1 建筑法概述

2.1.1 建筑法的概念

建筑法有狭义和广义之分。狭义的建筑法是1997年11月1日第八届全国人民代表大会常委会第二十八次会议通过的《中华人民共和国建筑法》（以下简称《建筑法》），于1998年3月1日起实施。它是我国第一次以法律的形式规范建筑活动的行为，它的公布，确立了我国建筑活动的基本法律制度，标志着我国建筑活动开始纳入依法管理的轨道；它的施行，对加强建筑活动的监督管理，维护建筑市场秩序，保障建筑工程的质量和安全，促进建筑业的健康发展，保护建筑活动当事人的合法权益，具有重要的意义。该法共计8章85条，包括总则、建筑许可、建筑工程发包与承包、建筑工程监理、建筑安全生产管理、建筑工程质量管理、法律责任及附则等内容。

广义的建筑法，除《建筑法》之外，还包括所有调整建筑活动的法律规范，如《建设工程质量管理条例》、《工程建设项目施工招标投标办法》等。

2.1.2 建筑法的调整对象

建筑法是调整建筑活动的法律规范，它是以建筑活动作为其调整对象的。《建筑法》第2条对适用该法规定的建筑活动的范围作了限定，即适用《建筑法》的建筑活动的范围是各类房屋及其附属设施的建造和与之配套的线路、管道、设备的安装活动。

【特别提示】

房屋建筑工程只是建设工程的一部分，《建筑法》的调整对象局限于房屋建筑工程，就无法对水利工程、道路、桥梁、港口等专业工程进行调整，而且《建筑法》的调整对象仅限于房屋建筑工程的施工阶段及安装阶段。《建筑法》名义上是建筑业的母法，是调整各类建设工程的全过程的法，实际上却仅仅是一部“房屋建筑施工法”。因此，《建筑法》修订应将其调整对象由“建筑活动”扩展为“建设工程的建筑活动”。建设工程，包括土

木工程、建筑工程、线路管道和设备安装工程及装修工程。建筑活动，包括建设工程的各个阶段，从勘察、设计、施工，直到线路管道的安装，还包括建筑构配件的生产与供应和工程咨询、代理活动。由此，将各类工程建设的全过程及与之相关的经济活动都应纳入其调整范围之内。

关于某些类型的建筑活动，《建筑法》和其他法律有特别规定的还应执行特别规定。作为文物保护的纪念建筑物和古建筑等的修缮，依照文物保护的有关法律规定执行；抢险救灾及其他临时性房屋建筑和农民自建低层住宅的建筑活动，不适用《建筑法》；军用房屋建筑工程建筑活动的具体管理办法，由国务院、中央军事委员会依据《建筑法》制定。

2.1.3 建筑法的立法宗旨

《建筑法》第1条规定："为了加强对建筑活动的监督管理，维护建筑市场秩序，保证建筑工程的质量和安全，促进建筑业健康发展，制定本法。"

1. 加强对建筑活动的监督管理

在我国建筑业的发展过程中，还存在着一些不容忽视的问题，有些还相当严重，如在工程发包与承包活动中，发包方常常压标压价，要求承包方垫资承包，承包方层层转包，非法分包，建设行政主管部门的工作人员玩忽职守，徇私舞弊等。对建筑业发展中存在的这些种种问题，必须予以高度重视，采取有效措施切实加以解决。通过制定建筑法，规定从事建筑活动和对建筑活动进行监督管理必须遵守的行为规范，以法律的强制力保证实施，为加强对建筑活动的有效监督管理提供法律依据和法律保障，这是制定本法的重要目的。

2. 维护建筑市场秩序

建筑市场，是指以建筑工程项目的建设单位或称业主（发包方）和从事建筑工程的勘察、设计、施工、监理等业务活动的法人或自然人（承包方）以及有关的中介机构为市场主体，以建筑工程项目的勘察、设计、施工等建筑活动的工作成果或者以工程监理的监理服务为市场交易客体的建筑工程项目承发包交易活动的统称。通过制定建筑法，确立建筑市场运行必须遵守的基本规则，要求参与建筑市场活动的各主体都必须遵循，对违反建筑市场法定规则的行为依法追究法律责任，这对于构筑建筑市场竞争有序的市场秩序，保证建筑业在市场经济的条件下健康发展，是非常必要的。

3. 保证建筑工程的质量和安全

建筑工程具有形体庞大，生产周期长，工程造价高，一旦建成后将长期存在、长期使用的特点，与其他产品相比，其质量问题显得更为重要。建筑工程发生质量问题，特别是建筑物的主体结构或隐蔽工程发生质量问题，将因难以弥补而造成巨大的经济损失。同时，建筑工程作为供人们居住或公众使用的场所，如果存在危及安全的质量问题，可能会造成重大的人身伤亡和财产损失，这方面国内外都有许多血的教训。"百年大计，质量第一"，这是从事建筑活动必须始终坚持的基本准则。《建筑法》将保证建筑工程的质量和安全作为其立法宗旨和立法重点，在内容上做了若干重要规定，这对保证建筑工程的质量和安全具有重要意义。

4. 促进建筑业的健康发展

制定《建筑法》，确立从事建筑活动必须遵守的基本规范，依法加强对建筑活动的监督管理，其最终目的是为了促进建筑业的健康发展，以适应社会主义现代化建设的需要。

促进建筑业的“健康发展”，不仅包括对建筑业在发展速度和经济效益方面的要求，更重要的是对建筑业在确保工程质量和安全方面的要求。要使我国的建筑业真正做到在“质量好、效益高”的基础上，得到持续、稳定、快速的发展，是本法对建筑业健康发展的要求。

2.1.4 建筑法的适用范围

建筑法的适用范围，也称建筑法的效力范围，包括建筑法的时间效力、建筑法的空间效力以及建筑法对人的效力三个方面：

1. 建筑法的时间效力

《建筑法》第85条规定：“本法自1998年3月1日起生效施行。”自该日起，凡在我国境内进行房屋建筑活动，都必须遵守本法规定，过去制定的有关房屋建筑的法规、规章与本法规定不一致的，应以本法为准。本法施行以前的行为，按照法不溯及既往的原则，不适用本法规定。

2. 建筑法的空间效力

《建筑法》适用的空间效力范围，是中华人民共和国境内，即中华人民共和国主权所及的全部领域内。当然，按照我国香港、澳门两个特别行政区基本法的规定，只有列入这两个基本法“附件三”的全国性法律，才能在这两个特别行政区适用，建筑法没有列入其中，所以，香港和澳门的建筑立法，应由这两个特别行政区的立法机关自行制定。

3. 建筑法的对象效力

《建筑法》适用的主体范围包括一切从事建筑活动的主体和各级依法负有对建筑活动实施监督管理职责的行政机关。

一切从事本法所称的建筑活动的主体，包括从事建筑工程的勘察、设计、施工、监理等活动的国有企事业单位、集体所有制的企事业单位、中外合作经营企业、外资企业、合伙企业、私营企业以及依法可以从事建筑活动的个人，不论其经济性质如何、规模大小，只要从事本法规定的建筑活动，都应遵守本法的各项规定，违反本法规定的行为都将受到法律的追究。

各级依法负有对建筑活动实施监督管理的行政机关，包括建设行政主管部门和其他有关主管部门，都应当依照本法的规定，对建筑活动实施监督管理。对建筑活动负有监督管理职责的机关及其工作人员不依法履行职责、玩忽职守或者滥用职权的，将受到法律的追究。

2.2 建设许可法律制度

2.2.1 概述

1. 建设许可的概念

许可，也称行政许可，是指行政机关根据公民、法人或其他组织的申请通过颁发许可证、资格证、执照等形式，依法赋予其从事某种活动的法律资格或实施某种行为的法律权利的行政行为。

建设许可是行政许可的一种，是指建设行政主管部门或者其他有关行政主管部门准许、变更和终止公民、法人或其他组织从事建设活动的具体行政行为。建设许可主要表现为建设工程施工许可和从业许可。

2. 实行建设许可的意义

建设许可制度是《建筑法》中对建设工程施工许可制度和从事建设活动的单位与个人从业资格制度的规定，体现了国家对建设活动的严格管理，对规范建筑市场，保证工程质量与安全，维护社会经济效益，提高投资效益，保障人民生命财产和国家财产安全，具有非常重要的意义。

实行施工许可，既可以监督建设单位尽快建成拟建项目，防止闲置土地及影响社会公共利益；又能保证建设项目开工后能够顺利进行，避免由于不具备施工条件盲目上马给参与建筑工程的单位造成不必要的损失；同时也有助于建设行政主管部门对在建项目实施有效的监督管理。实行从业资格许可，有利于确保从事建筑活动的单位和个人的素质，提高建筑工程的质量，确保建筑工程的安全和国家财产安全。

【知识链接】

《建筑法》中未对建设工程报建制度作出规定，1994 年住房城乡建设部颁布的《工程建设项目报建管理办法》中就报建的内容、程序、时间、范围等作出了详细规定。报建也是建设工程建造过程中一项重要的许可制度，凡应报建未报建的工程项目，不得办理招投标手续和发放施工许可证，设计、施工单位不得承接该项工程的设计和施工任务。

建设工程报建制度：建设工程报建，是指建设单位在工程项目通过建设立项、可行性研究、项目评估、选址定点、立项审批、建设用地、规划许可等前期筹备工作结束后，向建设行政主管部门报告工程前期筹备工作结束，申请转入工程建设的实施阶段；建设行政主管部门依法对建筑工程是否具备发包条件进行审查，对符合条件的，准许该工程进行发包的一项制度。

2.2.2 建设工程施工许可

建设工程施工许可制度，是建设行政主管部门或者其他有关行政主管部门根据建设单位的申请，依法对建设工程是否具备施工条件进行审查，对符合条件者，准许该建设工程开始施工并颁发施工许可证或者批准开工报告的一种制度。

对建设工程实行施工许可制度，是许多国家对建设活动实施监督管理所采用的做法，不少国家在其建设立法中都对此做出了规定。这项制度是指由国家授权有关行政主管部门，在建设工程施工开始以前，对该项工程是否符合法定的开工必备条件进行审查，对符合条件的建设工程发给施工许可证，允许该工程开工建设的一项制度。在我国，对有关建设工程实行施工许可制度，有利于保证开工建设的工程符合法定条件，在开工后能够顺利进行，避免不具备条件的建设工程盲目开工而给相关当事人造成损失和社会财富的浪费，同时也便于有关行政主管部门全面掌握和了解其管辖范围内有关建设工程的数量、规模、施工队伍等基本情况，及时对各个建设工程依法进行监督和指导，保证建设活动依法进行。

《建筑法》第 7 条规定："建筑工程开工前，建设单位应当按照国家有关规定向工程所在地县级以上人民政府建设行政主管部门申请领取施工许可证；但是，国务院建设行政主管部门确定的限额以下的小型工程除外。按照国务院规定的权限和程序批准开工报告的建筑工程，不再领取施工许可证。"

1. 施工许可证的申领时间与范围

1）施工许可证的申领时间

建设工程施工许可证应当在开始施工前申请领取。

2）施工许可证的申领范围

根据《建筑法》第 7 条的规定，除国务院建设行政主管部门确定的限额以下的小型工程，以及按照国务院规定的权限和程序批准开工报告的建筑工程外，均应申请领取施工许可证。

限定领取施工许可证的范围，一是考虑到我国国情，只对投资额较大、规模较大的工程有要求，以突出管理重点；二是避免与开工报告重复审查、重复审批。

【知识链接】

《建筑工程施工许可管理办法》第 2 条：工程投资额在 30 万元以下或者建筑面积在 300 平方米以下的建筑工程，可以不申请办理施工许可证。省、自治区、直辖市人民政府建设行政主管部门可以根据当地的实际情况，对限额进行调整，并报国务院建设行政主管部门备案。

2. 施工许可证的申领条件

施工许可证的申领条件，是指申请领取施工许可证应当达到的要求。施工许可证申领条件的确定是为了保证建筑工程开工后，组织施工能够顺利进行。根据《建筑法》第 8 条和《建筑工程施工许可管理办法》第 4 条的规定，申请领取施工许可证，应当具备下列条件：

(1) 已经办理该建筑工程用地批准手续。

根据我国《城市房地产管理法》和《土地管理法》的规定，建设单位取得建筑工程用地使用权，可以通过两种方式，即出让和划拨。土地使用权出让，是指国家将国有土地使用权在一定年限内出让给土地使用者，由土地使用者向国家支付土地使用权出让金的行为。土地使用权划拨，是指县级以上人民政府依法批准，在土地使用者缴纳补偿、安置等费用后将该幅土地交付其使用，或者将土地使用权无偿交付土地使用者使用的行为。建设单位依法以出让或划拨方式取得土地使用权，应当向县级以上地方人民政府土地管理部门申请登记，经县级以上地方人民政府土地管理部门核实，由同级人民政府颁发土地使用权证书。建设单位取得土地使用权证书表明已经办理了该建筑工程用地批准手续。

(2) 在城市规划区的建筑工程，已经取得规划许可证。

根据《城乡规划法》规定，规划许可证包括建设用地规划许可证和建设工程规划许可证。

建设用地规划许可证是建设单位在向土地管理部门申请征用、划拨土地前，经城乡规划行政主管部门确认建设项目位置和范围符合城乡规划的法定凭证，是建设单位用地的法律凭证。

建设工程规划许可证是城乡规划行政主管部门依法核发的，确认有关建设工程符合城乡规划要求的法律凭证。

【知识链接】

建设工程规划许可证包括下列内容：1）许可证编号；2）发证机关名称和发证日期；3）用地单位；4）用地项目名称、位置、宗地号以及子项目名称、建筑性质、栋数、层数、结构类型；5）计容积率面积及各分类面积；6）附件包括总平面图、各层建筑平面图、各向立面图和剖面图。

(3) 施工场地已经基本具备施工条件，需要拆迁的，其拆迁进度符合施工要求。

(4) 已经确定施工企业。

按照规定应该招标的工程没有招标，应该公开招标的工程没有公开招标，或者肢解发包工程，以及将工程发包给不具备相应资质条件的，所确定的施工企业无效。

(5) 有满足施工需要的施工图纸及技术资料，施工图设计文件已按规定进行了审查。

(6) 有保证工程质量和安全的具体措施。

施工企业编制的施工组织设计中有根据建筑工程特点制定的相应质量、安全技术措施，专业性较强的工程项目编制了专项质量、安全施工组织设计，并按照规定办理了工程质量、安全监督手续。

(7) 按照规定应该委托监理的工程已委托监理。

(8) 建设资金已经落实。

建设工期不足1年的，到位资金原则上不得少于工程合同价的50%，建设工期超过一年的，到位资金原则上不得少于工程合同价的30%。建设单位应当提供银行出具的到位资金证明，有条件的可以实行银行付款保函或者其他第三方担保。

(9) 法律、行政法规规定的其他条件。

3. 申领施工许可证的程序

根据《建筑法》和《建筑工程施工许可管理办法》的规定，申领施工许可证时，应当按照下列程序进行：

(1) 建设单位向有权颁发施工许可证的建设行政主管部门领取《建筑工程施工许可证申请表》。

(2) 建设单位持加盖单位及法定代表人印鉴的《建筑工程施工许可证申请表》，并附上述规定的证明文件，向发证机关提出申请。

(3) 发证机关在收到建设单位报送的《建筑工程施工许可证申请表》和所附证明文件后，要对申请进行认真全面的审查，对于符合条件的，应当自收到申请之日起15日内颁发施工许可证；对于证明文件不齐全或者失效的，应当限期要求建设单位补正，审批时间可以自证明文件补正齐全后作相应顺延；对于不符合条件的，应当自收到申请之日起15日内书面通知建设单位，并说明理由。

建筑工程在施工过程中，建设单位或者施工单位发生变更的，应当重新申请领取施工许可证。

4. 施工许可证的时间效力

施工许可证是建筑活动开始进行的有效法律凭证。领取施工许可证后，为了维护施工许可证的严肃性，《建筑法》第9条和《建筑工程施工许可管理办法》第8条对施工许可证的有效期与延期作了规定：

(1) 建设单位应当自领取施工许可证之日起3个月内开工，这是一项义务规定，目的是保证施工许可证的有效性，利于发证机关进行监督。建设单位应当如期开工，期限为领取施工许可证之日起3个月内。所谓领取施工许可证日，应当是以建设行政主管部门通知领取之日。

(2) 工程因故不能开工的，可以申请延期。申请时间是在施工许可证期满前由建设单位向发证机关提出，并说明理由。理由应当是合理的，比如不可抗力的原因，“三通一平”

没有完成，材料、构件等没有按计划进场等。

(3) 延期以两次为限，每次不超过3个月。也就是说，延期最长为6个月，再加上领取之日起的3个月，建设单位有理由不开工的最长期限可达9个月。如果超过9个月仍不开工，该许可证即失去效力。

(4) 施工许可证的自行废止。所谓自行废止，即自动失去法律效力。施工许可证失去法律效力后，建设单位如组织开工，还必须重新领取新的施工许可证。施工许可证自动废止的情况有两种，一是既不在3个月内开工，又不向发证机关申请延期；二是超过延期的次数和时限，即建设单位在申请的延期内仍没有开工。

5. 中止施工与恢复施工

中止施工，是指建筑工程开工后，在施工过程中，因特殊情况的发生而中途停止施工的一种行为。在建的建筑工程因故中止施工的，建设单位应当自中止施工之日起1个月内，向发证机关报告，并按照规定做好建筑工程的维护管理工作。

恢复施工，是指建筑工程中止施工后，造成中断施工的情况消除，继续进行施工的一种行为。建筑工程恢复施工时，应当向发证机关报告；中止施工满1年的工程恢复施工前，建设单位应当报发证机关核验施工许可证。

6. 批准开工报告工程的规定

按照国务院有关规定批准开工报告的建筑工程，因故不能按期开工或者中止施工的，应当及时向批准机关报告情况。因故不能按期开工超过6个月的，应当重新办理开工报告的批准手续。

2.2.3 从业单位资格许可制度

从业单位资格许可包括从业单位的条件和从业单位的资质。为了维护建筑市场的正常秩序，确立进入建筑市场从事建筑活动的准入规则，《建筑法》第12条和第13条规定了从事建筑活动的建筑施工企业、勘察单位、设计单位、工程监理单位进入建筑市场应当具备的条件和资质审查制度。

1. 从业单位的条件

根据《建筑法》第12条的规定，从事建筑活动的建筑施工企业、勘察单位、设计单位和工程监理单位，应当具备下列条件：

(1) 必须具有符合国家规定的注册资本。

从事建筑活动的单位在进行建筑活动过程中必须拥有足够的资金，这是其进行正常业务活动所需要的物质保证。一定数量的资金也是建立建筑施工企业、勘察单位、设计单位和工程监理单位的前提。关于最低注册资本，在《建筑业企业资质等级标准》、《工程监理企业资质管理规定》中均有详细规定，见下表2-1、表2-2、表2-3：

房屋建筑施工总承包企业最低注册资本 **表2-1**

级　别	最低注册资本
特级	3亿元
一级	5000万元
二级	2000万元
三级	600万元

公路工程施工总承包企业最低注册资本　　表 2-2

级别	最低注册资本
特级	3亿元
一级	6000万元
二级	3000万元
三级	1000万元

工程监理单位最低注册资本　　表 2-3

级别		最低注册资本
综合资质		600万元
专业资质	甲级	300万元
	乙级	100万元
	丙级	50万元
事务所资质		未作要求

(2) 必须具有从事相关建筑活动所应有的技术装备。

具有与其建筑活动相关的装备是建筑施工企业、勘察单位、设计单位和工程监理单位进行正常施工、勘察、设计和监理工作的重要物质保障，没有相应的技术装备的建筑活动是无法进行的。如从事建筑施工活动，必须有相应的施工机械设备与质量检验测试手段，如大型塔吊、龙门架、混凝土搅拌机等。从事勘察设计活动，必须有相应的勘察仪器设备和设计机具仪器。因此，从事建筑活动的建筑施工企业、勘察单位、设计单位和工程监理单位必须有从事相关建筑活动所应有的技术装备。没有相应技术装备的单位，不得从事建筑活动。

(3) 必须具有与其从事的建筑活动相适应的具有法定执业资格的专业技术人员。

由于建筑活动是一种专业性、技术性很强的活动，所以从事建筑活动的建筑施工企业、勘察单位、设计单位和工程监理单位必须有足够的专业技术人员。如设计单位不仅要有建筑师，还需要有结构、水、暖、电等方面的工程师。建筑活动是一种涉及公民生命和财产安全的一种特殊活动，因而从事建筑活动的专业技术人员，还必须有法定执业资格。这种法定执业资格必须依法通过考试和注册才能取得。如工程设计文件必须由注册建筑师签字才能生效。建筑工程的规模和复杂程度各不相同，建筑活动所要求的专业技术人员的级别和数量也不同，建筑施工企业、勘察单位、设计单位和工程监理单位必须有与其从事的建筑活动相适应的专业技术人员。以房屋建筑施工总承包企业为例，具体规定见表 2-4：

房屋建筑施工总承包企业专业技术人员最低限额（人）　　表 2-4

级别	有职称的工程技术和经济管理人员人数	工程技术人员人数	其中具有中、高级职称人数
一级	300	200	60、10
二级	150	100	20、2
三级	50	30	10

(4) 必须符合法律、行政法规规定的其他条件。

建筑施工企业、勘察单位、设计单位和工程监理单位，除了应具备以上三项条件外，还必须具备从事经营活动所应具备的其他条件。这里的其他条件仅指法律、行政法规规定的条件，不包括部门规章、地方性法规和规章及其他规范性文件的规定，因为涉及市场准入规则的问题，应当由法律、行政法规做出统一的规定。

【知识链接】

1.《民法通则》第37条规定：法人应当具备下列条件：

（1）依法成立；（2）有必要的财产或者经费；（3）有自己的名称、组织机构和场所；（4）能够独立承担民事责任。

2.《公司法》第23条规定：设立有限责任公司，应当具备下列条件：

（1）股东符合法定人数；

（2）有符合公司章程规定的全体股东认缴的出资额；

（3）股东共同制定公司章程；

（4）有公司名称，建立符合有限责任公司要求的组织机构；

（5）有公司住所。

3.《公司法》第77条规定：设立股份有限公司，应当具备下列条件：

（1）发起人符合法定人数；

（2）有符合公司章程规定的全体发起人认购的股本总额或者募集的实收股本总额；

（3）股份发行、筹办事项符合法律规定；

（4）发起人制订公司章程，采用募集方式设立的经创立大会通过；

（5）有公司名称，建立符合股份有限公司要求的组织机构；

（6）有公司住所。

2. 从业单位的资质

《建筑法》第13条对从事建筑活动的各类单位做出了必须进行资质审查的明确规定："从事建筑活动的建筑施工企业、勘察单位、设计单位和工程监理单位，按照其拥有的注册资本、专业技术人员、技术装备和已完成的建筑工程业绩等资质条件，划分不同的资质等级，经资质审查合格，取得相应等级资质证书后，方可在其资质等级许可证的范围内从事建筑活动。"

1）建筑施工企业资质

住房和城乡建设部发布的《建筑业企业资质管理规定》（2007年）、《施工总承包企业资质等级标准》（2001年）和《关于印发〈施工总承包企业特级资质标准〉的通知》（2007）等对建筑施工企业的资质等级与标准、申请与审批、监督与管理、业务范围等作了明确规定。

（1）资质等级与资质标准

建筑业企业资质分为施工总承包、专业承包和劳务分包三个序列。具体规定见表2-5：

施工企业资质划分 **表2-5**

划分序列		承接范围	
建筑施工企业资质	施工总承包	可以承接施工总承包工程	可以对所承接的施工总承包工程内各专业工程全部自行施工，也可以将专业工程或劳务作业依法分包给具有相应资质的专业承包企业或劳务分包企业

续表

划分序列		承接范围	
建筑施工企业资质	专业承包	可以承接施工总承包企业分包的专业工程和建设单位依法发包的专业工程	可以对所承接的专业工程全部自行施工，也可以将劳务作业依法分包给具有相应资质的劳务分包企业
	劳务分包	可以承接施工总承包企业或专业承包企业分包的劳务作业	

施工总承包资质、专业承包资质、劳务分包资质序列按照工程性质和技术特点分别划分为若干资质类别。各资质类别按照规定的条件划分为若干资质等级。具体来说，施工总承包企业资质分为房屋建筑工程、公路工程、铁路工程、港口工程、水利水电工程、电力工程、矿山工程、冶炼工程、化工石油工程、市政公用工程、通信工程、机电安装工程等12类；专业承包企业资质分为地基与基础工程、土石方工程、建筑装修装饰工程、建筑幕墙工程等60类；劳务分包资质分为木工作业、砌筑作业、抹灰作业等13类。

房屋建筑工程施工总承包企业和公路工程施工总承包企业的资质等级均分为特级、一级、二级、三级。房屋建筑工程施工总承包企业的资质标准见表2-6、表2-7、表2-8、表2-9：

特级企业房屋建筑工程施工总承包企业资质标准　　表2-6

特级企业	资质标准
企业资信能力	1. 企业注册资本金3亿元以上 2. 企业净资产3.6亿元以上 3. 企业近3年上缴建筑业营业税均在5000万元以上 4. 企业银行授信额度近3年均在5亿元以上
企业主要管理人员和专业技术人员要求	1. 企业经理具有10年以上从事工程管理工作经历 2. 技术负责人具有15年以上从事工程技术管理工作经历，且具有工程序列高级职称及一级注册建造师或注册工程师执业资格；主持完成过两项及以上施工总承包一级资质要求的代表工程的技术工作或甲级设计资质要求的代表工程或合同额2亿元以上的工程总承包项目 3. 财务负责人具有高级会计师职称及注册会计师资格 4. 企业具有注册一级建造师（一级项目经理）50人以上 5. 企业具有本类别相关的行业工程设计甲级资质标准要求的专业技术人员
科技进步水平	1. 企业具有省部级（或相当于省部级水平）及以上的企业技术中心 2. 企业近3年科技活动经费支出平均达到营业额的0.5%以上 3. 企业具有国家级工法3项以上；近5年具有与工程建设相关的，能够推动企业技术进步的专利3项以上，累计有效专利8项以上，其中至少有一项发明专利 4. 企业近10年获得过国家级科技进步奖项或主编过工程建设国家或行业标准 5. 企业已建立内部局域网或管理信息平台，实现了内部办公、信息发布、数据交换的网络化；已建立并开通了企业外部网站；使用了综合项目管理信息系统和人事管理系统、工程设计相关软件，实现了档案管理和设计文档管理
代表工程业绩	近5年承担过下列5项工程总承包或施工总承包项目中的3项，工程质量合格。 1. 高度100米以上的建筑物 2. 28层以上的房屋建筑工程 3. 单体建筑面积5万平方米以上房屋建筑工程 4. 钢筋混凝土结构单跨30米以上的建筑工程或钢结构单跨36米以上房屋建筑工程 5. 单项建安合同额2亿元以上的房屋建筑工程

一级企业房屋建筑工程施工总承包企业资质标准 **表 2-7**

<table>
<tr><th colspan="2">一级企业</th><th colspan="4">资质标准</th></tr>
<tr><td colspan="2" rowspan="6">近5年承担下列6项中的4项以上工程的施工总承包或主体工程承包，并工程质量合格</td><td>A</td><td colspan="3">25层以上的房屋建筑工程</td></tr>
<tr><td>B</td><td colspan="3">高度在100米以上的构筑物、建筑物</td></tr>
<tr><td>C</td><td colspan="3">单体建筑面积3万平方米以上的房屋建筑工程</td></tr>
<tr><td>D</td><td colspan="3">单跨跨度在30米以上的房屋建筑工程</td></tr>
<tr><td>E</td><td colspan="3">建筑面积在10万平方米以上的住宅小区或建筑群体</td></tr>
<tr><td>F</td><td colspan="3">单项建安合同额1亿元以上的房屋建筑工程</td></tr>
<tr><td rowspan="4">企业主要负责人应当具备的条件</td><td>企业经理</td><td colspan="4">具有10年以上从事工程管理工作经历或具有高级职称</td></tr>
<tr><td>总工程师</td><td colspan="4">具有10年以上从事建筑施工技术管理工作经历并具有本专业高级职称</td></tr>
<tr><td>总会计师</td><td colspan="4">具有高级会计师职称</td></tr>
<tr><td>总经济师</td><td colspan="4">具有高级经济师职称</td></tr>
<tr><td colspan="2" rowspan="3">企业有职称的工程技术和经济管理人员</td><td rowspan="3">不少于300人</td><td colspan="3">其中：工程技术人员不少于200人</td></tr>
<tr><td colspan="2" rowspan="2">工程技术人员中</td><td>高级职称的不少于10人</td></tr>
<tr><td>中级职称的不少于60人</td></tr>
<tr><td colspan="2">企业具有一级资质项目经理</td><td colspan="4">不少于12人</td></tr>
<tr><td colspan="2">企业注册资本金</td><td colspan="4">5000万元以上</td></tr>
<tr><td colspan="2">企业净资产</td><td colspan="4">6000万元以上</td></tr>
<tr><td colspan="2">企业近3年最高年工程结算收入</td><td colspan="4">2亿元以上</td></tr>
<tr><td colspan="6">企业具有与承包工程范围相适应的施工机械和质量检测设备</td></tr>
</table>

二级企业房屋建筑工程施工总承包企业资质标准 **表 2-8**

<table>
<tr><th colspan="2">二级企业</th><th colspan="4">资质标准</th></tr>
<tr><td colspan="2" rowspan="6">近5年承担下列6项中的4项以上工程的施工总承包或主体工程承包，并工程质量合格</td><td>A</td><td colspan="3">12层以上的房屋建筑工程</td></tr>
<tr><td>B</td><td colspan="3">高度在50米以上的构筑物或建筑物</td></tr>
<tr><td>C</td><td colspan="3">单体建筑面积1万平方米以上的房屋建筑工程</td></tr>
<tr><td>D</td><td colspan="3">单跨跨度在21米以上的房屋建筑工程</td></tr>
<tr><td>E</td><td colspan="3">建筑面积在5万平方米以上的住宅小区或建筑群体</td></tr>
<tr><td>F</td><td colspan="3">单项建安合同额3000亿元以上的房屋建筑工程</td></tr>
<tr><td rowspan="3">企业主要负责人应当具备的条件</td><td>企业经理</td><td colspan="4">具有8年以上从事工程管理工作经历或具有高级职称</td></tr>
<tr><td>技术负责人</td><td colspan="4">具有8年以上从事建筑施工技术管理工作经历并具有本专业高级职称</td></tr>
<tr><td>财务负责人</td><td colspan="4">具有中级以上会计职称</td></tr>
<tr><td colspan="2" rowspan="3">企业有职称的工程技术和经济管理人员</td><td rowspan="3">不少于150人</td><td colspan="3">其中：工程技术人员不少于100人</td></tr>
<tr><td colspan="2" rowspan="2">工程技术人员中</td><td>高级职称的不少于2人</td></tr>
<tr><td>中级职称的不少于20人</td></tr>
<tr><td colspan="2">企业具有二级资质项目经理</td><td colspan="4">不少于12人</td></tr>
<tr><td colspan="2">企业注册资本金</td><td colspan="4">2000万元以上</td></tr>
<tr><td colspan="2">企业净资产</td><td colspan="4">2500万元以上</td></tr>
<tr><td colspan="2">企业近3年最高年工程结算收入</td><td colspan="4">8000万元以上</td></tr>
<tr><td colspan="6">企业具有与承包工程范围相适应的施工机械和质量检测设备</td></tr>
</table>

三级企业房屋建筑工程施工总承包企业资质标准　　表 2-9

三级企业		资质标准	
近5年承担下列5项中的3项以上工程的施工总承包或主体工程承包，并工程质量合格		A	6层以上的房屋建筑工程
		B	高度在25米以上的构筑物或建筑物
		C	单体建筑面积5000平方米以上的房屋建筑工程
		D	单跨跨度在15米以上的房屋建筑工程
		E	单项建安合同额500万元以上的房屋建筑工程
企业主要负责人应当具备的条件	企业经理	具有5年以上从事工程管理工作经历	
	技术负责人	具有5年以上从事建筑施工技术管理工作经历并具有本专业中级以上职称	
	财务负责人	具有初级以上会计职称	
企业有职称的工程技术和经济管理人员		不少于50人，其中	工程技术人员不少于30人
			具有中级以上职称的不少于10人
企业具有三级资质项目经理		不少于10人	
企业注册资本金		600万元以上	
企业净资产		700万元以上	
企业近3年最高年工程结算收入		2400万元以上	
企业具有与承包工程范围相适应的施工机械和质量检测设备			

（2）承包工程范围

房屋建筑工程施工总承包企业的承包工程范围　　表 2-10

企业等级	承包工程范围	
特级企业	1. 取得施工总承包特级资质的企业可承担本类别各等级工程施工总承包、设计及开展工程总承包和项目管理业务； 2. 取得房屋建筑、公路、铁路、市政公用、港口与航道、水利水电等专业中任意1项施工总承包特级资质和其中2项施工总承包一级资质，即可承接上述各专业工程的施工总承包、工程总承包和项目管理业务，及开展相应设计主导专业人员齐备的施工图设计业务； 3. 取得房屋建筑、矿山、冶炼、石油化工、电力等专业中任意1项施工总承包特级资质和其中2项施工总承包一级资质，即可承接上述各专业工程的施工总承包、工程总承包和项目管理业务，及开展相应设计主导专业人员齐备的施工图设计业务； 4. 特级资质的企业，限承担施工单项合同额3000万元以上的房屋建筑工程	
一级企业	可承担单项建安合同额不超过企业注册资本金5倍的下列房屋建筑工程的施工	40层以下、各类跨度的房屋建筑工程
		高度240米及以下的构筑物
		建筑面积20万平方米及以下的住宅小区或建筑群体
二级企业	可承担单项建安合同额不超过企业注册资本金5倍的下列房屋建筑工程的施工	28层以下、单跨跨度36米及以下的房屋建筑工程
		高度120米及以下的构筑物
		建筑面积12万平方米及以下的住宅小区或建筑群体
三级企业	可承担单项建安合同额不超过企业注册资本金5倍的下列房屋建筑工程的施工	14层以下、单跨跨度24米及以下的房屋建筑工程
		高度70米及以下的构筑物
		建筑面积6万平方米及以下的住宅小区或建筑群体

（3）资质许可

① 资质许可机关

《建筑业企业资质管理规定》中规定了不同类别和等级的建筑业企业资质的许可机关，

见表 2-11：

建筑业企业资质许可机关 **表 2-11**

资质许可实施机关	建筑业企业资质
国务院建设主管部门	1. 施工总承包序列特级资质、一级资质； 2. 国务院国有资产管理部门直接监管的企业及其下属一层级的企业的施工总承包二级资质、三级资质； 3. 水利、交通、信息产业方面的专业承包序列一级资质； 4. 铁路、民航方面的专业承包序列一级、二级资质； 5. 公路交通工程专业承包不分等级资质、城市轨道交通专业承包不分等级资质
企业工商注册所在地省、自治区、直辖市人民政府建设主管部门	1. 施工总承包序列二级资质（不含国务院国有资产管理部门直接监管的企业及其下属一层级的企业的施工总承包序列二级资质）； 2. 专业承包序列一级资质（不含铁路、交通、水利、信息产业、民航方面的专业承包序列一级资质）； 3. 专业承包序列二级资质（不含民航、铁路方面的专业承包序列二级资质）； 4. 专业承包序列不分等级资质（不含公路交通工程专业承包序列和城市轨道交通专业承包序列的不分等级资质）
企业工商注册所在地设区的市人民政府建设主管部门	1. 施工总承包序列三级资质（不含国务院国有资产管理部门直接监管的企业及其下属一层级的企业的施工总承包三级资质）； 2. 专业承包序列三级资质； 3. 劳务分包序列资质； 4. 燃气燃烧器具安装、维修企业资质

② 资质许可管理

建筑业企业资质证书分为正本和副本，正本 1 份，副本若干份，由国务院建设主管部门统一印制，正、副本具备同等法律效力。资质证书有效期为 5 年。

建筑业企业可以申请一项或多项建筑业企业资质；申请多项建筑业企业资质的，应当选择等级最高的一项资质为企业主项资质。

资质有效期届满，企业需要延续资质证书有效期的，应当在资质证书有效期届满 60 日前，申请办理资质延续手续。对在资质有效期内遵守有关法律、法规、规章、技术标准，信用档案中无不良行为记录，且注册资本、专业技术人员满足资质标准要求的企业，经资质许可机关同意，有效期延续 5 年。

建筑业企业在资质证书有效期内名称、地址、注册资本、法定代表人等发生变更的，应当在工商部门办理变更手续后 30 日内办理资质证书变更手续。

企业首次申请、增项申请建筑业企业资质，不考核企业工程业绩，其资质等级按照最低资质等级核定。已取得工程设计资质的企业首次申请同类别或相近类别的建筑业企业资质的，可以将相应规模的工程总承包业绩作为工程业绩予以申报，但申请资质等级最高不超过其现有工程设计资质等级。

企业合并的，合并后存续或者新设立的建筑业企业可以承继合并前各方中较高的资质等级，但应当符合相应的资质等级条件。企业分立的，分立后企业的资质等级，根据实际达到的资质条件，按照本规定的审批程序核定。企业改制的，改制后不再符合资质标准的，应按其实际达到的资质标准及本规定申请重新核定；资质条件不发生变化的，按资质变更办理。

取得建筑业企业资质的企业，申请资质升级、资质增项，在申请之日起前一年内有下列情形之一的，资质许可机关不予批准企业的资质升级申请和增项申请：

第一，超越本企业资质等级或以其他企业的名义承揽工程，或允许其他企业或个人以本企业的名义承揽工程的；

第二，与建设单位或企业之间相互串通投标，或以行贿等不正当手段谋取中标的；

第三，未取得施工许可证擅自施工的；

第四，将承包的工程转包或违法分包的；

第五，违反国家工程建设强制性标准的；

第六，发生过较大生产安全事故或者发生过两起以上一般生产安全事故的；

第七，恶意拖欠分包企业工程款或者农民工工资的；

第八，隐瞒或谎报、拖延报告工程质量安全事故或破坏事故现场、阻碍对事故调查的；

第九，按照国家法律、法规和标准规定需要持证上岗的技术工种的作业人员未取得证书上岗，情节严重的；

第十，未依法履行工程质量保修义务或拖延履行保修义务，造成严重后果的；

第十一，涂改、倒卖、出租、出借或者以其他形式非法转让建筑业企业资质证书的；

第十二，其他违反法律、法规的行为。

企业领取新的建筑业企业资质证书时，应当将原资质证书交回原发证机关予以注销。

企业需增补（含增加、更换、遗失补办）建筑业企业资质证书的，应当持资质证书增补申请等材料向资质许可机关申请办理。遗失资质证书的，在申请补办前应当在公众媒体上刊登遗失声明。资质许可机关应当在 2 日内办理完毕。

（4）资质监督管理

① 资质监督管理部门

县级以上人民政府建设主管部门和其他有关部门应当依照有关法律、法规和本规定，加强对建筑业企业资质的监督管理。上级建设主管部门应当加强对下级建设主管部门资质管理工作的监督检查，及时纠正资质管理中的违法行为。

② 资质监督检查措施

建设主管部门、其他有关部门履行监督检查职责时，有权采取下列措施：要求被检查单位提供建筑业企业资质证书、注册执业人员的注册执业证书，有关施工业务的文档，有关质量管理、安全生产管理、档案管理、财务管理等企业内部管理制度的文件；进入被检查单位进行检查，查阅相关资料；纠正违反有关法律、法规和本规定及有关规范和标准的行为。

③ 资质许可机关。资质许可机关应当将涉及有关铁路、交通、水利、信息产业、民航等方面的建筑业企业资质被撤回、撤销和注销的情况告知同级有关部门。

④ 企业信用档案管理

企业应当按照有关规定，向资质许可机关提供真实、准确、完整的企业信用档案信息。

企业的信用档案应当包括企业基本情况、业绩、工程质量和安全、合同履约等情况。被投诉举报和处理、行政处罚等情况应当作为不良行为记入其信用档案。企业的信用档案信息按照有关规定向社会公示。

2）勘察设计单位资质

2007年6月26日，住房和城乡建设部以160号令发布了《建设工程勘察设计资质管理规定》，自2007年9月1日起施行，其对勘察设计单位的资质等级、申请与审批、监督与管理作了明确规定。

（1）勘察设计单位资质等级

建筑工程勘察、设计资质分为工程勘察资质、工程设计资质。工程勘察资质等级划分见表2-12：

工程勘察资质等级 **表2-12**

工程勘察综合资质	只设甲级
工程勘察专业资质	设甲级、乙级，根据工程性质和技术特点，部分专业可以设丙级
工程勘察劳务资质	不分等级

工程设计资质等级划分见表2-13：

工程设计资质等级 **表2-13**

工程设计综合资质	只设甲级
工程设计行业资质	设甲级、乙级。根据工程性质和技术特点，个别行业、专业、专项资质可以设丙级，建筑工程专业资质可以设丁级。
工程设计专业资质	
工程设计专项资质	

（2）承包范围

工程勘察设计各资质企业的承包范围见表2-14：

工程承包范围 **表2-14**

工程勘察资质	工程勘察综合资质	可以承接各专业（海洋工程勘察除外）、各等级工程勘察业务
	工程勘察专业资质	可以承接相应等级相应专业的工程勘察业务
	工程勘察劳务资质	可以承接岩土工程治理、工程钻探、凿井等工程勘察劳务业务
工程设计资质	工程设计综合资质	可以承接各行业、各等级的建设工程设计业务
	工程设计行业资质	可以承接相应行业相应等级的工程设计业务及本行业范围内同级别的相应专业、专项（设计施工一体化资质除外）工程设计业务
	工程设计专业资质	可以承接本专业相应等级的专业工程设计业务及同级别的相应专项工程设计业务（设计施工一体化资质除外）
	工程设计专项资质	可以承接本专项相应等级的专项工程设计业务

3）工程监理企业

2007年6月26日，住房和城乡建设部以158号令发布了《工程监理企业资质管理规定》，自2007年8月1日起施行，其工程监理企业对的资质等级与范围、申请与审批、监督与管理作了明确规定。

（1）资质等级

工程监理企业资质等级划分见表2-15：

工程监理企业资质等级 **表 2-15**

综合资质	不分级别
专业资质	按照工程性质和技术特点划分为若干工程类别。分为甲级、乙级；其中，房屋建筑、水利水电、公路和市政公用专业资质可设立丙级
事务所资质	不分级别

（2）资质标准

工程监理企业各资质标准见表 2-16～表 2-20：

工程监理企业综合资质标准 **表 2-16**

综合资质	资质标准	
具有独立法人资格且注册资本	不少于 600 万元	
企业技术负责人	应为注册监理工程师，并具有 15 年以上从事工程建设工作的经历或者具有工程类高级职称	
具有 5 个以上工程类别的专业甲级工程监理资质		
企业工程技术人员	注册监理工程师	不少于 60 人
	注册造价工程师	不少于 5 人
	一级注册建造师、一级注册建筑师、一级注册结构工程师或者其他勘察设计注册工程师	合计不少于 15 人次
企业具有完善的组织结构和质量管理体系，有健全的技术、档案等管理制度		
企业具有必要的工程试验检测设备		
申请工程监理资质之日前 1 年内	没有违反规定的行为	
	没有因本企业监理责任造成重大质量事故	
	没有因本企业监理责任发生三级以上工程建设重大安全事故或者发生两起以上四级工程建设安全事故	

工程监理企业甲级专业资质标准 **表 2-17**

甲级专业资质	资质标准
具有独立法人资格且注册资本	不少于 300 万元
企业技术负责人	应为注册监理工程师，并具有 15 年以上从事工程建设工作的经历或者具有工程类高级职称
企业工程技术人员	注册监理工程师、注册造价工程师、一级注册建造师、一级注册建筑师、一级注册结构工程师或者其他勘察设计注册工程师合计不少于 25 人次
	其中，相应专业注册监理工程师（如房屋建筑工程）不少于 15 人，注册造价工程师不少于 2 人
业 绩	企业近 2 年内独立监理过 3 个以上相应专业的二级工程项目，但是，具有甲级设计资质或一级及以上施工总承包资质的企业申请本专业工程类别甲级资质的除外
企业具有完善的组织结构和质量管理体系，有健全的技术、档案等管理制度	
企业具有必要的工程试验检测设备	
申请工程监理资质之日前 1 年内	没有违反规定的行为
	没有因本企业监理责任造成重大质量事故
	没有因本企业监理责任发生三级以上工程建设重大安全事故或者发生两起以上四级工程建设安全事故

工程监理企业乙级专业资质标准 表 2-18

乙级专业资质	资质标准
具有独立法人资格且注册资本	不少于 100 万元
企业技术负责人	应为注册监理工程师，并具有 10 年以上从事工程建设工作的经历
企业工程技术人员	注册监理工程师、注册造价工程师、一级注册建造师、一级注册建筑师、一级注册结构工程师或者其他勘察设计注册工程师合计不少于 15 人次。
	其中，相应专业注册监理工程师（如房屋建筑工程）不少于 10 人，注册造价工程师不少于 1 人
有较完善的组织结构和质量管理体系，有技术、档案等管理制度	
有必要的工程试验检测设备	
申请工程监理资质之日前 1 年内	没有违反规定的行为
	没有因本企业监理责任造成重大质量事故
	没有因本企业监理责任发生三级以上工程建设重大安全事故或者发生两起以上四级工程建设安全事故

工程监理企业丙级专业资质标准 表 2-19

丙级专业资质	资质标准
具有独立法人资格且注册资本	不少于 50 万元
企业技术负责人	应为注册监理工程师，并具有 8 年以上从事工程建设工作的经历
企业工程技术人员	应专业注册监理工程师（如房屋建筑工程）不少于 5 人
有必要的质量管理体系和规章制度	
有必要的工程试验检测设备	

工程监理企业事务所资质标准 表 2-20

工程监理企业事务所资质标准
取得合伙企业营业执照，具有书面合作协议书
合伙人中有 3 名以上注册监理工程师，合伙人均有 5 年以上从事建设工程监理的工作经历
有固定的工作场所
有必要的质量管理体系和规章制度
有必要的工程试验检测设备

（3）承包范围

工程监理企业承包范围见表 2-21：

工程监理企业承包范围 表 2-21

综合资质		可以承担所有专业工程类别建设工程项目的工程监理业务
专业资质	专业甲级资质	可承担相应专业工程类别建设工程项目的工程监理业务
	专业乙级资质	可承担相应专业工程类别二级以下（含二级）建设工程项目的工程监理业务
	专业丙级资质	可承担相应专业工程类别三级建设工程项目的工程监理业务
事务所资质		可承担三级建设工程项目的工程监理业务，但是，国家规定必须实行强制监理的工程除外

工程监理企业可以开展相应类别建设工程的项目管理、技术咨询等业务。

2.2.4 专业技术人员执业资格许可制度

执业资格制度，是指对具备一定专业学历、资历的从事建筑活动的专业技术人员，通过考试和注册确定其执业的技术资格，获得相应建筑工程文件签字权的一种制度。

《建筑法》第14条规定："从事建筑活动的专业技术人员，应当依法取得相应的执业资格证书，并在执业资格证书许可的范围内从事建筑活动。"对从事建筑活动的专业技术人员实行执业资格制度非常必要，它有利于促进建筑工程质量、专业技术人员水平和从业能力的不断提高。

目前，我国对从事建筑活动的专业技术人员已建立起注册城市规划师、注册建筑师、注册结构工程师、注册建造师、注册土木工程师、注册公用设备工程师、注册电气工程师、注册安全工程师、注册监理工程师和注册造价工程师等多种执业资格制度。下面重点介绍注册建造师和监理工程师执业资格制度。

1. 注册建造师执业资格制度

注册建造师，是指通过考核认定或考试合格取得建造师资格证书，并按照规定注册，取得建造师注册证书和执业印章，担任施工单位项目负责人及从事相关活动的专业技术人员。我国注册建造师分为两级，即一级注册建造师（Constructor）和二级注册建造师（Associate Constructor）。为了加强对注册建造师的规范管理，我国建设部门相继出台了《建造师执业资格制度暂行规定》、《注册建造师信用档案管理办法》、《注册建造师管理规定》（第153号令）、《注册建造师执业工程规模标准》（试行）、《注册建造师执业管理办法》（试行）、《注册建造师继续教育管理暂行办法》等规范性文件，其中对注册建造师的注册、执业、继续教育、监督管理、法律责任等方面作出了明确的规定。

1）建造师的注册管理

取得资格证书的人员，经过注册登记方能以注册建造师的名义执业。

取得建造师资格证书的人员，经过注册申请，取得注册证书和执业印章。注册证书和执业印章是注册建造师的执业凭证，由注册建造师本人保管、使用。未取得注册证书和执业印章的，不得担任大中型建设工程项目的施工单位项目负责人，不得以注册建造师的名义从事相关活动。

（1）注册申请

① 初始注册

申请初始注册时应当具备以下条件：经考核认定或考试合格取得资格证书；受聘于一个相关单位；达到继续教育要求；没有明确规定不予注册的情形。

取得二级建造师资格证书的人员申请注册，由省、自治区、直辖市人民政府建设主管部门负责受理和审批，具体审批程序由省、自治区、直辖市人民政府建设主管部门依法确定。对批准注册的，核发由国务院建设主管部门统一样式的《中华人民共和国二级建造师注册证书》和执业印章，并在核发证书后30日内送国务院建设主管部门备案。

初始注册者，可自资格证书签发之日起3年内提出申请。逾期未申请者，须符合本专业继续教育的要求后方可申请初始注册。

申请初始注册需要提交下列材料：注册建造师初始注册申请表；资格证书、学历证书和身份证明复印件；申请人与聘用单位签订的聘用劳动合同复印件或其他有效证明文件；

逾期申请初始注册的，应当提供达到继续教育要求的证明材料。

② 延续注册

注册有效期满需继续执业的，应当在注册有效期届满 30 日前，按照规定申请延续注册。延续注册的，有效期为 3 年。

申请延续注册的，应当提交下列材料：注册建造师延续注册申请表；原注册证书；申请人与聘用单位签订的聘用劳动合同复印件或其他有效证明文件；申请人注册有效期内达到继续教育要求的证明材料。

③ 变更注册

在注册有效期内，注册建造师变更执业单位，应当与原聘用单位解除劳动关系，并按照规定办理变更注册手续，变更注册后仍延续原注册有效期。

申请变更注册的，应当提交下列材料：注册建造师变更注册申请表；注册证书和执业印章；申请人与新聘用单位签订的聘用合同复印件或有效证明文件；工作调动证明（与原聘用单位解除聘用合同或聘用合同到期的证明文件、退休人员的退休证明）。

④ 增项注册

注册建造师需要增加执业专业的，应当按照规定申请专业增项注册，并提供相应的资格证明。

（2）不予注册的情形

申请人有下列情形之一的，不予注册：

① 不具有完全民事行为能力的；

② 申请在两个或者两个以上单位注册的；

③ 未达到注册建造师继续教育要求的；

④ 受到刑事处罚，刑事处罚尚未执行完毕的；

⑤ 因执业活动受到刑事处罚，自刑事处罚执行完毕之日起至申请注册之日止不满 5 年的；

⑥ 因前项规定以外的原因受到刑事处罚，自处罚决定之日起至申请注册之日止不满 3 年的；

⑦ 被吊销注册证书，自处罚决定之日起至申请注册之日止不满 2 年的；

⑧ 在申请注册之日前 3 年内担任项目经理期间，所负责项目发生过重大质量和安全事故的；

⑨ 申请人的聘用单位不符合注册单位要求的；

⑩ 年龄超过 65 周岁的；

⑪ 法律、法规规定不予注册的其他情形。

（3）注册证书和执业印章失效的情形

注册建造师有下列情形之一的，其注册证书和执业印章失效：

① 聘用单位破产的；

② 聘用单位被吊销营业执照的；

③ 聘用单位被吊销或者撤回资质证书的；

④ 已与聘用单位解除聘用合同关系的；

⑤ 注册有效期满且未延续注册的；

⑥ 年龄超过65周岁的；

⑦ 死亡或不具有完全民事行为能力的；

⑧ 其他导致注册失效的情形。

(4) 收回注册证书和执业印章的情形

注册建造师有下列情形之一的，由注册机关办理注销手续，收回注册证书和执业印章或者公告注册证书和执业印章作废：

① 有导致注册证书和执业印章失效情形发生的；

② 依法被撤销注册的；

③ 依法被吊销注册证书的；

④ 受到刑事处罚的；

⑤ 法律、法规规定应当注销注册的其他情形。

注册建造师有前款所列情形之一的，注册建造师本人和聘用单位应当及时向注册机关提出注销注册申请；有关单位和个人有权向注册机关举报；县级以上地方人民政府建设主管部门或者有关部门应当及时告知注册机关。

【特别提示】

被注销注册或者不予注册的，在重新具备注册条件后，可按规定重新申请注册。注册建造师因遗失、污损注册证书或执业印章，需要补办的，应当持在公众媒体上刊登的遗失声明的证明，向原注册机关申请补办。原注册机关应当在5日内办理完毕。

2) 注册建造师的执业范围

(1) 原则性规定

根据《建造师执业资格制度暂行规定》，建造师的执业范围包括：担任建设工程项目施工的项目经理；从事其他施工活动的管理工作；法律、行政法规或国务院建设行政主管部门规定的其他业务。

不同级别的建造师，其职业范围也是不同的：一级建造师可以担任特级、一级建筑业企业资质的建设工程项目施工的项目经理；二级建造师可以担任二级及以下建筑业企业资质的建设工程项目施工的项目经理。

(2) 具体规定

《注册建造师管理规定》对建造师执业范围作出了进一步规定：

第一，对受聘单位的规定。取得资格证书的人员应当受聘于一个具有建设工程勘察、设计、施工、监理、招标代理、造价咨询等一项或者多项资质的单位，经注册后方可从事相应的执业活动。担任施工单位项目负责人的，应当受聘并注册于一个具有施工资质的企业。

第二，对岗位的规定。注册建造师不得同时在两个及两个以上的建设工程项目上担任施工单位项目负责人。注册建造师可以从事建设工程项目总承包管理或施工管理，建设工程项目管理服务，建设工程技术经济咨询，以及法律、行政法规和国务院建设主管部门规定的其他业务。

注册建造师的具体执业范围按照《注册建造师执业工程规模标准》执行。

3) 注册建造师的权利与义务

(1) 注册建造师的权利

注册建造师享有下列权利：

① 使用注册建造师名称；
② 在规定范围内从事执业活动；
③ 在本人执业活动中形成的文件上签字并加盖执业印章；
④ 保管和使用本人注册证书、执业印章；
⑤ 对本人执业活动进行解释和辩护；
⑥ 接受继续教育；
⑦ 获得相应的劳动报酬；
⑧ 对侵犯本人权利的行为进行申述。

（2）注册建造师的义务

注册建造师应当履行下列义务：
① 遵守法律、法规和有关管理规定，恪守职业道德；
② 执行技术标准、规范和规程；
③ 保证执业成果的质量，并承担相应责任；
④ 接受继续教育，努力提高执业水准；
⑤ 保守在执业中知悉的国家秘密和他人的商业、技术等秘密；
⑥ 与当事人有利害关系的，应当主动回避；
⑦ 协助注册管理机关完成相关工作。

注册建造师不得有下列行为：
① 不按设计图纸施工；
② 使用不合格建筑材料；
③ 使用不合格设备、建筑构配件；
④ 违反工程质量、安全、环保和用工方面的规定；
⑤ 在执业过程中，索贿、行贿、受贿或者谋取合同约定费用外的其他不法利益；
⑥ 签署弄虚作假或在不合格文件上签章的；
⑦ 以他人名义或允许他人以自己的名义从事执业活动；
⑧ 同时在两个或者两个以上企业受聘并执业；
⑨ 超出执业范围和聘用企业业务范围从事执业活动；
⑩ 未变更注册单位，而在另一家企业从事执业活动；
⑪ 所负责工程未办理竣工验收或移交手续前，变更注册到另一企业；
⑫ 伪造、涂改、倒卖、出租、出借或以其他形式非法转让资格证书、注册证书和执业印章；
⑬ 不履行注册建造师义务和法律、法规、规章禁止的其他行为。

4）注册建造师的监督管理

（1）管理部门

国务院建设主管部门对全国注册建造师的注册、执业活动实施统一监督管理；国务院铁路、交通、水利、信息产业、民航等有关部门按照国务院规定的职责分工，对全国有关专业工程注册建造师的执业活动实施监督管理。

县级以上地方人民政府建设主管部门对本行政区域内的注册建造师的注册、执业活动实施监督管理；县级以上地方人民政府交通、水利、通信等有关部门在各自职责范围内，对本行政区域内有关专业工程注册建造师的执业活动实施监督管理。

国务院建设主管部门应当将注册建造师注册信息告知省、自治区、直辖市人民政府建设主管部门。

省、自治区、直辖市人民政府建设主管部门应当将注册建造师注册信息告知本行政区域内市、县、市辖区人民政府建设主管部门。

(2) 管理措施

① 监查措施

监督管理部门履行监督检查职责时，有权采取下列措施：

第一，要求被检查人员出示注册证书和执业印章；

第二，要求被检查人员所在聘用企业提供有关人员签署的文件及相关业务文档；

第三，就有关问题询问签署文件的人员；

第四，纠正违反有关法律、法规、本规定及工程标准规范的行为；

第五，提出依法处理的意见和建议。

② 撤销注册

注册建造师违法从事相关活动的，违法行为发生地县级以上地方人民政府建设主管部门或者其他有关部门应当依法查处，并将违法事实、处理结果告知注册机关；依法应当撤销注册的，应当将违法事实、处理建议及有关材料报注册机关。

有下列情形之一的，注册机关依据职权或者根据利害关系人的请求，可以撤销注册建造师的注册：

第一，注册机关工作人员滥用职权、玩忽职守作出准予注册许可的；

第二，超越法定职权作出准予注册许可的；

第三，违反法定程序作出准予注册许可的；

第四，对不符合法定条件的申请人颁发注册证书和执业印章的；

第五，依法可以撤销注册的其他情形。

申请人以欺骗、贿赂等不正当手段获准注册的，应当予以撤销。

5) 注册建造师的执业状态信息和执业信用

(1) 执业状态信息

国务院建设主管部门负责建立并完善全国网络信息平台，省级人民政府建设行政主管部门负责注册建造师本地执业状态信息收集、整理，通过中国建造师网（www.coc.gov.cn）向社会实时发布。

注册建造师执业状态信息包括工程基本情况、良好行为、不良行为等内容。注册建造师应当在开工前、竣工验收、工程款结算后3日内按照《注册建造师信用档案管理办法》要求，通过中国建造师网向注册机关提供真实、准确、完整的注册建造师信用档案信息。信息报送应当及时、全面和真实，并作为延续注册的依据。

(2) 执业信用

注册建造师及其聘用单位应当按照要求，向注册机关提供真实、准确、完整的注册建造师信用档案信息。注册建造师信用档案应当包括注册建造师的基本情况、业绩、良好行为、不良行为等内容。违法违规行为、被投诉举报处理、行政处罚等情况应当作为注册建造师的不良行为记入其信用档案。注册建造师信用档案信息按照有关规定向社会公示。

县级以上地方人民政府建设主管部门和有关部门应当按照统一的诚信标准和管理办法，负责对本地区、本部门担任工程项目负责人的注册建造师诚信行为进行检查、记录，同时将不良行为记录信息按照管理权限及时采集信息并报送上级建设主管部门。

注册建造师有下列行为之一，经有关监督部门确认后由工程所在地建设主管部门或有关部门记入注册建造师执业信用档案：

① 注册建造师不得为的行为；

② 未履行注册建造师职责造成质量、安全、环境事故的；

③ 泄露商业秘密的；

④ 无正当理由拒绝或未及时签字盖章的；

⑤ 未按要求提供注册建造师信用档案信息的；

⑥ 未履行注册建造师职责造成不良社会影响的；

⑦ 未履行注册建造师职责导致项目未能及时交付使用的；

⑧ 不配合办理交接手续的；

⑨ 不积极配合有关部门监督检查的。

6）注册建造师的继续教育

注册建造师应通过继续教育，掌握工程建设有关法律法规、标准规范，增强职业道德和诚信守法意识，熟悉工程建设项目管理新方法、新技术，总结工作中的经验教训，不断提高综合素质和执业能力。注册建造师按规定参加继续教育，是申请初始注册、延续注册、增项注册和重新注册的必要条件。

注册一个专业的建造师在每一注册有效期内应参加继续教育不少于120学时，其中必修课60学时，选修课60学时。注册两个及以上专业的，每增加一个专业还应参加所增加专业60学时的继续教育，其中必修课30学时，选修课30学时。

2. 注册监理工程师执业资格制度

2006年1月26日建设部以部令第147号发布了《注册监理工程师管理规定》，自2006年4月1日实施，对注册监理工程师的执业资格做出了规定。

注册监理工程师，是指经考试取得监理工程师资格证书，并按照规定注册，取得注册监理工程师注册执业证书和执业印章，从事工程监理及相关业务活动的专业技术人员。未取得注册证书和执业印章的人员，不得以注册监理工程师的名义从事工程监理及相关业务活动。

1）注册监理工程师的管理机构

（1）主管部门

国务院建设主管部门对全国注册监理工程师的注册、执业活动实施统一监督管理。县级以上地方人民政府建设主管部门对本行政区域内的注册监理工程师的注册、执业活动实施监督管理。

（2）资格考试委员会

全国监理工程师资格考试委员会，是由国务院建设行政主管部门和国务院有关部门工程建设专家、人事行政管理专家共同组成的非常设机构。

2）注册监理工程师的报考条件

凡中华人民共和国公民，遵纪守法，具有工程技术或工程经济专业大专以上（含大专）学历，并符合下列条件之一者，可申请参加监理工程师执业资格考试。

(1) 具有按照国家有关规定评聘的工程技术或工程经济专业中级专业技术职务，并任职满三年。

(2) 具有按照国家有关规定评聘的工程技术或工程经济专业高级专业技术职务。

3) 监理工程师的注册管理

注册监理工程师实行注册执业管理制度。取得资格证书的人员，经过注册方能以注册监理工程师的名义执业。注册监理工程师依据其所学专业、工作经历、工程业绩，按照《工程监理企业资质管理规定》划分的工程类别，按专业注册。每人最多可以申请两个专业注册。

取得资格证书的人员申请注册，由省、自治区、直辖市人民政府建设主管部门初审，国务院建设主管部门审批。取得资格证书并受聘于一个建设工程勘察、设计、施工、监理、招标代理、造价咨询等单位的人员，应当通过聘用单位向单位工商注册所在地的省、自治区、直辖市人民政府建设主管部门提出注册申请；省、自治区、直辖市人民政府建设主管部门受理后提出初审意见，并将初审意见和全部申报材料报国务院建设主管部门审批；符合条件的，由国务院建设主管部门核发注册证书和执业印章。

注册证书和执业印章是注册监理工程师的执业凭证，由注册监理工程师本人保管、使用。注册证书和执业印章的有效期为 3 年。

(1) 注册申请

① 初始注册

初始注册者，可自资格证书签发之日起 3 年内提出申请。逾期未申请者，须符合继续教育的要求后方可申请初始注册。

申请初始注册，应当具备以下条件：经全国注册监理工程师执业资格统一考试合格，取得资格证书；受聘于一个相关单位；达到继续教育要求；没有规定不予注册的情形。

初始注册需要提交下列材料：申请人的注册申请表；申请人的资格证书和身份证复印件；申请人与聘用单位签订的聘用劳动合同复印件；所学专业、工作经历、工程业绩、工程类中级及中级以上职称证书等有关证明材料；逾期初始注册的，应当提供达到继续教育要求的证明材料。经考试合格，取得《监理工程师执业资格证书》的，可以申请监理工程师初始注册。

② 延续注册

注册监理工程师每一注册有效期为 3 年，注册有效期满需继续执业的，应当在注册有效期满 30 日前，按照规定的程序申请延续注册。延续注册有效期 3 年。延续注册需要提交下列材料：申请人延续注册申请表；申请人与聘用单位签订的聘用劳动合同复印件；申请人注册有效期内达到继续教育要求的证明材料。

③ 变更注册

在注册有效期内，注册监理工程师变更执业单位，应当与原聘用单位解除劳动关系，并按规定的程序办理变更注册手续，变更注册后仍延续原注册有效期。

变更注册需要提交下列材料：申请人变更注册申请表；申请人与新聘用单位签订的聘用劳动合同复印件；申请人的工作调动证明（与原聘用单位解除聘用劳动合同或者聘用劳动合同到期的证明文件、退休人员的退休证明）。

(2) 不予注册的情形

申请人有下列情形之一的，不予初始注册、延续注册或者变更注册：

① 不具有完全民事行为能力的；

② 刑事处罚尚未执行完毕或者因从事工程监理或者相关业务受到刑事处罚，自刑事处罚执行完毕之日起至申请注册之日止不满2年的；

③ 未达到监理工程师继续教育要求的；

④ 在两个或者两个以上单位申请注册的；

⑤ 以虚假的职称证书参加考试并取得资格证书的；

⑥ 年龄超过65周岁的；

⑦ 法律、法规规定不予注册的其他情形。

(3) 注册证书和执业印章失效的情形

注册监理工程师有下列情形之一的，其注册证书和执业印章失效：

① 聘用单位破产的；

② 聘用单位被吊销营业执照的；

③ 聘用单位被吊销相应资质证书的；

④ 已与聘用单位解除劳动关系的；

⑤ 注册有效期满且未延续注册的；

⑥ 年龄超过65周岁的；

⑦ 死亡或者丧失行为能力的；

⑧ 其他导致注册失效的情形。

(4) 注销注册

注册监理工程师有下列情形之一的，负责审批的部门应当办理注销手续，收回注册证书和执业印章或者公告其注册证书和执业印章作废：

① 不具有完全民事行为能力的；

② 申请注销注册的；

③ 有注册证书和执业印章失效情形发生的；

④ 依法被撤销注册的；

⑤ 依法被吊销注册证书的；

⑥ 受到刑事处罚的；

⑦ 法律、法规规定应当注销注册的其他情形。

注册监理工程师有前款情形之一的，注册监理工程师本人和聘用单位应当及时向国务院建设主管部门提出注销注册的申请；有关单位和个人有权向国务院建设主管部门举报；县级以上地方人民政府建设主管部门或者有关部门应当及时报告或者告知国务院建设主管部门。

被注销注册者或者不予注册者，在重新具备初始注册条件，并符合继续教育要求后，可以按照规定的程序重新申请注册。

4) 注册监理师的执业管理

取得资格证书的人员，应当受聘于一个具有建设工程勘察、设计、施工、监理、招标代理、造价咨询等一项或者多项资质的单位，经注册后方可从事相应的执业活动。从事工程监理执业活动的，应当受聘并注册于一个具有工程监理资质的单位。

注册监理工程师可以从事工程监理、工程经济与技术咨询、工程招标与采购咨询、工程项目管理服务以及国务院有关部门规定的其他业务。

工程监理活动中形成的监理文件由注册监理工程师按照规定签字盖章后方可生效。

修改经注册监理工程师签字盖章的工程监理文件，应当由该注册监理工程师进行；因特殊情况，该注册监理工程师不能进行修改的，应当由其他注册监理工程师修改，并签字、加盖执业印章，对修改部分承担责任。

注册监理工程师从事执业活动，由所在单位接受委托并统一收费。

因工程监理事故及相关业务造成的经济损失，聘用单位应当承担赔偿责任；聘用单位承担赔偿责任后，可依法向负有过错的注册监理工程师追偿。

5）继续教育

注册监理工程师在每一注册有效期内应当达到国务院建设主管部门规定的继续教育要求。继续教育作为注册监理工程师逾期初始注册、延续注册和重新申请注册的条件之一。

继续教育分为必修课和选修课，在每一注册有效期内各为48学时。

6）权利和义务

注册监理工程师享有下列权利：

（1）使用注册监理工程师称谓；

（2）在规定范围内从事执业活动；

（3）依据本人能力从事相应的执业活动；

（4）保管和使用本人的注册证书和执业印章；

（5）对本人执业活动进行解释和辩护；

（6）接受继续教育；

（7）获得相应的劳动报酬；

（8）对侵犯本人权利的行为进行申诉。

注册监理工程师应当履行下列义务：

（1）遵守法律、法规和有关管理规定；

（2）履行管理职责，执行技术标准、规范和规程；

（3）保证执业活动成果的质量，并承担相应责任；

（4）接受继续教育，努力提高执业水准；

（5）在本人执业活动所形成的工程监理文件上签字、加盖执业印章；

（6）保守在执业中知悉的国家秘密和他人的商业、技术秘密；

（7）不得涂改、倒卖、出租、出借或者以其他形式非法转让注册证书或者执业印章；

（8）不得同时在两个或者两个以上单位受聘或者执业；

（9）在规定的执业范围和聘用单位业务范围内从事执业活动；

（10）协助注册管理机构完成相关工作。

2.3 建设工程发包与承包法律制度

2.3.1 建设工程发包与承包概述

1. 建设工程发包与承包概念

所谓发包、承包是指一方当事人为另一方当事人完成某项工作，另一方当事人接受工作成果并支付工作报酬的行为。其中，把某项工作交给他人完成并有义务接受工作成果，支付工作报酬，是发包；承揽他人交付某项工作，并完成某项工作，是承包。发包与承包构成发包、承包经济活动的不可分割的两个方面、两种行为。

建设工程发包，是指建设单位或者受其委托的招标代理机构通过招标方式或直接发包方式将建设工程的全部或部分交由他人承包，并支付相应费用的行为。

建设工程承包，是指通过招标方式或直接发包方式取得建设工程的全部或部分，取得相应费用并完成建设工程的全部或部分的行为。

建设工程发包、承包制度，是建筑业适应市场经济的产物。建设工程勘察、设计、施工、安装单位要通过参加市场竞争来承揽建设工程项目。这样，可以激发企业活力，改变计划经济体制下建筑活动僵化的体制，有利于建筑业健康发展，有利于建筑市场的活跃和繁荣。

2. 建设工程发包与承包原则

建设工程发包、承包活动是一项特殊的商品交易活动，同时又是一项重要的法律活动，因此，承发包双方必须共同遵循交易活动的一些基本原则，依法进行，才能确保活动的顺利、高效、公平地进行。《建筑法》将这些基本原则以法律的形式作了如下规定：

1）建设工程发包、承包实行以招标发包为主、直接发包为辅的原则

工程发包可以分为招标发包与直接发包两种形式。招标发包是一种科学先进的发包方式，也是国际通用的形式，受到社会和国家的重视。因此，《建筑法》规定：建设工程依法实行招标发包，对不适于招标发包的可以直接发包。由于我国已于2000年1月1日起开始实施《中华人民共和国招标投标法》，因此，对于符合该法要求招标范围的建设工程，必须依照《招标投标法》实行招标发包，招标投标活动应该遵循公开、公正、公平的原则，择优选择承包单位。

2）禁止承发包双方采取不正当竞争手段的原则

发包单位及其工作人员在建设工程发包中不得收受贿赂、回扣或者索取其他好处。承包单位及其工作人员不得利用向发包单位及其他工作人员行贿、提供回扣或者给予其他好处等不正当手段承揽工程。

3）建设工程确定合同价款的原则

建设工程合同价款应当按照国家有关规定，由发包单位与承包单位在合同中约定。

全部或者部分使用国有资金投资或者国家融资的建设工程，应当按照国家发布的计价规则和标准编制招标文件、进行评标定标、确定工程承包合同价款。

2.3.2 建设工程发包制度

1. 建设工程发包方式

建设工程的发包方式可分为招标发包和直接发包两种。

1）招标发包

招标发包是指建设单位通过招标确定承包单位的一种发包方式。招标发包又有两种方式：一种是公开招标发包，即由建设单位按照法定程序，在规定的公开的媒体上发布招标公告，公开提供招标文件，使所有潜在的投标人都可以平等参加投标竞争，从中择优选定中标人；另一种方式是邀请招标发包，即招标人根据自己所掌握的情况，预先确定一定数量的符合招标项目基本要求的潜在投标人并发出邀请，从中确定承包单位。全部或者部分使用国有资金投资或者国家融资的建设工程，应当依法采用招标方式发包。

2）直接发包

直接发包是指发包方直接与承包方签订承包合同的一种发包方式。如建设单位直接同一个有资质证书的建筑施工企业商谈建设工程的事宜，通过商谈来确定承包单位。采用特定专利技术、专有技术，或者建筑艺术造型有特殊要求的建设工程的勘察、设计、施工，经省、自治区、直辖市建设行政主管部门或有关部门批准，可以直接发包。

建设工程一般应实行招标发包，不适于招标发包的保密工程、特殊专业工程等可以直接发包。

2. 建设工程发包行为规范

建设工程发包单位必须依照法律、法规规定的要求发包建设工程。具体要求如下：

1）发包单位应当将建设工程发包给合格的承包人

《建筑法》第22条规定，实行招标发包的建筑工程，发包人应当将建筑工程发包给依法中标的承包人；实行直接发包的建筑工程，发包人应将建筑工程发包给具有相应资质的承包人。

【特别提示】

所谓依法中标，一是指中标单位是经过《中华人民共和国招标投标法》法定程序评选的；二是中标单位必须符合招标要求且具备建造该工程的相应资质条件。

2）发包单位应当按照合同的约定，及时拨付工程款项

拖欠工程款，是目前规范建筑市场的难点问题，它不仅严重地影响了企业的生产经营，制约了企业的发展，而且也影响了工程建设的顺利进行，制约了投资效益的提高。法律对此作出规定，不仅规范了发包单位拖欠工程款的行为，同时也为施工企业追回拖欠工程款提供了法律依据。

3）发包单位及其工作人员不得在发包过程中收受贿赂、回扣或者索取其他好处

所谓收受贿赂，是指发包单位及其他工作人员利用自己的特殊地位非法收受他人财物的行为。所谓收受回扣，是指在建设工程的发包中，发包单位及其工作人员非法收取的从对方的工程款项中扣出的钱财。索取其他好处包括主动要求对方给予一定的贿赂、主动要求对方给予一定的回扣、主动要求对方给予一定的手续费、主动要求对方给予出国名额、主动要求对方给予子女就业等情况。

收受贿赂、回扣或者索取其他好处均属于违法行为。如果允许这些行为存在，对于建筑市场的建立极为不利，特别是不利于保证建设工程的质量与安全、不利于保护国家利益。因此，对此行为应予以禁止。

4）发包单位应当依照法律、法规规定的程序和方式进行公开招标并接受有关行政主管部门的监督

《建筑法》第20条规定，建筑工程实行公开招标的，发包单位应当依照法律程序和方式，发布招标公告，提供载有招标工程的主要技术要求、主要的合同条款、评标的标准和方法以及开标、评标、定标的程序等内容的招标文件。开标应当在招标文件规定的时间、地点公开进行，并接受有关行政主管部门的监督。开标后应当按照招标文件规定的评标标准和程序对标书进行评价、比较，在具备相应资质条件的投标者中，择优选定中标者。

5）发包人不得将建设工程肢解发包

肢解发包是指发包人将应当由一个承包人完成的建筑工程肢解成若干部分分别发包给

几个承包人。肢解发包是我国目前建筑市场混乱的重要诱因，危害公共安全，因此，《建筑法》第 24 条规定，禁止发包人将建筑工程肢解发包。

【特别提示】

禁止肢解发包并不等于禁止分包。比如在工程施工中，总承包单位有能力并有相应资质承担上下水、暖气、电气、电讯、消防工程和清运渣土的，就应由其自行组织施工和清运；若总承包单位需将上述某种工程分包的，根据合同约定在征得建设单位同意后，亦可分包给具有相应资质的企业，但必须由总承包单位统一进行管理，切实承担总包责任。建设单位要加强监督检查，明确责任，保证工程质量和施工安全。

6）发包人不得向承包人指定购入用于建设工程的建筑材料、建筑构配件和设备或指定生产厂、供应商。

如果发包人与承包人在建设工程合同中明确约定由承包人包工包料，那么，承包人按照合同的要求有权自行安排和购买建筑材料、建筑构配件和设备，自由选择生产厂家或者供应商家，发包人无权为承包人进行指定购买，否则就是违反合同约定，侵犯承包人的合法权益。因此《建筑法》第 25 条对此明确规定，按照合同规定，建筑材料、建筑构配件和设备由工程承包单位采购的，发包单位不得指定购入用于工程的建筑材料、建筑构配件和设备或指定生产厂、供应商。

2.3.3 建设工程承包制度

1. 承包单位资质管理

《建筑法》第 26 条明确规定：承包建设工程的单位应当持有依法取得的资质证书，并在其资质等级许可的业务范围内承揽工程。禁止建筑施工企业超越本企业资质等级许可的业务范围或者以任何形式用其他建筑施工企业的名义承揽工程。禁止建筑施工企业以任何形式允许其他单位或者个人使用本企业的资质证书、营业执照，以本企业的名义承揽工程。

2. 建设工程承包方式

1）建设工程总承包

《建筑法》第 24 条规定，国家提倡建设工程实行总承包制度。即提倡将一个建设工程由一个承包单位负责组织实施，由其统一指挥协调，并向发包单位承担统一的经济法律责任的承包形式。

在建设工程总承包中，有以下两种情况：

（1）全部建设工程的总承包。即建设工程的发包单位将建设工程的勘察、设计、施工、设备采购和试运行一并发包给一个工程总承包单位，由总承包单位直接向发包单位负责。总承包单位可以自己负责整个建设工程的全过程，也可以依法再分包给若干个专业分包单位来完成，但不得将建设工程主体结构进行分包。

（2）分项总承包。即建设工程的发包单位将建设工程勘察、设计、施工、设备采购的一项或者多项发包给一个工程总承包单位。

建设工程总承包制度是建设工程承包方式多样化的产物，是我国工程建设领域改革不断深入的结果，也是借鉴国际建设工程管理经验的结果。它有利于充分发挥那些在建设工程方面具有较强的技术力量、丰富的经验和组织管理能力的大承包商的专业优势，综合协调工程建设中的各种关系，强化对工程建设的统一指挥和组织管理，保证工程质量和进度，缩短建设工期，减少开支，提高投资效益。因此，国家明确提倡工程总承包制度，并予以鼓励和推荐。

2）建设工程分包

所谓分包，是指对建设工程实行总承包的单位，将其总承包的工程项目的某一部分或某几部分，再发包给其他的承包人，与其签订总承包合同项下的分包合同。分包分为专业工程分包和劳务作业分包。2004 年 2 月 3 日，住房城乡建设部以第 124 号令发布了《房屋建筑和市政基础设施工程施工分包管理办法》，对房屋建筑和市政基础设施工程施工分包活动的行为规范作了明确规定。

（1）建设工程总承包单位可以将承包工程中的部分工程发包给具有相应资质的分包单位。但主体结构工程不能分包出去，必须由总承包单位自行完成。

（2）分包工程承包人必须具有相应的资质，并在其资质等级许可的范围内承揽业务。严禁个人承揽分包工程业务。

（3）专业工程分包除在施工总承包合同中有约定外，必须经建设单位认可。专业分包工程承包人必须自行完成所承包的工程。

（4）劳务作业分包由劳务作业发包人与劳务作业承包人通过劳务合同约定。劳务作业承包人必须自行完成所承包的任务。

（5）分包工程发包人和分包工程承包人应当依法签订分包合同，并按照合同履行约定的义务。分包合同必须明确约定支付工程款和劳务工资的时间、结算方式以及保证按期支付的相应措施，确保工程款和劳务工资的支付。

（6）分包工程发包人应当在订立分包合同后 7 个工作日内，将合同送工程所在地县级以上地方人民政府建设行政主管部门备案。分包合同发生重大变更的，分包工程发包人应当自变更后 7 个工作日内，将变更协议送原备案机关备案。

（7）分包工程发包人应当设立项目管理机构，组织管理所承包工程的施工活动。项目管理机构应当具有与承包工程的规模、技术复杂程度相适应的技术、经济管理人员。其中，项目负责人、技术负责人、项目核算负责人、质量管理人员、安全管理人员必须是本单位的人员。具体要求由省、自治区、直辖市人民政府建设行政主管部门规定。

（8）分包工程发包人可以就分包合同的履行，要求分包工程承包人提供分包工程履约担保；分包工程承包人在提供担保后，要求分包工程发包人同时提供分包工程付款担保的，分包工程发包人应当提供。

（9）分包工程发包人对施工现场安全负责，并对分包工程承包人的安全生产进行管理。专业分包工程承包人应当将其分包工程的施工组织设计和施工安全方案报分包工程发包人备案，专业分包工程发包人发现事故隐患，应当及时作出处理。

分包工程承包人就施工现场安全向分包工程发包人负责，并应当服从分包工程发包人对施工现场的安全生产管理。

（10）建设工程总承包单位按照总承包合同的约定对建设单位负责，分包单位按照分包合同的约定对总承包单位负责。

（11）分包工程承包人应当按照分包合同的约定对其承包的工程向分包工程发包人负责。分包工程发包人和分包工程承包人就分包工程对建设单位承担连带责任。

3）建设工程联合承包

联合承包是指由两个以上的单位共同组成非法人的联合体，以该联合体的名义承包某项建设工程的承包形式。

【特别提示】

由两个以上的单位共同投资组成一个法人实体，由该法人实体承包工程项目，与发包方订立承包合同，则属于该法人实体的单独承包，不属于联合共同承包。

《建筑法》第27条规定："大型建筑工程或者结构复杂的建筑工程，可以由两个以上的承包单位联合承包。联合承包的各方对承包合同的履行承担连带责任。""两个以上不同资质等级的单位实行联合共同承包的，应当按照资质等级低的单位的业务许可范围承揽工程。"

(1) 联合承包的前提条件

承包单位联合承包的前提是大型建筑工程或者是结构复杂的建筑工程。也就是说，一些中小型工程以及结构不复杂的不可以采取联合承包工程的方式。对于什么是大型建筑工程和结构复杂的建筑工程应以国务院、地方政府或者国务院有关部门确定的标准为准。大型建筑工程的划分应当以建筑面积或者总造价来划分为宜；结构复杂的建筑工程一般应是结构的专业性较强的建筑工程。大型建筑工程或者结构复杂的建筑工程，工程任务量大、技术要求复杂、建设周期较长，需要承包方有较强的经济、技术实力的抗风险的能力。由多家单位组成联合体共同承包，可以集中各方的经济、技术力量，发挥各自的优势，大大增强投标竞争的实力；对发包方来说，也有利于提高投资效益，保证工程建设质量。

(2) 联合承包的责任承担

联合承包的各方对承包合同的履行应承担连带责任。所谓连带责任，是指一方不能履行义务时，由另一方来承担责任。连带责任是对他方讲的，对于联合共同承包的内部各方来讲应当根据自己各自的过错承担责任。联合承包既然是共同施工、共同承包、共享利润，相应地必须共担风险，共负亏损。这样，联合承包才可以既能发挥企业互补优势的好处，又能通过连带民事责任的规定加强联合承包各企业的责任感，防患于未然，从而使建筑工程联合承包能健康、活跃地进行和发展。

(3) 高资质与低资质联合承包

《建筑法》第27条第2款规定："两个以上不同资质等级的单位实行联合共同承包的，应当按照资质等级低的单位的业务许可范围承揽工程。"这一规定是为了防止低资质企业通过联合承包形式进行投机行为，确保业主的利益。这一规定是一个义务性规定，联合承包各方应当履行这一义务。

(4) 不同类别资质联合承包

两个以上资质类别不同的承包单位实行联合承包的，应当按照联合体的内部分工，各自按资质类别及等级的许可范围承担工程。

3. 建设工程承包行为规范

(1) 建设单位不得直接指定分包工程承包人。任何单位和个人不得对依法实施的分包活动进行干预。

(2) 承包单位及其工作人员不得利用向发包单位及其工作人员行贿、提供回扣或者给予其他好处等不正当手段承揽工程。

(3) 禁止转让、出借企业资质证书或者以其他方式允许他人以本企业名义承揽工程。分包工程发包人没有将其承包的工程进行分包，在施工现场所设项目管理机构的项目负责人、技术负责人、项目核算负责人、质量管理人员、安全管理人员不是工程承包人本单位人员的，视同允许他人以本企业名义承揽工程。

(4) 禁止将承包的工程进行违法分包。违法分包行为有：1) 分包工程发包人将专业工程或者劳务作业分包给不具备相应资质条件的分包工程承包人的；2) 施工总承包合同中未有约定，又未经建设单位认可，分包工程发包人将承包工程中的部分专业工程分包给他人的。禁止总承包单位将工程分包给不具备相应资质条件的单位。

(5) 禁止建筑工程转包。所谓转包，是指承包单位不行使承包者的管理职能，将所承包的工程完全转手给他人承包的行为。转包的形式包括：一种是承包单位将其承包的全部建筑工程转包给他人；另一种是承包单位将其承包的全部工程肢解以后以分包的名义发包给他人即变相的转包。此外，分包工程发包人将工程分包后，未在施工现场设立项目管理机构和派驻相应人员，并未对该工程的施工活动进行组织管理的，视同转包行为。转包工程容易使建设单位失去对其承包人的控制和监督，造成投机行为，引起建筑工程质量与安全事故等，是一种违反双方合同的行为。

2.4 建设工程监理法律制度

2.4.1 建设工程监理概述

1. 建设工程监理的概念

建设工程监理，是指工程监理单位受建设单位委托，根据法律法规、工程建设标准、勘察设计文件及合同，在施工阶段对建设工程质量、造价、进度进行控制，对合同、信息进行管理，对工程建设相关方的关系进行协调，并履行建设工程安全生产管理法定职责的服务活动。

2. 建设工程监理立法概况

改革开放以来，尤其是自20世纪80年代开始，我国利用外资和国外贷款进行工程建设，根据外方要求，这些工程项目建设都实行了建设监理，并取得了良好的效果，如云南鲁布格水电站引水工程，就是实行了工程建设监理并取得了明显成效的最早的例证。由此引发了我国工程项目建设管理体制的重大改革，即开始实行建设监理制。

1988年，建设部提出建立专业化社会化的社会建设监理制度，并在一些城市和产业部门开展了试点工作。随后，由建设部及国务院相关部委制定了许多有关建设工程监理的部门规章和规范性文件，主要有《关于开展建设监理试点工作的若干意见》(1988年)、《关于进一步开展建设监理工作的通知》(1992年)、《工程建设监理规定》(1995年)、《关于印发〈工程建设监理合同〉示范文本的通知》(1995年)。

1998年实施的《建筑法》明确规定："国家推行建筑工程监理制度。国务院可以规定实行强制性监理的工程范围"。这更确定了工程监理在我国的地位，使建设监理制在我国建设领域得到迅速发展并走上法制化轨道。《建筑法》中有关工程监理的规定，成为我国监理法规中立法层次较高的法律规范。

2000年国务院颁布的《建设工程质量管理条例》，对建设工程监理的范围和责任作了相应规定。以后，国家相关部委相继出台了《建设工程监理规范》(2000年，已废止)、《工程监理企业资质管理规定》(2001年)、《建设工程监理范围和规模标准规定》(2001

年)、《建设工程监理与相关服务收费管理规定》(2007 年)、《工程建设监理合同(示范文本)》(GF-2012-0202)、《建设工程监理规范》(GB/T 50319—2013)等，这些法律规范共同构成了建设工程监理法规体系。

3. 建设工程监理的原则

1) 资质许可原则

《建筑法》第 31 条规定:“实行监理的建筑工程，由建设单位委托具有相应资质条件的工程监理单位监理。”第 34 条规定:“工程监理单位应当在其资质等级许可的监理范围内，承担工程监理业务。”这是政府对从事工程监理的单位资质许可的强制性规定，也是从事监理活动的首要的原则。

2) 客观公正原则

《建筑法》第 34 条规定:“工程监理单位应当根据建设单位的委托，客观、公正地执行监理任务。”所谓客观，是指工程监理单位及其监理人员在执行监理任务中，应以事实为根据，并运用科学的方法，在充分掌握监理对象及其外部环境实际情况的基础上，适时、妥善、高效地处理有关问题，用事实说话，不能主观臆断;所谓公正，是指工程监理单位及其监理人员在对工程实施质量、投资和进度控制时，应当以独立、公正第三方的地位，做到公正廉洁，严格把关，不放过任何影响工程质量的问题，清退不合格的材料、提出合理化建议、纠正不合理设计、严格审查预决算，达到节省投资、保证工程质量的目的，同时，在处理建设单位与承包单位之间的纠纷时，做到不偏不倚，公平对待。客观和公正是工程监理单位和监理人员应当遵循的最基本的执业准则，也是对监理活动的基本要求。

3) 总监理工程师负责原则

建设工程监理应实行总监理工程师负责制。总监理工程师负责制是指由总监理工程师全面负责建设工程监理实施工作。总监理工程师是工程监理单位法定代表人书面任命的项目监理机构负责人，是工程监理单位履行建设工程监理合同的全权代表。

4) 监理单位独立完成任务的原则

《建筑法》第 34 条规定:“工程监理单位不得转让工程监理业务。”建设单位将监理业务委托给工程监理单位，是建设单位对该监理单位的信誉和监理能力的信任，监理单位接受委托后，应当自行完成工程监理业务，不允许将监理业务转让给其他工程监理单位。如果由于各种原因，监理单位确实无法完成该工程监理任务时，应依法解除合同，由建设单位将该工程的监理业务委托给其他具有相应资质条件的监理单位。

2.4.2 建设工程监理范围、依据和内容

1. 建设工程监理范围

建设工程监理是基于业主的委托才可实施的建设活动，所以，建设工程实施监理应是建立在业主自愿的基础上的。但在国家投资工程中，国家有权以业主的身份要求工程建设项目法人实施监理，对于外资投资建设工程及一些与社会公共利益关系重大的工程，为确保工程质量和社会公众的生命财产安全，国家也可要求其业主必须实施工程监理，即对这些工程建设活动强制实行监理。我国《建筑法》规定:实行强制监理的建筑工程的范围由国务院规定。国务院于 2000 年 1 月 30 日颁布的《建设工程质量管理条例》及建设部 2000 年 1 月 17 日颁布的《建设工程监理范围和规模标准规定》中规定，现阶段我国必须

实行工程建设监理的工程项目范围为：

1）国家重点建设工程

国家重点建设工程是指依据《国家重点建设项目管理办法》所确定的对国民经济和社会发展有重大影响的骨干项目。

2）大、中型公用事业工程

项目总投资额在3000万元以上的下列工程项目：

（1）供水、供电、供气、供热等市政工程项目；

（2）科技、教育、文化等项目；

（3）体育、旅游、商业等项目；

（4）卫生、社会福利等项目；

（5）其他公用事业项目。

3）成片开发建设的住宅小区工程

建筑面积在5万平方米以上的住宅建设工程必须实行监理；5万平方米以下的住宅建设工程，可以实行监理，具体范围和规模标准，由省、自治区、直辖市人民政府建设行政主管部门规定。

为了保证住宅质量，对高层住宅及地基、结构复杂的多层住宅应当实行监理。

4）利用外国政府或者国际组织贷款、援助资金的工程

（1）使用世界银行、亚洲开发银行等国际组织贷款资金的项目；

（2）使用国外政府及其机构贷款资金的项目；

（3）使用国际组织或者国外政府援助资金的项目。

5）国家规定必须实行监理的其他工程

项目总投资额在3000万元以上关系社会公共利益、公众安全的下列基础设施项目：

（1）煤炭、石油、化工、天然气、电力、新能源等项目；

（2）铁路、公路、管道、水运、民航以及其他交通运输业等项目；

（3）邮政、电信枢纽、通信、信息网络等项目；

（4）防洪、灌溉、排涝、发电、引（供）水、滩涂治理、水资源保护、水土保持等水利建设项目；

（5）道路、桥梁、地铁和轻轨交通、污水排放及处理、垃圾处理、地下管道、公共停车场等城市基础设施项目；

（6）生态环境保护项目；

（7）其他基础设施项目。

学校、影剧院、体育场馆项目，不管总投资额多少，都必须实行监理。

2. 建设工程监理依据

1）国家或部门制定颁布的法律、法规、规章

目前有关工程监理方面的法律法规主要有：《建筑法》、《建设工程质量管理条例》、《建设工程安全生产管理条例》、《工程建设监理规定》、《工程监理企业资质管理规定》、《注册监理工程师管理规定》等。

2）国家现行的技术规范、技术标准、规程和工程质量验评标准

《建设工程监理规范》是监理单位和监理工作人员进行监理工作的行为规范。技术标

准是工程建设标准的一种。工程建设标准可分为强制性标准和推荐性标准。强制性标准是必须执行的标准。推荐性标准是自愿采用的标准，经过双方签订合同予以确认。经合同确认的推荐性标准也必须严格执行。

3）经审查批准的建设文件、设计文件和设计图纸

设计文件和设计图纸是施工的依据，同时也是监理的依据。施工单位应该按设计文件和图纸进行施工。监理单位应按照设计文件和设计图纸对施工活动进行监督管理。

4）依法签订的各类工程合同文件等

工程合同是建设单位和施工单位根据国家规定的程序、批准的投资计划以及有关设计文件，为完成商定的某项建筑工程，明确相互权利和义务关系的协议。工程合同依法订立，即具有法律约束力，当事人必须全面履行合同规定的义务，任何一方不得擅自变更或解除合同。监理单位应当依据工程承包合同监督施工单位是否全面履行建筑工程承包合同规定的义务。

3. 建设工程监理内容

监理工作贯穿于工程建设程序的各个阶段之中，每个阶段、各个环节都有具体的“三控制”、“三管理”、“一协调”的任务。

【特别提示】

“三控制”指质量控制、投资控制、工期控制

“三管理”指合同管理、信息管理、安全管理

“一协调”指协调参与工程建设各方之间的关系

根据《建设工程监理合同（示范文本）》的规定，除专用条件另有约定外，监理工作内容包括：

（1）收到工程设计文件后编制监理规划，并在第一次工地会议7天前报委托人。根据有关规定和监理工作需要，编制监理实施细则；

（2）熟悉工程设计文件，并参加由委托人主持的图纸会审和设计交底会议；

（3）参加由委托人主持的第一次工地会议；主持监理例会并根据工程需要主持或参加专题会议；

（4）审查施工承包人提交的施工组织设计，重点审查其中的质量安全技术措施、专项施工方案与工程建设强制性标准的符合性；

（5）检查施工承包人工程质量、安全生产管理制度及组织机构和人员资格；

（6）检查施工承包人专职安全生产管理人员的配备情况；

（7）审查施工承包人提交的施工进度计划，核查承包人对施工进度计划的调整；

（8）检查施工承包人的试验室；

（9）审核施工分包人资质条件；

（10）查验施工承包人的施工测量放线成果；

（11）审查工程开工条件，对条件具备的签发开工令；

（12）审查施工承包人报送的工程材料、构配件、设备质量证明文件的有效性和符合性，并按规定对用于工程的材料采取平行检验或见证取样方式进行抽检；

（13）审核施工承包人提交的工程款支付申请，签发或出具工程款支付证书，并报委托人审核、批准；

(14) 在巡视、旁站和检验过程中，发现工程质量、施工安全存在事故隐患的，要求施工承包人整改并报委托人；

(15) 经委托人同意，签发工程暂停令和复工令；

(16) 审查施工承包人提交的采用新材料、新工艺、新技术、新设备的论证材料及相关验收标准；

(17) 验收隐蔽工程、分部分项工程；

(18) 审查施工承包人提交的工程变更申请，协调处理施工进度调整、费用索赔、合同争议等事项；

(19) 审查施工承包人提交的竣工验收申请，编写工程质量评估报告；

(20) 参加工程竣工验收，签署竣工验收意见；

(21) 审查施工承包人提交的竣工结算申请并报委托人；

(22) 编制、整理工程监理归档文件并报委托人。

2.4.3 工程建设监理各方的关系

工程建设监理活动中最主要的当事人有建设单位、监理单位及承包商三方。它们的权利义务是通过建设单位与监理单位及建设单位与承包商之间所签订的合同来约定的。建设单位通过合同将自己对承包商建设活动的监督管理权委托授予了监理单位，所以，承包商与监理单位之间虽无直接关系，也未互签合同，但它必须接受监理单位的监督与管理。为使各方的权利义务基本平等，并有利于工程建设的顺利进行，国际咨询工程师联合会编制了FIDIC合同文本，建设部门、国家工商局等部门也编制了《建设工程施工合同》示范文本和《工程建设监理合同》示范文本，供各有关当事人参照执行。这些合同文件对建设单位、监理单位及承包商之间的工作关系作了明确的规定。

1. 建设单位与承包商的关系

建设单位与承包商实质上是雇佣与被雇佣的关系，他们是工程合同中的两个主体。我们国内习惯将建设单位与承包商的关系称之为承、发包的合同关系。建设单位采用招、投标手段选择承包商，建设单位与承包商签订的施工合同构成了合同双方相互关系的法律依据。

承包商按照工程合同规定，对合同范围内工程进行设计、施工和竣工，并修补其任何缺陷。同样，建设单位也要按照合同文件履行自己的职责。应当指出的是：在施工过程中，如建设单位已委托监理单位进行监理，建设单位就不能再直接指挥承包商的施工活动，在合同条件中，没有任何条款说明承包商应接受建设单位的指令，建设单位直接向承包商下达指令是违反合同的行为。因此，承包商有权拒绝执行建设单位下达的这一类指令，而承包商执行建设单位的指令同样也是违反合同的行为，监理工程师有权拒绝。建设单位直接指挥承包商和承包商接受建设单位指挥的行为实际将干预监理工程师对合同的执行。这种作法与合同相违背，由此可能导致合同的失败。

实践证明：建设单位对承包商干预的越多，工程干得越差，合同执行得也越糟；而建设单位干预得越少，完全由监理工程师来组织、协调、控制，则工程干得越好。

2. 建设单位与监理单位的关系

实施一项工程建设时，建设单位一方面通过招标手段选择承包商，另一方面要委托具有监理资格的单位进行监理。因此，建设单位和监理单位及其监理工程师的关系是委托和被委托的关系。这种关系通过以下两个文件予以明确。

一是在建设单位与承包商签订的工程合同中，详细地规定了被委托的监理工程师的权利和职责，其中包括监理工程师对建设单位的约束权利和监理工程师独立公正地执行合同条件的权力。这就奠定了监理工程师与建设单位的工作关系的基础。

另一个文件是建设单位与监理单位签订的监理合同。这份文件主要对监理人员数量、素质、服务范围、服务时间、服务费用以及其他有关监理人员生活方面的安排进行了详细的规定。同时，在监理服务协议中对监理工程师的权力也需予以明确。在监理协议中明确监理工程师的权力时应注意到协议中明确的权力要与施工合同中所赋予监理工程师的权力保持一致。

在监理合同中一般还要明确，建设单位有权向监理单位提出更换不称职的监理人员或解除监理合同。这是建设单位对监理人员的制约。但是这种制约，不应影响监理工程师按照合同独立、公正地行使监理的权力，包括监理工程师的决定对建设单位有约束力的权力。建设单位不能认为监理工程师是他所委托的雇员，而去干预监理工程师的正常工作。这是建设单位在处理与监理工程师的关系时应该掌握的根本原则。

3. 监理工程师与承包商的关系

监理工程师与承包商都是受聘于建设单位，他们之间既没有任何合同，也没有任何协议。他们之间的关系在建设单位与承包商签订的合同中可以明确地体现出来。接受监理工程师的监督管理并按照合同规定，监理工程师与承包商之间是监理和被监理的关系，承包商的一切工程活动都必须得到监理工程师的批准。在涉及或关系到工程的任何事项上，无论这些事项在合同中写明与否，承包商都要严格遵守与执行监理工程师的指示，并且承包商也只能从监理工程师处取得指示。承包商完成的任何工作都必须达到监理工程师满意的程度。承包商必须接受监理工程师的监督和管理。但是监理工程师对承包商的任何监督和管理，都必须符合法律（包括合同文件）和实际情况。如果承包商认为监理工程师的决定不能接受，他有权提出仲裁，通过法律手段进行解决。这是法律上对承包商的保护。

监理工程师在处理与承包商的关系上，另外一个值得注意的问题是监理工程师不能与承包商有任何经济关系，包括监理单位不能与承包单位及提供设备制造和材料供应的单位发生隶属关系，也不得是这些单位的合伙经营者。监理单位和监理工程师均不能经营承包施工或材料销售业务，也不得在施工单位、设备制造和材料供应单位任职，监理工程师更不能接受承包商的礼物。这是监理工作的一个原则性的问题。

综上所述，一项工程的实施，是由各自相对独立而又相互制约的三方（建设单位、监理工程师、承包商）共同完成的。正确处理建设单位、监理工程师、承包商三者的关系，是保证工程按合同条件进行的关键。

2.4.4 建设工程监理合同

《合同法》第 267 条规定："建设工程实行监理的，发包人应当与监理人采取书面形式订立委托监理合同。监理人与发包人的权利和义务及法律责任，应当依照本法委托合同以及其他有关法律、行政法规的规定。"《建筑法》第 31 条也规定："实行监理的建设工程，由建设单位委托具有相应资质条件的工程监理单位监理。建设单位与其委托的工程监理单位应当订立书面委托监理合同。"

1. 监理合同的概念

建设工程监理合同是指建设单位（业主）与监理单位为完成某项建设监理任务签订的，旨在明确双方权利和义务的有法律效力的协议。监理合同是一种委托合同，委托方为建设单位（业主），受托方为具有相应资质条件的工程监理单位。

2. 监理合同的形式

根据相关法律规定，建设工程监理合同必须采用书面形式，其具体形式如下：

(1) 简单的信件式合同。该合同文本通常由监理单位制定，由委托方签署备案，交给咨询监理单位执行。

(2) 委托通知单。这是由委托方发出的执行任务的委托通知单，委托方通过通知单的形式，把监理单位在争取委托合同时提出的建议中所列出的工作内容委托给对方，成为对方所接受的协议。

(3) 监理合同示范文本。1995 年 10 月建设部、国家工商行政管理局联合制定颁布了《工程建设监理合同（示范文本）》，后又于 2000 年 2 月 17 日颁布了《建设工程委托监理合同（示范文本）(GF-2000-0202)，以及 2012 年 3 月 27 日颁布的《建设工程监理合同（示范文本）》(GF-2012-0202) 这就进一步使合同文本符合中国实际情况和有利于与国际通行的 FIDIC 合同文件《业主/咨询工程师标准服务协议书》接轨。

(4) 国际标准委托合同格式。通常采用国际咨询工程师联合会（FIDIC）颁布的《雇主与咨询工程师项目管理协议书国际范本与国际通用规则》（简称 IGRAl900PM)，是国际上普遍采用的一种标准委托合同格式，受到了世界银行等国际金融组织机构和许多国家有关部门认可，值得我国研究借鉴。

3. 监理合同双方的义务

在 2012 版《建设工程监理合同（示范文本）》中强调了双方的义务而不再提权利。

1) 监理人的义务

(1) 完成合同中约定的监理工作。

(2) 按照监理的依据提供监理服务及相关服务。

(3) 设立项目监理机构和人员。

① 监理人应组建满足工作需要的项目监理机构，配备必要的检测设备。项目监理机构的主要人员应具有相应的资格条件。

② 合同履行过程中，总监理工程师及重要岗位监理人员应保持相对稳定，以保证监理工作正常进行。

③ 监理人可根据工程进展和工作需要调整项目监理机构人员。监理人更换总监理工程师时，应提前 7 天向委托人书面报告，经委托人同意后方可更换；监理人更换项目监理机构其他监理人员，应以相当资格与能力的人员替换，并通知委托人。

④ 监理人应及时更换有下列情形之一的监理人员：严重过失行为的；有违法行为不能履行职责的；涉嫌犯罪的；不能胜任岗位职责的；严重违反职业道德的；专用条件约定的其他情形。

⑤ 委托人可要求监理人更换不能胜任本职工作的项目监理机构人员。

(4) 履行职责

监理人应遵循职业道德准则和行为规范，严格按照法律法规、工程建设有关标准及合同履行职责。

① 在监理与相关服务范围内，委托人和承包人提出的意见和要求，监理人应及时提出处置意见。当委托人与承包人之间发生合同争议时，监理人应协助委托人、承包人协商解决。

② 当委托人与承包人之间的合同争议提交仲裁机构仲裁或人民法院审理时，监理人应提供必要的证明资料。

③ 监理人应在专用条件约定的授权范围内，处理委托人与承包人所签订合同的变更事宜。如果变更超过授权范围，应以书面形式报委托人批准。

在紧急情况下，为了保护财产和人身安全，监理人所发出的指令未能事先报委托人批准时，应在发出指令后的 24 小时内以书面形式报委托人。

④ 除专用条件另有约定外，监理人发现承包人的人员不能胜任本职工作的，有权要求承包人予以调换。

(5) 提交报告

监理人应按专用条件约定的种类、时间和份数向委托人提交监理与相关服务的报告。

(6) 文件资料

在合同履行期内，监理人应在现场保留工作所用的图纸、报告及记录监理工作的相关文件。工程竣工后，应当按照档案管理规定将监理有关文件归档。

(7) 使用委托人的财产

监理人无偿使用附录中由委托人派遣的人员和提供的房屋、资料、设备。除专用条件另有约定外，委托人提供的房屋、设备属于委托人的财产，监理人应妥善使用和保管，在合同终止时将这些房屋、设备的清单提交委托人，并按专用条件约定的时间和方式移交。

2) 委托人的义务

(1) 告知

委托人应在委托人与承包人签订的合同中明确监理人、总监理工程师和授予项目监理机构的权限。如有变更，应及时通知承包人。

(2) 提供资料

委托人应按照附录约定，无偿向监理人提供工程有关的资料。在合同履行过程中，委托人应及时向监理人提供最新的与工程有关的资料。

(3) 提供工作条件

委托人应为监理人完成监理与相关服务提供必要的条件。

① 委托人应按照附录约定，派遣相应的人员，提供房屋、设备，供监理人无偿使用。

② 委托人应负责协调工程建设中所有外部关系，为监理人履行合同提供必要的外部条件。

(4) 委托人代表

委托人应授权一名熟悉工程情况的代表，负责与监理人联系。委托人应在双方签订合同后 7 天内，将委托人代表的姓名和职责书面告知监理人。当委托人更换委托人代表时，应提前 7 天通知监理人。

(5) 委托人意见或要求

在合同约定的监理与相关服务工作范围内，委托人对承包人的任何意见或要求应通知监理人，由监理人向承包人发出相应指令。

(6) 答复

委托人应在专用条件约定的时间内，对监理人以书面形式提交并要求作出决定的事宜，给予书面答复。逾期未答复的，视为委托人认可。

(7) 支付

委托人应按合同约定，向监理人支付酬金。

2.4.5 建设工程监理单位的法律要求

为了保证建筑工程质量和安全，强化监理责任，《建筑法》对监理单位作了如下规定：

1. 工程监理单位应当依法取得相应等级的资质证书，并在其资质等级许可的范围内承担工程监理业务。

2. 禁止工程监理单位超越本单位资质等级许可的范围或者以其他工程监理单位的名义承担工程监理业务。禁止工程监理单位允许其他单位或者个人以本单位的名义承担工程监理业务。

3. 工程监理单位不得转让工程监理业务。

4. 工程监理单位与被监理工程的施工承包单位以及建筑材料、建筑构配件和设备供应单位有隶属关系或者其他利害关系的，不得承担该项建设工程的监理业务。

5. 工程监理单位应当依照法律、法规以及有关技术标准、设计文件和建设工程承包合同，代表建设单位对施工质量实施监理，并对施工质量承担监理责任。

6. 工程监理单位应当选派具备相应资格的总监理工程师和监理工程师进驻施工现场。

7. 未经监理工程师签字，建筑材料、建筑构配件和设备不得在工程上使用或者安装，施工单位不得进行下一道工序的施工。未经总监理工程师签字，建设单位不拨付工程款，不进行竣工验收。

8. 监理工程师应当按照工程监理规范的要求，采取旁站、巡视和平行检验等形式，对建设工程实施监理。

【课后练习】

1. 单项选择题

(1) 某医院欲新建一办公大楼，该办公大楼由某城建集团承包建造，则施工许可证应由（　　）申领。

A. 医院

B. 城建集团

C. 城建集团分包商

D. 医院或城建集团

(2) 欣欣公司新建一职工宿舍，合同工期 6 个月，工程合同价 1000 万元人民币，原则上资金应到位（　　）方能领取施工许可证。

A. 1000 万元人民币

B. 500 万元人民币

C. 300 万元人民币

D. 100 万元人民币

(3) 某写字楼项目于 2005 年 3 月 1 日领取了施工许可证，若因故未能按期开工，应向发证机关申请延期，最多可延期（　　）次。

A. 1

B. 2

C. 3

D. 4

(4) 某写字楼项目于 2005 年 3 月 1 日领取了施工许可证，若因故未能按期开工，应向发证机关申请延期，最多可延期至（　　）。

A. 2005 年 6 月 1 日

B. 2005 年 9 月 1 日

C. 2005 年 12 月 1 日

D. 2006 年 3 月 1 日

(5) 根据《建筑法》的规定，在建的建筑工程因故中止施工的，（　　）应当及时向施工许可证发证机关报告，并按照规定做好建筑工程的维护管理工作。

A. 施工单位

B. 建设单位

C. 监理单位

D. 设计单位

(6) 根据工程承包相关法律规定，建筑业企业（　　）承揽工程。

A. 可以超越本企业资质等级许可的业务范围

B. 可以另一个建筑施工企业的名义

C. 只能在本企业资质等级许可的业务范围内

D. 可允许其他单位或者个人使用本企业的资质证书

(7) 从事建筑工程活动的企业或单位，应当向（　　）申请设立登记。

A. 工商行政管理部门

B. 建设行政主管部门

C. 县级以上人民政府

D. 市级以上人民政府

(8) 从事建筑工程活动的企业或单位，由（　　）审查，颁发资格证书。

A. 工商行政管理部门

B. 建设行政主管部门

C. 县级以上人民政府

D. 市级以上人民政府

(9) 下列人员中，（　　）不属于建筑工程的从业人员。

A. 注册建筑师

B. 注册结构工程师

C. 注册资产评估师

D. 注册建造师

(10) 建设单位必须在建设工程（　　），向建设行政主管部门或其授权的部门办理工程报建登记手续。

A. 立项批准后，工程发包前

B. 工程发包后，正式开工前

C. 施工图审查通过后，获得施工许可证之前

D. 开工之后 15 天内

(11) 甲、乙、丙三家为同一专业的承包单位，甲、乙、丙的资质等级依次为一级、二级、三级。当三家单位实行联合共同承包时，应按（　　）的业务许可范围承揽工程。

A. 甲

B. 乙

C. 丙

D. 甲或丙

(12) 实行施工总承包的，建筑工程（　　）的施工必须由总承包单位自行完成。

A. 基础工程

B. 主体工程

C. 装饰工程

D. 安装工程

(13) 有关总包分包的责任承担表述不正确的是（　　）。

A. 总承包单位按照总承包合同的约定对建设单位负责

B. 分包单位按照分包合同的约定对总承包单位负责

C. 总承包单位和分包单位就分包工程对建设单位承担连带责任

D. 总承包单位和分包单位就分包工程对建设单位承担各自的责任

(14) 根据《建筑法》，下列有关监理的说法正确的是（　　）。

A. 建设工程监理企业可以将监理业务部分转让给别的监理企业

B. 由于监理工作的失误给建设单位造成的损失由承包商承担

C. 建设工程监理企业可以与承包商隶属于一家单位的不同部门

D. 监理的权限要视建设单位的委托而定

(15) 根据《建筑法》的规定，工程监理单位（　　）转让工程监理业务。

A. 可以

B. 经建设单位允许可以

C. 不得

D. 经建设行政主管部门允许可以

2. 多项选择题

(1) 某公司改建办公大楼，该工程由某建筑集团承建，根据《建筑法》关于施工许可证的有关规定，下列说法正确的有（　　）。

A. 该工程无需领取施工许可证

B. 应由该公司向建设行政主管部门申请领取施工许可证

C. 应由该建筑集团向建设行政主管部门申请领取施工许可证

D. 即使未领取施工许可证，该工程也可以开工

E. 未领取施工许可证，该工程不得开工

(2) 大华公司新建某商业中心项目，选址在市中心商业区，建设工期约两年。根据《建筑工程施工许可管理办法》，大华公司领取施工许可证必须（　　）。

A. 已办理建筑工程用地批准手续

B. 已经取得建设工程规划许可证

C. 已经确定施工企业

D. 建设资金到位合同价的 50%

E. 建设资金到位合同价的 25%

(3) 下面的条件中不属于申请施工许可证必须具备的条件的是（　　）。

A. 已经办理该建筑工程用地批准手续

B. 需要拆迁的，拆迁工作已经全部完成

C. 有满足施工需要的施工图纸

D. 按规定已经委托了监理

E. 建设资金已全部到位

(4) 工程监理单位与被监理工程的下列（　　）不得有隶属关系或者其他利害关系。

A. 建设单位

B. 承包单位

C. 建筑材料供应单位

D. 设计单位

E. 设备供应单位

(5) 下列做法中（　　）不符合建筑法关于建筑工程发承包的规定。

A. 发包单位将应当由一个承包单位完成的建筑工程肢解成若干部分发包给几个承包单位

B. 某建筑施工企业超越本企业资质等级许可的业务范围承揽工程

C. 某建筑施工企业将其承包的全部建筑工程肢解以后，以分包的名义分别转包给他人

D. 发包单位将建筑工程的勘察、设计、施工、设备采购一并发包给一个工程总承包单位

E. 某建筑施工企业将所承包工程主体结构的施工分包给其他单位

(6)（　　）建筑工程，可以由两个以上的承包单位联合共同承包。

A. 大型

B. 大中型

C. 中小型

D. 结构复杂的

E. 结构特别的

3. 问答题

(1) 简述建筑法的适用范围。

(2) 简述施工许可证的申领范围、申领时间与申领条件。

(3) 建设工程分包的规范有哪些?

(4) 转包的形式有哪几种?

（5）简述建设工程强制监理的范围。

（6）工程监理的依据和任务有哪些？

4. 案例分析题

A公司因建生产厂房与B公司签订了工程总承包合同。其后，经A公司同意，B将工程勘查设计任务和施工任务分别发包给C设计单位和D建筑公司，并各自签订书面合同。合同约定由D根据C提供的设计图纸进行施工，工程竣工时依据国家有关规定、设计图纸进行质量验收。合同签订后，C按时交付设计图纸，D依照图纸进行施工。工程竣工后，A会同有关质量监督部门对工程进行验收，发现工程存在严重质量问题，是由于C未对现场进行仔细勘查，设计不符合规范所致。A公司遭受重大损失，但C称与A不存在合同关系拒绝承担责任，B以自己不是设计人为由也拒绝赔偿。

问题：

（1）ABCD各单位在承发包合同中各自身份是什么？

（2）B公司发包工程项目的做法是否符合法律规定？

（3）B公司、C公司拒绝承担责任的理由是否充分？为什么？

3 建设工程招标投标法律制度

【学习目标】

1. 熟悉招标投标活动的基本原则
2. 掌握建设工程招标范围
3. 掌握建设工程招标、投标、开标、评标和中标的程序
4. 了解各主体招标投标的法律责任

【学习重点】

1. 公开招标与邀请招标
2. 联合体招标
3. 中标通知书

3.1 招标投标与招标投标法概述

3.1.1 招标投标与招标投标法的概念

1. 招标投标的概念

招标投标，是指在市场经济条件下进行大宗货物、工程以及服务的采购与提供时，招标人提出招标条件，投标人投标竞争获得交易资格的行为。货物是指各种形态和种类的物品，包括原材料、燃料、设备、产品等。工程是指建设工程，包括建筑物和构筑物的新建、改建、扩建、装修、拆除、修缮等。服务是指为他人利益或为某种事业进行的工作，如工程监理、科研服务、保险、金融、出版等。

2. 招标投标法的概念

狭义的招标投标法是1999年8月30日第9届全国人民代表大会常务委员会第11次会议通过《中华人民共和国招标投标法》。《招标投标法》是规范市场活动的重要法律之一，是招标投标法律体系中的基本法律，共6章68条，《招标投标法》于2000年1月1日施行。

广义的招标投标法是调整在招标投标过程中产生的各种关系的法律规范的总称。目前我国有关招标投标的法律规范主要有：2000年5月1日国家发展计划委员会发布的《工程建设项目招标范围和规模标准规定》，2001年6月1日建设部令颁布的《房屋建筑和市政基础设施工程施工招标投标管理办法》，2000年7月1日国家计委颁布的《工程建设项目自行招标试行办法》，2001年7月5日国家计委、国家经贸委、建设部、铁道部、交通部、信息产业部、水利部联合颁布的《评标委员会和评标方法暂行规定》，2002年6月29日第9届全国人民代表大会常务委员会通过的《中华人民共和国政府采购法》，2003年3月8日国家计委、建设部、铁道部、交通部、信息产业部、水利部、中国民用航空总局联合颁布的《工程建设项目施工招标投标办法》，2007年1月11日建设部颁布的《工程建

设项目招标代理机构资格认定办法》，2011 年 11 月 30 日国务院颁布 2012 年 2 月 1 日起施行的《招标投标法实施条例》等。

【特别提示】

政府采购法与招标投标法的区别与联系

(1) 政府采购法与招标投标法规范的主体不同。

政府采购法规范的主体是各级国家机关、事业单位和团体组织。而招标投标法规范的主体则无限制，任何主体在进行货物、工程、服务采购时都可以采用招标投标的方式。

(2) 政府采购法与招标投标法规范的行为不同。

政府采购法规定的是政府采购行为，而招标投标法规范的是招标投标行为。政府采购法只规范国家机关、事业单位和团体组织使用财政性资金的采购行为；而招标投标法中规范所有的招标投标行为，包括政府的招标采购行为，也包括投标的销售行为。招标虽然是政府采购制度要求的最主要程序，但是，它并不是政府采购的唯一程序。因此政府采购法规范的采购行为也包括采取其他的采购方式，如询价采购、竞争性谈判、单一来源采购等。

(3) 政府采购工程时，政府采购法与招标投标法有着密切的关系。

政府采购法已将工程采购纳入政府采购范畴，而且政府采购法第 4 条明确规定“政府采购工程进行招标投标的，适用招标投标法”。

3.1.2 招标投标活动的基本原则

《招标投标法》第 5 条规定了招标投标活动必须遵循的基本原则，即“公开、公平、公正和诚实信用”的原则。这是招标投标必须遵循的最基本的原则，违反了这一基本原则，招标投标活动就失去了本来的意义。招标投标法有关招标投标的各项规定，都是为了保证这一基本原则的实现而制定的。

1. 公开原则

公开原则，就是要求招标投标活动具有较高的透明度，实行招标信息、招标程序、招标结果公开。

(1) 信息公开

采用公开招标方式的，招标方应通过国家指定的报刊、信息网络或者其他公共媒介发布招标公告；采取邀请招标方式的，招标方应当向 3 个以上具备承担招标项目的能力、资信良好的特定的法人或其他组织发出投标邀请书。

(2) 开标公开

开标应当公开进行，开标的时间和地点应当与招标文件中预先确定的相一致。开标由招标人主持，邀请所有投标人和有关单位代表参加。招标人在招标文件要求提交投标文件的截止时间前收到的所有投标文件，开标时都应当众予以拆封、宣读，并作好记录，存档备查。

(3) 评标公开

评标的标准和办法应当在提供给所有投标人的招标文件中载明，评标应严格按照招标文件确定的标准和办法进行，不得采用招标文件未列明的任何标准。招标人不得与投标人就投标价格、投标方案等实质性内容进行谈判。

(4) 中标结果公开

确定中标人后，招标人应当向中标人发出通知书，同时将中标结果通知所有未中标的投标人。中标通知书对招标人和中标人都具有法律效力。中标通知书发出后，招标人改变中标结果的，或者中标人放弃的，均应当承担法律责任。对于未中标的其他投标人对招标投标活动中不符合《招标投标法》有关规定的，或对中标结果有异议的，有权向招标人提出或向有关行政监督部门投诉。

2. 公平原则

公平原则要求给予所有投标人平等的机会，使其享有同等的权利，履行同等的义务。不能有意排斥、歧视任何一方。而投标人不得采用不正当竞争手段参加投标竞争。

对于招标方，应向所有的潜在投标人提供相同的招标信息；招标人不得以不合理的条件限制或者排斥潜在投标人，不得对潜在投标人实行歧视待遇；招标文件不得要求或者标明特定的生产供应者以及含有倾向或者排斥潜在投标人的其他内容；招标人不得向他人透露已获取招标文件的潜在投标人的名称、数量以及可能影响公平竞争的有关招标投标的其他情况；招标人不得限制投标人之间的竞争；所有投标人都有权参加开标会；所有在投标截止时间前收到的投标文件都应当在开标时当众拆封、宣读。

对于投标方，不得相互串通投标报价，不得排斥其他投标人的公平竞争，损害招标人或者其他投标人的合法权益；投标人不得与招标人串通投标，损害国家利益、社会公共利益或者他人的合法权益。

对于招投标双方来说，在采购活动中双方的地位平等，任何一方不得向另一方提出不合理的要求，不得将自己的意志强加给对方。

3. 公正原则

公正原则就是要求在招标投标活动中，评标结果要公正。评标时对所有投标者一视同仁，严格按照事先公布的标准和规则统一对待各方。

【特别提示】

公正原则与公平原则有共同点也有不同点：招标投标活动的公正原则与公平原则的共同之处在于创造一个公平合理、平等竞争的投标机会。其不同之处在于二者的着重点不同，公平原则更侧重于从投标者的角度出发，考察是不是所有的投标人都处于同一个起跑线上。而公正原则更侧重于从招标人和评标委员会的角度出发，考察是不是对每一个投标人都给予了公正的待遇。

4. 诚实信用原则

诚实信用原则就是要求招标投标当事人应以诚实、守信的态度行使权利，履行义务，处理自身利益与社会利益的平衡。在当事人之间的利益关系中，诚信原则要求尊重他人利益，在当事人与社会的利益关系中，诚信原则要求当事人不得通过自己的活动损害第三人和社会的利益，必须在法律范围内以符合其社会经济目的的方式行使自己的权利。

3.1.3 强制招标项目

我国招标投标采用的是强制招标与自愿招标相结合的原则。

1. 工程建设强制招标项目

《招标投标法》中对强制招标的项目作出了明确规定：在我国境内进行下列工程建设

项目包括项目的勘察、设计、施工、监理以及与工程建设有关的重要设备、材料等的采购，必须进行招标：

(1) 大型基础设施、公用事业等关系社会公共利益、公众安全的项目；

(2) 全部或者部分使用国有资金投资或者国家融资的项目；

(3) 使用国际组织或者外国政府贷款、援助资金的项目。

2. 工程建设强制招标具体范围

根据国家发展计划委员会2000年5月1日发布的第3号令《工程建设项目招标范围和规模标准规定》中对必须招标的项目范围作了具体规定。

1) 关系社会公共利益、公众安全的基础设施项目的范围包括：

(1) 煤炭、石油、天然气、电力、新能源等能源项目；

(2) 铁路、公路、管道、水运、航空以及其他交通运输业等交通运输项目；

(3) 邮政、电信枢纽、通信、信息网络等邮电通信项目；

(4) 防洪、灌溉、排涝、引（洪）水、滩涂治理、水土保持、水利枢纽等水利项目；

(5) 道路、桥梁、地铁和轻轨交通、污水排放及处理、垃圾处理、地下管道、公共停车场等城市设施项目；

(6) 生态环境保持项目；

(7) 其他基础设施项目。

2) 关系社会公共利益、公共安全的公用事业项目的范围包括：

(1) 供水、供电、供气、供热等市政工程项目；

(2) 科技、教育、文化等项目；

(3) 体育、旅游等项目；

(4) 卫生、社会福利等项目；

(5) 商品住宅，包括经济适用住房；

(6) 其他公用事业项目。

3) 使用国有资金投资项目的范围包括：

(1) 使用各级财政预算资金的项目；

(2) 使用纳入财政管理的各种政府性专项建设基金的项目；

(3) 使用国有企业事业单位自有资金，并且国有资产投资者实际拥有控制权的项目。

4) 国家融资项目的范围包括：

(1) 使用国家发行债券所筹资金的项目；

(2) 使用国家对外借款或者担保所筹资金的项目；

(3) 使用国家政策性贷款的项目（例如，使用国家开发银行、中国农业发展银行、中国进出口银行等政策性银行贷款）；

(4) 国家授权投资主体融资对象；

(5) 国家特许的融资项目。

5) 使用国际组织或者外国政府资金的项目的范围包括：

(1) 使用世界银行、亚洲开发银行等国际组织贷款的项目；

(2) 使用外国政府及其机构贷款的项目；

(3) 使用国际组织和外国政府资金的项目。

3. 工程建设项目招标规模标准

各类工程建设项目，包括项目的勘察、设计、施工、监理以及与工程建设有关的重要设备、材料等的采购，达到下列标准之一的，必须进行招标：

(1) 施工单项合同估算价在200万元人民币以上的；

(2) 重要设备、材料等货物的采购，单项合同估算价在100万元人民币以上的；

(3) 勘察、设计、监理等服务的采购，单项合同估算价在50万元人民币以上的；

(4) 单项合同估算价低于前三项规定的标准，但项目总投资额在3000万元人民币以上的。

3.1.4 自愿招标项目

《招标投标法》及《招标投标法实施条例》中规定了可以不进行招标的特殊情形：

(1) 涉及国家安全、国家秘密、抢险救灾不适宜招标的；

(2) 属于利用扶贫资金实行以工代赈、需要使用农民工，不适宜进行招标的；

(3) 需要采用不可替代的专利或者专有技术；

(4) 采购人依法能够自行建设、生产或者提供；

(5) 已通过招标方式选定的特许经营项目投资人依法能够自行建设、生产或者提供；

(6) 需要向原中标人采购工程、货物或者服务，否则将影响施工或者功能配套要求；

(7) 国家规定的其他特殊情形。

3.2 招 标

招标是整个招标投标过程的第一个环节，也是对投标、评标、定标有直接影响的环节，所以在《招标投标法》中对这个环节确立了一系列的明确的规范。

3.2.1 招标人

《招标投标法》第8条规定："招标人是指依照招标投标法的规定提出招标项目、进行招标的法人或其他组织。"

【特别提示】

招标人应当是法人或者其他组织，而自然人则不能成为该法意义上的招标人。

根据我国《民法通则》的有关规定，法人是指具有民事权利能力和民事行为能力，依法独立享有民事权利和承担民事义务的组织。其他组织，是指除法人以外的不具备法人条件的其他实体，包括合伙企业、个人独资企业和外国企业以及企业的分支机构等。

从招标行为实施主体的自主性来看，招标人有建设单位（自行招标）和招标代理机构（代理招标）两种。

1. 建设单位

《工程建设项目自行招标试行办法》第4条对建设单位自行招标必须具备的条件做出了规定：

(1) 具有项目法人资格（或者法人资格）；

(2) 具有与招标项目规模和复杂程度相适应的工程技术、概预算、财务和工程管理等方面专业技术力量；

(3) 有从事同类工程建设项目招标的经验；

(4) 设有专门的招标机构或者拥有 3 名以上专职招标业务人员；

(5) 熟悉和掌握招标投标法及有关法规规章。

招标人符合法律规定的自行招标条件的，可以自行办理招标事宜。任何单位和个人不得强制其委托招标代理机构办理招标事宜。

2. 招标代理机构

招标人不具备自行招标能力的，必须委托相应招标代理机构代为办理招标事宜。这既是保证工程招标质量和效率的客观需要，也是符合国际惯例的通行做法。《招标投标法》、《工程建设项目招标代理机构资格认定办法》对工程招标代理机构应当具备的条件、资格认定及其管理等做出了明确规定。

1) 工程招标代理机构的概念

工程招标代理机构，是指接受招标人的委托，从事工程的勘察、设计、施工、监理以及与工程建设有关的重要设备（进口机电设备除外）、材料采购招标的代理业务的社会中介组织。

2) 工程招标代理机构的资格

工程招标代理机构资格分为甲级、乙级和暂定级。甲级工程招标代理机构可以承担各类工程的招标代理业务。乙级工程招标代理机构只能承担工程总投资 1 亿元人民币以下的工程招标代理业务。暂定级工程招标代理机构，只能承担工程总投资 6000 万元人民币以下的工程招标代理业务。

3) 工程招标代理机构的条件

根据《工程建设项目招标代理机构资格认定办法》第 8 条规定，申请工程招标代理资格的机构应当具备下列条件：

① 是依法设立的中介组织，具有独立法人资格；

② 与行政机关和其他国家机关没有行政隶属关系或者其他利益关系；

③ 有固定的营业场所和开展工程招标代理业务所需设施及办公条件；

④ 有健全的组织机构和内部管理的规章制度；

⑤ 具备编制招标文件和组织评标的相应专业力量；

⑥ 具有可以作为评标委员会成员人选的技术、经济等方面的专家库；

⑦ 法律、行政法规规定的其他条件。

(1) 甲级工程招标代理机构的条件

根据《工程建设项目招标代理机构资格认定办法》第 9 条规定，申请甲级工程招标代理资格的机构，除具备第 8 条规定的条件外，还应当具备下列条件：

① 取得乙级工程招标代理资格满 3 年；

② 3 年内累计工程招标代理中标金额在 16 亿元人民币以上（以中标通知书为依据，下同）；

③ 具有中级以上职称的工程招标代理机构专职人员不少于 20 人，其中具有工程建设类注册执业资格人员不少于 10 人（其中注册造价工程师不少于 5 人），从事工程招标代理业务 3 年以上的人员不少于 10 人；

④ 技术经济负责人为本机构专职人员，具有 10 年以上从事工程管理的经验，具有高级技术经济职称和工程建设类注册执业资格；

⑤ 注册资本金不少于200万元。

(2) 乙级工程招标代理机构的条件

根据《工程建设项目招标代理机构资格认定办法》第10条规定，申请乙级工程招标代理资格的机构，除具备本办法第8条规定的条件外，还应当具备下列条件：

① 取得暂定级工程招标代理资格满1年；

② 近3年内累计工程招标代理中标金额在8亿元人民币以上；

③ 具有中级以上职称的工程招标代理机构专职人员不少于12人，其中具有工程建设类注册执业资格人员不少于6人（其中注册造价工程师不少于3人），从事工程招标代理业务3年以上的人员不少于6人；

④ 技术经济负责人为本机构专职人员，具有8年以上从事工程管理的经历，具有高级技术经济职称和工程建设类注册执业资格；

⑤ 注册资本金不少于100万元。

(3) 暂定级工程招标代理机构的条件

根据《工程建设项目招标代理机构资格认定办法》第11条规定，新设立的工程招标代理机构具备第8条和第10条第③、④、⑤项条件的，可以申请暂定级工程招标代理资格。

4) 工程招标代理机构的业务范围

工程招标代理机构可以跨省、自治区、直辖市承担工程招标代理业务。任何单位和个人不得限制或者排斥工程招标代理机构依法开展工程招标代理业务。

工程招标代理机构可以在其资格等级范围内承担下列招标事宜：拟订招标方案，编制和出售招标文件、资格预审文件；审查投标人资格；编制标底；组织投标人踏勘现场；组织开标、评标，协助招标人定标；草拟合同；招标人委托的其他事项。工程招标代理机构不得在所代理的招标项目中投标或者代理投标，也不得为所代理的招标项目的投标人提供咨询。

工程招标代理机构应当与招标人签订书面合同，在合同约定的范围内实施代理，并按照国家有关规定收取费用；超出合同约定实施代理的，依法承担民事责任。

3.2.2 招标条件

1. 一般招标条件

根据《招标投标法》第9条、《房屋建筑和市政基础设施工程施工招标投标管理办法》第9条和《工程建设项目施工招标投标办法》第8条的规定，依法必须招标的工程建设项目，应当具备下列条件才能进行施工招标：

(1) 招标人已经依法成立；

(2) 初步设计及概算应当履行审批手续的，已经批准；

(3) 招标范围、招标方式和招标组织形式等应当履行核准手续的，已经核准；

(4) 有相应资金或资金来源已经落实；

(5) 有招标所需的设计图纸及技术资料；

(6) 法律法规规定的其他条件。

2. 招标内容核准

《招标投标法实施条例》第7条规定，按照国家有关规定需要履行项目审批、核准手续的依法必须进行招标的项目，其招标范围、招标方式、招标组织形式应当报项目审批、核准部门审批、核准。项目审批、核准部门应当及时将审批、核准确定的招标范围、招标方式、招标组织形式通报有关行政监督部门。

【知识链接】

《招标投标法实施条例》第 30 条规定：对技术复杂或者无法精确拟定技术规格的项目，招标人可以分两阶段进行招标。

第一阶段，投标人按照招标公告或者投标邀请书的要求提交不带报价的技术建议，招标人根据投标人提交的技术建议确定技术标准和要求，编制招标文件。

第二阶段，招标人向在第一阶段提交技术建议的投标人提供招标文件，投标人按照招标文件的要求提交包括最终技术方案和投标报价的投标文件。

招标人要求投标人提交投标保证金的，应当在第二阶段提出。

3.2.3 招标方式

《招标投标法》中规定的招标方式一般有两种：公开招标与邀请招标。

1. 公开招标

公开招标也称无限竞争性招标，是指招标人以招标公告的方式邀请不特定的法人或者其他组织投标的方式。

采用这种招标方式可为所有的承包商提供一个平等竞争的机会，业主有较大的选择余地，有利于降低工程造价，提高工程质量和缩短工期。不过，这种招标方式可能导致招标人对资格预审和评标工作量增大，招标费用支出增加；同时也使投标人中标几率减小，从而增加其投标前期风险。

2. 邀请招标

邀请招标又称为有限竞争性招标，是指招标人根据自己的经验和所掌握的信息资料以投标邀请书的方式邀请特定的法人或者其他组织投标。

采用这种招标方式，由于被邀请参加竞争的投标者人数有限、目标集中，不仅可以节省招标费用，而且能提高每个招标者的中标机率，所以对于招标、投标双方都有利。但由于选择范围小，致使竞争性较差，

《招标投标法》第 7 条规定：国务院发展计划部门确定的国家重点项目和省、自治区、直辖市人民政府确定的地方重点项目不适宜公开招标的，经国务院发展计划部门或者省、自治区、直辖市人民政府批准，可以进行邀请招标。

《招标投标法实施条例》第 8 条规定：国有资金占控股或者主导地位的依法必须进行招标的项目，应当公开招标；但有下列情形之一的，可以邀请招标：

1）技术复杂、有特殊要求或者受自然环境限制，只有少量潜在投标人可供选择；

2）采用公开招标方式的费用占项目合同金额的比例过大。

《工程建设项目施工招标投标办法》第 11 条规定：国务院发展计划部门确定的国家重点建设项目和各省、自治区、直辖市人民政府确定的地方重点建设项目，以及全部使用国有资金投资或者国有资金投资占控股或者主导地位的工程建设项目，应当公开招标；有下列情形之一的，经批准可以进行邀请招标：

（1）项目技术复杂或有特殊要求，只有少量几家潜在投标人可供选择的；

（2）受自然地域环境限制的；

(3) 涉及国家安全、国家秘密或者抢险救灾，适宜招标但不宜公开招标的；

(4) 拟公开招标的费用与项目的价值相比，不值得的；

(5) 法律、法规规定不宜公开招标的。

国家重点建设项目的邀请招标，应当经国务院发展计划部门批准；地方重点建设项目的邀请招标，应当经各省、自治区、直辖市人民政府批准。

全部使用国有资金投资或者国有资金投资占控股或项目主导地位的并需要审批的工程建设项目的邀请招标，应当经项目审批部门批准，但项目审批部门只审批立项的，由有关行政监督部门批准。

3. 公开招标和邀请招标的主要区别

(1) 发布信息的方式不同。公开招标是发布公告，邀请招标是发布投标邀请书。

(2) 选择承包人的范围不同。公开招标是面向全社会的，一切潜在的对招标项目感兴趣的法人和其他经济组织都可参加投标竞争，其竞争性体现得最为充分，招标人拥有绝对的选择余地，但他事先不能掌握投标人的数量。邀请招标所针对的对象是事先已了解的法人或其他经济组织，投标人的数目有限，其竞争性是不完全充分的，招标人的选择范围相对较小，它可能漏掉在技术上或报价上更有竞争力的承包商或供应商。

(3) 公开的程度不同。公开招标中，所有的活动都必须严格按照预先指定并为大家所知的程序及标准公开进行，其作弊的可能性大大减小；而邀请招标的公开程度就相对逊色一些，产生不法行为的机会也就多一些。

(4) 时间和费用不同。由于公开招标程序比较复杂，投标人的数量没有限定，所以其时间和费用都相对较多。而邀请招标只在有限的投标人中进行，所以其时间可大大缩短，费用也可有所减少。

3.2.4 招标程序

根据《招标投标法》和《工程建设项目施工招标投标办法》的规定，招标程序如下：

(1) 成立招标组织，由招标人自行招标或委托招标；

(2) 编制招标文件和标底（如果有）；

(3) 发布招标公告或发出投标邀请书；

(4) 对潜在投标人进行资质审查，并将审查结果通知各潜在投标人；

(5) 发售招标文件；

(6) 组织投标人踏勘现场，并对招标文件答疑；

(7) 确定投标人编制投标文件所需要的合理时间；

(8) 接受投标书；

(9) 开标；

(10) 评标；

(11) 定标、签发中标通知书；

(12) 签订合同。

3.2.5 招标公告

招标公告是招标人以公告方式邀请不特定的潜在投标人就招标项目参加投标的意思表示。公开招标的招标信息必须通过公告的途径予以通知，使所有合格的投标人都有同等机会了解招标要求。招标公告是公开招标的第一步，也是决定竞争的广泛程度，保证招标质量的关键性一步。招标公告的作用是让潜在投标人获得招标信息，以便进行项目筛选，确定是否参与竞争。

1. 招标公告的发布方式

依法必须进行招标的项目的招标公告，应当通过国家指定的报刊、信息网络或者其他媒介发布。国内招标公告应使用中国文字，国际招标公告还应同时使用英文或相关国家的文字。国际招标还可以在发布招标公告的同时，向有关国家的使馆或驻招标国的外国机构发出通知。2000 年 7 月 1 日国家发展计划委员会第 4 号令发布了《招标公告发布暂行办法》，同时指定《中国日报》、《中国经济导报》、《中国建设报》、《中国采购与招标网》(http：//www.chinabidding.com.cn）为发布依法必须招标项目的招标公告的媒介。其中，依法必须招标的国际招标项目的招标公告应在《中国日报》发布。在不同媒介发布的同一招标项目的招标公告的内容应当一致。指定媒介发布依法必须进行招标的项目的招标公告，不得收取费用。

2. 招标公告的主要内容

招标公告的主要目的是发布招标项目的有关信息，使那些有兴趣的潜在投标人知道与项目有关的主要情况，来决定其是否参加投标。因此，招标公告的内容对潜在投标人是至关重要的。

1）施工招标公告的主要内容

根据《工程建设项目施工招标投标办法》第 14 条的规定，施工招标的招标公告或者投标邀请书应当至少载明下列内容：招标人的名称和地址；招标项目的内容、规模、资金来源；招标项目的实施地点和工期；获取招标文件或者资格预审文件的地点和时间；对招标文件或者资格预审文件收取的费用；对投标人的资质等级的要求。

2）设计招标公告的主要内容

根据《建筑工程设计招标投标管理办法》第 8 条的规定，设计招标的招标公告或者投标邀请书应当载明招标人的名称和地址、招标项目的基本要求、投标人的资质以及获取要求招标文件的办法等事项。

3.2.6 招标文件

1. 招标文件与标底编制

1）招标文件的编制

《招标投标法》第 19 条规定：招标人应当根据招标项目的特点和需要编制招标文件。招标文件应当包括招标项目的技术要求、对投标人资格审查的标准和评标标准等所有实质性要求和条件以及拟签订合同的主要条款。国家对招标项目的技术、标准有规定的，招标人应当按照其规定在招标文件中提出相应要求。招标项目需要划分标段、确定工期的，投标人应当合理划分标段、确定工期，并在招标文件中载明。

《招标投标法实施条例》第 24 条规定：招标人对招标项目划分标段的，应当遵守招标投标法的有关规定，不得利用划分标段限制或者排斥潜在投标人。依法必须进行招标的项目的招标人不得利用划分标段规避招标。

《工程建设项目施工招标投标办法》第 24 条规定，招标人根据施工招标项目的特点和需要编制招标文件。招标文件一般包括下列内容：

(1) 投标邀请书；

（2）投标人须知；

（3）合同主要条款；

（4）投标文件格式；

（5）采用工程量清单招标的，应当提供工程量清单；

（6）技术条款；

（7）设计图纸；

（8）评标标准和方法；

（9）投标辅助材料。

招标人应当在招标文件中规定实质性要求和条件，并用醒目的方式标明。

2）标底的编制

在招标过程中，建设单位对拟建的工程项目自己或请工程咨询公司事先计算出建成该项目工程所需的全部资金额，这个资金额的数据，就称为标底。

根据《招标投标法实施条例》及《工程建设项目施工招标投标办法》，编制标底应遵守如下规定：

（1）招标人可根据项目特点决定是否编制标底。编制标底的，标底编制过程和标底必须保密。

（2）一个招标项目只能有一个标底。

（3）招标项目编制标底的，应根据批准的初步设计、投资概算，依据有关计价办法，参照有关工程定额，结合市场供求状况，综合考虑投资、工期和质量等方面的因素合理确定。

（4）标底由招标人自行编制或委托中介机构编制。接受委托编制标底的中介机构不得参加受托编制标底项目的投标，也不得为该项目的投标人编制投标文件或者提供咨询。

（5）任何单位和个人不得强制招标人编制或报审标底，或干预其确定标底。

（6）招标项目可以不设标底，进行无标底招标。

【知识链接】

根据《招标投标法实施条例》规定，招标人设有最高投标限价的，应当在招标文件中明确最高投标限价或者最高投标限价的计算方法。招标人不得规定最低投标限价。

2. 招标文件的发售

招标文件、图纸和有关基础资料发放给通过资格预审或投标资格的投标单位。不进行资格预审的，发放给愿意参加投标的单位。投标单位收到招标文件、图纸和有关资料后，应当认真核对，核对无误后以书面形式予以确认。

1）招标文件的发售价格

在工程实践中，经常会出现招标人以不合理的高价发售招标文件的现象。对此，《招标投标法实施条例》第16条以及《工程建设项目施工招标投标办法》第15条中做出了明确规定：对招标文件或者资格预审文件的收费应当合理，仅限于补偿印刷、邮寄的成本支出，不得以营利为目的。对于所附的设计文件，招标人可以向投标人酌收押金；对于开标后投标人退还设计文件的，招标人应当向投标人退还押金。根据该项规定，借发售招标文件的机会谋取不正当利益的行为是法律所禁止。

2）招标文件的发售时间

《招标投标法实施条例》对于招标文件的发售时间也做出了明确规定：招标人应当按

招标公告或者投标邀请书规定的时间、地点发售招标文件。招标文件的发售期不得少于5日。

3. 招标人的保密义务

在招投标实践中，常常会发生招标人泄漏招标事宜的事情。如果潜在投标人得到了其他潜在投标人的名称、数量及其他可能影响公平竞争的招标情况，可能会采用不正当竞争手段影响招投标活动的正当竞争，使招标投标的公平性失去意义。对此，《招标投标法》第22条第1款规定，招标人不得向他人透露已获取招标文件的潜在投标人的名称、数量以及可能影响公平竞争的有关招标投标的其他情况。

4. 招标文件的澄清和更改

招标文件对招标人具有法律约束力，一经发出，不得随意更改。

根据《招标投标法》第23条的规定，招标人对已发出的招标文件进行必要的澄清或者修改的，应当在招标文件要求提交的投标文件截止时间至少15日前，以书面形式通知所有招标文件收受人。该澄清或者修改的内容为招标文件的组成部分。

【特别提示】

《招标投标法》第24条规定：招标人应当确定投标人编制投标文件所需要的合理时间；但是，依法必须进行招标的项目，投标截止日期距招标文件开始发出之日，不得少于20日。

3.2.7 资格审查

招标人可以根据招标项目本身的特点和需要，要求潜在投标人或者投标人提供满足其资格要求的文件，对潜在投标人或者投标人进行资格审查；法律、行政法规对潜在投标人或者投标人的资格条件有规定的，依照其规定。

1. 资格审查的类型

资格审查分为资格预审和资格后审。

1）资格预审

资格预审，是指在投标前对潜在投标人进行的资格审查。

采取资格预审的，招标人应当发布资格预审公告、编制资格预审文件，资格预审应当按照资格预审文件载明的标准和方法进行。国有资金占控股或者主导地位的依法必须进行招标的项目，招标人应当组建资格审查委员会审查资格预审申请文件。资格预审结束后，招标人应当及时向资格预审申请人发出资格预审结果通知书。未通过资格预审的申请人不具有投标资格。通过资格预审的申请人少于3个的，应当重新招标。

2）资格后审

资格后审，是指在开标后对投标人进行的资格审查。

进行资格预审的，一般不再进行资格后审，但招标文件另有规定的除外。招标人采用资格后审办法对投标人进行资格审查的，应当在开标后由评标委员会按照招标文件规定的标准和方法对投标人的资格进行审查。经资格后审不合格的投标人的投标应作废标处理。

【知识链接】

《招标投标法实施条例》第21条规定：招标人可以对已发出的资格预审文件或者招标文件进行必要的澄清或者修改。澄清或者修改的内容可能影响资格预审申请文件或者投标文件编制的，招标人应当在提交资格预审申请文件截止时间至少3日前，或者投标截止时间至少15日前，以书面形式通知所有获取资格预审文件或者招标文件的潜在投标人；不足3日或者15日的，招标人应当顺延提交资格预审申请文件或者投标文件的截止时间。

《招标投标法实施条例》第22条规定：潜在投标人或者其他利害关系人对资格预审文件有异议的，应当在提交资格预审申请文件截止时间2日前提出；对招标文件有异议的，应当在投标截止时间10日前提出。招标人应当自收到异议之日起3日内作出答复；作出答复前，应当暂停招标投标活动。

《招标投标法实施条例》第23条规定：招标人编制的资格预审文件、招标文件的内容违反法律、行政法规的强制性规定，违反公开、公平、公正和诚实信用原则，影响资格预审结果或者潜在投标人投标的，依法必须进行招标的项目的招标人应当在修改资格预审文件或者招标文件后重新招标。

2. 资格审查的内容

资格审查应主要审查潜在投标人或者投标人是否符合下列条件：

(1) 具有独立订立合同的权利；

(2) 具有履行合同的能力，包括专业、技术资格和能力，资金、设备和其他物质设施状况，管理能力，经验、信誉和相应的从业人员；

(3) 没有处于被责令停业，投标资格被取消，财产被接管、冻结，破产状态；

(4) 在最近3年内没有骗取中标和严重违约及重大工程质量问题；

(5) 法律、行政法规规定的其他资格条件。

资格审查时，招标人不得以不合理的条件限制、排斥潜在投标人或者投标人，不得对潜在投标人或者投标人实行歧视待遇。任何单位和个人不得以行政手段或者其他不合理方式限制投标人的数量。

3.2.8 现场踏勘

招标人根据招标项目的具体情况，可以组织潜在投标人踏勘项目现场。设置这一程序的目的，一方面是让投标人了解工程项目的现场条件、自然条件、施工条件以及周围环境条件，以便于编制投标报价；另一方面也是要求投标人通过自己的实地考察，来确定投标原则和决定投标策略，避免合同履行过程中投标人以不了解现场情况为由推卸应承担的合同责任。

招标人根据招标项目的具体情况，可以组织潜在投标人踏勘项目现场，向其介绍工程场地和相关环境的有关情况。潜在投标人依据招标人介绍情况作出的判断和决策，由投标人自行负责。招标人不得组织单个或者部分潜在投标人踏勘项目现场。

3.2.9 答疑

对于潜在投标人在阅读招标文件和现场踏勘中提出的疑问，招标人可以书面形式或召开投标预备会的方式解答，但需同时将解答以书面方式通知所有购买招标文件的潜在投标人。该解答的内容为招标文件的组成部分。

3.2.10 招标终止

招标终止指在发出公告到开标前阶段招标活动终止。按照《招标投标法》的规定，只要采取招标方式，无论发生什么情况，都必须进行下去，否则就属于违法行为。但为了适应实践的需要，在一些特殊情况下规定终止招标是非常必要的。《招标投标实施条例》第31条中对招标终止做出了规定，招标人终止招标的，应当及时发布公告，或者以书面形式通知被邀请的或者已经获取资格预审文件、招标文件的潜在投标人。已经发售资格预审文件、招标文件或者已经收取投标保证金的，招标人应当及时退还所收取的资格预审文件、招标文件的费用，以及所收取的投标保证金及银行同期存款利息。

3.2.11 招标活动中的禁止性规定

在招标活动中，招标人不得以不合理的条件限制、排斥潜在投标人或者投标人。《招标投标实施条例》第 32 条中明确规定了属于以不合理条件限制、排斥潜在投标人或者投标人的行为：

(1) 就同一招标项目向潜在投标人或者投标人提供有差别的项目信息；

(2) 设定的资格、技术、商务条件与招标项目的具体特点和实际需要不相适应或者与合同履行无关；

(3) 依法必须进行招标的项目以特定行政区域或者特定行业的业绩、奖项作为加分条件或者中标条件；

(4) 对潜在投标人或者投标人采取不同的资格审查或者评标标准；

(5) 限定或者指定特定的专利、商标、品牌、原产地或者供应商；

(6) 依法必须进行招标的项目非法限定潜在投标人或者投标人的所有制形式或者组织形式；

(7) 以其他不合理条件限制、排斥潜在投标人或者投标人。

3.3 投 标

投标是指符合招标文件规定资格的投标人根据招标人的招标条件，向招标人提交其依照招标文件的要求所编制的投标文件，即向招标人提出自己的报价，以期承包到该招标项目的行为。投标的本质是响应招标，是潜在投标人获得了招标信息或者投标邀请书以后，购买招标文件，接收资格审查，编制投标文件，按照投标人的要求参加投标的活动。

3.3.1 投标人

1. 投标人的概念

《招标投标法》第 25 条规定："投标人是响应招标，参加投标竞争的法人或其他组织。""依法招标的科研项目允许个人参加投标的，投标的个人适用本法有关投标人的规定。"按照法律规定，投标人必须是法人或者其他组织，不包括自然人。但考虑到科研项目的特殊性，法律条文中增加了个人对科研项目投标的规定，个人可以作为投标主体参加科研项目投标活动，这是对科研项目投标的特殊规定。

这里应当注意：招标公告或者投标邀请书发出后，所有对招标公告或投标邀请书感兴趣并有可能参加投标的人，称为潜在投标人。那些响应招标并购买招标文件，参加投标的潜在投标人称为投标人。

2. 投标人的资格要求

(1) 投标人应当具备承担招标项目的能力；

(2) 国家有关规定对投标人资格条件或者招标文件对投标人资格条件有规定的，投标人应当具备规定的资格条件。

【知识链接】

《招标投标法实施条例》第34条规定：与招标人存在利害关系可能影响招标公正性的法人、其他组织或者个人，不得参加投标；单位负责人为同一人或者存在控股、管理关系的不同单位，不得参加同一标段投标或者未划分标段的同一招标项目投标。否则投标无效。

《招标投标法实施条例》第38条规定：投标人发生合并、分立、破产等重大变化的，应当及时书面告知招标人。投标人不再具备资格预审文件、招标文件规定的资格条件或者其投标影响招标公正性的，其投标无效。

3. 联合体投标

1）联合体投标的概念

联合体投标是两个以上法人或者其他组织可以组成一个联合体，以一个投标人的身份共同投标。

2）联合体投标的条件

联合体各方均应当具备承担招标项目的相应能力，国家有关规定或者招标文件对投标人资格条件有规定的，联合体各方均应当具备规定的相应资格条件。由同一专业的单位组成的联合体，按照资质等级较低的单位确定资质等级。

3）联合体各方的关系

联合体各方应当签订共同投标协议，明确约定各方拟承担的工作和责任，并将共同投标协议连同投标文件一并提交招标人。联合体各方必须指定牵头人，授权其代表所有联合体成员负责投标和合同实施阶段的主办、协调工作，并应当向招标人提交由所有联合体成员法定代表人签署的授权书。联合体投标的，应当以联合体各方或者联合体中牵头人的名义提交投标保证金。以联合体中牵头人名义提交的投标保证金，对联合体各成员具有约束力。

联合体中标的，联合体各方应当共同与招标人签订合同，就中标项目向招标人承担连带责任。招标人不得强制投标人组成联合体共同投标，不得限制投标人之间的竞争。

4）联合体投标的限制

招标人应当在资格预审公告、招标公告或者投标邀请书中载明是否接受联合体投标。

招标人接受联合体投标并进行资格预审的，联合体应当在提交资格预审申请文件前组成。资格预审后联合体增减、更换成员的，其投标无效。联合体各方在同一招标项目中以自己名义单独投标或者参加其他联合体投标的，相关投标均无效。

4. 投标人数量要求

《招标投标法》规定："投标人少于三个的，招标人应当依照本法重新招标。"当投标人少于三个时，就会缺乏有效竞争，投标人可能会提高承包条件，损害招标人利益，从而与招标目的相违背，所以必须重新组织招标，这也是国际上的通行做法。在国外，这种情况称之为"流标"。

3.3.2 投标程序

（1）申请投标。

（2）领取招标文件，交纳投标保证金。

投标保证金应按招标文件的要求交纳。投标保证金除现金外，可以是银行出具的银行保函、保兑支票、银行汇票或现金支票。投标保证金不得超过招标项目估算价的2%。投标保证金有效期应当与投标有效期一致。关于投标有效期：招标人应当在招标文件中载明投标有效期。投标有效期从提交投标文件的截止之日起算。

（3）研究招标文件，调查工程环境，确定投标策略。

（4）编制投标文件。

（5）将投标文件盖章、密封后，于指定时间送交至指定地点。

【知识链接】

未通过资格预审的申请人提交的投标文件，以及逾期送达或者不按照招标文件要求密封的投标文件，招标人应当拒收。

3.3.3 投标文件的编制

1. 基本要求

根据《招标投标法》第27条第1款的规定，编制投标文件应当符合下述两项要求：

（1）按照招标文件的要求编制投标文件。投标人应认真研究、正确理解招标文件的全部内容；并按照招标文件的要求来编制自己的投标文件，方有中标的可能。

（2）对招标文件提出的实质性要求和条件作出响应。这里“实质性要求和条件”，是指招标文件中有关招标项目的技术要求、投标报价要求和评标标准、合同的主要条款等，投标人必须严格按招标文件的要求，一一作答，不得对招标文件进行修改，不得遗漏或回避招标文件中的问题，更不能提出任何附带条件。否则将有可能失去中标机会。

2. 特殊要求

投标人应根据招标文件的内容和要求编制投标文件，即标书。编制标书时，除满足招标文件的基本要求外，还应当符合下列特殊要求：

（1）拟派出的项目负责人和主要技术人员的简历；

（2）近年来完成工程项目的业绩；

（3）拟用于完成招标项目的机械设备；

（4）保证工程质量、安全、进度的主要技术组织措施；

（5）在中标后分包的说明；

（6）其他，如工程进度、拟开工、竣工的日期等。

3. 投标文件的主要内容

投标文件一般包括下列内容：

（1）投标函；

（2）投标报价；

（3）施工组织设计；

（4）商务和技术偏差表。

投标人根据招标文件载明的项目实际情况，拟在中标后将中标项目的部分非主体、非关键性工作进行分包的，应当在投标文件中载明。

4. 投标文件的补充、修改、撤回和撤销

《招标投标法》第29条规定：投标人在招标文件要求提交投标的截止时间前，可以补充、修改或者撤回已提交的投标文件，并书面通知招标人。补充、修改内容为投标文件的组成部分。

这里的补充是指对投标文件中遗漏和不足的部分进行增补。修改是指对投标文件中已有的内容进行修订。撤回是指收回全部投标文件，或者放弃投标，或者以新的投标文件重新投标。

《招标投标法实施条例》第 35 条规定：投标人撤回已提交的投标文件，应当在投标截止时间前书面通知招标人。招标人已收取投标保证金的，应当自收到投标人书面撤回通知之日起 5 日内退还。投标截止后投标人撤销投标文件的，招标人可以不退还投标保证金。

3.3.4 投标活动中的禁止性规定

1. 投标人之间串通投标

《招标投标法》第 32 条第 1 款规定："投标人不得相互串通投标报价，不得排挤其他投标人的公平竞争，损害招标人或者其他投标人的合法权益。"

《招标投标法实施条例》第 39 条明确了投标人相互串通投标的具体情形：

(1) 投标人之间协商投标报价等投标文件的实质性内容；

(2) 投标人之间约定中标人；

(3) 投标人之间约定部分投标人放弃投标或者中标；

(4) 属于同一集团、协会、商会等组织成员的投标人按照该组织要求协同投标；

(5) 投标人之间为谋取中标或者排斥特定投标人而采取的其他联合行动。

此外，《招标投标法实施条例》第 40 条规定了视为投标人相互串通投标的情形：

(1) 不同投标人的投标文件由同一单位或者个人编制；

(2) 不同投标人委托同一单位或者个人办理投标事宜；

(3) 不同投标人的投标文件载明的项目管理成员为同一人；

(4) 不同投标人的投标文件异常一致或者投标报价呈规律性差异；

(5) 不同投标人的投标文件相互混装；

(6) 不同投标人的投标保证金从同一单位或者个人的账户转出。

2. 投标人与招标人之间串通招标投标

《招标投标法》第 32 条第 2 款规定："投标人不得与招标人串通投标，损害国家利益、社会公共利益或者他人的合法权益。"

《招标投标法实施条例》第 41 条明确了招标人与投标人串通投标的具体情形：

1) 招标人在开标前开启投标文件并将有关信息泄露给其他投标人；

2) 招标人直接或者间接向投标人泄露标底、评标委员会成员等信息；

3) 招标人明示或者暗示投标人压低或者抬高投标报价；

4) 招标人授意投标人撤换、修改投标文件；

5) 招标人明示或者暗示投标人为特定投标人中标提供方便；

6) 招标人与投标人为谋求特定投标人中标而采取的其他串通行为。

3. 投标人以行贿的手段谋取中标

《招标投标法》第 32 条第 3 款规定："禁止投标人以向招标人或者评标委员会成员行贿的手段谋取中标。"投标人以行贿的手段谋取中标是违背招标投标法基本原则的行为，对其他投标人是不公平的。投标人以行贿手段谋取中标的法律后果是中标无效，有关责任人和单位应当承担相应的行政责任或刑事责任，给他人造成损失的，还应当承担民事赔偿责任。

4. 投标人以低于成本的报价竞标

《招标投标法》第 33 条规定，投标人不得以低于成本的报价竞标。投标人以低于成本的报价竞标，其目的主要是为了排挤其他对手。这里的成本应指个别企业的成本。投标人的报价一般由成本、税金和利润三部分组成。当报价为成本价时，企业利润为零。如果投标人以低于成本的报价竞标，就很难保证工程的质量，各种偷工减料、以次充好等现象也随之产生，因此，投标人以低于成本的报价竞标的手段是法律所不允许的。

5. 投标人以非法手段骗取中标

《招标投标法》第 33 条规定，投标人不得以他人名义投标或者以其他方式弄虚作假，骗取中标。

根据《招标投标法实施条例》第 42 条的规定，使用通过受让或者租借等方式获取的资格、资质证书投标的，属于以他人名义投标。

投标人以其他方式弄虚作假的行为具体包括：

（1）使用伪造、变造的许可证件；

（2）提供虚假的财务状况或者业绩；

（3）提供虚假的项目负责人或者主要技术人员简历、劳动关系证明；

（4）提供虚假的信用状况；

（5）其他弄虚作假的行为。

3.4 开标、评标与中标

3.4.1 开标

开标是由投标截止之后，招标人按招标文件所规定的时间和地点，开启投标人提交的投标文件，公开宣布投标人的名称、投标价格及投标文件中的其他主要内容的活动。

1. 开标时间

开标时间应当在招标文件确定的提交投标文件截止时间的同一时间立即进行。法律做出这样规定，目的在于：第一，使每一个投标人都能事先知道开标的准确时间，以便届时参加，确保开标过程的公开、透明；第二，防止有人利用截止后至开标前的时间对已提交的投标文件做手脚，进行暗箱操作。比如，有些投标人利用这段时间与招标人或招标代理机构串通，对投标文件的实质性内容进行更改等。

2. 开标地点

按照《招标投标法》的规定，开标地点应当是招标文件中预先确定的地点。这样规定，目的在于使所有投标人都能事先知道开标的地点，事先作好充分准备。若开标地点有变，则应按照《招标投标法》第 23 条的规定，对招标文件作出修改，作为招标文件的补充文件，书面通知每一个提交投标文件的投标人。

如果招标人不公开开标，或者违反开标的时间和地点的规定，投标人或其他利害关系人有权向招标人提出异议或者向有关行政监督部门投诉，甚至可以向法院起诉。

3. 开标主持人与参加人

开标由招标人负责主持。招标人自行办理招标事宜的，自行主持开标；招标人委托招标代理机构办理招标事宜的，可以由招标代理机构按照委托招标合同的约定负责主持开标事宜。

既然公开开标，开标过程就应当对所有投标人和社会公开。招标人应邀请所有投标人的法定代表人或其委托代理人准时参加，确保开标在所有投标人参与、监督下进行。参加开标是每一投标人的法定权利，招标人不得以任何理由排斥、限制任何投标人参加开标。当然，投标人既可以参加也可以不参加。已通知而放弃参加开标的投标人不得对开标会的有效性提出异议。

【知识链接】

投标人少于3个的，不得开标；招标人应当重新招标。投标人对开标有异议的，应当在开标现场提出，招标人应当当场作出答复，并制作记录。

4. 开标程序

根据《标准施工招标文件》规定，主持人按下列程序进行开标：

(1) 宣布开标纪律；

(2) 公布在投标截止时间前递交投标文件的投标人名称，并点名确认投标人是否派人到场；

(3) 宣布开标人、唱标人、记录人、监标人等有关人员姓名；

(4) 按照投标人须知前附表规定检查投标文件的密封情况；开标时，由投标人或者其推选的代表检查投标文件的密封情况，也可以由招标人委托的公证机构检查并公证。

(5) 按照投标人须知前附表的规定确定并宣布投标文件开标顺序；

(6) 设有标底的，公布标底；

(7) 按照宣布的开标顺序当众开标，公布投标人名称、标段名称、投标保证金的递交情况、投标报价、质量目标、工期及其他内容，并记录在案；

(8) 投标人代表、招标人代表、监标人、记录人等有关人员在开标记录上签字确认；

(9) 开标结束。

【知识链接】

《招标投标法实施条例》第50条规定：招标项目设有标底的，招标人应当在开标时公布。标底只能作为评标的参考，不得以投标报价是否接近标底作为中标条件，也不得以投标报价超过标底上下浮动范围作为否决投标的条件。

3.4.2 评标

评标就是依据招标文件的要求和规定，对投标文件进行审查、评审和比较。评标由招标人组建的评标委员会负责。

1. 评标委员会

1) 评标委员会的组成

(1) 评标委员会由招标人依法组建，负责评标活动，向招标人推荐中标候选人或者根据招标人的授权直接确定中标人。

评标委员会成员名单一般应于开标前确定。评标委员会成员的名单在中标结果确定前应当保密。

(2) 评标委员会由招标人的代表或其委托的招标代理机构熟悉相关业务的代表，以及有关技术、经济等方面的专家组成，成员人数为5人以上单数，其中技术、经济等方面的专家不得少于成员总数的2/3。

评标委员会设负责人的，评标委员会负责人由评标委员会成员推举产生或者由招标人确定。评标委员会负责人与评标委员会的其他成员有同等的表决权。

2）评标委员会专家的确定

评标委员会专家应当具备以下条件：

(1) 从事相关领域工作满8年并具有高级职称或者具有同等专业水平；

(2) 熟悉有关招标投标的法律法规，并具有与招标项目相关的实践经验；

(3) 能够认真、公正、诚实、廉洁地履行职责；

(4) 身体健康，能够承担评标工作。

评标委员会的专家成员应当从省级以上人民政府有关部门提供的专家名册或招标代理机构的专家名册中确定。

确定评标专家，可以采取随机抽取或者直接确定的方式。一般项目，可以采取随机抽取的方式；技术特别复杂、专业性要求特别高或者国家有特殊要求的招标项目，采取随机抽取方式确定的专家难以胜任的，可以由招标人直接确定。

3）评标委员会成员的回避

评标委员会成员有下列情形之一的，不得担任评标委员会成员：

(1) 招标人或投标人的主要负责人的近亲属；

(2) 项目主管部门或者行政监督部门的人员；

(3) 与投标人有经济利益关系，可能影响对投标公正评审的；

(4) 曾因在招标、评标以及其他与招标投标有关活动中从事违法行为而受过行政处罚或刑事处罚的。

评标委员会成员有前款规定情形之一的，应当主动提出回避。

评标过程中，评标委员会成员有回避事由、擅离职守或者因健康等原因不能继续评标的，应当及时更换。被更换的评标委员会成员作出的评审结论无效，由更换后的评标委员会成员重新进行评审。

4）评标委员会成员的行为准则

(1) 评标委员会成员应当客观、公正地履行职责，遵守职业道德，对所提出的评审意见承担个人责任。

(2) 评标委员会成员不得与任何投标人或者与招标结果有利害关系的人进行私下接触，不得收受投标人、中介人、其他利害关系人的财物或者其他好处。

(3) 评标委员会成员和与评标活动有关的工作人员不得透露对投标文件的评审和比较、中标候选人的推荐情况以及与评标有关的其他情况。

2. 评标标准和评标方法

为保证招标投标活动符合公开、公平和公正的原则，评标委员会对各投标竞争者提交的投标文件进行评审、比较的唯一标准和评审方法，只能是在事先已提供给每一个投标人的招标文件中已载明的评标标准和方法，而不能以别的理由为依据。招标文件中规定的评标标准和评标方法应当合理，不得含有倾向或者排斥潜在投标人的内容，不得妨碍或者限制投标人之间的竞争。

1）评标标准

评标的标准一般有以下几个方面：

第一，先进性。具体表现为本行业或本地区处于先进水平的、成功的、成熟可靠的设计方案、工艺、设备选型、生产组织、技术经济指标等。

第二，适应性。采用先进技术要考虑当地市场、资源、技术水平、技术政策等的适应性，应与生产要素的现有条件相适应。否则，即使是世界上最先进的技术，因不适合当地的具体情况，也很难发挥应有的水平。

第三，系统性。所有的技术方案都不是孤立存在的，其本身由许多小系统组成，而且与环境有着密切的联系。因此，方案内部诸要素之间以及方案与更大系统保持协调和匹配，是确立方案有效功能的基础。

第四，效益性。作为招标人总希望找到一个技术上最先进可靠，同时费用又最低的报价，但这两种要求往往是相互对立的。评标委员会就要从这个矛盾的对立中找出一个最佳的平衡点，即经过技术、经济全面鉴别、比较以后得出的对招标人最经济合理和最有成效的投标方案。

2）评标方法

评标方法的科学性对于实施平等的竞争，公平合理地选择中标者是极端重要的。评标涉及的因素很多，应在分门别类、有主有次的基础上，结合工程的特点确定科学的评标方法。

2001 年 7 月 5 日国家计委、住房城乡建设部等 7 部委联合发布了《评标委员会和评标方法暂行规定》。根据该暂行规定及有关规定，评标应遵守如下法律规定：评标方法一般有经评审的最低投标价法、综合评估法或者法律、行政法规允许的其他评标方法。

（1）经评审的最低投标价法

经评审的最低投标价法一般适用于具有通用技术、性能标准或者招标人对其技术、性能没有特殊要求的招标项目。

采用经评审的最低投标价法的，评标委员会应当根据招标文件中规定的评标价格调整方法，将所有投标人的投标报价以及投标文件的商务部分作必要的价格调整。

采用经评审的最低投标价法的，中标人的投标应当符合招标文件规定的技术要求和标准，但评标委员会无需对投标文件的技术部分进行价格折算。

采用经评审的最低投标价法的，应当在投标文件能够满足招标文件实质性要求的投标人中，评审出投标价格最低的投标人，但投标价格低于其企业成本的除外。

根据经评审的最低投标价法完成详细评审后，评标委员会应当拟定一份“标价比较表”，连同书面评标报告提交招标人。“标价比较表”应当载明投标人的投标报价、对商务偏差的价格调整和说明以及经评审的最终投标价。

（2）综合评估法

不宜采用经评审的最低投标价法的招标项目，一般应当采取综合评估法进行评审。采用综合评估法的，应当对投标文件提出的工程质量、施工工期、投标价格、施工组织设计或者施工方案、投标人及项目经理业绩等，能否最大限度地满足招标文件中规定的各项要求和评价标准进行评审和比较。以评分方式进行评估的，对于各种评比奖项不得额外计分。

根据综合评估法完成评标后，评标委员会应当拟定一份“综合评估比较表”，连同书面评标报告提交招标人。“综合评估比较表”应当载明投标人的投标报价、所作的任何修正、对商务偏差的调整、对技术偏差的调整、对各评审因素的评估以及对每一投标的最终评审结果。

3. 投标评审

招标人应当根据项目规模和技术复杂程度等因素合理确定评标时间。超过 1/3 的评标委员会成员认为评标时间不够的，招标人应当适当延长。

1）评标的准备

评标委员会成员应当编制供评标使用的相应表格，认真研究招标文件，至少应了解和熟悉以下内容：

（1）招标的目标；

（2）招标项目的范围和性质；

（3）招标文件中规定的主要技术要求、标准和商务条款；

（4）招标文件规定的评标标准、评标方法和在评标过程中考虑的相关因素。

招标人应当向评标委员会提供评标所必需的信息，但不得明示或者暗示其倾向或者排斥特定投标人。

2）初步评审

评标委员会应当根据招标文件规定的评标标准和方法，对投标文件进行系统地评审和比较。招标文件中没有规定的标准和方法不得作为评标的依据。

（1）投标文件的排序

评标委员会应当按照投标报价的高低或者招标文件规定的其他方法对投标文件排序。以多种货币报价的，应当按照中国银行在开标日公布的汇率中间价换算成人民币。招标文件应当对汇率标准和汇率风险作出规定。未作规定的，汇率风险由投标人承担。

（2）投标文件的澄清、说明或补正

评标委员会可以书面方式要求投标人对投标文件中含义不明确、对同类问题表述不一致或者有明显文字和计算错误的内容作必要的澄清、说明或者补正。澄清、说明或者补正应以书面方式进行并不得超出投标文件的范围或者改变投标文件的实质性内容。评标委员会不得暗示或者诱导投标人作出澄清、说明，不得接受投标人主动提出的澄清、说明。

投标文件中的大写金额和小写金额不一致的，以大写金额为准；总价金额与单价金额不一致的，以单价金额为准，但单价金额小数点有明显错误的除外；对不同文字文本投标文件的解释发生异议的，以中文文本为准。

（3）否决投标的情形

根据《招标投标法实施条例》第 51 条规定，评标委员会应当否决其投标的情形有：

① 投标文件未经投标单位盖章和单位负责人签字；

② 投标联合体没有提交共同投标协议；

③ 投标人不符合国家或者招标文件规定的资格条件；

④ 同一投标人提交两个以上不同的投标文件或者投标报价，但招标文件要求提交备选投标的除外；

⑤ 投标报价低于成本或者高于招标文件设定的最高投标限价；

⑥ 投标文件没有对招标文件的实质性要求和条件作出响应；

⑦ 投标人有串通投标、弄虚作假、行贿等违法行为。

【知识链接】

《评标委员会和评标方法暂行规定》中还规定：在评标过程中，评标委员会发现投标人的报价明显低于其他投标报价或者在设有标底时明显低于标底，使得其投标报价可能低于其个别成本的，应当要求该投标人作出书面说明并提供相关证明材料。投标人不能合理说明或者不能提供相关证明材料的，由评标委员会认定该投标人以低于成本报价竞标，其投标应作废标处理。

（4）投标偏差

评标委员会应当根据招标文件，审查并逐项列出投标文件的全部投标偏差。投标偏差分为重大偏差和细微偏差。

下列情况属于重大偏差：

① 没有按照招标文件要求提供投标担保或者所提供的投标担保有瑕疵；

② 投标文件没有投标人授权代表签字和加盖公章；

③ 投标文件载明的招标项目完成期限超过招标文件规定的期限；

④ 明显不符合技术规格、技术标准的要求；

⑤ 投标文件载明的货物包装方式、检验标准和方法等不符合招标文件的要求；

⑥ 投标文件附有招标人不能接受的条件；

⑦ 不符合招标文件中规定的其他实质性要求。

投标文件有上述情形之一的，为未能对招标文件作出实质性响应，应作为废标处理。招标文件对重大偏差另有规定的，从其规定。

细微偏差是指投标文件在实质上响应招标文件要求，但在个别地方存在漏项或者提供了不完整的技术信息和数据等情况，并且补正这些遗漏或者不完整不会对其他投标人造成不公平的结果。细微偏差不影响投标文件的有效性。

评标委员会应当书面要求存在细微偏差的投标人在评标结束前予以补正。拒不补正的，在详细评审时可以对细微偏差作不利于该投标人的量化，量化标准应当在招标文件中规定。

3）详细评审

经初步评审合格的投标文件，评标委员会应当根据招标文件确定的评标标准和方法，对其技术部分和商务部分作进一步评审、比较。

评标委员会对各个评审因素进行量化时，应当将量化指标建立在同一基础或者同一标准上，使各投标文件具有可比性。

对技术部分和商务部分进行量化后，评标委员会应当对这两部分的量化结果进行加权，计算出每一投标的综合评估价或者综合评估分。

根据招标文件的规定，允许投标人投备选标的，评标委员会可以对排名中标人所投的备选标进行评审，以决定是否采纳备选标。不符合中标条件的投标人的备选标不予考虑。

对于划分有多个单项合同的招标项目，招标文件允许投标人为获得整个项目合同而提出优惠的，评标委员会可以对投标人提出的优惠进行审查，以决定是否将招标项目作为一个整体合同授予中标人。将招标项目作为一个整体合同授予的，整体合同中标人的投标应当最有利于招标人。

评标和定标应当在投标有效期结束日 30 个工作日前完成。不能在投标有效期结束日

30个工作日前完成评标和定标的，招标人应当通知所有投标人延长投标有效期。拒绝延长投标有效期的投标人有权收回投标保证金。同意延长投标有效期的投标人应当相应延长其投标担保的有效期，但不得修改投标文件的实质性内容。因延长投标有效期造成投标人损失的，招标人应当给予补偿，但因不可抗力需延长投标有效期的除外。

招标文件应当载明投标有效期。投标有效期从提交投标文件截止日起计算。

4. 评标报告

评标报告是指评标委员会经过对各投标书评审后向招标人提出的结论性报告，作为定标的主要依据。评标委员会完成评标后，应当向招标人提出书面评标报告，并抄送有关行政监督部门。

评标报告应包括以下内容：

(1) 基本情况和数据表；

(2) 评标委员会成员名单；

(3) 开标记录；

(4) 符合要求的投标一览表；

(5) 废标情况说明；

(6) 评标标准、评标方法或者评标因素一览表；

(7) 经评审的价格或者评分比较一览表；

(8) 经评审的投标人排序；

(9) 推荐的中标候选人名单与签订合同前要处理的事宜；

(10) 澄清、说明、补正事项纪要。

评标报告由评标委员会全体成员签字，对评标结论持有异议的评标委员会成员可以书面方式阐述其不同意见和理由，评标委员会成员拒绝在评标报告上签字且不陈述不同意见和其理由的，视为同意评标结论，评标委员会应当对此作出书面通知并记录在案。

5. 中标候选人

评标委员会推荐的中标候选人应当限定在1～3人，并标明排列顺序。招标人应当接受评标委员会推荐的中标候选人，不得在评标委员会推荐的中标候选人之外确定中标人。

【特别提示】

根据经评审的最低投标价法，能够满足招标文件的实质性要求，并且经评审的最低投标价的投标，应当推荐为中标候选人。根据综合评估法，最大限度地满足招标文件中规定的各项综合评价标准的投标，应当推荐为中标候选人。

6. 评标结果公示

依法必须进行招标的项目，招标人应当自收到评标报告之日起3日内公示中标候选人，公示期不得少于3日。投标人或者其他利害关系人对依法必须进行招标的项目的评标结果有异议的，应当在中标候选人公示期间提出。招标人应当自收到异议之日起3日内作出答复；作出答复前，应当暂停招标投标活动。

3.4.3 中标

1. 中标条件

中标人的投标应当符合下列条件之一：

(1) 能够最大限度地满足招标文件中规定的各项综合评价标准；

(2) 能够满足招标文件的实质性要求，并且经评审的投标价格最低，但是投标价格低于成本的除外。

在确定中标人之前，招标人不得与投标人就投标价格、投标方案等实质性内容进行谈判。

2. 中标人的确定

《招标投标法实施条例》第 55 条规定：国有资金占控股或者主导地位的依法必须进行招标的项目，招标人应当确定排名第一的中标候选人为中标人。排名第一的中标候选人放弃中标、因不可抗力不能履行合同、不按照招标文件要求提交履约保证金，或者被查实存在影响中标结果的违法行为等情形，不符合中标条件的，招标人可以按照评标委员会提出的中标候选人名单排序依次确定其他中标候选人为中标人，也可以重新招标。

招标人可以授权评标委员会直接确定中标人。

3. 履约能力审查

中标候选人的经营、财务状况发生较大变化或者存在违法行为，招标人认为可能影响其履约能力的，应当在发出中标通知书前由原评标委员会按照招标文件规定的标准和方法审查确认。

4. 中标通知书

中标通知书，是指招标人在确定中标人之后向中标人发出的告知其中标的书面通知。

为了保证中标结果的公开性，《招标投标法》第 45 条第 1 款规定："中标人确定后，招标人应当向中标人发出中标通知书，同时通知未中标人。"

中标通知书对招标人和中标人都具有法律效力。《招标投标法》第 45 条第 2 款规定："中标通知书对招标人和中标人具有法律效力。中标通知书发出后，招标人改变中标结果，或者中标人放弃中标项目的，应当依法承担法律责任。"

【特别提示】

招标投标过程就是订立合同的过程，投标是投标人发出的要约，中标通知书则是招标人作出的。在中标通知书发出后，招标人改变中标结果，或是中标人放弃中标项目的，要承担相应的法律责任，即缔约过失责任。

5. 签订合同

根据《招标投标法》第 46 条及《招标投标法实施条例》第 57 条的规定，招标人和中标人应当自中标通知书发出之日起 30 日内，按照招标文件和中标人的投标文件订立书面合同。合同的标的、价款、质量、履行期限等主要条款应当与招标文件和中标人的投标文件的内容一致。招标人与中标人不得再行订立背离合同实质性内容的其他协议。

6. 退还投标保证金

招标人最迟应当在书面合同签订后 5 日内向中标人和未中标的投标人退还投标保证金及银行同期存款利息。

7. 提交履约保证金

招标文件要求中标人提交履约保证金或者其他形式履约担保的，中标人应当提交；拒绝提交的，视为放弃中标项目。履约保证金不得超过中标合同金额的 10%。招标人不得擅自提高履约保证金，不得强制要求中标人垫付中标项目建设资金。招标人要求中标人提供履约保证金或其他形式履约担保的，招标人应当同时向中标人提供工程款支付担保。

8. 履行合同义务

中标人应当按照合同约定履行义务，完成中标项目。中标人不得向他人转让中标项目，也不得将中标项目肢解后分别向他人转让。中标人按照合同约定或者经招标人同意，可以将中标项目的部分非主体、非关键性工作分包给他人完成。接受分包的人应当具备相应的资格条件，并不得再次分包。中标人应当就分包项目向招标人负责，接受分包的人就分包项目承担连带责任。

3.5 招标投标法律责任

为了保护国家利益、社会公共利益和招标投标活动当事人的合法权益，规范招标投标活动，保证工程项目质量，我国以法律的形式规范工程招标投标的各过程，违者将负一定的法律责任。

3.5.1 招标人的法律责任

1.《招标投标法》中招标人的法律责任

(1) 必须进行招标的项目而不招标的，将必须进行招标的项目化整为零或者以其他任何方式规避招标的，责令限期改正，可以处项目合同金额0.5‰以上、1‰以下的罚款；对全部或者部分使用国有资金的项目，可以暂停项目执行或者暂停资金拨付；对单位直接负责的主管人员和其他直接责任人员依法给予处分。

(2) 招标人以不合理的条件限制或者排斥潜在投标人的，对潜在投标人实行歧视待遇的，强制要求投标人组成联合体共同投标的，或者限制投标人之间竞争的，责令改正，可以处1万元以上、5万元以下的罚款。

(3) 依法必须进行招标的项目的招标人向他人透露已获取招标文件的潜在投标人的名称、数量或者可能影响公平竞争的有关招标投标的其他情况的，或者泄露标底的，给予警告，可以并处1万元以上、10万元以下的罚款；对单位直接负责的主管人员和其他直接责任人员依法给予处分；构成犯罪的，依法追究刑事责任。所列行为影响中标结果的，中标无效。

(4) 依法必须进行招标的项目，招标人违反本法规定，与投标人就投标价格、投标方案等实质性内容进行谈判的，给予警告，对单位直接负责的主管人员和其他直接责任人员依法给予处分。所列行为影响中标结果的，中标无效。

(5) 招标人在评标委员会依法推荐的中标候选人以外确定中标人的，依法必须进行招标的项目在所有投标被评标委员会否决后自行确定中标人的，中标无效。责令改正，可以处中标项目金额0.5%以上、1%以下的罚款；对单位直接负责的主管人员和其他直接责任人员依法给予处分。

(6) 招标人与中标人不按照招标文件和中标人的投标文件订立合同的，或者招标人、中标人订立背离合同实质性内容的协议的，责令改正；可以处中标项目金额0.5%以上、1%以下的罚款。

2.《招标投标法实施条例》中招标人的法律责任

(1) 招标人有下列情形之一的，由有关行政监督部门责令改正，可以处10万元以下的罚款：

① 依法应当公开招标而采用邀请招标；

② 招标文件、资格预审文件的发售、澄清、修改的时限，或者确定的提交资格预审申请文件、投标文件的时限不符合招标投标法和本条例规定；

③ 接受未通过资格预审的单位或者个人参加投标；

④ 接受应当拒收的投标文件。

招标人有前款第一项、第三项、第四项所列行为之一的，对单位直接负责的主管人员和其他直接责任人员依法给予处分。

(2) 招标人超过本条例规定的比例收取投标保证金、履约保证金或者不按照规定退还投标保证金及银行同期存款利息的，由有关行政监督部门责令改正，可以处5万元以下的罚款；给他人造成损失的，依法承担赔偿责任。

(3) 依法必须进行招标的项目的招标人不按照规定组建评标委员会，或者确定、更换评标委员会成员违反招标投标法和本条例规定的，由有关行政监督部门责令改正，可以处10万元以下的罚款，对单位直接负责的主管人员和其他直接责任人员依法给予处分；违法确定或者更换的评标委员会成员作出的评审结论无效，依法重新进行评审。

(4) 依法必须进行招标的项目的招标人有下列情形之一的，由有关行政监督部门责令改正，可以处中标项目金额10‰以下的罚款；给他人造成损失的，依法承担赔偿责任；对单位直接负责的主管人员和其他直接责任人员依法给予处分：

① 无正当理由不发出中标通知书；

② 不按照规定确定中标人；

③ 中标通知书发出后无正当理由改变中标结果；

④ 无正当理由不与中标人订立合同；

⑤ 在订立合同时向中标人提出附加条件。

3.5.2 投标人的法律责任

(1) 投标人相互串通投标或者与招标人串通投标的，投标人以向招标人或者评标委员会成员行贿的手段谋取中标的，中标无效，处中标项目金额0.5%以上1%以下的罚款，对单位直接负责的主管人员和其他直接责任人员处单位罚款数额5%以上10%以下的罚款；有违法所得的，并处没收违法所得；情节严重的，取消其1～2年内参加依法必须进行招标的项目的投标资格并予以公告，直至由工商行政管理机关吊销营业执照；构成犯罪的，依法追究刑事责任。给他人造成损失的，依法承担赔偿责任。

【特别提示】

根据《招标投标法实施条例》的规定，投标人有下列行为之一的，属于"情节严重行为"，由有关行政监督部门取消其1～2年内参加依法必须进行招标的项目的投标资格：

① 以行贿谋取中标；

② 3年内2次以上串通投标；

③ 串通投标行为损害招标人、其他投标人或者国家、集体、公民的合法利益，造成直接经济损失30万元以上；

④ 其他串通投标情节严重的行为。

投标人上述规定的处罚执行期限届满之日起3年内又有该款所列违法行为之一的，或者串通投标、以行贿谋取中标情节特别严重的，由工商行政管理机关吊销营业执照。

法律、行政法规对串通投标报价行为的处罚另有规定的，从其规定。

(2) 投标人以他人名义投标或者以其他方式弄虚作假，骗取中标的，中标无效，给招标人造成损失的，依法承担赔偿责任；构成犯罪的，依法追究刑事责任。依法必须进行招标的项目的投标人有前款所列行为尚未构成犯罪的，处中标项目金额0.5%以上1%以下的罚款，对单位直接负责的主管人员和其他直接责任人员处单位罚款数额5%以上10%以下的罚款；有违法所得的，并处没收违法所得；情节严重的，取消其1～3年内参加依法必须进行招标的项目的投标资格并予以公告，直至由工商行政管理机关吊销营业执照。

【特别提示】

根据《招标投标法实施条例》的规定，投标人有下列行为之一的，属于“情节严重行为”，由有关行政监督部门取消其13年内参加依法必须进行招标的项目的投标资格：

① 伪造、变造资格、资质证书或者其他许可证件骗取中标；

② 3年内2次以上使用他人名义投标；

③ 弄虚作假骗取中标给招标人造成直接经济损失30万元以上；

④ 其他弄虚作假骗取中标情节严重的行为。

投标人自上述规定的处罚执行期限届满之日起3年内又有该款所列违法行为之一的，或者弄虚作假骗取中标情节特别严重的，由工商行政管理机关吊销营业执照。

(3) 出让或者出租资格、资质证书供他人投标的，依照法律、行政法规的规定给予行政处罚；构成犯罪的，依法追究刑事责任。

3.5.3 中标人的法律责任

(1) 中标人将中标项目转让给他人的，将中标项目肢解后分别转让给他人的，或者将中标项目的部分主体、关键性工作分包给他人的，或者分包人再次分包的，转让、分包无效，处转让、分包项目金额0.5%以上1%以下的罚款；有违法所得的，并处没收违法所得；可以责令停业整顿；情节严重的，由工商行政管理机关吊销营业执照。

(2) 招标人与中标人不按照招标文件和中标人的投标文件订立合同的，或者招标人、中标人订立背离合同实质性内容的协议的，责令改正；可以处中标项目金额0.5%以上1%以下的罚款。

(3) 中标人不履行与招标人订立的合同的，履约保证金不予退还，给招标人造成的损失超过履约保证金数额的，还应当对超过部分予以赔偿；没有提交履约保证金的，应当对招标人的损失承担赔偿责任。中标人不按照与招标人订立的合同履行义务，情节严重的，取消其2～5年内参加依法必须进行招标的项目的投标资格并予以公告，直至由工商行政管理机关吊销营业执照。因不可抗力不能履行合同的，不适用前两款规定。

(4) 中标人无正当理由不与招标人订立合同，在签订合同时向招标人提出附加条件，或者不按照招标文件要求提交履约保证金的，取消其中标资格，投标保证金不予退还。对依法必须进行招标的项目的中标人，由有关行政监督部门责令改正，可以处中标项目金额10‰以下的罚款。

3.5.4 招标代理机构的法律责任

《招标投标法》规定，招标代理机构泄露应当保密的与招标投标活动有关的情况和资料的，或者与招标人、投标人串通损害国家利益、社会公共利益或者他人合法权益的，处5万元以上25万元以下的罚款，对单位直接负责的主管人员和其他直接责任人员处单位罚款数额5‰以上10‰以下的罚款；有违法所得的，并处没收违法所得；情节严重的，暂停直至取消招标代理资格；构成犯罪的，依法追究刑事责任。给他人造成损失的，依法承担赔偿责任。前款所列行为影响中标结果的，中标无效。

《招标投标法实施条例》规定，招标代理机构在所代理的招标项目中投标、代理投标或者向该项目投标人提供咨询的，接受委托编制标底的中介机构参加受托编制标底项目的投标或者为该项目的投标人编制投标文件、提供咨询的，依照上述规定追究法律责任。

3.5.5 评标委员会成员的法律责任

《招标投标法》规定，评标委员会成员收受投标人的财物或者其他好处的，评标委员会成员或者参加评标的有关工作人员向他人透露对投标文件的评审和比较、中标候选人的推荐以及与评标有关的其他情况的，给予警告，没收收受的财物，可以并处3千元以上5万元以下的罚款，对有所列违法行为的评标委员会成员取消担任评标委员会成员的资格，不得再参加任何依法必须进行招标的项目的评标；构成犯罪的，依法追究刑事责任。

《招标投标法实施条例》规定，评标委员会成员有下列行为之一的，由有关行政监督部门责令改正；情节严重的，禁止其在一定期限内参加依法必须进行招标的项目的评标；情节特别严重的，取消其担任评标委员会成员的资格：

（1）应当回避而不回避；

（2）擅离职守；

（3）不按照招标文件规定的评标标准和方法评标；

（4）私下接触投标人；

（5）向招标人征询确定中标人的意向或者接受任何单位或者个人明示或者暗示提出的倾向或者排斥特定投标人的要求；

（6）对依法应当否决的投标不提出否决意见；

（7）暗示或者诱导投标人作出澄清、说明或者接受投标人主动提出的澄清、说明；

（8）其他不客观、不公正履行职务的行为。

3.5.6 国家机关及工作人员的法律责任

1. 国家机关的法律责任

《招标投标法》规定，任何单位违反本法规定，限制或者排斥本地区、本系统以外的法人或者其他组织参加投标的，为招标人指定招标代理机构的，强制招标人委托招标代理机构办理招标事宜的，或者以其他方式干涉招标投标活动的，责令改正；对单位直接负责的主管人员和其他直接责任人员依法给予警告、记过、记大过的处分，情节较重的，依法给予降级、撤职、开除的处分。个人利用职权进行前款违法行为的，依照前款规定追究责任。

《招标投标法实施条例》规定，项目审批、核准部门不依法审批、核准项目招标范围、招标方式、招标组织形式的，对单位直接负责的主管人员和其他直接责任人员依法给予处分。有关行政监督部门不依法履行职责，对违反规定的行为不依法查处，或者不按照规定处理投诉、不依法公告对招标投标当事人违法行为的行政处理决定的，对直接负责的主管人员和其他直接责任人员依法给予处分。

2. 国家机关工作人员的法律责任

《招标投标法》规定，对招标投标活动依法负有行政监督职责的国家机关工作人员徇私舞弊、滥用职权或者玩忽职守，构成犯罪的，依法追究刑事责任；不构成犯罪的，依法给予行政处分。

《招标投标法实施条例》规定，国家工作人员利用职务便利，以直接或者间接、明示或者暗示等任何方式非法干涉招标投标活动，有下列情形之一的，依法给予记过或者记大过处分；情节严重的，依法给予降级或者撤职处分；情节特别严重的，依法给予开除处分；构成犯罪的，依法追究刑事责任：

1）要求对依法必须进行招标的项目不招标，或者要求对依法应当公开招标的项目不公开招标；

2）要求评标委员会成员或者招标人以其指定的投标人作为中标候选人或者中标人，或者以其他方式非法干涉评标活动，影响中标结果；

3）以其他方式非法干涉招标投标活动。

【知识链接】

依法必须进行招标的项目的招标投标活动违反法律规定，对中标结果造成实质性影响，且不能采取补救措施予以纠正的，招标、投标、中标无效，应当依法重新招标或者评标。

【课后练习】

1. 单项选择题

(1) 某工程建设项目招标人在招标文件中规定了只有获得过本省工程质量奖项的潜在投标人才有资格参加该项目的投标。根据《招标投标法》，这个规定违反了（　　）原则。

A. 公开

B. 公平

C. 公正

D. 诚实信用

(2) 根据《招标投标法》的规定，下列施工项目不属于必须招标范围的是（　　）。

A. 企业投资的体育场

B. 企业投资的廉租住房

C. 企业投资的商品住房

D. 在资质等级许可范围内施工企业建设的自用办公楼

(3) 诚实信用是民事活动的一项基本原则，招标投标活动是以（　　）为目的的民事活动，当然也适用这一原则。

A. 承揽工程任务

B. 签订承包合同

C. 确定中标企业

D. 订立采购合同

(4) 在投标的过程中，如果投标人假借别的企业的资质，弄虚作假来投标即违反了（　　）这一原则。

A. 公开

B. 公平

C. 诚实信用

D. 公正

(5) 按照《中华人民共和国合同法》的规定，如果一方在订立合同的过程中违背了诚实信用的原则并给对方造成了实际的损失，责任方将承担（　　）的责任。

A. 赔偿

B. 缔约过失

C. 降低资质等级

D. 吊销资质证书

(6) 下列不属于《工程建设项目招标范围和规模标准规定》的关系社会公共利益、公众安全的基础设施项目的是（　　）。

A. 煤炭、石油、天然气、电力、新能源等能源项目

B. 铁路、公路、管道、水运、航空等交通运输项目

C. 商品住宅，包括经济适用住房

D. 生态环境保护项目

(7)《工程建设项目招标范围和规模标准规定》中规定施工单项合同估算价在（　　）万元人民币以上的，必须进行招标。

A. 200

B. 100

C. 150

D. 250

(8) 依法必须进行招标的项目的（　　），必须通过国家指定的报刊、信息网络或者其他公共媒介发布。

A. 资格预审公告

B. 投标邀请书

C. 招标公告

D. 评标标准

(9)《招标投标法》规定："招标人采用邀请招标方式，应当向（　　）个以上具备承担招标项目的能力、资信良好的特定的法人或者其他组织发出投标邀请书。"

A. 2

B. 3

C. 4

D. 5

(10) 根据《招标投标法》，两个以上法人或者其他组织组成一个联合体，以一个投标人的身份共同投标是（　　）。

A. 联合体投标

B. 共同投标

C. 合作投标

D. 协作投标

(11) 联合体中标的，联合体各方应当（　　）。

A. 共同与招标人签订合同，就中标项目向招标人承担连带责任
B. 分别与招标人签订合同，但就中标项目向招标人承担连带责任
C. 共同与招标人签订合同，但就中标项目各自独立向招标人承担责任
D. 分别与招标人签订合同，就中标项目各自独立向招标人承担责任

(12) 关于投标文件的补充、修改与撤回，下列说法正确的是（　　）。
A. 对投标文件的补充、修改与撤回，应该在投标截止日期之前进行
B. 对投标文件的补充、修改与撤回，应该在投标有效期之前进行
C. 在投标有效期内进行的补充、修改的内容作为投标文件的组成部分
D. 在投标截止日期前，投标人可以打电话通知招标人撤回投标文件

(13) 下列不可以做投标保证金的是（　　）。
A. 现金
B. 银行保函
C. 银行汇票
D. 其他单位的信用担保

(14) 某工程投标总价为500万元，则投标保证金最高不得超过（　　）万元。
A. 10
B. 20
C. 50
D. 80

(15) 不符合我国招标投标法关于联合体各方资格的规定是（　　）。
A. 联合体各方均应当具备承担招标项目必备的相应能力
B. 招标文件对投标人资格条件有特殊要求的，联合体各方均应当具备规定的相应资格条件
C. 由同一专业的单位组成的联合体，按照资质等级较低的单位确定联合体的资质等级
D. 由同一专业的单位组成的联合体，按照资质等级较高的单位确定联合体的资质等级

(16) 下列选项中关于开标的说法正确的是（　　）。
A. 开标应当在招标文件确定的提交投标文件截止时间的同一时间公开进行
B. 开标地点由招标人在开标前通知
C. 开标地点应当根据行政主管部门指定的地点确定
D. 开标由建设行政主管部门主持，邀请所有投标人参加

(17) 根据《招标投标法》，在一般招标项目中，下面评标委员会成员中符合法律规定的是（　　）。
A. 某甲，由投标人从省人民政府有关部门提供的专家名册的专家中确定
B. 某乙，现任某公司法定代表人，该公司常年为某投标人提供建筑材料
C. 某丙，从事招标工程项目领域工作满10年并具有高级职称
D. 某丁，在开标后，中标结果确定前将自己担任评标委员会成员的事告诉了某投标人

(18) 根据《招标投标法》的有关规定，招标人和中标人应当自中标通知书发出之日起（　　）日内，按照招标文件和中标人的投标文件订立书面合同。

A. 10

B. 15

C. 30

D. 60

(19) 开标地点应当为（　　）。

A. 招投标双方确认的地点

B. 建设行政主管部门指定的场所

C. 招标文件中预先确定的地点

D. 投标人共同认可的地点。

(20) 评标委员会为（　　）人以上的单数。

A. 5

B. 7

C. 9

D. 3

2. 多项选择题

(1) 招标投标活动应当遵循（　　）的原则。

A. 公开

B. 公平

C. 诚实信用

D. 公正

E. 平等

(2) 采用公开招标方式，（　　）等都应当公开。

A. 评标的程序

B. 评标人的名单

C. 开标的程序

D. 评标的标准

E. 中标的结果

(3) 甲公司与乙公司组成联合体投标并中标，在施工过程中因工程质量原因遭遇业主索赔，索赔金额为10000元。在甲公司与乙公司投标前的协议中约定了对于债务各承担50%的比例，则（　　）。

A. 业主可以要求甲公司支付10000元，甲公司不得以与乙公司有协议为由拒绝支付

B. 甲公司支付了10000元后，乙公司就不再对业主承担债务

C. 甲公司支付了10000元后，可以根据协议要求乙公司向其支付5000元作为补偿

D. 业主如果要求甲公司支付10000元，甲公司可以与乙公司有协议为由拒绝支付

E. 甲公司支付了10000元后，乙公司也需要向业主支付10000元

(4) 工程建设项目招标范围包括（　　）。

A. 全部或者部分使用国有资金投资或者国家融资的项目

B. 施工单项合同估算价在100万元人民币以上的

C. 关系社会公共利益、公众安全的大型基础设施项目

D. 使用国际组织或者外国政府资金的项目

E. 关系社会公共利益、公众安全的大型公用事业项目

(5)(　　)等特殊情况，不适宜进行招标的项目，按照国家规定可以不进行招标。

A. 涉及国家安全、国家秘密

B. 使用国际组织或者外国政府资金的项目

C. 抢险救灾

D. 利用扶贫资金实行以工代赈需要使用农民工

E. 生态环境保护项目

(6) 下列选项中(　　)是关于投标的禁止性规定。

A. 投标人之间串通投标

B. 招标者预先内定中标者，在确定中标者时以此决定取舍

C. 投标人以高于成本的报价竞标

D. 投标者之间进行内部竞价，内定中标人，然后再参加投标

E. 招标者向投标者泄露标底

3. 问答题

(1) 什么是招标投标？目前已颁布的招标投标法规有哪些？

(2)《招标投标法》对强制招标范围和规模标准有哪些规定？

(3) 招标投标活动应遵循哪些基本原则？

(4) 具备哪些条件才能自行招标？工程建设项目招标代理机构的资格如何认定？

(5) 我国《招标投标法》规定了哪几种招标方式？它们有哪些区别？

(6) 招标公告的发布方式和主要内容有哪些？

(7) 什么是自行招标和代理招标？

(8) 什么是联合体投标？联合体应具备的条件是什么？它们的内外关系如何确定？

(9) 中标通知书的法律效力如何？

4. 案例分析题

某国有企业计划投资700万元新建一栋办公大楼，建设单位委托了一家符合资质要求的招标代理机构进行该工程的施工招标工作，由于招标时间紧，建设单位要求招标代理单位采取内部议标的方式选取中标单位，共有A、B、C、D、E 5家投标单位参加了投标，开标时出现了如下情形：

A. 投标单位的投标文件未按招标文件的要求而是按该企业的习惯做法密封；

B. 投标单位虽按招标文件的要求编制了投标文件但有一页文件漏打了页码；

C. 投标单位投标保证金超过了招标文件中规定的金额；

D. 投标单位投标文件记载的招标项目完成期限超过招标文件规定的完成期限；

E. 投标单位某分项工程的报价有个别漏项。

为了在评标时统一意见，根据建设单位的要求评标委员会有6人组成，其中3人是由建设单位的总经理、总工程师和工程部经理参加，3人由建设单位以外的评标专家库中抽取；经过评标委员会，最终由低于成本价格的投标单位确定为中标单位。

问题：

(1) 采取的内部招标方式是否妥当？说明理由；

(2) 5 家投标单位的投标文件是否有效或应被淘汰？分别说明理由；

(3) 评标委员会的组建是否妥当？若不妥，请说明理由；

(4) 确定的中标单位是否合理？说明理由。

4 建设工程质量管理法律制度

【学习目标】

1. 了解建设工程质量管理体系
2. 掌握建设工程质量责任体系
3. 熟悉建设工程质量管理制度

【学习重点】

1. 建设工程质量责任体系
2. 建设工程竣工验收制度
3. 建设工程质量保修制度

4.1 建设工程质量管理概述

4.1.1 建设工程质量概念

建设工程质量有广义和狭义之分。狭义的建设工程质量仅指工程实体质量，即指在国家现行的有关法律、法规、技术标准、设计文件和合同中，对工程的安全、适用、经济、美观等特性的综合要求。而广义的建设工程质量还包括工程建设参与者的服务质量和工作质量。它反映在他们的服务是否及时、主动，态度是否诚恳、守信，管理水平是否先进，工作效率是否很高等等方面。应该说，工程实体质量的好坏是决策、计划、勘察、设计、施工等单位各方面、各环节工作质量的综合反映。现在，国内外都趋向于从广义上来理解建设工程质量，但本书中的建设工程质量主要还是指工程本身的质量，即狭义上的建设工程质量。

4.1.2 建设工程质量管理体系

建设工程质量管理体系，包括纵向管理和横向管理两个方面。

纵向管理是国家对建设工程质量所进行的监督管理，它具体由建设行政主管部门及其授权机构实施，这种管理贯穿在工程建设的全过程和各个环节之中，它既对工程建设从计划、规划、土地管理、环保、消防等方面进行监督管理，又对工程建设的主体从资质认定和审查、成果质量检测、验证和奖惩等方面进行监督管理，还对工程建设中各种活动如工程建设招投标、工程施工、验收、维修等进行监督管理。

横向管理包括两个方面，一是承包单位对所建工程的质量管理，如勘察单位、设计单位、施工单位自己对所承担工作的质量管理。它们要按要求建立专门质检机构，配备相应的质检人员，建立相应的质量保证制度，如审核校对制、培训上岗制、质量抽检制、各级质量责任制和部门领导质量责任制等。二是建设单位对所建工程的质量管理，如委托社会监理单位对工程建设的质量进行监理。可以由建设单位内部成立相应的机构、配备相应的人员进行监督管理，也可以委托监理单位对工程质量进行监理。现在，世界上大多数国家都推行工程监理制，我国也在推行和完善这一制度。

4.1.3 建设工程质量管理立法概况

建设工程质量管理一直是国家建设工程管理的重要内容，因此《中华人民共和国建筑法》将“建设工程质量管理”专门另章规定。为了更好地贯彻《建筑法》的规定，2000 年 1 月 30 日国务院制定了与《建筑法》相配套的《建设工程质量管理条例》，它对建筑市场主体的质量责任和义务作了明确而具体的规定。国务院建设行政主管部门及相关部门也曾先后颁发了许多调整建设工程质量管理的部门规章及其他规范性文件，如《房屋建筑工程质量保修办法》（2000 年）、《实施工程建设强制性标准监督规定》（2000 年）、《建设部关于建设工程质量监督机构深化改革的指导意见》（2000 年）、《建设工程勘察质量管理办法》（2002 年）、《建设工程质量保证金管理暂行办法》（2005 年）、《建设工程质量检测管理办法》（2005 年）、《房屋建筑和市政基础设施工程质量监督管理规定》（2010 年）等。

4.2 建设工程质量责任体系

4.2.1 建设单位的质量责任和义务

1. 依法对工程进行发包的责任

建设单位应当将工程发包给具有相应资质等级的单位，建设单位不得将建设工程肢解发包。

2. 依法对材料设备进行招标的责任

建设单位应当依法对工程建设项目的勘察、设计、施工、监理以及与工程建设有关的重要设备、材料等的采购进行招标。

3. 提供原始资料的责任

建设单位必须向有关的勘察、设计、施工、工程监理等单位提供与建设工程有关的原始资料。原始资料必须真实、准确、齐全。

4. 不得干预投标人的责任

建设工程发包单位，不得迫使承包方以低于成本的价格竞标，不得任意压缩合理工期。

建设单位不得明示或者暗示设计单位或者施工单位违反工程建设强制性标准，降低建设工程质量。

5. 依法接受政府监督的责任

建设单位应当将施工图设计文件报县级以上人民政府建设行政主管部门或者其他有关部门审查。施工图设计文件未经审查批准的，不得使用。

建设单位在领取施工许可证或者开工报告前，应当按照国家有关规定办理工程质量监督手续。

6. 委托监理的责任

实行监理的建设工程，建设单位应当委托具有相应资质等级的工程监理单位进行监理，也可以委托具有工程监理相应资质等级并与被监理工程的施工承包单位没有隶属关系或者其他利害关系的该工程的设计单位进行监理。

【知识链接】

下列建设工程必须实行监理：

(1) 国家重点建设工程；

(2) 大中型公用事业工程；

(3) 成片开发建设的住宅小区工程；

(4) 利用外国政府或者国际组织贷款、援助资金的工程；

(5) 国家规定必须实行监理的其他工程。

7. 确保提供的物资符合要求的责任

按照合同约定，由建设单位采购建筑材料、建筑构配件和设备的，建设单位应当保证建筑材料、建筑构配件和设备符合设计文件和合同要求。建设单位不得明示或者暗示施工单位使用不合格的建筑材料、建筑构配件和设备。

8. 不得擅自改变主体和承重结构进行装修的责任

涉及建筑主体和承重结构变动的装修工程，建设单位应当在施工前委托原设计单位或者具有相应资质等级的设计单位提出设计方案；没有设计方案的，不得施工。

9. 依法组织竣工验收的责任

建设单位收到建设工程竣工报告后，应当组织设计、施工、工程监理等有关单位进行竣工验收。

【知识链接】

建设工程竣工验收应当具备下列条件：

(1) 完成建设工程设计和合同约定的各项内容；

(2) 有完整的技术档案和施工管理资料；

(3) 有工程使用的主要建筑材料、建筑构配件和设备的进场试验报告；

(4) 有勘察、设计、施工、工程监理等单位分别签署的质量合格文件；

(5) 有施工单位签署的工程保修书。

10. 移交建设项目档案的责任

建设单位应当严格按照国家有关档案管理的规定，及时收集、整理建设项目各环节的文件资料，建立健全建设项目档案，并在建设工程竣工验收后，及时向建设行政主管部门或者其他有关部门移交建设项目档案。

4.2.2 勘察、设计单位的质量责任和义务

1. 勘察、设计单位共同的责任

1) 依法承揽工程的责任

从事建设工程勘察、设计的单位应当依法取得相应等级的资质证书，并在其资质等级许可的范围内承揽工程。禁止勘察、设计单位超越其资质等级许可的范围或者以其他勘察、设计单位的名义承揽工程。禁止勘察、设计单位允许其他单位或者个人以本单位的名义承揽工程。勘察、设计单位不得转包或者违法分包所承揽的工程。

2) 执行强制性标准的责任

勘察、设计单位必须按照工程建设强制性标准进行勘察、设计，并对其勘察、设计的质量负责。注册建筑师、注册结构工程师等注册执业人员应当在设计文件上签字，对设计文件负责。

2. 勘察单位的质量责任

勘察单位提供的地质、测量、水文等勘察成果必须真实、准确。

3. 设计单位的质量责任

1）科学设计的责任

设计单位应当根据勘察成果文件进行建设工程设计。设计文件应当符合国家规定的设计深度要求，注明工程合理使用年限。

2）选择材料设备的责任

设计单位在设计文件中选用的建筑材料、建筑构配件和设备，应当注明规格、型号、性能等技术指标，其质量要求必须符合国家规定的标准。

除有特殊要求的建筑材料、专用设备、工艺生产线等外，设计单位不得指定生产厂、供应商。

3）解释设计文件的责任

设计单位应当就审查合格的施工图设计文件向施工单位作出详细说明。

4）参与质量事故分析的责任

设计单位应当参与建设工程质量事故分析，并对因设计造成的质量事故，提出相应的技术处理方案。

4.2.3 施工单位的质量责任和义务

1. 依法承揽工程的责任

施工单位应当依法取得相应等级的资质证书，并在其资质等级许可的范围内承揽工程。

禁止施工单位超越本单位资质等级许可的业务范围或者以其他施工单位的名义承揽工程。禁止施工单位允许其他单位或者个人以本单位的名义承揽工程。施工单位不得转包或者违法分包工程。

2. 建立质量保证体系的责任

施工单位对建设工程的施工质量负责。施工单位应当建立质量责任制，确定工程项目的项目经理、技术负责人和施工管理负责人。

建设工程实行总承包的，总承包单位应当对全部建设工程质量负责；建设工程勘察、设计、施工、设备采购的一项或者多项实行总承包的，总承包单位应当对其承包的建设工程或者采购的设备的质量负责。

3. 分包单位保证工程质量的责任

总承包单位依法将建设工程分包给其他单位的，分包单位应当按照分包合同的约定对其分包工程的质量向总承包单位负责，总承包单位与分包单位对分包工程的质量承担连带责任。

4. 按图施工的责任

施工单位必须按照工程设计图纸和施工技术标准施工，不得擅自修改工程设计，不得偷工减料。施工单位在施工过程中发现设计文件和图纸有差错的，应当及时提出意见和建议。

5. 对建筑材料、构配件和设备进行检验的责任

施工单位必须按照工程设计要求、施工技术标准和合同约定，对建筑材料、建筑构配

件、设备和商品混凝土进行检验，检验应当有书面记录和专人签字；未经检验或者检验不合格的，不得使用。

6. 对施工质量进行检验的责任

施工单位必须建立健全施工质量的检验制度，严格工序管理，做好隐蔽工程的质量检查和记录。隐蔽工程在隐蔽前，施工单位应当通知建设单位和建设工程质量监督机构。

7. 见证取样的责任

施工人员对涉及结构安全的试块、试件以及有关材料，应当在建设单位或者工程监理单位监督下现场取样，并送具有相应资质等级的质量检测单位进行检测。

8. 保修的责任

施工单位对施工中出现质量问题的建设工程或者竣工验收不合格的建设工程，应当负责返修。

9. 教育培训的责任

施工单位应当建立、健全教育培训制度，加强对职工的教育培训；未经教育培训或者考核不合格的人员，不得上岗作业。

4.2.4 工程监理单位的质量责任和义务

1. 依法承揽业务的责任

工程监理单位应当依法取得相应等级的资质证书，并在其资质等级许可的范围内承担工程监理业务。

禁止工程监理单位超越本单位资质等级许可的范围或者以其他工程监理单位的名义承担工程监理业务。禁止工程监理单位允许其他单位或者个人以本单位的名义承担工程监理业务。工程监理单位不得转让工程监理业务。

2. 独立监理的责任

工程监理单位与被监理工程的施工单位以及建筑材料、建筑构配件和设备供应单位不得有隶属关系或者其他利害关系的，不得承担该项建设工程的监理业务。

3. 依法监理的责任

工程监理单位应当依照法律、法规以及有关技术标准、设计文件和建设工程承包合同，代表建设单位对施工质量实施监理，并对施工质量承担监理责任。

监理工程师应当按照工程监理规范的要求，采取旁站、巡视和平行检验等形式，对建设工程实施监理

4. 确认工程质量的责任

工程监理单位应当选派具备相应资格的总监理工程师和监理工程师进驻施工现场。

未经监理工程师签字，建筑材料、建筑构配件和设备不得在工程上使用或者安装，施工单位不得进行下一道工序的施工。未经总监理工程师签字，建设单位不拨付工程款，不进行竣工验收。

4.3 建设工程质量管理制度

4.3.1 企业质量体系认证制度

企业质量体系认证，是指由国家认可的认证机构，根据企业申请，依据认证标准，按

照规定的程序，对企业的质量保证体系，包括企业的质量管理制度、企业的生产、技术条件等保证产品质量的诸因素进行全面的评审，对符合认证要求的，通过颁发认证证明书的形式，证明企业的质量保证能力符合相应标准的活动。

企业质量体系认证的目的，在于确认企业对其产品的质量保证及控制能力是否符合标准要求，以衡量企业能否持续稳定地保证产品质量。因为一般讲，通过抽样检验产品质量，只能是对被检样品的质量的认可，即使是建立在统计学基础上的抽样检验，也只能证明一个产品批次的质量，而不能证明以后生产、出厂销售的产品是否持续符合标准的要求。而认证的主要目的在于证明企业保证产品质量的可靠程度。企业经质量体系认证合格，可增加消费者对该企业产品的信任度，从而会增强企业在市场上的竞争能力。

我国《建筑法》规定：国家对从事建筑活动的单位推行质量体系认证制度，从事建筑活动的单位根据自愿原则可以向国务院产品质量监督管理部门或其授权部门认可的认证机构申请企业质量体系认证。经认证合格的，由认证机构向该企业颁发企业质量体系认证书。

【知识链接】

我国《产品质量法》规定：

国家根据国际通用的质量管理标准，推行企业质量体系认证制度。企业根据自愿原则可以向国务院产品质量监督部门认可的或者国务院产品质量监督部门授权的部门认可的认证机构申请企业质量体系认证。经认证合格的，由认证机构颁发企业质量体系认证证书。

国家参照国际先进的产品标准和技术要求，推行产品质量认证制度。企业根据自愿原则可以向国务院产品质量监督部门认可的或者国务院产品质量监督部门授权的部门认可的认证机构申请产品质量认证。经认证合格的，由认证机构颁发产品质量认证证书，准许企业在产品或者其包装上使用产品质量认证标志。

ISO9000 族标准是由国际标准化组织组织制定并颁布的国际标准，我国也发布了等同采用国际标准的 GB/T—19000《质量管理和质量保证》系列标准，由 5 个标准组成。这些标准，既可作为生产企业质量保证工作的依据，也是企业申请质量体系认证的认证标准。如双方同意，它也可作为供需双方对产品质量的认证标准。

（1）GB/T 19000—ISO9000《质量管理和质量保证——选择和使用指南》；

（2）GB/T 19001—ISO9001《质量体系——设计/开发、生产、安装和服务的质量保证模式》；

（3）GB/T 19002—ISO9002《质量体系——生产和安装的质量保证模式》；

（4）GB/T 19003—ISO9003《质量体系——最终检验和试验的质量保证模式》；

（5）GB/T 19004—ISO9004《质量管理和质量体系要素———指南》。

GB/T 19000—ISO9000《质量管理和质量保证》系列标准是在总结国际成功经验的基础上，从质量管理的共性出发，阐述了质量管理工作的基本原则、基本规律和质量体系要素的基本构成，它适用于不同体制、不同行业的生产、服务企业开展质量管理工作，同样也适用于建筑业企事业单位的质量管理工作。

实践证明，贯标工作有利于加强建筑企业的基础管理工作，使其步入规范化、法制化的轨道，贯标工作还有利于企业加强工程项目的质量管理，提高员工素质，加强施工过程的控制，提高工程质量。为此，住房城乡建设部要求各建筑业企业从建立现代企业制度和促进企业发展的高度做好贯彻这一系列标准的工作，积极申请质量体系认证，并将贯标工作纳入企业质量目标管理考核指标之内，使企业的质量体系逐步纳入国际标准化的轨道。《建筑法》对此项制度的确定，在法律上对从事建筑活动的企业建立质量保证体系提供了保障。

4.3.2 建设工程质量监督制度

《建筑法》及《建设工程质量管理条例》中都明确规定：国家实行建设工程质量监督管理制度，住房城乡建设部 2010 年颁布的《房屋建筑和市政基础设施工程质量监督管理规定》对工程质量监督管理做出了更加明确而详尽的规定。

1. 建设工程质量监督的实施主体

国务院建设行政主管部门负责全国房屋建筑和市政基础设施工程质量监督管理工作，县级以上地方人民政府建设行政主管部门负责本行政区域内工程质量监督管理工作，工程质量监督管理的具体工作可以由县级以上地方人民政府建设行政主管部门委托所属的工程质量监督机构实施。

2. 建设工程质量监督管理的内容

工程质量监督管理应当包括下列内容：

(1) 执行法律法规和工程建设强制性标准的情况；

(2) 抽查涉及工程主体结构安全和主要使用功能的工程实体质量；

(3) 抽查工程质量责任主体和质量检测等单位的工程质量行为；

(4) 抽查主要建筑材料、建筑构配件的质量；

(5) 对工程竣工验收进行监督；

(6) 组织或者参与工程质量事故的调查处理；

(7) 定期对本地区工程质量状况进行统计分析；

(8) 依法对违法违规行为实施处罚。

3. 建设工程质量监督的程序

对工程项目实施质量监督，应当依照下列程序进行：

(1) 受理建设单位办理质量监督手续；

(2) 制订工作计划并组织实施；

(3) 对工程实体质量、工程质量责任主体和质量检测等单位的工程质量行为进行抽查、抽测；

(4) 监督工程竣工验收，重点对验收的组织形式、程序等是否符合有关规定进行监督；

(5) 形成工程质量监督报告；

(6) 建立工程质量监督档案。

4. 建设工程质量监督机构

1) 建设工程质量监督机构的性质

建设工程质量监督机构是经省级以上建设行政主管部门或有关专业部门考核认定的独立法人。建设工程质量监督机构接受县级以上地方人民政府建设行政主管部门或有关专业部门的委托，依法对建设工程质量进行强制性监督，并对委托部门负责。

2) 建设工程质量监督机构应具备的基本条件

(1) 具有符合规定的监督人员，人员数量由县级以上地方人民政府建设主管部门根据实际需要确定，监督人员应当占监督机构总人数的75%以上；

(2) 有固定的工作场所和满足工程质量监督检查工作需要的仪器、设备和工具等；

(3) 有健全的质量监督工作制度，具备与质量监督工作相适应的信息化管理条件。

监督机构可以聘请中级职称以上的工程类专业技术人员协助实施工程质量监督。

【知识链接】

监督人员应当具备下列条件：

(1) 具有工程类专业大学专科以上学历或者工程类执业注册资格；

(2) 具有3年以上工程质量管理或者设计、施工、监理等工作经历；

(3) 熟悉掌握相关法律法规和工程建设强制性标准；

(4) 具有一定的组织协调能力和良好职业道德。

监督人员符合上述条件经考核合格后，方可从事工程质量监督工作。

3) 建设工程质量监督机构的主要任务

(1) 根据政府主管部门的委托，受理建设工程项目质量监督。

(2) 制定质量监督工作方案。确定负责该项工程的质量监督工程师和助理质量监督工程师。根据有关法律、法规和工程建设强制性标准，针对工程特点，明确监督的具体内容、监督方式。在方案中对地基基础、主体结构和其他涉及结构案件的重要部位和关键工序，作出实施监督的详细计划安排。建设工程质量监督机构应将质量监督工作方案通知建设、勘察、设计、施工、监理单位。

(3) 检查施工现场工程建设各方主体的质量行为。核查施工现场工程建设各方主体及有关人员的资质或资格。检查勘察、设计、施工、监理单位的质量保证体系和质量责任制落实情况，检查有关质量文件、技术资料是否齐全并符合规定。

(4) 检查建设工程的实体质量。按照质量监督工作方案，对建设工程地基基础、主体结构和其他涉及结构安全的关键部位进行现场实地抽查，对用于工程的主要建筑材料、构配件的质量进行抽查。对地基基础分部、主体结构分部工程和其他涉及结构安全的分部工程的质量验收进行监督。

(5) 监督工程竣工验收。监督建设单位组织的工程竣工验收的组织形式、验收程序以及在验收过程中提供的有关资料和形成的质量评定文件是否符合有关规定，实体质量是否存有严重缺陷，工程质量的检验评定是否符合国家验收标准。

(6) 报送建设工程质量监督报告。工程竣工验收后5日内，应向委托部门报送建设工程质量监督报告。建设工程质量监督报告应包括对地基基础和主体结构质量检查的结论，工程竣工验收的程序、内容和质量检验评定是否符合有关规定，及历次抽查该工程发现的质量问题和处理情况等内容。建设工程质量监督报告必须由质量监督工程师签署。

(7) 对预制建筑构件和商品混凝土的质量进行监督。

(8) 受委托部门委托，按规定收取工程质量监督费。

(9) 政府主管部门委托的工程质量监督管理的其他工作。

4.3.3 建设工程质量检测制度

建设工程质量检测是工程质量监督的重要手段。由工程质量检测机构接受委托，依据国家有关法律、法规和工程建设强制性标准，对涉及结构安全项目的抽样检测和对进入施工现场的建筑材料、构配件的见证取样检测。

1. 建设工程检测机构资质

建设工程检测机构是具有独立法人资格的中介机构，检测机构资质按照其承担的检测业务内容分为专项检测机构资质和见证取样检测机构资质。

1）专项检测机构和见证取样检测机构应满足下列基本条件：

（1）专项检测机构的注册资本不少于100万元人民币，见证取样检测机构不少于80万元人民币；

（2）所申请检测资质对应的项目应通过计量认证；

（3）有质量检测、施工、监理或设计经历，并接受了相关检测技术培训的专业技术人员不少于10人；边远的县（区）的专业技术人员可不少于6人；

（4）有符合开展检测工作所需的仪器、设备和工作场所；其中，使用属于强制检定的计量器具，要经过计量检定合格后，方可使用；

（5）有健全的技术管理和质量保证体系。

2）专项检测机构除应满足基本条件外，还需满足下列条件：

（1）地基基础工程检测类

专业技术人员中从事工程桩检测工作3年以上并具有高级或者中级职称的不得少于4名，其中1人应当具备注册岩土工程师资格。

（2）主体结构工程检测类

专业技术人员中从事结构工程检测工作3年以上并具有高级或者中级职称的不得少于4名，其中1人应当具备二级注册结构工程师资格。

（3）建筑幕墙工程检测类

专业技术人员中从事建筑幕墙检测工作3年以上并具有高级或者中级职称的不得少于4名。

（4）钢结构工程检测类

专业技术人员中从事钢结构机械连接检测、钢网架结构变形检测工作3年以上并具有高级或者中级职称的不得少于4名，其中1人应当具备二级注册结构工程师资格。

3）见证取样检测机构除应满足基本条件外，专业技术人员中从事检测工作3年以上并具有高级或者中级职称的不得少于3名；边远的县（区）可不少于2人。

【知识链接】

建设工程质量检测的业务内容：

（1）专项检测

① 地基基础工程检测；

② 主体结构工程现场检测；

③ 建筑幕墙工程检测；

④ 钢结构工程检测。

（2）见证取样检测

① 水泥物理力学性能检验；

② 钢筋（含焊接与机械连接）力学性能检验；

③ 砂、石常规检验；

④ 混凝土、砂浆强度检验；

⑤ 简易土工试验；

⑥ 混凝土掺加剂检验；

⑦ 预应力钢绞线、锚夹具检验；

⑧ 沥青、沥青混合料检验。

2. 建设工程质量检测的监督检查

1）建设工程质量检测的监督检查内容

县级以上地方人民政府建设主管部门应当加强对检测机构的监督检查，主要检查下列内容：

(1) 是否符合本办法规定的资质标准；

(2) 是否超出资质范围从事质量检测活动；

(3) 是否有涂改、倒卖、出租、出借或者以其他形式非法转让资质证书的行为；

(4) 是否按规定在检测报告上签字盖章，检测报告是否真实；

(5) 检测机构是否按有关技术标准和规定进行检测；

(6) 仪器设备及环境条件是否符合计量认证要求；

(7) 法律、法规规定的其他事项。

2）建设工程质量检测的监督检查措施

建设主管部门实施监督检查时，有权采取下列措施：

1）要求检测机构或者委托方提供相关的文件和资料；

2）进入检测机构的工作场地（包括施工现场）进行抽查；

3）组织进行比对试验以验证检测机构的检测能力；

4）发现有不符合国家有关法律、法规和工程建设标准要求的检测行为时，责令改正。

4.3.4 建设工程竣工验收制度

1. 建设工程竣工验收的条件

建设工程项目的竣工验收是施工全过程的最后一道程序，也是工程项目管理的最后一项工作。它是建设投资成果转入生产或使用的标志，也是全面考核投资效益、检验设计和施工质量的重要环节。根据《建筑法》第61条和《建设工程质量管理条例》第16条的规定，交付竣工验收的建筑工程，应当符合以下要求：

(1) 完成建设工程设计和合同约定的各项内容；

(2) 有完整的技术档案和施工管理资料；

(3) 有工程使用的主要建筑材料、建筑构配件和设备的进场试验报告；

(4) 有勘察、设计、施工、工程监理等单位分别签署的质量合格文件；

(5) 有施工单位签署的工程保修书。

建设工程竣工经验收合格后，方可交付使用。未经验收或者验收不合格的，不得交付使用。

2. 建设工程竣工验收的程序

根据《房屋建筑工程和市政基础设施工程竣工验收暂行规定》，工程竣工验收应当按以下程序进行：

(1) 工程完工后，施工单位向建设单位提交工程竣工报告，申请工程竣工验收。实行监理的工程竣工报告须经总监理工程师签署意见。

(2) 建设单位收到工程竣工报告后，对符合竣工验收要求的工程，组织勘察、设计、施工、监理等单位和其他有关方面的专家组成验收组，制定验收方案。

(3) 建设单位应当在工程竣工验收7个工作日前将验收的时间、地点及验收组名单书面通知负责监督该工程的工程质量监督机构。

(4) 建设单位组织工程竣工验收。

① 建设、勘察、设计、施工、监理单位分别汇报工程合同履约情况和在工程建设各个环节执行法律、法规和工程建设强制性标准的情况；

② 审阅建设、勘察、设计、施工、监理单位的工程档案资料；

③ 实地查验工程质量；

④ 对工程勘察、设计、施工、设备安装质量和各管理环节等方面作出全面评价，形成经验收组人员签署的工程竣工验收意见。

参与工程竣工验收的建设、勘察、设计、施工、监理等各方不能形成一致意见时，应当协商提出解决的方法，待意见一致后，重新组织工程竣工验收。

工程竣工验收合格后，建设单位应当及时提出工程竣工验收报告。

【知识链接】

工程竣工验收报告主要包括工程概况，建设单位执行基本建设程序情况，对工程勘察、设计、施工、监理等方面的评价，工程竣工验收时间、程序、内容和组织形式，工程竣工验收意见等内容。

工程竣工验收报告还应附有下列文件：

(1) 施工许可证；

(2) 施工图设计文件审查意见；

(3) 施工单位提出的工程竣工报告、监理单位提出的工程质量评估报告、勘察设计单位提出的质量检查报告、城乡规划行政主管部门认可文件、公安消防环保等部门出具的认可文件或者准许使用文件；

(4) 验收组人员签署的工程竣工验收意见；

(5) 市政基础设施工程应附有质量检测和功能性试验资料；

(6) 施工单位签署的工程质量保修书；

(7) 法规、规章规定的其他有关文件。

负责监督该工程的工程质量监督机构应当对工程竣工验收的组织形式、验收程序、执行验收标准等情况进行现场监督，发现有违反建设工程质量管理规定行为的，责令改正，并将对工程竣工验收的监督情况作为工程质量监督报告的重要内容。

3. 建设工程竣工验收备案

2000年4月7日住房城乡建设部以部令78号的形式发布了《房屋建筑工程和市政基础设施工程竣工验收备案管理暂行办法》，2009年10月19日住房城乡建设部以第2号部令对此作了修订，改为《房屋建筑工程和市政基础设施工程的竣工验收备案管理办法》。

国务院建设行政主管部门负责全国房屋建筑工程和市政基础设施工程的竣工验收备案管理工作。县级以上地方人民政府建设行政主管部门负责本行政区域内工程的竣工验收备案管理工作。

1）竣工验收备案时间

建设单位应当自工程竣工验收合格之日起15日内，按照规定向工程所在地的县级以上地方人民政府建设行政主管部门备案。

2）竣工验收备案的条件

建设单位办理工程竣工验收备案应当提交下列文件：

（1）工程竣工验收备案表；

（2）工程竣工验收报告。竣工验收报告应当包括工程报建日期，施工许可证号，施工图设计文件审查意见，勘察、设计、施工、工程监理等单位分别签署的质量合格文件及验收人员签署的竣工验收原始文件，市政基础设施的有关质量检测和功能性试验资料以及备案机关认为需要提供的有关资料；

（3）法律、行政法规规定应当由规划、环保等部门出具的认可文件或者准许使用文件；

（4）法律规定应当由公安消防部门出具的对大型的人员密集场所和其他特殊建设工程验收合格的证明文件；

（5）施工单位签署的工程质量保修书；

（6）法规、规章规定必须提供的其他文件。

住宅工程还应当提交《住宅质量保证书》和《住宅使用说明书》。

备案机关收到建设单位报送的竣工验收备案文件，验证文件齐全后，应当在工程竣工验收备案表上签署文件收讫。

工程竣工验收备案表一式两份，一份由建设单位保存，一份留备案机关存档。

3）竣工验收备案的监督

工程质量监督机构应当在工程竣工验收之日起5日内，向备案机关提交工程质量监督报告。备案机关发现建设单位在竣工验收过程中有违反国家有关建设工程质量管理规定行为的，应当在收讫竣工验收备案文件15日内，责令停止使用，重新组织竣工验收。

4.3.5 建设工程质量保修制度

建设工程质量保修制度是《建筑法》所确定的重要法律制度。健全、完善的建筑工程质量保修制度，对于促进承包方加强质量管理，保护用户及消费者的合法权益有着重要的意义。

建设工程保修制度是指建筑工程办理交工验收手续后，在规定的保修期限内，因施工、材料等原因造成的质量缺陷，应当由施工单位负责维修。建设工程承包单位在向建设单位提交工程竣工验收报告时，应当向建设单位出具质量保修书。质量保修书中应当明确建设工程的保修范围、保修期限和保修责任等。

1. 建设工程质量的保修范围及保修期限

1）保修范围

根据《建筑法》第62条的规定，建筑工程保修范围包括：地基基础工程、主体结构工程、屋面防水工程和其他土建工程，以及电气管线、上下水管线的安装工程，供热、供冷系统工程等项目。

2）保修期限

《建设工程质量管理条例》第40条规定，在正常使用条件下，建设工程的最低保修期限为：

（1）基础设施工程、房屋建筑的地基基础工程和主体结构工程，为设计文件规定的该工程的合理使用年限；

（2）屋面防水工程、有防水要求的卫生间、房间和外墙面的防渗漏，为5年；

（3）供热与供冷系统，为2个采暖期、供冷期；

（4）电气管线、给排水管道、设备安装和装修工程，为2年。

其他项目的保修期限由发包方与承包方约定。

建设工程的保修期，自竣工验收合格之日起计算。

2. 建设工程保修责任

《建设工程质量管理条例》第41条规定，建设工程在保修范围内和保修期限内发生质量问题的，施工单位应当履行保修义务，并对造成的损失承担赔偿责任。

【知识链接】

《房屋建筑工程质量保修办法》（2000年6月30日建设部令第80号发布）规定了不属于保修范围的情况：

（1）因使用不当或者第三方造成的质量缺陷；

（2）不可抗力造成的质量缺陷。

3. 建设工程质量保证金

1）质量保证金的含义

建设工程质量保证金（保修金）（以下简称保证金）是指发包人与承包人在建设工程承包合同中约定，从应付的工程款中预留，用以保证承包人在缺陷责任期内对建设工程出现的缺陷进行维修的资金。

【特别提示】

缺陷是指建设工程质量不符合工程建设强制性标准、设计文件，以及承包合同的约定。

2）缺陷责任期

缺陷责任期从工程通过竣（交）工验收之日起计。由于承包人原因导致工程无法按规定期限进行竣（交）工验收的，缺陷责任期从实际通过竣（交）工验收之日起计。由于发包人原因导致工程无法按规定期限进行竣（交）工验收的，在承包人提交竣（交）工验收报告90天后，工程自动进入缺陷责任期。

缺陷责任期一般为6个月、12个月或24个月，具体可由发、承包双方在合同中约定。

缺陷责任期内，由承包人原因造成的缺陷，承包人应负责维修，并承担鉴定及维修费用。如承包人不维修也不承担费用，发包人可按合同约定扣除保证金，并由承包人承担违约责任。承包人维修并承担相应费用后，不免除对工程的一般损失赔偿责任。由他人原因造成的缺陷，发包人负责组织维修，承包人不承担费用，且发包人不得从保证金中扣除费用。

3）质量保证金的数额

发包人应当在招标文件中明确保证金预留、返还等内容，并与承包人在合同条款中对涉及保证金的下列事项进行约定：

(1) 保证金预留、返还方式;

(2) 保证金预留比例、期限;

(3) 保证金是否计付利息, 如计付利息, 利息的计算方式;

(4) 缺陷责任期的期限及计算方式;

(5) 保证金预留、返还及工程维修质量、费用等争议的处理程序;

(6) 缺陷责任期内出现缺陷的索赔方式。

建设工程竣工结算后, 发包人应按照合同约定及时向承包人支付工程结算价款并预留保证金。

全部或者部分使用政府投资的建设项目, 按工程价款结算总额 5%左右的比例预留保证金。社会投资项目采用预留保证金方式的, 预留保证金的比例可参照执行。

4) 质量保证金的返还

缺陷责任期内, 承包人认真履行合同约定的责任, 到期后, 承包人向发包人申请返还保证金。

发包人在接到承包人返还保证金申请后, 应于 14 日内会同承包人按照合同约定的内容进行核实。如无异议, 发包人应当在核实后 14 日内将保证金返还给承包人, 逾期支付的, 从逾期之日起, 按照同期银行贷款利率计付利息, 并承担违约责任。发包人在接到承包人返还保证金申请后 14 日内不予答复, 经催告后 14 日内仍不予答复, 视同认可承包人的返还保证金申请。

【课后练习】

1. 单项选择题

(1) 根据《建设工程质量管理条例》, 建设工程承包单位在向建设单位提交竣工验收报告时, 应当向建设单位出具(　　)。

A. 质量保修书

B. 质量保证书

C. 质量维修书

D. 质量保函

(2) 根据《建设工程质量管理条例》, 建设单位应当在工程竣工验收合格后的(　　)内到县级以上人民政府建设行政主管部门或其他有关部门备案。

A. 10 日

B. 15 日

C. 30 日

D. 60 日

(3) 根据《建设工程质量管理条例》规定, 下列选项中(　　)不属于建设单位的质量责任和义务。

A. 建设单位应当将工程发包给具有相应资质等级的承包单位

B. 建设工程发包单位不得迫使承包方以低于成本的价格竞标

C. 施工图设计文件未经审查批准的, 建设单位不得使用

D. 建设工程实行质量保修制度, 建设单位应履行保修义务

（4）根据《建设工程质量管理条例》，下列选项中（　　）不属于工程质量监督管理部门。

A. 工程质量监督机构

B. 建筑业协会

C. 国家发展与改革委员会

D. 建设行政主管部门及有关专业部门

（5）《建设工程质量管理条例》规定，对于涉及（　　）的装修工程，建设单位要有设计方案。

A. 变更工程竣工日期

B. 建筑主体和承重结构变动

C. 增加工程造价总额

D. 改变建筑工程一般结构

（6）根据《建设工程质量管理条例》关于质量保修制度的规定，屋面防水工程、有防水要求的卫生间、房间和外墙面防渗漏的最低保修期为（　　）。

A. 6 个月

B. 1 年

C. 3 年

D. 5 年

（7）（　　）应按照国家有关规定组织竣工验收，建设工程验收合格的，方可交付使用。

A. 建设单位

B. 工程质量监督机构

C. 建设行政主管部门及有关专业部门

D. 相关利益主体

（8）根据《建设工程质量管理条例》，下列选项中（　　）不符合施工单位质量责任和义务的规定。

A. 施工单位应当在其资质等级许可的范围内承揽工程

B. 施工单位不得转包工程

C. 施工单位不得分包工程

D. 总承包单位与分包单位对分包工程的质量承担连带责任

（9）某施工现场运来一批拟用于工程的石料，以下关于这批石料的检查工作，符合《建设工程质量管理条例》的是（　　）。

A. 对石料质量的检查是监理工程师的责任，施工单位不需要检查

B. 对石料质量的检查是施工单位的责任，监理工程师不需要检查

C. 如果石料的厂家出示了产品合格证和质量检验报告，就不需要对其进行检查

D. 对石料的检查取样应该在监理单位或建设单位的监督下取样

（10）下列关于建设工程质量保证金的说法，错误的是（　　）。

A. 全部或者部分使用政府投资的建设项目，按工程价款结算总额 5%左右的比例预留保证金

B. 采用工程质量工程、工程质量保险等保证方式的，保证金的预留比例应降低

C. 发包人在接到承包人返还保证金申请后，应于 14 内会同承包人按照从事同约定的内容进行核实

D. 缺陷责任期可由发、承包双方在合同中约定

2. 多项选择题

(1) 根据《建设工程质量管理条例》的规定，建设单位负有如下的质量责任和义务(　　)。

A. 建设单位不得对承包单位的建设活动进行不合理干预

B. 保证建筑工程的竣工合格验收

C. 对必须实行监理的工程，建设单位应当委托具有相应资质等级的工程监理单位进行监理

D. 涉及建筑主体和承重结构变动的装修工程，建设单位要有设计方案

E. 建设单位应按照国家有关规定组织竣工验收，建设工程验收合格的，方可交付使用

(2) 以下表述符合工程监理单位的质量责任的是(　　)。

A. 依法取得相应资质等级证书

B. 在资质等级许可的范围内承担工程监理业务

C. 工程监理企业与建筑材料供应单位是上下级关系

D. 工程监理企业依照法律法规、有关技术标准、设计文件和建设工程承包合同实施监理

E. 工程监理企业对施工质量承担监理责任

(3) 施工单位必须建立、健全施工质量的检验制度，严格工序管理，作好隐蔽工程的质量检查和记录。隐蔽工程在隐蔽前，施工单位应当通知(　　)。

A. 建设单位

B. 建设工程质量监督机构

C. 安全生产监督管理部门

D. 勘察单位

E. 设计单位

3. 问答题

(1) 建设单位的质量责任和义务如何?

(2) 工程监理单位的质量责任和义务如何?

(3) 工程竣工验收的条件有哪些?

(4) 简述工程质量监督管理的内容。

4. 案例分析题

2010 年 4 月，某大学为建设学生公寓，与某建筑公司签订了一份建设工程合同。合同约定交付使用后，如果在 6 个月内发生严重质量问题，由承包人负责修复等。

一年后，学生公寓如期完工，在某大学和某建筑公司共同进行竣工验收时，某大学发现工程 3～5 层的内承重墙体裂缝较多，要求某建筑公司修复后再验收，某建筑公司认为不影响使用而拒绝修复。因为很多新生急待入住，某大学接收了宿舍楼。

在使用了8个月之后，公寓楼5层的内承重墙倒塌，致使1人死亡，3人受伤，其中1人致残。受害者与某大学要求某建筑公司赔偿损失，并修复倒塌工程。某建筑公司以使用不当且已过保修期为由拒绝赔偿。无奈之下，受害者与某大学诉至法院，请法院主持公道。

问题：此案应如何处理?

5 建设工程安全生产管理法律制度

【学习目标】

1. 掌握建设工程安全生产管理法律制度
2. 熟悉生产安全事故的应急救援和调查处理
3. 了解安全生产许可证制度

【学习重点】

1. 建设工程安全生产管理法律制度
2. 建设工程安全生产责任体系

1998年3月1日实施的《建筑法》、2002年11月1日实施的《安全生产法》、2004年2月1日实施的《建设工程安全生产管理条例》，都为维护建筑市场秩序，加强建设工程安全生产管理提供了重要法律依据。

5.1 建设工程安全生产监督管理体制

《建筑法》第43条、《安全生产法》第9条和《建设工程安全生产管理条例》第5章中第39条、第40条，从我国的国情出发，结合建设行业特点，规定了国家建设工程安全生产监督管理体制，确立了有关建设工程安全生产监督管理的基本制度，明确参与建设活动各方责任主体的安全责任，加强建设工程安全生产监督管理确保参与各方责任主体安全生产利益及建筑工人安全与健康的合法权益。

5.1.1 国务院及地方各级人民政府对安全生产的监督管理

《安全生产法》第9条规定："国务院负责安全生产监督管理的部门依照本法，对全国安全生产工作实施综合监督管理；县级以上地方各级人民政府负责安全生产监督管理的部门依照本法，对本行政区域内安全生产工作实施综合监督管理。国务院有关部门依照本法和其他有关法律、行政法规的规定，在各自的职责范围内对有关的安全生产工作实施监督管理；县级以上地方各级人民政府有关部门依照本法和其他有关法律、法规的规定，在各自的职责范围内对有关的安全生产工作实施监督管理。"按本条规定，国务院负责安全生产监督管理的部门依照本法，对全国安全生产工作实施综合监督管理，因此，全国安全生产监督管理工作都要接受国务院负责安全生产监督管理的部门监督管理。

《建设工程安全生产管理条例》第39条规定："国务院负责安全生产监督管理的部门依照《中华人民共和国安全生产法》的规定，对全国建设工程安全生产工作实施综合监督管理"。"县级以上地方人民政府负责安全生产监督管理的部门依照《中华人民共和国安全生产法》的规定，对本行政区域内建设工程安全生产工作实施综合监督管理。"

5.1.2 建设行政主管部门对安全生产的监督管理

《建设工程安全生产管理条例》第40条规定：国务院建设行政主管部门对全国的建设

工程安全生产实施监督管理。国务院铁路、交通、水利等有关部门按照国务院规定的职责分工，负责有关专业建设工程安全生产的监督管理。县级以上地方人民政府建设行政主管部门对本行政区域内的建设工程安全生产实施监督管理。县级以上地方人民政府交通、水利等有关部门在各自的职责范围内，负责本行政区域内的专业建设工程安全生产的监督管理。

房屋建筑工程、市政工程等工程建设的安全生产的监督管理由住房和城乡建设部负责，其主要职责是按照保障安全生产的要求，依法及时制定或修订建筑业的国家标准或行业标准，并督促、检查标准的严格执行。这些标准包括：生产场所的安全标准；生产作业、施工的工艺安全标准；安全设备、设施、器材和安全防护用品的产品安全标准及有关建筑生产安全的基础性和通用性标准等。

5.1.3 生产经营单位对安全生产的监督管理

生产经营单位在日常的生产经营活动中，必须加强对安全生产的监督管理，对于存在较大危险因素的场地、设备及施工作业，更应依法进行重点检查、管理，以防生产安全事故的发生。《安全生产法》第 2 章第 16 ～43 条对此作出了明确规定。

(1) 矿山、建筑施工企业和危险物品生产、经营、储存单位，应设置安全生产管理机构或配备专职的安全生产管理人员。

(2) 生产经营单位的安全生产管理人员应当根据本单位的生产经营特点，对安全生产状况进行经常性检查。对检查中发现的安全问题，应立即处理；不能处理的，应及时报告本单位的有关负责人，检查及处理情况应记录在案。

(3) 生产经营单位应教育和督促从业人员严格执行本单位的安全生产规章制度和安全操作规程；并向从业人员如实告知作业场所和工作岗位存在的危险因素、防范措施以及事故应急措施。

(4) 生产经营单位进行爆破、吊装等危险作业，应安排专门人员进行现场安全管理，确保操作规程的遵守和安全措施的落实。

(5) 生产经营单位对危险物品大量聚集的重大危险源应当登记建档，进行定期检测、评估、监控，并制定应急预案，告知从业人员和相关人员在紧急情况下应当采取的应急措施。

(6) 生产经营单位不得使用国家明令淘汰、禁止使用的危及生产安全的工艺、设备；对使用的安全设备必须进行经常性维护、保养，并定期检测，以保证正常运转。维护、保养、检测应当作好记录，并由有关人员签字。

(7) 生产经营单位使用的涉及生命安全、危险性较大的特种设备（如锅炉、压力容器、电梯、起重机械等）以及危险物品（如易燃易爆品、危险化学晶等）的容器、运输工具，必须是按照国家有关规定，由专业生产单位生产，并且必须经具有专业资质的检测、检验机构检测，检测合格，取得安全使用证或安全标志后，方可投入使用。

(8) 生产经营单位应当在存有较大危险因素的生产经营场所和有关设施、设备上，设置明显的安全警示标志，以引起人们对危险因素的注意，预防生产安全事故的发生。

5.1.4 社会各界对安全生产的监督管理

安全生产涉及全社会利益，是全社会共同关注的问题，因此可以动员全社会的力量来对安全生产进行监督管理。为此，《安全生产法》规定，居民委员会、村民委员会发现其所在区域内的生产经营单位存在事故隐患或安全生产违法时，应当向当地人民政府或有关部门报告。新闻、出版、广播、电影、电视等单位有进行安全生产教育的义务，同时，对违反安全生产法律、法规的行为有进行舆论监督的权利。

任何单位和个人对事故隐患和安全违法行为，均有向安全生产监督管理部门报告或举报的权利。安全生产监督管理部门应建立举报制度，公开举报电话、信箱或电子邮件地址。

承担安全评价、认证、检测、检验的中介机构，则通过其服务行为对相关安全生产事项实施监督管理。

5.2 建设工程安全生产管理基本制度

2004 年国务院颁布的《建设工程安全生产管理条例》（国务院令第 393 号），是我国第一部有关建设工程安全生产管理的行政法规，本法规对建筑工程安全生产管理基本制度做了更加系统的规定。《建设工程安全生产管理条例》依据《建筑法》、《安全生产法》对建筑安全生产管理提出了原则要求，针对建设工程安全生产中存在的主要问题，借鉴了发达国家建设工程安全生产的成熟经验，确立了建设企业安全生产和政府监督管理的基本制度，对政府部门、有关企业及相关人员的建设工程安全生产和管理行为进行了全面规范，确立了 14 项主要制度。其中，7 项为涉及政府部门的安全生产监管制度，7 项为施工企业的安全生产制度。

5.2.1 涉及政府部门建设安全生产监管制度

1. 依法批准开工报告的建设工程和拆除工程备案制度

1）建设工程备案制度

《建设工程安全生产管理条例》第 10 条规定，建设单位在申请领取施工许可证时，应当提供建设工程有关安全施工措施的资料。依法批准开工报告的建设工程，建设单位应当自开工报告批准之日起 15 日内，将保证安全施工的措施报送建设工程所在地的县级以上地方人民政府建设行政主管部门或者其他有关部门备案。

本条款是关于建设单位申请施工许可证时提交有关安全施工措施的资料的规定，又是一个授予政府监管权力的规定。建设单位在领取施工许可证时需要提供建设工程有关安全施工措施的资料。所谓施工许可证是指建设单位在正式开始施工之前向县级以上建设行政主管部门或者其他有关部门申请允许施工的许可证。在建设单位领取施工许可证时需要提交土地使用证、规划许可证等文件。这里的“相关部门”是指县级以上地方人民政府建设行政主管部门以及铁路、交通、水利等实施专业建设工程安全生产监督的部门，这主要是在适应建设工程多样性、复杂性的需要。因为在政府部门对相关的专业建设工程实施监管时，具体的专业监管部门更有能力来评价相应的建设工程对保证安全施工的措施是否适当。

2）拆除工程备案制度

《建设工程安全生产管理条例》第 11 条规定，建设单位应当在拆除工程施工 15 日前，将相关资料报告建设工程所在地的县级以上地方人民政府建设行政主管部门或者其他有关部备案。这些资料包括：

(1) 施工单位资质等级证明;

(2) 拟拆除建筑物、构筑物及可能危及毗邻建筑的说明;

(3) 拆除施工组织方案;

(4) 堆放、消除废弃物的措施等。

拆除工程涉及作业者和公共安全，因此更需要严格遵守《爆破与拆除工程专业承包企业资质等级标准》的规定，严禁超越其资质级别承担拆除工程，尤其是采取爆破的方式拆除工程。由于在爆破拆除工程时涉及到爆炸物品的运输、储藏和安放，这种危险品涉及公众的安全，因此，实施爆破作业的企业应当遵守国家有关民用爆炸物品管理的规定。

2. 三类人员考核任职制度

《建设工程安全生产管理条例》第 36 条规定，施工单位的主要负责人、项目负责人、专职安全生产管理人员应当经建设行政主管部门或者其他有关部门考核合格后方可任职。施工单位应当对管理人员和作业人员每年至少进行一次安全生产教育培训，其教育培训情况记入个人工作档案。安全生产教育培训考核不合格的人员，不得上岗。

【特别提示】

在具体监督管理过程中，建设行政主管部门及其安全监督管理机构要掌握本地企业“三类人员”全部信息，及时按省厅要求组织培训，确保其持证上岗，在办理备案手续时要对“三类人员”身份进行审查核对，不符合条件的不予通过。

3. 特种作业人员持证上岗制度

《建设工程安全生产管理条例》第 25 条规定，垂直运输机械作业人员、起重机械安装拆卸工、爆破作业人员、起重信号工、登高架设作业人员等特种作业人员，必须按照国家有关规定经过专门的安全作业培训，并取得特种作业操作资格证书后，方可上岗作业。

特种作业操作证有效期为 6 年，在全国范围内有效。特种作业操作证每 3 年复审 1 次。

《特种作业人员安全技术培训考核管理规定》第 3 条对什么是特种作业和特种作业人员作了规定。所称特种作业，是指容易发生事故，对操作者本人、他人的安全健康及设备、设施的安全可能造成重大危害的作业，其范围由特种作业目录规定。特种作业人员，是指直接从事特种作业的从业人员。

【特别提示】

2010 年 5 月 24 日，国家安全生产监督管理总局颁布了《特种作业人员安全技术培训考核管理规定》，自 2010 年 7 月 1 日起施行。1999 年 7 月 12 日原国家经济贸易委员会发布的《特种作业人员安全技术培训考核管理办法》同时废止。

4. 施工起重机械使用登记制度

《建设工程安全生产管理条例》第 35 条规定：“施工单位应当自施工起重机械和整体提升脚手架、模板等自升式架设设施验收合格之日起 30 日内，向建设行政主管部门或者其他有关部门登记。登记标志应当置于或者附着于该设备的显著位置。”该条内容规定了施工起重机械使用时必须进行登记的管理制度。

施工起重机械在验收合格之日起 30 日内，施工单位应当向建设行政主管部门或者其他有关部门登记。这是对施工起重机械的使用进行监督和管理的一项重要制度，能够有效防止非法设计、非法制造、非法安装的机械和设施投入使用；同时，还可以使建设行政主管部门或者其他有关部门及时、全面地了解和掌握施工起重机械和整体提升脚手架、模板等自升式架设设施的使用情况，以利于监督管理。

建设行政主管部门或者其他有关部门应当对登记的施工起重机械建立相关档案，并及时更新，切实将施工起重机械的使用置于政府的监督之下，从而减少生产安全事故的发生。

施工单位应当将登记标志置于或者附着于该设备的显著位置。由于施工起重机械的情况不同，施工单位掌握的原则就是登记标志是证明该设备已经政府有关部门进行了登记，是合法使用的，所以将标志置于或者附着于设备上一般情况下都能够看到的地方，也便于使用者的监督，保证施工起重机械的安全使用。

【知识链接】

进行登记应当提交施工起重机械有关资料，包括：（1）生产方面的资料，如设计文件、制造质量证明书、监督检验证书、使用说明书、安装证明等；（2）使用的有关情况资料，如施工单位对于这些机械和设施的管理制度和措施、使用情况、作业人员的情况等。

5. 政府安全监督检查制度

《建设工程安全生产管理条例》第 43 条规定：县级以上人民政府负有建设工程安全生产监督管理职责的部门在各自的职责范围内履行安全监督检查职责时，有权采取下列措施：

（1）要求被检查单位提供有关建设工程安全生产的文件和资料；

（2）进入被检查单位施工现场进行检查；

（3）纠正施工中违反安全生产要求的行为；

（4）对检查中发现的安全事故隐患，责令立即排除；重大安全事故隐患排除前或者排除过程中无法保证安全的，责令从危险区域内撤出作业人员或者暂时停止施工。

建设行政主管部门或者其他有关部门可以将施工现场的安全监督检查委托给建设工程安全监督机构具体实施。

6. 国家对严重危及施工安全工艺、设备和材料实行淘汰制度

1）国家对严重危及生产安全的工艺、设备和材料实行淘汰制度

《安全生产法》第 31 条规定，国家对严重危及生产安全的工艺、设备实行淘汰制度。《建设工程安全生产管理条例》第 45 条也规定，国家对严重危及施工安全的工艺、设备、材料实行淘汰制度。具体目录由国务院建设行政主管部门会同国务院其他有关部门制定并公布。本条明确规定，国家对严重危及施工安全的工艺、设备和材料实行淘汰制度。这一方面有利于保障安全生产；另一方面也体现了优胜劣汰的市场经济规律，有利于提高生产经营单位的工艺水平，促进设备更新。

根据本条的规定，对严重危及施工安全的工艺、设备和材料，实行淘汰制度，需要国务院建设行政主管部门会同国务院其他有关部门确定哪些是严重危及施工安全的工艺、设备和材料，并且以明示的方法予以公布。对于已经公布的严重危及施工安全的工艺、设备和材料，建设单位和施工单位都应当严格遵守和执行，不得继续使用此类工艺和设备，也不得转让他人使用。

【知识链接】

“严重危及生产安全的工艺、设备和材料”是指不符合生产安全要求，极有可能导致生产安全事故发生，致使人民群众生命和财产安全遭受重大损失的工艺、设备和材料。

2）生产经营单位不得使用国家明令淘汰、禁止使用的危及生产安全的工艺、设备。

《安全生产法》第31条规定，生产经营单位不得使用国家明令淘汰、禁止使用的危及生产安全的工艺、设备。这是一项禁止性规定，生产经营单位必须执行。《建设工程安全生产管理条例》第62条也规定，违反本条例的规定，施工单位使用国家明令淘汰、禁止使用的危及施工安全的工艺、设备、材料的，责令限期改正；逾期未改正的，责令停业整顿，依照《安全生产法》的有关规定处以罚款；造成重大安全事故，构成犯罪的，对直接责任人员，依照刑法有关规定追究刑事责任。

7. 生产安全事故报告制度

对于生产安全事故报告制度，我国《安全生产法》、《建筑法》、《生产安全事故报告和调查处理条例》等对生产安全事故报告作了相应的规定。

《安全生产法》第70条规定：“生产经营单位发生生产安全事故后，事故现场有关人员应当立即报告本单位负责人。”“单位负责人接到事故报告后，应当迅速采取有效措施，组织抢救，防止事故扩大，减少人员伤亡和财产损失，并按照国家有关规定立即如实报告当地负有安全生产监督管理职责的部门，不得隐瞒不报、谎报或者拖延不报，不得故意破坏事故现场、毁灭有关证据。”

《建筑法》第51条规定：“施工中发生事故时，建筑施工企业应当采取紧急措施减少人员伤亡和事故损失，并按照国家有关规定及时向有关部门报告。”

5.2.2 建筑施工企业安全生产管理制度

《建设工程安全生产管理条例》进一步明确了施工企业的7项安全生产制度，即安全生产责任制度、安全生产教育培训制度、专项施工方案专家论证审查制度、建筑安全生产劳动保护制度、施工现场消防安全责任制度、意外伤害保险制度和生产安全事故应急救援制度。《条例》对建设、勘察、设计和监理单位也根据其特点规定了相应的安全制度和责任。

1. 建设安全生产责任制度

安全生产责任制度是指将各种不同的安全责任落实到负有安全管理责任的人员和具体岗位人员身上的一种制度。这一制度是“安全第一、预防为主”方针的具体体现，是建筑安全生产的基本制度。在《安全生产法》中对安全生产责任制度作出规定，它的重要意义在于，在法律上肯定这项制度是保障安全生产的基本制度，生产经营单位必须依法建立健全这项制度。在这项制度中，各个层次的负责人，各个有关的部门、机构，各个岗位上的从业人员，都应对安全生产负有明确的责任。无论是纵向的关系还是横向的关系，都应当是明确的责任关系，都处于一定的责任之中，法律有具体规定的，依法承担责任，法律规定了承担责任原则的，则按法定原则明确具体的责任。

安全责任制的主要内容包括：一是从事建筑活动主体的负责人的责任制。比如，施工单位的法定代表人要对本企业的安全负主要的安全责任；二是从事建筑活动主体的职能机构或职能处室负责人及其工作人员的安全生产责任制。比如，施工单位根据需要设置的安全处室或者专职安全人员要对安全负责；三是岗位人员的安全生产责任制，岗位人员必须对安全负责。从事特种作业的安全人员必须进行培训，经过考试合格后方能上岗作业。

2. 建设安全生产教育培训制度

安全生产教育培训制度，是指对从业人员进行安全生产的教育和安全生产技能的培训，是安全生产管理工作的一个重要组成部分，是实现安全生产的一项重要的基础性工作。通过安全生产教育培训，可以提高各级领导和广大职工对“安全第一、预防为主”方针的认识，提高安全责任感，提高自觉遵守各项安全生产和规章制度的自觉性，减少、防止生产安全事故的发生，并且能使建筑企业的各级管理人员和工人掌握安全生产的科学知识、操作技能，从而为确保安全生产创造条件。关于安全生产教育培训的内容，《安全生产法》及相关法规也作出了规定，主要有：安全生产的方针、政策、法律、法规以及安全生产规章制度的教育培训；安全操作技能的教育与培训；特种作业人员的安全生产教育和培训；采用新工艺、新技术、新材料、新设备时的教育与培训。

【知识链接】

《安全生产法》第23条规定，特种作业人员必须按照国家有关规定经专门的安全作业培训，取得特种作业资格证书，方可上岗作业。住房城乡建设部颁布并于2008年6月1日施行的《建筑施工特种作业人员管理规定》中明确规定了建筑施工特种作业的范围，包括：建筑电工、建筑架子工、建筑起重信号司索工、建筑起重机械司机、建筑起重机械安装拆卸工、高处作业吊篮安装拆卸工，以及经省级以上人民政府建设主管部门认定的其他特种作业。建筑施工特种作业人员必须经建设主管部门考核合格，取得建筑施工特种作业人员操作资格证书，方可上岗从事相应作业。建筑施工特种作业人员的考核内容应当包括安全技术理论和实际操作。规定要求，建筑施工特种作业人员应当参加年度安全教育培训或者继续教育，每年不得少于24小时。用人单位对于首次取得资格证书的人员，应当在其正式上岗前安排不少于3个月的实习操作。

3. 建设安全生产劳动保护制度

1）劳动保护用品含义及分类

《劳动防护用品监督管理规定》第4条规定：劳动防护用品分为特种劳动防护用品和一般劳动防护用品。特种劳动防护用品目录由国家安全生产监督管理总局确定并公布；未列入目录的劳动防护用品为一般劳动防护用品。特殊劳动防护用品主要有以下几类：

（1）头部护具类，如安全帽；

（2）呼吸护具类，如防尘口罩、过滤式防毒面具、自给式空气呼吸器、长管面具；

（3）眼（面）护具类，如焊接眼面防护具、防冲击眼护具；

（4）防护服类，如阻燃防护服、防酸工作服、防静电工作服；

（5）防护鞋类，如保护足趾安全鞋、防静电鞋、导电鞋、防刺穿鞋、胶面防砸安全靴、电绝缘鞋、耐酸碱皮鞋、耐酸碱胶靴、耐酸碱塑料模压靴；

（6）防坠落护具类，如安全带、安全网、密目式安全立网。

2）必须为从业人员提供符合国家标准或者行业标准的劳动防护用品

《安全生产法》第37条规定：“生产经营单位必须为从业人员提供符合国家标准或者行业标准的劳动防护用品。”这是保证劳动防护用品真正起到防护作用，切实保护从业人员人身安全的前提。实践中，一些生产经营单位为了减少成本，不顾劳动防护用品的质量，随意购买劳动防护用品，或者自己生产此类用品，这些不符合要求的劳动防护用品提供给劳动者，必然带来事故隐患。劳动防护用品不同于一般的商品，直接涉及劳动者的生命安全，因此，本条规定生产经营单位为从业人员提供的劳动防护用品，必须符合国家标准或者行业标准。这就意味着，地方标准和企业标准一般不能适用于劳动防护用品（其技术要求高于国家标准或者行业标准的除外）。

为加强对建筑施工人员个人劳动保护用品的使用管理，保障施工作业人员安全与健康，2008 年住房城乡建设部出台了《建筑施工人员个人劳动保护用品使用管理暂行规定》。本规定要求施工作业人员所在企业（包括总承包企业、专业承包企业、劳务企业等）必须按国家规定免费发放劳动保护用品，更换已损坏或已到使用期限的劳动保护用品，不得收取或变相收取任何费用。劳动保护用品必须以实物形式发放，不得以货币或其他物品替代。

针对一些生产经营单位弄虚作假，以发给货币或者其他物品替代劳动防护用品的违法行为，《劳动防护用品监督管理规定》第 15 条第 2 款规定："生产经营单位不得以货币或者其他物品替代应当按规定配备的劳动防护用品。"

3）必须监督、教育从业人员按照使用规则佩戴、使用劳动防护用品

《安全生产法》第 37 条规定："生产经营单位必须为从业人员提供符合国家标准或者行业标准的劳动防护用品，并监督、教育从业人员按照使用规则佩戴、使用。"配备劳动防护用品还要加强教育和管理，保证物尽其用。一些生产经营单位为了减少开支，购买假冒伪劣或者超过使用期限的劳动防护用品；没有对从业人员进行专门培训，即使配备了劳动防护用品，从业人员也不使用或者佩戴，使劳动防护用品使用不当。《劳动防护用品监督管理规定》对此作出了两方面的规定：

（1）劳动防护用品管理。生产经营单位为从业人员提供的劳动防护用品，必须符合国家标准或者行业标准，不得超过使用期限。生产经营单位应当督促、教育从业人员正确地佩戴和使用劳动防护用品。

（2）从业人员的使用管理。获得符合标准的劳动防护用品是从业人员的权利。同时，正确地佩戴和使用劳动防护用品又是从业人员的法定义务。这不仅是保护从业人员自身安全的需要，而且是保护他人和生产经营单位的安全的需要。《劳动防护用品监督管理规定》第 19 条要求从业人员在作业过程中，必须按照安全生产规章制度和劳动防护用品使用规则，正确地佩戴和使用劳动防护用品；未按规定佩戴和使用劳动防护用品的，不得上岗作业。

4）应当安排用于配备劳动防护用品、进行安全生产培训的经费

《安全生产法》第 39 条中规定："生产经营单位应当安排用于配备劳动防护用品、进行安全生产培训的经费。"《建设工程安全生产管理条例》第 21 条规定："施工单位应当建立健全安全生产责任制度和安全生产教育培训制度，制定安全生产规章制度和操作规程，保证本单位安全生产条件所需资金的投入"。

为从业人员配备符合标准的劳动防护用品需要必要的经费保证，这也是生产经营单位安全投入的一部分。由于一些生产经营单位片面追求效益和利润，为了降低成本而使得购置劳动防护用品的经费得不到保证，由此导致从业人员的事故伤害和职业病。

因此，相关法规都作了专项经费投入方面的要求。《劳动防护用品监督管理规定》第 15 条第 1 款规定："生产经营单位应当安排用于配备劳动防护用品的专项经费。专项经费

用于购置符合国家标准或者行业标准的劳动防护用品。专项经费应当专款专用，严格管理，不得挪用。”《安全生产法》第 24 条也作了规定：生产经营单位新建、改建、扩建工程项目的安全设施，必须与主体工程同时设计、同时施工、同时投入生产和使用。安全设施投资应当纳入建设项目概算。

4. 专项施工方案专家论证审查制度

依据《建设工程安全生产管理条例》第 26 条的规定：施工单位应当在施工组织设计中编制安全技术措施和施工现场临时用电方案，对下列达到一定规模的危险性较大的分部分项工程编制专项施工方案，并附具安全验算结果，经施工单位技术负责人、总监理工程师签字后实施，由专职安全生产管理人员进行现场监督：

（1）基坑支护与降水工程；

（2）土方开挖工程；

（3）模板工程；

（4）起重吊装工程；

（5）脚手架工程；

（6）拆除、爆破工程；

（7）国务院建设行政主管部门或者其他有关部门规定的其他危险性较大的工程。

对前款所列工程中涉及深基坑、地下暗挖工程、高大模板工程的专项施工方案，施工单位还应当组织专家进行论证、审查。

5. 施工现场消防安全责任制度

2012 年 2 月 10 日住房城乡建设部为贯彻落实国务院《关于加强和改进消防工作的意见》（国发［2011］46 号）下发了《关于贯彻落实国务院关于加强和改进消防工作的意见的通知》（［2012］16 号）。《通知》对“强化建筑工地消防安全管理”提出了要求，要求各地严格按照《建设工程施工现场消防安全技术规范》等有关标准规范、公安部和住房城乡建设部联合印发的《关于进一步加强建设工程施工现场消防安全工作的通知》（公消［2009］131 号）以及有关质量管理的规定，加强施工现场和建筑保温材料的监督管理。

1）强化建筑工地消防安全管理

（1）保温材料的燃烧性能等级要符合标准规范要求，并应进行现场抽样检验。保温材料进场后，要远离火源。露天存放时，应采用不燃材料安全覆盖，或将保温材料涂抹防护层后再进入施工现场。严禁使用不符合国家现行标准规范规定以及没有产品标准的外墙保温材料。

（2）严格施工过程管理。各类节能保温工程要严格按照设计进行施工，按规定设置防火隔离带和防护层。动火作业要安排在节能保温施工作业之前，保温材料的施工要分区段进行，各区段应保持足够的防火间距。未涂抹防护层的保温材料的裸露施工高度不能超过 3 个楼层，并做到及时覆盖，减少保温材料的裸露面积和时间，减少火灾隐患。

（3）严格动火操作人员的管理。动用明火必须实行严格的消防安全管理，动火部门和人员应当按照用火管理制度办理相应手续，电焊、气焊、电工等特殊工种人员必须持证上岗。施工现场应配备灭火器材。动火作业前应对现场的可燃物进行清理，并安排动火监护人员进行现场监护；动火作业后，应检查现场，确认无火灾隐患后，动火操作人员方可离开。

2）加强对施工现场建筑保温材料的监管

（1）积极组织和支持科研和企事业单位研发防火、隔热等性能良好、均衡的外墙保温材料及系统，特别是燃烧时无有害气体产生、发烟量低的外墙保温材料。对具备推广应用条件的材料和技术要积极组织推广应用。要加强相关标准规范的编制和完善工作，组织做好相关管理和技术、施工人员的教育培训。

（2）各地建设行政主管部门要加强对辖区内建设工程项目各方责任主体的监督管理，在施工图设计审查时要严格按照规定执行，在对建设单位审核发放施工许可证时，应当对建设工程是否具备保障安全的具体措施进行审查，不具备条件的不得颁发施工许可证。要积极配合公安消防部门加强对辖区内建设工程施工现场的消防监督检查，对于不具备施工现场消防安全防护条件、施工现场消防安全责任制不落实的建设工程要依法督促整改。

6. 建筑意外伤害保险制度

《建设工程安全生产管理条例》第38条规定：施工单位应当为施工现场从事危险作业的人员办理意外伤害保险。意外伤害保险费由施工单位支付。实行施工总承包的，由总承包单位支付意外伤害保险费。意外伤害保险期限自建设工程开工之日起至竣工验收合格止。这是一项强制性的法律规定，它有四层含义：

（1）此种保险的性质为强制性保险。不论施工单位愿意与否、经营好坏、工程造价多少，均必须为施工现场从事危险作业的人员（被保险人）办理意外伤害保险。

（2）意外伤害保险的投保人是施工单位。《建筑法》明确规定意外伤害保险费由施工单位支付。企业和职工之间存在雇佣和被雇佣的关系，保险费用应由施工单位支付。

（3）意外伤害保险的被保险人或受益人是从事危险作业的职工。不论是固定工，还是合同工；不论是正式工，还是农民工；不论是作业人员，还是管理人员，只要是从事危险作业的，均是被保险人或受益人。

（4）建设工程的工期具有不确定的特点，《建设工程安全生产管理条例》规定了保险期限，即自建设工程开工之日起至工程竣工验收合格之日止，这就意味着意外伤害保险范围覆盖了工程项目的全过程。

我国关于修改《建筑法》的决定自2011年7月1日起施行，此次修改是为了与社会保险法“对接”。修改后的《建筑法》第48条规定：“建筑施工企业应当依法为职工参加工伤保险缴纳工伤保险费。鼓励企业为从事危险作业的职工办理意外伤害保险，支付保险费。”

【知识链接】

依据我国《保险法》规定，只有法律、行政法规有权规定强制保险。我国现行法律中有4部规定了具体的强制保险制度：一是《海洋环境保护法》第28条规定了强制油污染民事责任保险；二是《煤炭法》第44条规定了强制井下职工意外伤害保险；三是《建筑法》第48条规定了强制危险作业职工意外伤害保险；四是《道路交通安全法》第17条规定了机动车第三者责任强制保险，即现在的机动车交通事故责任强制保险。另外，正在修订的《海上交通安全法》中也规定了船舶强制保险。我国现行行政法规中有4部法规规定了强制保险制度，一是《内河交通安全管理条例》第67条规定了强制船舶污染损害责任、沉船打捞责任保险；二是《旅行社管理条例》第21条规定了强制旅客旅游意外保险；三是《海洋石油勘探开发环境保护管理条例》第9条规定了强制污染损害责任保险；四是《机动车交通事故责任强制保险条例》规定的交强险。

这里需要说明两点：一是2012年4月30日国务院总理温家宝签署第618号国务院令，公布修改后的《机动车交通事故责任强制保险条例》，自2013年3月1日起施行。本《条例》第5条第1款由原来的“中资保险公司经保监会批准，可以从事机动车交通事故责任强制保险业务”修改为“保险公司经保监会批准，可以从事机动车交通事故责任强制保险业务。”本条例的修改，标志着我国正式向外资保险公司开放交强险市场，中国保险业进入全面开放阶段；二是在上述法律、行政法规规定中，海上或内河运输的污染等强制险是可以通过财务担保替代的。

7. 生产安全事故应急救援制度

《安全生产法》第68、69条从两方面规范了应急救援制度，一是要求地方人民政府合理规划和建立区域事故应急救援机构，制定重大事故应急救援预案；二是对生产经营单位提出了具体要求。危险物品的生产、经营、储存单位以及矿山、建筑施工企业应当建立应急救援组织，配备必要的应急救援器材、设备，并进行经常性维护、保养，保证正常运转。第33条规定：生产经营单位对重大危险源应当登记建档，进行定期检测、评估、监控，并制定应急预案，告知从业人员和相关人员在紧急情况下应当采取的应急措施。生产经营单位应当按照国家有关规定，将本单位重大危险源及有关措施、应急措施报有关地方人民政府负责安全生产监督管理的部门和有关部门备案。

《建设工程安全生产管理条例》第48条规定：“施工单位应当制定本单位生产安全事故应急救援预案，建立应急救援组织或者配备应急救援人员，配备必要的应急救援器材、设备，并定期组织演练。”第49条规定：“施工单位应当根据建设工程施工的特点、范围，对施工现场易发生重大事故的部位、环节进行监控，制定施工现场生产安全事故应急救援预案。实行施工总承包的，由总承包单位统一组织编制建设工程生产安全事故应急救援预案，工程总承包单位和分包单位按照应急救援预案，各自建立应急救援组织或者配备应急救援人员，配备救援器材、设备，并定期组织演练。”第50条规定：“施工单位发生生产安全事故，应当按照国家有关伤亡事故报告和调查处理的规定，及时、如实地向负责安全生产监督管理的部门、建设行政主管部门或者其他有关部门报告；特种设备发生事故的，还应当同时向特种设备安全监督管理部门报告。接到报告的部门应当按照国家有关规定，如实上报。实行施工总承包的建设工程，由总承包单位负责上报事故。”

2009年5月1日起施行的《生产安全事故应急预案管理办法》第2条规定：“生产安全事故应急预案的编制、评审、发布、备案、培训、演练和修订等工作，适用本办法。法律、行政法规和国务院另有规定的，依照其规定。”

5.3 建设安全生产责任体系

为了保障建筑生产的安全，参与建筑活动的各方主体都应当承担相应的安全生产责任。

5.3.1 建设单位的安全责任

1. 向施工单位提供资料的责任

《建筑法》第40条规定："建设单位应当向建筑施工企业提供与施工现场相关的地下管线资料，建筑施工企业应当采取措施加以保护。"《建设工程安全生产管理条例》第6条规定："建设单位应当向施工单位提供施工现场及毗邻区域内供水、排水、供电、供气、供热、通信、广播电视等地下管线资料，气象和水文观测资料，相邻建筑物和构筑物、地下工程的有关资料，并保证资料的真实、准确、完整。"

2. 依法履行合同的责任

建设单位不得对勘察、设计、施工、工程监理等单位提出不符合建设工程安全生产法律、法规和强制性标准规定的要求，不得压缩合同约定的工期。国家关于建设工程安全生产方面的法律、法规和工程强制性标准中的许多内容是关于工程建设中保证人民群众生命和财产安全、环境保护和公共利益的规定，参与工程建设的建设、勘察、设计、施工、工程监理等各方均必须严格执行。同时，建设单位更不能为了早日发挥项目的效益，迫使承包单位大量增加人力、物力投入，简化施工程序，盲目赶工期，这样会诱发很多施工安全事故和工程结构安全隐患，不仅损害了承包单位的利益，也损害了建设单位的根本利益，具有很大的危害性。

3. 提供安全生产费用的责任

建设单位应当提供建设工程安全生产作业环境及安全施工措施所需的费用。《安全生产法》第18条规定："生产经营单位应当具备的安全生产条件所必需的资金投入，由生产经营单位的决策机构、主要负责人或者个人经营的投资人予以保证，并对由于安全生产所必需的资金投入不足导致的后果承担责任。"《建设工程安全生产管理条例》第8条规定："建设单位在编制工程概算时，应当确定建设工程安全作业环境及安全施工措施所需费用。"

4. 不得推销劣质材料设备的责任

建设单位不得明示或者暗示施工单位购买、租赁、使用不符合安全施工要求的安全防护用具、机械设备、施工机具及配件、消防设施和器材。

5. 提供安全施工措施资料的责任

建设单位在办理施工许可证或者开工报告时，必须报送安全施工措施。《建设工程安全生产管理条例》第10条规定，建设单位在申请领取施工许可证时，应当提供建设工程有关安全施工措施的资料。依法批准开工报告的建设工程，建设单位应当自开工报告批准之日起15日内，将保证安全施工的措施报送建设工程所在地的县级以上地方人民政府建设行政主管部门或者其他有关部门备案。

6. 对拆除工程进行备案的责任

建设单位在拆除工程施工15日前，必须将下列资料报送建设工程所在地的县级以上地方人民政府建设行政主管部门或者其他有关部门备案：①施工单位资质等级证明；②拟拆除建筑物、构筑物及可能危及毗邻建筑的说明；③拆除施工组织方案；④堆放、清除废弃物的措施。实施爆破作业的，应当遵守国家有关民用爆炸物品管理的规定。

7. 办理特殊作业申请批准手续的责任

《建筑法》第42条规定：有下列情形之一的，建设单位应当按照国家有关规定办理申请批准手续：①需要临时占用规划批准范围以外场地的；②可能损坏道路、管线、电力、邮电通讯等公共设施的；③需要临时停水、停电、中断道路交通的；④需要进行爆破作业的；⑤法律、法规规定需要办理报批手续的其他情形。

5.3.2 施工企业的安全责任

1. 施工单位安全生产责任制度

《建设工程安全生产管理条例》第21条规定，施工单位主要负责人依法对本单位的安全生产工作全面负责。施工单位应当建立健全安全生产责任制度和安全生产教育培训制度，制定安全生产规章制度和操作规程，保证本单位安全生产条件所需资金的投入，对所承担建设工程进行定期和专项安全检查，并做好安全检查记录。

施工单位的项目负责人应当由取得相应执业资格的人员担任，对建设工程项目的安全施工负责，落实安全生产责任制度、安全生产规章制度和操作规程，确保安全生产费用的有效使用，并根据工程的特点组织制定安全施工措施，消除安全事故隐患，及时、如实地报告生产安全事故。

2. 施工单位安全措施

1）安全生产费用应当专款专用

《建设工程安全生产管理条例》第22条规定，施工单位对列入建设工程概算的安全作业环境及安全施工措施所需费用，应当用于施工安全防护用具及设施的采购和更新、安全施工措施的落实、安全生产条件的改善，不得挪作他用。

2）安全生产管理机构及人员的设置

《建设工程安全生产管理条例》第23条规定，施工单位应当设立安全生产管理机构，配备专职安全生产管理人员。专职安全生产管理人员负责对安全生产进行现场监督检查。发现安全事故隐患，应当及时向项目负责人和安全生产管理机构报告；对违章指挥、违章操作的，应当立即制止。

3）编制安全技术措施及专项施工方案的规定

《建设工程安全生产管理条例》第26条规定，施工单位应当在施工组织设计中编制安全技术措施和施工现场临时用电方案，对“基坑支护与降水工程、土方开挖工程、模板工程、起重吊装工程、脚手架工程、拆除、爆破工程、国务院建设行政主管部门或者其他有关部门规定的其他危险性较大的工程”等达到一定规模的危险性较大的分部分项工程编制专项施工方案，并附具安全、验算结果，经施工单位技术负责人、总监理工程师签字后实施，由专职安全生产管理人员进行现场监督。

4）对安全施工技术要求的交底

《建设工程安全生产管理条例》第27条规定，建设工程施工前，施工单位负责项目管理的技术人员应当对有关安全施工的技术要求向施工作业班组、作业人员作出详细说明，并由双方签字确认。

5）危险部位安全警示标志的设置

《建设工程安全生产管理条例》第28条规定，施工单位应当在施工现场入口处、施工起重机械、临时用电设施、脚手架、出入通道口、楼梯口、电梯井口、孔洞口、桥梁口、隧道口、基坑边沿、爆破物及有害危险气体和液体存放处等危险部位，设置明显的安全警示标志。安全警示标志必须符合国家标准。

6）对施工现场生活区、作业环境的要求

《建设工程安全生产管理条例》第 29 条规定，施工单位应当将施工现场的办公、生活区与作业区分开设置，并保持安全距离；办公、生活区的选址应当符合安全性要求。职工的膳食、饮水、休息场所等应当符合卫生标准。施工单位不得在尚未竣工的建筑物内设置员工集体宿舍。

7）环境污染防护措施

《建设工程安全生产管理条例》第 30 条规定，施工单位因建设工程施工可能造成损害的毗邻建筑物、构筑物和地下管线等，应当采取专项保护措施。

施工单位应当遵守有关环境保护法律、法规的规定，在施工现场采取措施，防止或减少粉尘、废气、废水、固体废物、噪声、振动和施工照明对人和环境的危害和污染。

8）消防安全保障措施

消防安全是建设工程安全生产管理的重要组成部分，是施工单位现场安全生产管理的工作重点之一。《建设工程安全生产管理条例》第 31 条规定，施工单位应当在施工现场建立消防安全责任制度，确定消防安全责任人，制定用火、用电、使用易燃易爆材料等各项消防安全管理制度和操作规程，设置消防通道、消防水源，配备消防设施和灭火器材，并在施工现场入口处设置明显标志。

3. 建筑施工现场的安全生产管理

建筑施工企业在施工过程中，应遵守有关安全生产的法律、法规和建筑行业安全规章、规程。企业法定代表人、项目经理、生产管理人员和工程技术人员不得违章指挥，强令作业人员违章作业，如因违章指挥、强令职工冒险作业而发生重大伤亡事故或造成其他严重后果的，要依法追究其刑事责任。安全是目的，制度是保证。所以在建筑施工过程中的安全管理就是制度管理。

1）施工现场实行制度管理

（1）施工现场实行安全生产责任制度

《建筑法》第 45 条规定，施工现场安全由建筑施工企业负责。实行工程总承包的，由总承包单位负责。分包单位向总承包单位负责，服从总承包单位对施工现场的安全生产管理。

《建设工程安全生产管理条例》第 24 条规定，建设工程实行施工总承包的，由总承包单位对施工现场的安全生产负总责。总承包单位依法将建设工程分包给其他单位的，分包合同中应当明确各自的安全生产方面的权利、义务。总承包单位和分包单位对分包工程的安全生产承担连带责任。分包单位应当服从总承包单位的安全生产管理，分包单位不服从管理导致生产安全事故的，由分包单位承担主要责任。

（2）施工现场实行安全技术交底制度

施工现场高空与交叉作业及手工操作多、劳动强度大、作业环境复杂，作业人员的素质又普遍偏低，施工单位有必要对工程项目的概况、危险部位和施工技术要求、作业安全注意事项等向作业人员作出详细说明，以保证施工质量和安全生产。

（3）施工现场实行安全检查制度

施工现场除应经常进行安全生产检查外，还应组织定期检查。企业（公司）每季进行一次，区每月进行一次，施工队每半月进行一次。检查要发动群众，以自查为主，互查为辅。以查思想、查制度、查纪律、查领导、查隐患为主要内容。要结合季节特点开展防洪、防雷电、防坍塌、防高处坠落、防煤气中毒等“五防”检查。发现隐患，立即整改。对因特殊情况不能立即整改的要建立登记、整改、检查、销项制度。要制定整改计划，定人、定措施、定经费、定完成日期。在隐患没有消除前，必须采取可靠的防护措施，如有危及人身安全的紧急险情，应立即停止作业。

2）建筑施工现场的安全防护管理

《建筑法》第39条规定，建筑施工企业应当在施工现场采取维护安全、防范危险、预防火灾等措施；有条件的，应当对施工现场实行封闭管理。施工现场对毗邻的建筑物、构筑物和特殊作业环境可能造成损害的，建筑施工企业应当采取安全防护措施。

《建设工程安全生产管理条例》第30条规定，施工单位对因建设工程施工可能造成损害的毗邻建筑物、构筑物和地下管线等，应当采取专项防护措施。在城市市区内的建设工程，施工单位应当对施工现场实行封闭围挡。

5.3.3 监理单位的安全责任

1. 安全技术措施及专项施工方案审查义务

《建设工程安全生产管理条例》第14条第1款规定，工程监理单位应当审查施工组织设计中的安全技术措施或者专项施工方案是否符合工程建设强制性标准。

2. 安全生产事故隐患报告义务

《建设工程安全生产管理条例》第14条规定，工程监理单位在实施监理过程中，发现存在安全事故隐患的，应当要求施工单位整改；情况严重的，应当要求施工单位暂时停止施工，并及时报告建设单位。施工单位拒不整改或者不停止施工的，工程监理单位应当及时向有关主管部门报告。

3. 应当承担监理责任

工程监理单位和监理工程师应当按照法律、法规和工程建设强制性标准实施监理，并对建设工程安全生产承担监理责任。

5.3.4 勘察设计单位的安全责任

1. 勘察单位的安全责任

根据《建设工程安全生产管理条例》第12条的规定，勘察单位的安全责任包括：

（1）勘察单位应当按照法律、法规和工程建设强制性标准进行勘察，提供的勘察文件应当真实、准确，满足建设工程安全生产的需要。

（2）勘察单位在勘察作业时，应当严格按照操作规程，采取措施保证各类管线、设施和周边建筑物、构筑物的安全。

2. 设计单位的安全责任

（1）设计单位应当按照法律、法规和工程建设强制性标准进行设计，防止因设计不合理导致安全生产事故的发生。

（2）设计单位应当考虑施工安全操作和防护的需要，对涉及施工安全的重点部位和环节在设计文件中注明，并对防范安全生产事故提出指导意见。

（3）采用新结构、新材料、新工艺的建设工程和特殊结构的建设工程，设计单位应当在设计中提出保障施工作业人员安全和预防生产安全事故的措施建议。

（4）设计单位和注册建筑师等注册执业人员应当对其设计负责。

5.3.5 相关单位的安全责任

1. 机械设备和配件供应单位的安全责任

《建设工程安全生产管理条例》第 15 条规定，为建设工程提供机械设备和配件的单位，应当按照安全施工的要求配备齐全有效的保险、限位等安全设施和装置。

2. 机械设备、施工机具和配件出租单位的安全责任

《建设工程安全生产管理条例》第 16 条规定，出租的机械设备和施工工具及配件，应当具有生产（制造）许可证，产品合格证。出租单位应当对出租的机械设备和施工工具及配件的安全性能进行检测，在签订租赁协议时，应当出具检测合格证明。禁止出租检测不合格的机械设备和施工工具及配件。

3. 起重机械和自升式架设设施的安全管理

（1）在施工现场安装、拆卸施工起重机械和整体提升脚手架、模板等自升式架设设施，必须由具有相应资质的单位承担。

（2）安装、拆卸施工起重机械和整体提升脚手架、模板等自升式架设设施，应当编制拆装方案、制定安全施工措施，并由专业技术人员现场监督。

（3）施工起重机械和整体提升脚手架、模板等自升式架设设施安装完毕后，安装单位应当自检，出具自检合格证明，并向施工单位进行安全使用说明，办理验收手续并签字。

（4）施工起重机械和整体提升脚手架、模板等自升式架设设施的使用达到国家规定的检验检测期限的，必须经具有专业资质的检验检测机构检测。经检测不合格的，不得继续使用。

（5）检验检测机构对检测合格的施工起重机械和整体提升脚手架、模板等自升式架设设施，应当出具安全合格证明文件，并对检测结果负责。

5.4 生产安全事故的应急救援和调查处理

建筑业属于事故多发的行业之一。由于建设工程中生产安全事故的发生不可能完全杜绝，在加强施工安全监督管理、坚持预防为主的同时，为了减少建设工程安全事故中的人员伤亡和财产损失，必须在事故发生以前，未雨绸缪，事故发生后，首先，施工单位应按规定及时上报有关部门，在发生安全事故的现场采取有效的措施，在调查清楚事故原因的基础上，对相关责任人进行责任追究，只有这样才能避免类似事故的重复发生。

5.4.1 生产安全事故应急救援预案

1. 生产安全事故应急救援预案制定部门

应急救援预案是指事先制定的关于特大生产安全事故发生时进行紧急救援的组织、程序、措施、责任以及协调等方面的方案和计划。特大生产安全事故往往具有突发性、紧迫性的特点，如没有事先做好充分的应急准备工作，很难在短时间内组织起有效的抢救，防止事故扩大或减少人员伤亡和财产损失。因此，事先制定应急救援预案，形成应急救援体系的工作十分重要。《安全生产法》第 68 条和《安全生产管理条例》第 47 条均规定了县级以上地方各级人民政府有组织有关部门制定本行政区域内特大生产安全事故应急救援预案和建立应急救援体系的义务。

2. 施工单位生产安全事故应急救援预案的制定和责任的落实

1）施工单位生产安全事故应急救援预案的制定

《安全生产法》第69条规定，危险物品的生产、经营、储存单位以及矿山、建筑施工单位应当建立应急救援组织；生产经营规模较小，可以不建立应急救援组织的，应当指定兼职的应急救援人员。危险物品的生产、经营、储存单位以及矿山、建筑施工单位应当配备必要的应急救援器材、设备，并进行经常性维护、保养，保证正常运转。

《建设工程安全生产管理条例》第48条规定，施工单位应当制定本单位生产安全事故应急救援预案，建立应急救援组织或者配备应急救援人员，配备必要的应急救援器材、设备，并定期组织演练。

上述法律条文包含以下五层含义：

（1）所有的施工单位都应制定应急救援预案。

（2）建立专门从事应急救援工作的组织机构。一旦发生生产安全事故，应急救援组织就能够迅速、有效地投入抢救工作，防止事故的进一步扩大，最大限度地减少人员伤亡和财产损失。

（3）对一些施工规模较小、从业人员较少、发生事故时应急救援任务相对较轻的施工单位，可以配备兼职的能够胜任的应急救援人员，来保证应急救援预案的实施。应急救援人员应经过培训和必要的演练，使其了解本行业安全生产的方针、政策和安全救护规程；掌握救援行动的方法、技能和注意事项；熟悉本单位安全生产情况；掌握应急救援器材、设备的性能、使用方法。

（4）施工单位要根据生产经营活动的性质、特点以及应急救援工作的实际需要，有针对、有选择地配备应急救援器材、设备。为了保证这些器材、设备处于正常运转状态，在发生事故时用得上、用得好，还应当对这些器材、设备进行经常性维护、保养。

（5）施工单位为了保证发生生产安全事故时能按各类针对性预案实施救援，按照《消防法》第16条“对职工进行消防安全培训”的规定，普及消防知识。对于不同的预案，要有计划地组织救援人员培训，定期进行演练，以使配备的应急救援物资、人员符合实战需要。

2）施工单位在施工现场落实应急预案责任的划分

《建设工程安全生产管理条例》第49条规定：“施工单位应当根据建设工程施工的特点、范围，对施工现场易发生重大事故的部位、环节进行监控，制定施工现场生产安全事故应急救援预案。实行施工总承包的，由总承包单位统一组织编制建设工程生产安全事故应急救援预案，工程总承包单位和分包单位按照应急救援预案，各自建立应急救援组织或者配备应急救援人员，配备救援器材、设备，并定期组织演练。”此条规定了施工单位在施工现场应急预案的责任划分。

为了贯彻安全第一、预防为主的安全生产方针，施工单位应根据工程特点、施工范围，在开工前对施工过程进行安全策划，对可能出现的危险因素进行识别，列出重大危险源，制定消除或减小危险性的安全技术方案、措施，对易发生重大事故的作业，脚手架、施工用电、基坑支护、模板支撑、起重吊装、塔吊、物料提升机及其他垂直运输设备，爆破、拆除工程等应有专项技术方案并落实控制措施进行监控；制定施工现场生产安全事故应急救援预案，对可能发生的事故及随之引发的伤害和其他影响采取抢救行动。

实行施工总承包的，施工总承包单位要对施工现场的施工组织和安全生产进行统一管理和全面负责，因此工程项目的生产安全事故应急救援预案应由总承包单位统一组织、编制，分包单位应服从总承包单位的管理，总承包单位与分包单位按照事故应急救援预案，各自建立应急救援组织或配备应急救援人员。对配备的救援器材、设备，要定期维护保养，并定期组织培训演练。

5.4.2 生产安全事故报告制度

国务院《生产安全事故报告和调查处理条例》经2007年3月28日国务院第172次常务会议通过，自2007年6月1日起施行，国务院1989年3月29日公布的《特别重大事故调查程序暂行规定》和1991年2月22日公布的《企业职工伤亡事故报告和处理规定》同时废止。该条例与过去的相关规定相比有了极大改变，特别是事故等级划分、适用范围、责任承担等发生了根本性变化。

1. 事故等级划分及管辖

《生产安全事故报告和调查处理条例》中规定，根据生产安全事故（以下简称事故）造成的人员伤亡或者直接经济损失，一般分为以下等级：

（1）特别重大事故。特别重大事故是指造成30人以上死亡，或者100人以上重伤（包括急性工业中毒，下同），或者1亿元以上直接经济损失的事故；

（2）重大事故。重大事故是指造成10人以上30人以下死亡，或者50人以上100人以下重伤，或者5000万元以上1亿元以下直接经济损失的事故；

（3）较大事故。较大事故是指造成3人以上10人以下死亡，或者10人以上50人以下重伤，或者1000万元以上5000万元以下直接经济损失的事故；

（4）一般事故。一般事故是指造成3人以下死亡，或者10人以下重伤，或者1000万元以下直接经济损失的事故。

国务院安全生产监督管理部门可以会同国务院有关部门，制定事故等级划分的补充性规定。同时，考虑到火灾、道路交通、水上交通等行业或者领域的事故调查处理已有专门法律、行政法规。本条例规定：特别重大事故以下等级事故的报告和调查处理，有关法律、行政法规、国务院另有规定的，依照其规定。

2. 重大事故报告程序

该条例与过去的相关规定相比，事故报告和处理程序发生了变化：事故发生后，事故现场有关人员应当立即向本单位负责人报告；单位负责人接到报告后，应当于1小时内向事故发生地县级以上人民政府安全生产监督管理部门和负有安全生产监督管理职责的有关部门报告。

1）事故报告程序

事故发生后，事故现场有关人员应当立即向本单位负责人报告；单位负责人接到报告后，应当于1小时内向事故发生地县级以上人民政府安全生产监督管理部门和负有安全生产监督管理职责的有关部门报告。情况紧急时，事故现场有关人员可以直接向事故发生地县级以上人民政府安全生产监督管理部门和负有安全生产监督管理职责的有关部门报告。施工单位发生生产安全事故，应当按照国家有关规定，及时、如实地向负责安全生产监督管理的部门、建设行政主管部门或者其他有关部门报告；特种设备发生事故的，还应当同时向特种设备安全监督管理部门报告。接到报告的部门应当按照国家有关规定，如实上报。实行施工总承包的建设工程，由总承包单位负责上报事故。

安全生产监督管理部门和负有安全生产监督管理职责的有关部门接到事故报告后，应当依照下列规定上报事故情况，并通知公安机关、劳动保障行政部门、工会和人民检察院：

（1）特别重大事故、重大事故逐级上报至国务院安全生产监督管理部门和负有安全生产监督管理职责的有关部门；

（2）较大事故逐级上报至省、自治区、直辖市人民政府安全生产监督管理部门和负有安全生产；

（3）一般事故上报至设区的市级人民政府安全生产监督管理部门和负有安全生产监督管理职责的有关部门。

安全生产监督管理部门和负有安全生产监督管理职责的有关部门依照前款规定上报事故情况，应当同时报告本级人民政府。国务院安全生产监督管理部门和负有安全生产监督管理职责的有关部门以及省级人民政府接到发生特别重大事故、重大事故的报告后，应当立即报告国务院。必要时，安全生产监督管理部门和负有安全生产监督管理职责的有关部门可以越级上报事故情况。

《生产安全事故报告和调查处理条例》第 11 条规定：安全生产监督管理部门和负有安全生产监督管理职责的有关部门逐级上报事故情况，每级上报的时间不得超过 2 小时。

【知识链接】

上报事故的首要原则是及时。关于事故上报时间“2 小时”的起点是指接到下级部门报告的时间，以特别重大事故的报告为例，取报告时限要求的最大值计算，从单位负责人报告县级管理部门，再由县级管理部门报告市级管理部门、市级管理部门报告省级管理部门、省级管理部门报告国务院管理部门，最后报至国务院，总共所需时间为 9 小时。之所以作出这样限制性的时间规定，是因为以下原因：第一，快速上报事故，有利于上级部门及时掌握情况，迅速开展应急救援工作；第二，快速上报事故，有利于快速、妥善安排事故的善后工作；第三，快速上报事故，有利于及时向社会公布事故的有关情况，正确引导社会舆论。

2）事故报告内容

《生产安全事故报告和调查处理条例》第 12 条规定，报告事故应当包括下列内容：

（1）事故发生单位概况；

（2）事故发生的时间、地点以及事故现场情况；

（3）事故的简要经过；

（4）事故已经造成或者可能造成的伤亡人数（包括下落不明的人数）和初步估计的直接经济损失；

（5）已经采取的措施；

（6）其他应当报告的情况。

3. 事故救援与现场保护

事故发生单位负责人接到事故报告后，应当立即启动事故相应应急预案，或者采取有效措施，组织抢救，防止事故扩大，减少人员伤亡和财产损失。

事故发生地有关地方人民政府、安全生产监督管理部门和负有安全生产监督管理职责的有关部门接到事故报告后，其负责人应当立即赶赴事故现场，组织事故救援。任何单位和个人都应当支持、配合事故抢救，并提供一切便利条件。

事故发生后，有关单位和人员应当妥善保护事故现场以及相关证据，任何单位和个人不得破坏事故现场、毁灭相关证据。因抢救人员、防止事故扩大以及疏通交通等原因，需要移动事故现场物件的，应当做出标志，绘制现场简图并做出书面记录，妥善保存现场重要痕迹、物证。

5.4.3 事故的调查处理

1. 事故的调查

1）事故调查机关

按照“政府统一领导、分级负责”的原则，《生产安全事故报告和调查处理条例》对不同等级事故组织事故调查的责任分别作了规定。特别重大事故由国务院或者国务院授权有关部门组织事故调查组进行调查。重大事故、较大事故、一般事故分别由事故发生地省级人民政府、设区的市级人民政府、县级人民政府负责调查。省级人民政府、设区的市级人民政府、县级人民政府可以直接组织事故调查组进行调查，也可以授权或者委托有关部门组织事故调查组进行调查。未造成人员伤亡的一般事故，县级人民政府也可以委托事故发生单位组织事故调查组进行调查。

上级人民政府认为必要时，可以调查由下级人民政府负责调查的事故。自事故发生之日起 30 日内（道路交通事故、火灾事故自发生之日起 7 日内），因事故伤亡人数变化导致事故等级发生变化，依照规定应当由上级人民政府负责调查的，上级人民政府可以另行组织事故调查组进行调查。

特别重大事故以下等级事故，事故发生地与事故发生单位不在同一个县级以上行政区域的，由事故发生地人民政府负责调查，事故发生单位所在地人民政府应当派人参加。

2）事故调查组的组成

事故调查组的组成应当遵循精简、效能的原则。根据事故的具体情况，事故调查组由有关人民政府、安全生产监督管理部门、负有安全生产监督管理职责的有关部门、监察机关、公安机关以及工会派人组成，并应当邀请人民检察院派人参加。事故调查组可以聘请有关专家参与调查。事故调查组成员应当具有事故调查所需要的知识和专长，并与所调查的事故没有直接利害关系。事故调查组组长由负责事故调查的人民政府指定。事故调查组组长主持事故调查组的工作。

3）事故调查组的职责

事故调查组的职责有：查明事故发生的经过、原因、人员伤亡情况及直接经济损失；认定事故的性质和事故责任；提出对事故责任者的处理建议；总结事故教训，提出防范和整改措施；提交事故调查报告。事故调查组有权向有关单位和个人了解与事故有关的情况，并要求其提供相关文件、资料，有关单位和个人不得拒绝。

事故发生单位的负责人和有关人员在事故调查期间不得擅离职守，并应当随时接受事故调查组的询问，如实提供有关情况。事故调查中发现涉嫌犯罪的，事故调查组应当及时将有关材料或者其复印件移交司法机关处理。

事故调查中需要进行技术鉴定的，事故调查组应当委托具有国家规定资质的单位进行技术鉴定。必要时事故调查组可以直接组织专家进行技术鉴定。技术鉴定所需时间不计入事故调查期限。

事故调查组成员在事故调查工作中应当诚信公正、恪尽职守，遵守事故调查组的纪律，保守事故调查的秘密。未经事故调查组组长允许，事故调查组成员不得擅自发布有关事故的信息。

4）事故调查报告

事故调查组应当自事故发生之日起60日内提交事故调查报告；特殊情况下，经负责事故调查的人民政府批准，提交事故调查报告的期限可以适当延长，但延长的期限最长不超过60日。

事故调查报告应当包括：事故发生单位概况；事故发生经过和事故救援情况；事故造成的人员伤亡和直接经济损失；事故发生的原因和事故性质；事故责任的认定以及对事故责任者的处理建议；事故防范和整改措施。事故调查报告应当附具有关证据材料。事故调查组成员应当在事故调查报告上签名。

事故调查报告报送负责事故调查的人民政府后，事故调查工作即告结束。事故调查的有关资料应当归档保存。

2. 事故的处理

重大事故、较大事故、一般事故，负责事故调查的人民政府应当自收到事故调查报告之日起15日内做出批复；特别重大事故，30日内做出批复，特殊情况下，批复时间可以适当延长，但延长的时间最长不超过30日。有关机关应当按照人民政府的批复，依照法律、行政法规规定的权限和程序，对事故发生单位和有关人员进行行政处罚，对负有事故责任的国家工作人员进行处分。事故发生单位应当按照负责事故调查的人民政府的批复，对本单位负有事故责任的人员进行处理。负有事故责任的人员涉嫌犯罪的，依法追究刑事责任。

事故发生单位应当认真吸取事故教训，落实防范和整改措施，防止事故再次发生。防范和整改措施的落实情况应当接受工会和职工的监督。安全生产监督管理部门和负有安全生产监督管理职责的有关部门应当对事故发生单位落实防范和整改措施的情况进行监督检查。

事故处理的情况由负责事故调查的人民政府或者其授权的有关部门、机构向社会公布，依法应当保密的除外。

5.5 建筑施工企业安全生产许可证

为了严格规范建筑施工企业安全生产条件，进一步加强安全生产监督管理，防止和减少生产安全事故，我国制定了《安全生产许可证条例》、《建设工程安全生产管理条例》、《建筑施工企业安全生产许可证管理规定》等一系列法律法规。

根据2004年7月实施的《建筑施工企业安全生产许可证管理规定》第2条规定，国家对建筑施工企业实行安全生产许可制度，建筑施工企业未取得安全生产许可证的，不得从事建筑施工活动。

【知识链接】

本规定所称建筑施工企业，是指从事土木工程、建筑工程、线路管道和设备安装工程及装修工程的新建、扩建、改建和拆除等有关活动的企业。土木工程是建造各类工程设施的科学技术的统称。它既指所应用的材料、设备和所进行的勘测、设计、施工、保养维修等技术活动，也指工程建设的对象，即建造在地上或地下、陆上或水中，直接或间接为人类生活、生产、军事、科研服务的各种工程设施，例如房屋、道路、铁路、运输管道、隧道、桥梁、运河、堤坝、港口、电站、飞机场、海洋平台、给水和排水以及防护工程等。建筑工程，指通过对各类房屋建筑及其附属设施的建造和与其配套的线路、管道、设备的安装活动所形成的工程实体。

5.5.1 建筑施工企业安全生产许可证的管理机关

《建筑施工企业安全生产许可证管理规定》第3条规定，国务院建设行政主管部门负责中央管理的建筑施工企业安全生产许可证的颁发和管理；省、自治区、直辖市人民政府建设行政主管部门负责前款规定以外的建筑施工企业安全生产许可证的颁发和管理，并接受国务院建设行政主管部门的指导和监督。市、县人民政府建设行政主管部门负责本行政区域内建筑施工企业安全生产许可证的监督管理，并将监督检查中发现的企业违法行为及时报告安全生产许可证颁发管理机关。

5.5.2 建筑施工企业安全生产许可证的取得条件

《建筑施工企业安全生产许可证管理规定》第4条规定，建筑施工企业取得安全生产许可证，应当具备下列安全生产条件：

(1) 建立、健全安全生产责任制，制定完备的安全生产规章制度和操作规程；

(2) 保证本单位安全生产条件所需资金的投入；

(3) 设置安全生产管理机构，按照国家有关规定配备专职安全生产管理人员；

(4) 主要负责人、项目负责人、专职安全生产管理人员经建设行政主管部门或者其他有关部门考核合格；

(5) 特种作业人员经有关业务主管部门考核合格，取得特种作业操作资格证书；

(6) 管理人员和作业人员每年至少进行一次安全生产教育培训并考核合格；

(7) 依法参加工伤保险，依法为施工现场从事危险作业的人员办理意外伤害保险，为从业人员交纳保险费；

(8) 施工现场的办公、生活区及作业场所和安全防护用具、机械设备、施工机具及配件符合有关安全生产法律、法规、标准和规程的要求；

(9) 有职业危害防治措施，并为作业人员配备符合国家标准或者行业标准的安全防护用具和安全防护服装；

(10) 有对危险性较大的分部分项工程及施工现场易发生重大事故的部位、环节的预防、监控措施和应急预案；

(11) 有生产安全事故应急救援预案、应急救援组织或者应急救援人员，配备必要的应急救援器材、设备；

(12) 法律、法规规定的其他条件。

5.5.3 建筑施工企业安全生产许可证的申请与颁发

1. 建筑施工企业安全生产许可证的申请

《建筑施工企业安全生产许可证管理规定》第5条规定，建筑施工企业从事建筑施工活动前，应当依照本规定向省级以上建设行政主管部门申请领取安全生产许可证。

中央管理的建筑施工企业（集团公司、总公司）应当向国务院建设行政主管部门申请领取安全生产许可证。

前款规定以外的其他建筑施工企业，包括中央管理的建筑施工企业（集团公司、总公司）下属的建筑施工企业，应当向企业注册所在地省、自治区、直辖市人民政府建设行政主管部门申请领取安全生产许可证。

2. 建筑施工企业向建设行政主管部门提供的材料

（1）建筑施工企业安全生产许可证申请表；

（2）企业法人营业执照；

（3）第 4 条规定的相关文件、材料。

建筑施工企业申请安全生产许可证，应当对申请材料实质内容的真实性负责，不得隐瞒有关情况或者提供虚假材料。

3. 建筑施工企业安全生产许可证的颁发

建设主管部门应当自受理建筑施工企业的申请之日起 45 日内审查完毕；经审查符合安全生产条件的，颁发安全生产许可证；不符合安全生产条件的，不予颁发安全生产许可证，书面通知企业并说明理由。企业自接到通知之日起应当进行整改，整改合格后方可再次提出申请。

建设行政主管部门审查建筑施工企业安全生产许可证申请，涉及铁路、交通、水利等有关专业工程时，可以征求铁路、交通、水利等有关部门的意见。

5.5.4 建筑施工企业安全生产许可证的效力及管理

1. 建筑施工企业安全生产许可证的有效期

安全生产许可证的有效期为 3 年。安全生产许可证有效期满需要延期的，企业应当于期满前 3 个月向原安全生产许可证颁发管理机关申请办理延期手续。

企业在安全生产许可证有效期内，严格遵守有关安全生产的法律法规，未发生死亡事故的，安全生产许可证有效期届满时，经原安全生产许可证颁发管理机关同意，不再审查，安全生产许可证有效期延期 3 年。

2. 建筑施工企业安全生产许可证的管理

1）建筑施工企业安全生产许可证的变更

建筑施工企业变更名称、地址、法定代表人等，应当在变更后 10 日内，到原安全生产许可证颁发管理机关办理安全生产许可证变更手续。

2）建筑施工企业安全生产许可证的注销

建筑施工企业破产、倒闭、撤销的，应当将安全生产许可证交回原安全生产许可证颁发管理机关予以注销。

3）建筑施工企业安全生产许可证的遗失

建筑施工企业遗失安全生产许可证，应当立即向原安全生产许可证颁发管理机关报告，并在公众媒体上声明作废后，方可申请补办。

4）建筑施工企业安全生产许可证的样式及法律效力

建筑施工企业安全生产许可证申请表采用住建部规定的统一式样。安全生产许可证采用国务院安全生产监督管理部门规定的统一式样。

安全生产许可证分正本和副本，正、副本具有同等法律效力。

5.5.5 建筑施工企业安全生产许可证监督管理

1. 建筑施工企业安全生产许可证强制性规定

根据《安全生产许可证条例》和《建筑施工企业安全生产许可证管理规定》，建筑施工企业应当遵守如下强制性规定：

(1) 未取得安全生产许可证的，不得从事建筑施工活动。县级以上人民政府建设行政主管部门应当加强对建筑施工企业安全生产许可证的监督管理。建设行政主管部门在审核发放施工许可证时，应当对已经确定的建筑施工企业是否有安全生产许可证进行审查，对没有取得安全生产许可证的，不得颁发施工许可证。

(2) 建筑施工企业取得安全生产许可证后，不得降低安全生产条件，并应当加强日常安全生产管理，接受建设行政主管部门的监督检查。安全生产许可证颁发管理机关发现企业不再具备安全生产条件的，应当暂扣或者吊销安全生产许可证。

(3) 安全生产许可证的有效期为 3 年。安全生产许可证有效期满需要延期的，企业应当于期满前 3 个月向原安全生产许可证颁发管理机关办理延期手续。企业在安全生产许可证有效期内，严格遵守有关安全生产的法律法规，未发生死亡事故的，安全生产许可证有效期届满时，经原安全生产许可证颁发管理机关同意，不再审查，安全生产许可证有效期延期 3 年。

(4) 建筑施工企业不得转让、冒用安全生产许可证或者使用伪造的安全生产许可证。

(5) 建设行政主管部门工作人员在安全生产许可证颁发、管理和监督检查工作中，不得索取或者接受建筑施工企业的财物，不得谋取其他利益。

(6) 任何单位或者个人对违反本规定的行为，有权向安全生产许可证颁发管理机关或者监察机关等有关部门举报。

2. 建筑施工企业安全生产许可的撤销

安全生产许可证颁发管理机关或者其上级行政机关发现有下列情形之一的，可以撤销已经颁发的安全生产许可证：

(1) 安全生产许可证颁发管理机关工作人员滥用职权、玩忽职守颁发安全生产许可证的；

(2) 超越法定职权颁发安全生产许可证的；

(3) 违反法定程序颁发安全生产许可证的；

(4) 对不具备安全生产条件的建筑施工企业颁发安全生产许可证的；

(5) 依法可以撤销已经颁发的安全生产许可证的其他情形。

依照前款规定撤销安全生产许可证，建筑施工企业的合法权益受到损害的，建设行政主管部门应当依法给予赔偿。

【课后练习】

1. 选择题

(1)（　　）是建筑生产中最基本的安全管理制度，是所有安全规章制度的核心。

A. 质量事故处理制度

B. 质量事故统计报告制度

C. 安全生产责任制度

D. 安全生产监督制度

(2)《建设工程安全生产管理条例》第6条规定，建设单位应当向施工单位提供施工现场及毗邻区域内供水、排水、供电、供气、供热、通信、广播电视等地下管线资料，气象和水文观测资料，相邻建筑物和构筑物、地下工程的有关资料，并保证资料的（　　）。

A. 清楚、精确、翔实

B. 客观、准确、完整

C. 清楚、准确、完整

D. 真实、准确、完整

(3) 建设单位在编制工程概算时，应当确定（　　）所需费用。

A. 抢险救灾

B. 建设工程安全作业环境及安全施工措施

C. 对相关人员的培训教育

D. 建筑工程安全作业

(4) 建设单位应当将拆除工程发包给（　　）的施工单位。

A. 能完成拆除任务

B. 具有相应资质等级

C. 专业拆除

D. 达到拆除施工要求

(5) 工程监理单位应当审查施工组织设计中的安全技术措施或者专项施工方案是否符合工程建设（　　）。

A. 整体安全要求

B. 强制性标准

C. 一般要求

D. 基本要求

(6) 工程监理单位在实施监理过程中，发现存在安全事故隐患的，应当要求施工单位整改；情况严重的，应当要求施工单位（　　）。

A. 暂时停止施工，并及时报告建设单位

B. 终止施工

C. 与建设单位协商

D. 与建设单位解除承包合同

(7) 工程监理单位在实施监理过程中，发现存在安全事故隐患的，应当要求施工单位整改；情况严重的，应当要求施工单位暂时停止施工，并及时报告建设单位。施工单位拒不整改或者不停止施工的，工程监理单位应当及时向（　　）报告。

A. 建设单位

B. 有关主管部门

C. 建设行政主管部门

D. 当地人民政府

(8) 施工单位对列入建设工程概算的安全作业环境及安全施工措施所需费用，应当用于（　　），不得挪作他用。

A. 改善施工环境和对有关人员进行安全教育

B. 施工安全防护用具及设施的采购和更新、安全施工措施的落实、安全生产条件的改善

C. 工程抢险预案的研究和有关用具的采买

D. 工程建设救护设施的建设和救护用具的采买

(9) 施工现场暂时停止施工的，施工单位应当做好现场防护，所需费用由（　　）承担，或按照合同约定执行。

A. 施工单位

B. 责任方

C. 建设单位

D. 暂停决定方

(10) 施工单位应当在施工现场人口处、施工起重机械、临时用电设施、脚手架、出入通道口、楼梯口、电梯井口、孔洞口、桥梁口、隧道口、基坑边沿、爆破物及有害危险气体和液体存放处等危险部位，设置明显的（　　）。

A. 危险标志

B. 安全警示标志

C. 隔离标志

D. 危险施工标志

2. 问答题

(1) 建设工程安全生产监督管理体制如何?

(2) 建设工程安全生产管理基本制度有哪些?

(3) 法律对生产安全事故应急救援制度有哪些重要规定?

(4) 发生安全事故后如何进行救援与现场保护?

(5) 法律对生产安全事故报告制度室如何规定的?

(6) 建筑施工企业安全生产许可证强制性有哪些强制性规定?

3. 案例分析题

某建筑企业，企业经理为法定代表人，没有现场安全生产管理负责人。该企业在其注册地的某项施工过程中，甲班队长在指挥时没有严格按规定，把塔吊吊臂的防滑板装入燕尾槽中并用螺栓固定，而是命令焊工将防滑板点焊住。某日甲班作业过程中发生吊臂防滑板开焊、吊臂折断脱落事故，造成3人死亡、1人重伤。这次事故造成的损失包括：医疗费用（含护理费用）45万元，丧葬及抚恤等费用60万元，处理事故和现场抢救费用28万元，设备损失200万元，停产损失150万元。

问题：

(1) 此次事故的主要责任人是谁?

(2) 根据上述情况描述，此次事故的直接经济损失是多少?

(3) 按照《生产安全事故报告和调查处理条例》的规定，该起事故属于几级事故?

(4) 事故发生后企业应如何进行应对?

6　建设工程合同法律制度

【学习目标】

1. 了解建设工程合同的概念及特征，FIDIC合同简介；

2. 熟悉建设工程合同的履行及《建设工程施工合同（示范文本）》内容；

3. 掌握建设工程合同的订立、建设工程合同效力；建设工程合同履行中的抗辩权；建设工程合同违约责任。

【学习重点】

1. 建设工程合同的概念、分类；

2. 建设工程合同的订立形式、程序以及建设工程承包合同的订立；

3. 建设工程合同的生效条件、可撤销的建设工程合同、无效的建设工程合同；

4. 建设工程承包合同的履行；建设工程承包合同履行中的抗辩权的适用；

5. 建设工程合同的担保形式；

6. 发包人、承包人的解除权；

7. 违约责任的承担方式；建设工程合同发包人与承包人的主要义务和违约责任。

6.1　建设工程合同概述

合同法是调整平等主体之间的交易关系的法律，它主要规范合同的订立、合同的效力、合同的履行、变更、转让、终止、违反合同的责任及各类有名合同等问题。1999年10月1日起施行的《中华人民共和国合同法》（以下简称《合同法》）是我国民法的重要组成部分，也是市场经济条件下最基本的交易规则。而建设工程合同是《合同法》规定的15大类合同之一，在《合同法》第16章第279条～第287条中，对建设工程合同做了详细规定。

6.1.1　建设工程合同概念及特征

1. 建设工程合同概念

《合同法》第269条规定："建设工程合同是承包人进行工程建设，发包人支付价款的合同。"在建设工程合同中，发包人委托承包人进行建设工程的勘察、设计、施工，承包人接受委托并完成建设工程的勘察、设计、施工任务，发包人为此向承包人支付价款。

建设工程合同是一类特殊的加工承揽合同。由于建设工程是一项耗资巨大、回收期长、安全性强、涉及面广的重大固定资产投资活动，因此，《合同法》将建设工程合同从加工承揽合同中单独分离出来，《合同法》规定，建设工程合同中没有规定的，适用承揽合同的有关规定。

2. 建设工程合同特征

第一，建设工程合同的标的具有特殊性。建设工程合同是从承揽合同中分化出来的，也属于一种完成工作的合同。与承揽合同不同的是，建设工程合同的标的为不动产建设项目。也正由于此，使得建设工程合同又具有内容复杂，履行期限长，投资规模大，风险较大等特点。

第二，建设工程合同的当事人具有特定性。作为建设工程合同当事人一方的承包人，一般情况下只能是具有从事勘察、设计、施工资格的法人。这是由建设工程合同的复杂性所决定的。

第三，建设工程合同是要式合同。《合同法》第 270 条规定："建设工程合同应当采用书面形式。"某些建设工程合同还须采取批准形式，如《合同法》第 273 条规定："国家重大建设工程合同，应当根据国家规定的程序和国家批准的投资计划、可行性研究报告等文件订立"。这是国家对基本建设进行监督管理的需要，也是由建设合同履行的特点所决定的。

第四，与承揽合同一样，建设工程合同也是双务合同、有偿合同和诺成合同。

6.1.2 建设工程合同分类

1. 按照工程建设阶段分类

建设工程的建设过程大体经过勘察、设计、施工三个阶段，围绕不同阶段订立相应不同的合同。《合同法》129 条第 2 款规定了建设工程合同包括工程勘察、设计、施工合同。

（1）建设工程勘察，是指根据建设工程的要求，查明、分析、评价建设场地的地质地理环境特征和岩土工程条件，编制建设工程勘察文件的活动。建设工程勘察合同即发包人与勘察人就完成商定的勘察任务明确双方权利义务的协议。

（2）建设工程设计，是指根据建设工程的要求，对建设工程所需的技术、经济、资源、环境等条件进行综合分析、论证，编制建设工程设计文件的活动。建设工程设计合同即发包人与设计人就完成商定的工程设计任务明确双方权利义务的协议。建设工程设计合同实际上包括两个合同，一是初步设计合同，即在建设工程立项阶段承包人为项目决策提供可行性资料的设计而与发包人签订的合同；二是施工设计合同，是指在承包人与发包人就具体施工设计达成的协议。

（3）建设工程施工，是指根据建设工程设计文件的要求，对建设工程进行新建、扩建、改建的活动。建设工程施工合同即发包人与承包人为完成商定的建设工程项目的施工任务明确双方权利义务的协议。施工合同主要包括建筑和安装两方面内容，这里的建筑是指对工程进行营造的行为，安装主要是指与工程有关的线路、管道、设备等设施的装配。

2. 按照承发包方式分类

1）勘察、设计或施工总承包合同

勘察、设计或施工总承包，是指发包人将全部勘察、设计或施工的任务分别发包给一个勘察、设计单位或一个施工单位作为总承包人，经发包人同意，总承包人可以将勘察、设计或施工任务的一部分分包给其他符合资质的分包人。据此明确各方权利义务的协议即为勘察、设计或施工总承包合同。在这种模式中，发包人与总承包人订立总承包合同，总承包人与分包人订立分包合同，总承包人与分包人就工作成果对发包人承担连带责任。

2）单位工程施工承包合同

单位工程施工承包，是指在一些大型、复杂的建设工程中，发包人可以将专业性很强的单位工程发包给不同的承包人，与承包人分别签订土木工程施工合同、电气与机械工程承包合同，这些承包人之间为平行关系。单位工程施工承包合同常见于大型工业建筑安装工程，大型、复杂的建设工程，据此明确各方权利义务的协议即为单位工程施工承包合同。

3）工程项目总承包合同

工程项目总承包，是指建设单位将包括工程设计、施工、材料和设备采购等一系列工作全部发包给一家承包单位，由其进行实质性设计、施工和采购工作，最后向建设单位交付具有使用功能的工程项目。工程项目总承包实施过程可依法将部分工程分包。据此明确各方权利义务的协议即为工程项目总承包合同。

3. 按照合同价格形式分类

按照《建设工程施工合同（示范文本）》（GF-2013-0201）规定，发包人和承包人应在合同协议书中选择下列一种合同价格形式：

1）单价合同

单价合同是指合同当事人约定以工程量清单及其综合单价进行合同价格计算、调整和确认的建设工程施工合同，在约定的范围内合同单价不作调整。

2）总价合同

总价合同是指合同当事人约定以施工图、已标价工程量清单或预算书及有关条件进行合同价格计算、调整和确认的建设工程施工合同，在约定的范围内合同总价不作调整。

3）其他价格形式

合同当事人可在专用合同条款中约定其他合同价格形式，如成本加酬金与定额计价以及其他合同类型。

4. 建设工程有关的其他合同

（1）建设工程监理合同。建设工程监理合同是指委托人（发包人）与监理人签订，为了委托监理人承担监理业务而明确双方权利义务关系的协议。

（2）建设工程物资采购合同。建设工程物资采购合同是指出卖人转移建设工程物资所有权于买受人，买受人支付价款的明确双方权利义务关系的协议。

（3）建设工程保险合同。建设工程保险合同是指发包人或承包人为防范特定风险而与保险公司明确权利义务关系的协议。

（4）建设工程担保合同。建设工程担保合同是指义务人（发包人或承包人）或第三人（或保险公司）与权利人（承包人或发包人）签订为保证建设工程合同全面、正确履行而明确双方权利义务关系的协议。

【特别提示】

建设工程监理合同的标的是“服务”，建设工程物资采购合同属于买卖合同，其合同标的是“货物”，建设工程担保合同属于从合同。

6.2 建设工程合同的订立

6.2.1 建设工程合同订立形式

通常合同按照其订立形式不同可分为口头合同、书面合同以及采用其他方式订立合同。

1. 口头形式

口头形式的合同是指当事人以直接对话的方式或者通过通讯设备如电话交谈订立合

同。它广泛应用于社会生活的各个领域，与人们的衣食住行密切相关，如在自由市场买菜、在商店买衣服等。现代合同法之所以对合同形式实行不要式为主的原则，其重要原因也正在于此。合同的口头形式，无须当事人约定。凡当事人无约定或法律未规定特定形式的合同，均可以采取口头形式。

合同采取口头形式的优点是简便快捷，缺点在于发生纠纷时取证困难。所以，对于可以即时清结、关系比较简单的合同，适于采用这种形式。对于不能即时清结的合同以及较为复杂重要的合同则不宜采用这种合同形式。

2. 书面形式

根据《合同法》第11条的规定，合同采取书面形式，是指以合同书、信件以及数据电文（包括电报、电传、传真、电子数据交换和电子邮件）等可以有形地表现所载内容的形式。建设工程合同一般具有合同标的额大，合同内容复杂、履行期较长等特点，为慎重起见，更应当采用书面形式。《合同法》第270条又明确规定，建设工程合同应当采用书面形式。在实践中，较大工程项目一般都采用合同书的形式订立合同。通过合同书，写明当事人名称、地址，工程的名称和工程范围，明确履行内容、方式、期限、违约责任以及承包方式等等。勘察、设计合同，还应当明确提交勘察或者设计基础资料、设计文件（包括概预算）的期限，设计的质量要求、勘察或者设计费用以及其他协作条件等内容。施工合同，还应当明确工程范围、建设工期、中间交工工程的开工和竣工时间、工程质量、工程造价、技术资料交付时间、材料和设备供应责任、拨款和结算、竣工验收、工程质量保修范围和质量保证期、双方互相协作等内容。当事人也可以参照示范文本订立建设工程合同。

3. 其他形式

我国《合同法》第10条第1款借鉴吸收了法国等大多数国家的做法，承认合同形式除书面和口头以外，还存在"其他形式"，主要指行为形式，即当事人并不直接用口头或者书面形式进行意思表示，而是通过实施某种作为或者不作为的行为方式进行意思表示。前者是明示意思表示的一种，如顾客到自选商场购买商品，直接到货架上拿取商品，支付价款后合同即成立，无须以口头或书面形式确立双方的合同关系。后者是默示意思表示方式，如存在长期供货业务关系的企业之间，一方当事人在收到与其素有业务往来的相对方发出的订货单或提供的货物时，如不及时向对方表示拒绝接受，则推定为同意接受。但不作为的意思表示只有在有法定或约定、存在交易习惯的情况下，才可视为同意的意思表示。我国《合同法》承认合同的"其他形式"，与我国经济的发展、交易形态的日益多样化是相符合的。如果仅仅拘泥于书面形式和口头形式，将使一些交易变得过于繁琐，不利于鼓励交易。人民法院在审判实践中，应当正确把握合同法的立法目的，依法处理"其他形式"的合同。

【特别提示】

要注意合同的示范文本与格式条款的区别

合同示范文本是由合同管理机关和业务主管部门根据长期实践，反复优选、评审，经过法定程序而正式规定下来并公布的合同文书格式。格式条款是当事人为了重复使用而预先拟定，并在订立合同时未与对方协商的条款。

6.2.2 建设工程合同订立程序

对于建设工程合同的订立，当事人可以采取协议的形式，但由于当事人之间的权利、义务关系复杂，建设质量、建设周期、工程价款等可变因素较多，为减少和防止国有资产的流失，法律提倡该类合同的签订采用招标、投标形式进行。建设工程的招标有全过程招标、勘察设计招标、材料、设备供应招标、工程施工招标等几种形式。

建设工程合同的订立，是指建设工程招标人与中标人在定标后依法就中标条件和合同条款进一步协商谈判，达成具体化的充分一致的协议的法律行为。建设工程招标投标的过程，实际上是建设工程合同的订立过程。从准备招标文件，发出招标公告或投标邀请开始，经过投标、开标、评标、中标，直至合同签字结束为止的全过程，都是建设工程合同签订的实际准备和运作过程。这个过程，通常可以分为以下四个阶段：

1. 要约邀请阶段

要约邀请是指建设工程招标人希望投标人向自己提出订立建设工程合同建议的意思表示。建设工程招标人提出要约邀请，是为了寻求订立合同的最优目标和方案及最佳人选，即为订立合同作好准备，其直接目的是唤起别人注意，希望投标人向自己提出订立合同的建议（即要约）。所以，招标人提出的要约邀请是订立合同的预备行为。建设工程招标人提出要约邀请的方式，是发出招标公告或投标邀请书。

2. 要约阶段

要约是指建设工程投标人根据招标文件向招标人提出订立建设工程合同建议的意思表示。投标人提出要约的目的是希望与招标人订立建设工程合同，因此，要约应当具体、明确、肯定，能够确定合同的内容，且一经招标人承诺，投标人即受该意思表示的约束。投标人提出要约的方式，是编制和递交投标文件。一般合同的订立，通过要约、承诺两个阶段。

要约是希望和他人订立合同的意思表示，该意思表示应当符合：（1）内容具体确定；（2）表明经受要约人承诺，要约人即受该意思表示约束。

要约到达受要约人时生效。要约可以撤回。撤回要约的通知应当在要约到达受要约人之前或者与要约同时到达受要约人。要约也可以撤销。撤销要约的通知应当在受要约人发出承诺通知之前到达受要约人。

要约不得撤销的情形有：

（1）要约人确定了承诺期限或者以其他形式明示要约不可撤销；

（2）受要约人有理由认为要约是不可撤销的，并已经为履行合同作了准备工作。

要约失效的情形：

（1）拒绝要约的通知到达要约人；

（2）要约人依法撤销要约；

（3）承诺期限届满，受要约人未作出承诺；

（4）受要约人对要约的内容作出实质性变更。

3. 承诺阶段

承诺是指建设工程招标人完全同意和接受中标人的投标文件的意思表示。招标人作出承诺的目的是为了与中标的投标人订立合同，因此，承诺的内容必须与要约的内容一致。招标人作出承诺的方式，是定标，发出中标通知书。实行招标投标的建设工程一旦定标，即意味着招标人对中标人的投标作出承诺。

承诺通知到达要约人时生效。承诺不需要通知的，根据交易习惯或者要约的要求作出承诺的行为时生效。

承诺可以撤回。撤回承诺的通知应当在承诺通知到达要约人之前或者与承诺通知同时到达要约人。

受要约人超过承诺期限发出承诺的，除要约人及时通知受要约人该承诺有效的以外，为新要约。受要约人在承诺期限内发出承诺，按照通常情形能够及时到达要约人，但因其他原因承诺到达要约人时超过承诺期限的，除要约人及时通知受要约人因承诺超过期限不接受该承诺的以外，该承诺有效。

4. 签订合同阶段

根据《招标投标法》中规定：招标人和中标人应当自中标通知书发出之日起 30 日内，按照招标文件和中标人的投标文件订立书面合同。因此确定中标单位后，发包方和承包方各自均有权利要求对方签订建设工程合同，也有义务与对方签订建设工程合同。

6.2.3 建设工程承包合同订立的内容

《合同法》第 275 条规定：施工合同的内容包括工程范围、建设工期、中间交工工程的开工和竣工时间、工程质量、工程造价、技术资料交付时间、材料和设备供应责任、拨款和结算、竣工验收、质量保修范围和质量保证、双方相互协作等条款。

一个具体的施工合同，从其整体框架上讲，一般由合同序文、合同正文、合同结尾三部分组成，具体如下：

1. 合同序文

主要介绍双方主体的自然概况，法人、其他组织的全称、住所及法定代表人的姓名、职务等。

2. 合同正文

（1）工程概况；

（2）工程的范围和内容；

（3）工程承包方式；

（4）建设工期；

（5）中间交工工程的开工和竣工日期；

（6）工程质量；

（7）工程造价；

（8）拨款和结算；

（9）技术资料交付时间；

（10）材料和设备供应责任；

（11）工程变更及责任；

（12）竣工验收；

（13）合理化建议的处理；

（14）停、窝工的处理；

（15）临时设施工程；

（16）工程质量保修期及保修条件；

（17）违约责任；

（18）合同争议的解决方式；

（19）不可抗力条款；

（20）保险。

3. 合同结尾部分

（1）合同未尽事项及附加条款；

（2）合同份数、留存部门与生效方式；

（3）合同公证单位；

（4）签约时间、地点、法人代表签字或盖章；

（5）附件。

4. 合同文件的组成部分

建设工程合同除合同本身外，还包括洽商、变更、明确双方权利义务的备忘录、纪要和协议。中标通知书、招投标文件、工程量清单或确定工程造价的工程预算书和图纸以及有关的技术资料和技术要求也都是合同的组成部分。同时还应明确各组成部分的解释顺序。

6.2.4 建设工程承包合同订立应注意的问题

建设工程施工，是建设项目在完成工程设计和施工招标后进行建筑产品生产之前的最后阶段，具有投资大、周期长、风险环节多、管理难度大的特点，签订施工合同应引起施工企业格外重视，为了防止日后发生纠纷、最大限度避免漏洞，真正做到未雨绸缪，作为建筑市场的行为主体，在签订建设工程合同时应注意以下问题：

1. 严格依法采用书面形式

《建筑法》和《合同法》明确规定，建设工程承包合同应采用书面形式。在实践中，当事人可以选择住房和城乡建设部、国家工商行政管理总局联合制定的《建设项目工程总承包合同示范文本（试行）》（GF-2011-0216）订立合同，也可以选择住房和城乡建设部、国家工商行政管理总局联合发布的2013版《建设工程施工合同（示范文本）》（GF-2013-0201）（订立合同，还可以参照国际咨询工程师联合推荐使用的《土木工程施工合同条件（国际通用）》（即FIDIC（菲迪克）合同条件）订立建设工程承包合同。

2. 认真审查合同双方主体资格

建设工程承包合同双方当事人的主体资格具有特殊性。其中作为合同的发包方，必须注意承包人是否具有承包该工程项目的相应资质，依照《建筑法》第26条规定：承包建设工程的单位应当持有依法取得的资质证书，并在其资质等级许可的业务范围内承揽工程，同时规定禁止建筑施工企业超越本企业资质等级许可的业务范围或者以任何形式用其他建筑施工企业的名义承揽工程，如果承包人不具有合法资格，必将导致所订合同无效。

同样作为合同的承包人，必须依照《建筑法》第7条、第8条规定注意两个问题：一是要注意发包人是否具有开发项目的合法主体资格，审查建设单位是否依法取得企业法人营业执照、相应的经营资格和等级证书，审查建设单位签约代表人的资格，审查工程项目的合法性。另外还应对发包方的履约信用进行审查，以降低风险；二是要注意发包人开发建设项目所需资金是否已落实，也就是通常说的资信情况，看其是否具备足够的履约能力。

3. 严格审查合同条款。

为确保合同的有效性，必须对合同条款严格审查，建设工程施工条款必须齐备，表示必须准确。如工程范围、建设工期、工程开工和竣工时间、工程质量、工程造价、技术资料交付时间、材料和设备供应责任、拨款和结算、交工验收、质量保证期等等，均需有明确规定；其次对合同中的重要条款约时难以确定造价，就会埋下隐患，为解决此问题，在签约应明确确定造价的程序和方法。另外，对诸如工程竣工结算、工程款支付等重要条款，尽可能制订齐备、用语准确、严密，最终达到维护当事人的合法权益，避免和减少纠纷的目的；最后，对合同生效方式也应当注意，实践中应注意合同加盖的公章应与合同名称相一致，并有法定代表人或授权代表签名，法定代表人证书或授权代表委托书应作为合同附件。

4. 使用《示范文本》签订合同，切实约定"专用条款"

建设工程承包合同涉及面广，自拟合同文本难以全面约定当事人的权利义务，往往造成一些不必要的疏漏，因此建议使用《示范文本》。目前普遍采用住房城乡建设部、国家工商行政管理总局联合制定了《建设项目工程总承包合同示范文本（试行）》（GF-2011-0216）和住房城乡建设部、国家工商行政管理总局联合发布的 2013 版《施工合同》（GF-2013-0201）。签订合同前应仔细阅读和准确理解"通用条款"，这一部分内容注明了合同用语的确切含义，引导合同双方如何签订"专用条款"，当事人应根据工程及双方具体情况，据实约定并填写"专用条款"的内容；当"专用条款"中某一条款未作特别约定时，"通用条款"中的对应条款自动成为合同双方一致同意的合同约定。

5. 认真审查施工图纸及招标文件，审慎提交投标文件

施工图纸是否符合业主的质量要求，是否符合国家的强制性标准，对该工程是否合法、工程是否能获得施工许可证有决定性的作用。实践中不排除因为设计的原因导致工程无法施工而被延误，甚至整个工程重新招标，从而损害施工单位的利益，因此在投标前施工单位应当认真研究。施工单位对招标文件也应当认真研读，因为一旦中标，招标文件、投标书都会成为施工合同的附件，对双方都有拘束力，如果不引起重视随随便便投标，合同履行过程中就可能追悔莫及。

6. 恰当约定工程的计价方式

《建筑工程施工发包与承包计价管理办法》第 13 条规定，合同计价可以采用以下三种方式：单价合同、总价合同和成本加酬金合同。发承包双方在确定合同价款时，应当考虑市场环境和生产要素价格变化对合同价款的影响，合理进行选择。实行工程量清单计价的建筑工程，鼓励发承包双方采用单价方式确定合同价款；建设规模较小、技术难度较低、工期较短的建筑工程，发承包双方可以采用总价方式确定合同价款；紧急抢险、救灾以及施工技术特别复杂的建设工程，发承包双方可以采用成本加酬金方式确定合同价款。

7. 明确约定进度款的支付条件和竣工结算程序

一般情况下，工程进度款按月付款或按工程进度拨付，但如何申请拨款，需报何种文件，如何审核确认拨款数额以及双方对进度款额认识不一致时如何处理，往往缺少详细的合同约定，引起争议，影响工程施工，应当约定清楚。合同中也应明确约定参加工程验收的单位、人员，采用的质量标准、验收程序，须签署的文件及产生质量争议的处理办法等。此外，合同还应约定具体的竣工结算程序。

8. 具体约定工期顺延的情形和停工损失的计算方法

合同一般约定发生以下情形，经发包方或者监理单位确认，工期可以相应顺延：①发包方未能按专用条款的约定提供图纸及开工条件；②发包方未能按约定日期支付工程预付

款、进度款，致使施工不能正常进行；③工程师未按合同约定提供所需指令、批准等，致使施工不能正常进行；④设计变更和工程量增加；⑤一周内非承包方原因停水、停电、停气造成停工累计超过 8 小时；⑥不可抗力；⑦专用条款中约定或工程师同意工期顺延的其他情况。同时，合同还应明确具体地约定非承包方原因发生停工时，承包方损失的计算方法，利于出现停工并发生损失争议时顺利向发包方索赔。

9. 预防工程定金、保证金与预付款陷阱

1）定金与保证金

定金是在合同订立或在履行之前支付的一定数额的金钱作为担保的担保方式。保证金是指合同当事人一方或双方为保证合同的履行，而留存于对方或提存于第三人的金钱。在现实经济生活中流行的保证金主要有两种形式：一种是合同当事人为保证其债权的实现而要求另一方提供的保证金；另一种形式的保证金，是双方在合同成立时候，为保证各自义务的履行而向共同认可的第三人（通常为公证机关）提存的保证金。

保证金也具有类似定金一样的担保合同实现的作用，但其没有双倍返还的功能，而且当事人可以自行约定定金的作用功能（如：合同订立的保证、合同生效的条件、合同成立的证明或者合同解除的代价），而这些功能是保证金不具备的。保证金留存或提存的时间和数额是没有限制的。双方当事人可以自行约定在合同履行前、合同履行过程中皆可；保证金的数额可以相当于债务额，并不像定金那样，其总额不得超过主合同总价款的 20%，而且必须是在合同约定时或者合同签订前给付。

2）定金与预付款

预付款是产品或劳务的接受方为表明自己履行合同的诚意或者为对方履行合同提供一定资金，在对方履行合同前率先向对方支付的部分价金或劳务报酬。实践中，订金、预付金、诚实信用金等都是预付款的种种别名。预付款的目的在于以率先支付一定款项作为合同履行的诚意，或者将这一数量的款项作为合同履行所需资金的一部分。所以，预付款实际上是合同应该履行款项的一部分，定金则不然。

定金的给付时间既可以在主合同正式订立（即合同预约阶段），也可以在合同订立后。而预付款一般在合同正式订立之后才能要求给付。定金的作用在于担保主合同的履行，在买卖合同订立前，一般就约束双方当事人按时签订正式合同；而在合同订立后的定金主要在于促使双方当事人进入合同的实质履行阶段。但就预付款而言，合同无效或者出现违约事由时，退还相同数额即可，其不具有惩罚的性质。

如果给付的意思不明确或依法不能认定具备定金条款或定金合同的，应该推定为预付款。

10. 明确监理工程师及双方管理人员的职责和权限

施工过程中，发包方、承包方、监理方参与生产管理的工程技术人员和管理人员较多，往往因相关人员职责和权限不明确或不为对方所知，造成双方不必要的纠纷。合同中应明确列出各方派出的管理人员名单，明确各自的职责和权限，特别应将具有变更、签证、价格确认等签认权的人员、签认范围、程序、生效条件等约定清楚，防止无权人员随意签字。

11. 详细约定违约情形及违约责任

工程施工合同就是发包方与承包方之间的法律，双方必须严格遵守，一旦违约，就应承担相应的法律责任。但在实践中，很多工程承包合同无违约责任，或违约责任订得不全面、不具体，无法操作。没有违约责任的承包合同对双方缺乏约束力，失去了订立合同的意义。因此，必须将承担或减免违约责任的条件、方式、时间等写明，以便合同履行。

6.3 建设工程合同的效力

合同的效力即合同的法律效力，具体是指已成立的合同在当事人之间产生的法律约束力。作为有效合同，应具备法定的条件，即当事人主体资格合法，当事人的意思表示应真实，合同不得违反法律或者损害社会公共利益。建设工程合同的效力，应当适用《合同法》第 3 章关于合同的效力的规定。但是《合同法》第 3 章的规定属于一般性规定，具体到各种有名合同的实际情况，则存在种种制约合同效力的具体因素，建设工程合同也不例外。

6.3.1 建设工程合同的生效要件

虽然我国现行合同法律没有就合同生效要件作出明确的规定，但《民法通则》和《合同法》已经概括和归纳了合同生效要件，并将合同的生效要件分为实质要件和形式要件。所谓实质要件，《民法通则》第 55 条规定，民事法律行为应当具备下列条件：一是行为人具有相应的民事行为能力；二是意思表示真实；三是不违反法律或社会公共利益。这些规定也就是合同生效的一般要件，亦称实质要件。所谓形式要件，对于有些合同，合同的生效还须具备特殊要件，也称形式要件。这些合同主要包括两种情形：一是当事人根据《合同法》第 45、46 条的规定所订立的合同，在所附条件成就时或所附期限届至时，合同才能生效；二是根据《合同法》第 44 条第 2 款规定，依照法律、行政法规规定应当办理批准、登记等手续的，在办理了批准、登记等手续后，合同才能生效。

建设工程合同的生效必须符合下列条件：

1. 合同当事人主体要件

合同的当事人主体要件就是合同的当事人即发包人和承包人应当符合法律和行政法规规定的条件。目前来看，我国没有对发包人的资格等作出非常严格的规定，发包人可以是具备法人资格的国家机关、事业单位、国有企业、集体企业、私营企业、经济联合体和社会团体，也可以是依法登记的个人合伙、个体经营户或自然人，但必须具有通过合法、完备手续取得的进行工程建设项目发包的资格，而作为承包人的条件则十分严格。

1）承包人必须是单位

虽然《合同法》在总则和关于建设工程合同的第 16 章没有明确规定建设工程合同的承包人的主体资格限制，但在《建筑法》和大量的建设方面的行政法规中均明确规定了建设工程施工合同的承包人必须是“单位”，最高人民法院公布的《审理建设工程施工合同司法解释》第 1 条规定，承包人未取得建筑施工企业资质或者超越资质等级的，合同无效。这个条文可以看出，建设工程的承包人必须具备相关资质，符合申领资质的必须是单位。

2）承包人必须具备建筑经营资格

在我国，对于建设工程承包人实行严格的市场准入制度。《建筑法》第 13 条规定：“从事建筑活动的建筑施工企业、勘察单位、设计单位和工程监理单位，按照其拥有的注册资本、专业技术人员、技术装备和已完成的建筑工程业绩等资质条件，划分为不同的资质等级，经资质审查合格，取得相应等级的资质证书后，方可在其资质等级许可的范围内从事建筑活动。”2007年起施行的《建筑业企业资质管理规定》中将建筑业企业资质分为施工总承包、专业承包和劳务分包3个序列，并规定了具体的标准和条件。其次，承包人必须在自身拥有的资质等级许可的业务范围内承揽工程。《建筑法》第26条规定，承包建筑工程的单位应当持有依法取得的资质证书，并在其资质等级许可的业务范围内承揽工程。禁止建筑施工企业超越本企业资质等级许可的业务范围或者以任何形式用其他建筑施工企业的名义承揽工程。

2. 合同当事人真实意思表示一致

合同当事人即发包人和承包人共同的真实意思表示一致是建设工程合同的核心条件。意思表示真实是指意思表示的行为人的表示行为应当真实反映其内心的效果意思。意思表示不真实，即意思与表示不一致，可分为故意的意思与表示不一致、非故意的意思和表示不一致和不自由的意思表示不一致三种情况。

（1）故意的意思表示不一致。对于故意的意思与表示不一致，如果构成欺诈，并损害了国家利益，属于合同法定无效的范畴。

（2）非故意的意思表示不一致。对于非故意的意思和表示不一致的情形，如果具备了“重大误解”的条件，则属于《民法通则》第59条和《合同法》第54条规定的可变更或者可撤销的合同。

（3）不自由的意思表示不一致。对于不自由的意思和表示不一致，可分为受欺诈和受胁迫所为的意思表示，则根据《民法通则》第58条和《合同法》第52条的规定，这两种行为如果损害了国家利益，均构成合同无效的法定原因，否则构成合同可撤销的原因。

需要指出的是，《合同法》和《民法通则》有一个明显的区别是把《民法通则》第58条规定的“一方以欺诈、胁迫的手段”订立合同的行为分为两种情形来处理：如果是损害了国家利益，属当然无效；如果损害的是合同相对人的利益，则根据《合同法》第54条规定相对方可以要求变更或撤销，而不再一律认定无效，这不仅尊重了合同当事人的意愿，保护了当事人的利益，鼓励了交易行为，而且还减少了因合同无效而给社会带来的损失。

意思表示真实是民法通则规定的民事行为生效的要件之一，但对于合同来说，则其生效还应具备合同双方协商一致的条件。建设工程施工合同是双务合同，因此也应当具备发包人和承包人就合同内容协商一致的条件。

3. 必须符合法律规定的程序

建设工程合同的当事人即发包人和承包人在签订合同的过程中应当履行法律和行政法规规定的必须履行的程序。这一条件是建设工程合同所特有的条件，如前所述，建设工程往往涉及到国计民生而且一般投资规模较大，所以国家对建设行为予以更多的关注并通过法律、行政法规和部门规章以及地方性法规来进行约束和规范。例如，可行性研究报告被批准是签订勘察、设计合同的基本依据；而对建设、安装承包合同，还必须经过报建、施工招标投标程序才能签订。

4. 应当符合法律规定的形式要件

建设工程合同应当符合法律规定的形式要件。由于建设工程合同具有标的额大、履行时间长、不能即时清结等特点，因此《合同法》第270条规定，建设工程合同应当采用书面形式。对有些建设工程合同，国家有关部门制定了统一的示范文本。采用示范文本或其他书面形式订立的建设工程合同，在组成上并不是单一的，凡能体现发包人和承包人协商一致内容的文字材料，包括各种文书、电报、图表等，均为建设工程合同的组成部分。

5. 不违反法律或损害社会公共利益

如果合同一旦被认定为违反法律规定，则完全无效。不损害社会公共利益实际上是不违反法律的延伸和补充。

【知识链接】

对于一般的合同，还存在效力待定的类型。包括：

(1) 限制民事行为能力人订立的合同，经法定代理人追认后，该合同有效，但纯获利益的合同或者与其年龄、智力、精神健康状况相适应而订立的合同，不必经法定代理人追认。

(2) 行为人没有代理权、超越代理权或者代理权终止后以被代理人名义订立的合同，未经被代理人追认，对被代理人不发生效力，由行为人承担责任。

行为人没有代理权、超越代理权或者代理权终止后以被代理人名义订立合同，相对人有理由相信行为人有代理权的，该代理行为有效。

(3) 法人或者其他组织的法定代表人、负责人超越权限订立的合同，除相对人知道或者应当知道其超越权限的以外，该代表行为有效。

(4) 无处分权的人处分他人财产，经权利人追认或者无处分权的人订立合同后取得处分权的，该合同有效。

6.3.2 可撤销的建设工程合同

可撤销的建设工程合同是指虽然已经成立，但违反合同生效条件，经一方当事人要求，由法院或者仲裁机构确认后予以撤销的建设工程合同。

这类合同的特征是，在合同关系中处于不利地位的当事人的意思表示不真实；一经当事人请求法院或仲裁机构予以撤销后，即归于无效并且自始无效；如果享有请求权的当事人不请求撤销的，人民法院或仲裁机构不主动予以撤销，当事人可以继续履行。当事人对合同有权请求变更或者撤销，而只请求变更的，人民法院或者仲裁机构不得撤销。根据《合同法》第54条的规定，造成建设工程合同可被依法申请撤销的原因如下：

1. 重大误解

所谓重大误解，是指合同当事人一方由于自身的过错而产生对合同内容的重大错误认识。在重大误解的情形下，行为人的意思表示严重不真实，其合同权利义务也会因此而遭受严重不利影响。法律基于保护有重大误解一方当事人的利益出发，赋予其申请变更或撤销合同的权利。

重大误解的要点在于，当事人的误解是对合同内容在认识上的错误，而且该错误通常也表现为表达上的错误。司法实践通常未将认识上的错误与表达上的错误加以区分。根据最高人民法院《关于贯彻执行〈中华人民共和国民法通则〉若干问题的意见（试行）》（以下简称《意见（试行）》）第71条的规定："行为人因对行为的性质、对方当事人、标的物的品种、质量、规格和数量等的错误认识，使行为的后果与自己的意思相悖，并造成较大损失的，可以认定为重大误解。”

2. 显失公平

所谓显失公平，是指合同当事人合同权利与义务的严重不对等。法律赋予处于不利地位的一方当事人申请变更或撤销合同的权利，原因即在于在显失公平的状态下，双方当事人的权利义务极不对等，明显违反了公平、等价有偿的基本原则，已超出了法律所允许的限度。根据最高人民法院《意见（试行)》第 72 条的规定：“一方当事人利用优势或者利用对方没有经验致使对方的权利义务显失公平、等价有偿原则的，可以认定为显失公平。”

显失公平的建设工程合同并不鲜见。发包方往往利用自身在建设市场中的优势地位，在合同工期、工程质量等级等方面对承包方提出十分严格的要求，但又在工程价款的问题上处处压价，如要求承包商降低取费费率、让利等。承包商通常因为面对激烈的市场竞争和自身生存与发展的困境而不得不就范。因此，承包方在必要时应当以显失公平为由，请求人民法院或仲裁机构对相应的合同条款予以变更，以维护自身的合法权益。

3. 欺诈、胁迫或者乘人之危

所谓欺诈，是指一方当事人故意编造某种事实或实施某种欺骗行为，以诱使对方当事人相信并错误与其签订合同。最高人民法院《意见（试行)》第 68 条规定：“一方当事人故意告知对方虚假情况，或者故意隐瞒真实情况，诱使对方当事人作出错误意思表示的，可以认定为欺诈行为。”

所谓胁迫，是指一方当事人以将实施某种损害为要挟，致使对方惶恐、不安而与其订立合同。最高人民法院《意见（试行)》第 69 条规定：“以给公民及其亲友的生命健康、荣誉、名誉、财产等造成损害为要挟，迫使对方作出违背真实意思表示的，可以认定为胁迫行为。”

所谓乘人之危，是指一方当事人利用对方处于紧急、危难情况的时机，迫使对方接受其明显不公平的条件而订立合同。最高人民法院《意见（试行)》第 76 条规定：“一方当事人乘对方处于危险之机，为牟取不正当利益，迫使对方作出不真实的意思表示，严重损害对方利益的，可以认定为乘人之危。”

《合同法》之所以把一方以欺诈、胁迫的手段或者乘人之危，使对方在违背自己的真实意思的情况下所订立的合同列为可变更或可撤销的合同，而没有列为必然无效的合同，主要是基于尊重当事人的意愿。在这几种情况下订立的合同如果没有损害国家利益，法律并无干预之必要。

6.3.3 无效的建设工程合同

1. 无效建设工程合同的概念与特征

无效建设工程合同是指虽然发包方与承包方订立，但因违反法律规定而没有法律约束力，国家不予以承认和保护，甚至要对违法当事人进行制裁的建设工程合同。

无效合同在性质上是自始无效、绝对无效、当然无效的合同，这是无效合同违法性质所决定的。对这类合同，自合同成立时起就不具有法律效力，当事人不能通过同意或追认使其生效，当事人无须向法院或仲裁机构主张其无效，法院或仲裁机构可以主动审查决定该合同无效。

2.《合同法》中规定的无效合同与无效的免责条款

1）无效合同的类型

（1）一方以欺诈、胁迫的手段而订立的损害国家利益的合同；

（2）恶意串通，损害国家、集体或第三人利益的合同；

（3）以合法形式掩盖非法目的的合同；

（4）损害社会公共利益的合同；

（5）违反法律、行政法规的强制性规定的合同。

【特别提示】

最高人民法院《关于适用〈中华人民共和国合同法〉若干问题的解释（一）》第4条明确规定："合同法实施以后，人民法院确认合同无效，应当以全国人大及其常务委员会制定的法律和国务院制定的行政法规为依据，不得以地方性法规、行政规章为依据。"

2）无效的免责条款

免责条款，是当事人在合同中确立的排除或限制其未来责任的条款。合同中的下列免责条款无效：

（1）造成对方人身伤害的；

（2）因故意或者重大过失造成对方财产损失的。

3. 司法解释中规定的无效建设工程合同

2005年1月1日起实施的《最高人民法院关于审理建设工程承包合同纠纷案件适用法律问题的解释》规定中列举了建设工程承包合同无效的五种情形：

1）承包人未取得建筑施工企业资质或者超越资质等级订立的建设工程承包合同

建设工程承包合同的承包人即承包建设工程的单位应当持有依法取得的资质证书，并在其资质等级许可的业务范围内承揽工程。禁止建筑施工企业超越本企业资质等级许可的业务范围承揽工程（见《建筑法》第26条规定）。

以上司法解释第5条同时规定，承包人超越资质等级许可的业务范围签订建设工程施工合同，在建设工程竣工前取得相应资质等级的，当事人请求按照无效合同处理的，不予支持。

2）没有资质的实际施工人借用有资质的建筑施工企业名义订立的建设工程承包合同

不具有法定资质的单位或个人以挂靠、联营、内部承包等形式使用有法定资质的建筑施工企业名义与发包单位签订的建设工程承包合同无效。禁止建筑施工企业以任何形式用其他建筑企业的名义承揽工程。禁止建筑施工企业以任何形式允许其他单位或者个人使用本企业的名义承揽工程，禁止建筑施工企业以任何形式允许其他单位或个人使用本企业的资质证书、营业执照，以本企业的名义承揽工程（见《建筑法》第26条规定）。

3）建设工程必须进行招标而未招标或者中标无效订立的建设工程承包合同

建设工程项目必须进行招标的有三类，中标无效的情形有六种（见《招标投标法》第3、50、52、53、54、55、57条）。

4）承包人非法转包建设工程订立的建设工程承包合同

《建设工程质量管理条例》第78条规定：转包，是指承包单位承包建设工程后，不履行合同约定的责任和义务，将其承包的全部建设工程转给他人或者将其承包的全部建设工程肢解以后以分包的名义分别转给其他单位承包的行为。

5）承包人违法分包建设工程订立的建设工程承包合同

《建设工程质量管理条例》第78条规定的违法分包行为如下：

（1）总承包单位将建设工程分包给不具备相应资质条件的单位的；

（2）建设工程总承包合同中未有约定，又未经建设单位认可，承包单位将其承包的部分建设工程交由其他单位完成的；

（3）施工总承包单位将建设工程主体结构的施工分包给其他单位的；

（4）分包单位将其承包的建设工程再分包的。

4. 建设工程合同被撤销或无效的处理

《合同法》中规定：无效的合同或者被撤销的合同自始没有法律约束力。合同部分无效，不影响其他部分效力的，其他部分仍然有效。合同无效、被撤销或者终止的，不影响合同中独立存在的有关解决争议方法的条款的效力。

合同无效或者被撤销后，因该合同取得的财产，应当予以返还；不能返还或者没有必要返还的，应当折价补偿。有过错的一方应当赔偿对方因此所受到的损失，双方都有过错的，应当各自承担相应的责任。当事人恶意串通，损害国家、集体或者第三人利益的，因此取得的财产收归国家所有或者返还集体、第三人。

建设工程合同作为合同中的一种，其无效的处理除应遵循合同法的一般原则规定外，又有其自身突出特点，应根据具体情况作具体分析。

1）勘察设计合同无效的处理

勘察设计合同被确认无效后，合同没有履行的，不得履行。已经履行或者履行完毕但发包人尚未支付报酬的，就勘察人、设计人在勘察、设计中支付的费用，按下列原则处理：合同无效系勘察人、设计人的过错，由勘察人、设计人自行承担；发包人有过错的，由发包人承担；双方都有过错的，按过错程度分担。发包人已经支付报酬的，勘察人、设计人应当返还给发包人，就勘察人、设计人因履行无效合同而花费的支出，仍按上述原则处理。

2）施工合同订立后尚未履行前被确认无效的处理

施工合同订立后实际履行前被确认无效的，双方当事人均不能继续履行。因无效施工合同致使当事人遭受损失的，由有过错一方负责赔偿。都有过错的，依过错大小承担责任。

3）施工合同已经履行或履行完毕被确认无效的处理

施工合同已经履行或履行完毕而被确认无效的，处理起来比较复杂。一般而言，在合同被确认无效后，应当立即停止履行，然后按下列规则处理：

（1）恢复原状。即承包人将完成的工程或部分工程拆除。发包人支付价款的，承包人应当返还，承包人、发包人依所有权取回属于自己所有的财产。这种处理方法一般适用于下列情况：一是工程质量低劣，已无法补救，并对社会公众形成危险的；二是工程严重违反国家有关计划或者规划的。

（2）折价补偿。折价补偿是将完成的建设工程归发包人所有，对承包人所付出的劳动由发包人按概算方式折价补偿给承包人。一般以承包人的实际支出为限进行折算，但不包括承包人的利润。

（3）赔偿损失。主要包括订立施工合同的费用（如招标投标费用），以及为履行合同做准备的损失，如原材料购买、设备购买、设备租用、准备期间的工资等。赔偿损失多与返还财产或折价补偿并用。

(4) 收缴财产。对于当事人通过订立无效施工合同，损害国家、集体或者第三人利益的，对当事人因此而取得的利益应当收归国家所有，或者返还集体、第三人。

建设工程合同无效的，除承担上述责任外，还应当承担行政责任。无效建设工程合同当事人承担行政责任的方式主要有：责令改正。如未订立书面形式合同的，如果其他条件合格，可以责令当事人补签书面合同；责令停业整顿。如承包人超越资质等级承包工程的，除责令停止违法行为外，可以责令停业整顿；降低资质等级。如设计单位设计的工程不符合标准，造成工程质量事故的，可以降低其资质等级；吊销资质证书。如承包人将工程转包或非法分包，情节严重的，可以吊销其资质证书；罚款。罚款可以使当事人丧失获得既得利益的可能性，使当事人在订立无效建设工程合同时，就知道自己并不会从无效合同中取得任何利益，而且还要遭受处罚，当事人就不会轻易违法。

6.4 建设工程合同的履行

6.4.1 合同履行概述

1. 合同履行的概念

合同履行是指合同规定义务的执行。任何合同规定义务的执行，都是合同的履行行为；相应地，凡是不执行合同规定义务的行为，都是合同的不履行。因此，合同的履行，表现为当事人执行合同义务的行为。当合同义务执行完毕时，合同也就履行完毕。执行合同义务的当事人，一般情况下是合同双方当事人，但在特殊情况下也可以是当事人以外的第三人。执行合同义务的行为一般情况下都表现为当事人的积极行为，如执行合同规定的交付，完成合同规定的工作等。但在特殊情况下，消极的不作为也是合同的履行，如保密义务的执行即是。执行合同的义务，按合同订立的要求，须是全部合同义务都应执行，这是合同的完全履行。但是，合同义务的执行有时间上的先后顺序，允许一项一项地执行，这是合同的部分履行；合同存在的客观环境不同，有可能合同的部分义务无法执行，这是合同的不履行；合同当事人的主观认识并非一致，实际中有的当事人不执行合同规定的义务，这也是合同的不履行。

2. 合同履行的规则

1）合同条款约定不明确的履行规则

《合同法》第 61 条规定：合同生效后，当事人就质量、价款或者报酬、履行地点等内容没有约定或者约定不明确的，可以协议补充；不能达成补充协议的，按照合同有关条款或者交易习惯确定。

《合同法》第 62 条规定：当事人就有关合同内容约定不明确，依照第 61 条的规定仍不能确定的，适用下列规定：

(1) 质量要求不明确的，按照国家标准、行业标准履行；没有国家标准、行业标准的，按照通常标准或者符合合同目的的特定标准履行。

(2) 价款或者报酬不明确的，按照订立合同时履行地的市场价格履行；依法应当执行政府定价或者政府指导价的，按照规定履行。

(3) 履行地点不明确，给付货币的，在接受货币一方所在地履行；交付不动产的，在不动产所在地履行；其他标的，在履行义务一方所在地履行。

(4) 履行期限不明确的，债务人可以随时履行，债权人也可以随时要求履行，但应当给对方必要的准备时间。

(5) 履行方式不明确的，按照有利于实现合同目的的方式履行。

(6) 履行费用的负担不明确的，由履行义务一方负担。

2) 执行政府定价或者政府指导价的合同的履行规则

执行政府定价或者政府指导价的，在合同约定的交付期限内政府价格调整时，按照交付时的价格计价。逾期交付标的物的，遇价格上涨时，按照原价格执行；价格下降时，按照新价格执行。逾期提取标的物或者逾期付款的，遇价格上涨时，按照新价格执行；价格下降时，按照原价格执行。

3) 涉及第三人的合同的履行规则

(1) 向第三人履行的合同

当事人约定由债务人向第三人履行债务的，债务人未向第三人履行债务或者履行债务不符合约定，应当向债权人承担违约责任。

(2) 由第三人履行的合同

当事人约定由第三人向债权人履行债务的，第三人不履行债务或者履行债务不符合约定，债务人应当向债权人承担违约责任。

6.4.2 合同履行抗辩权

所谓抗辩权是指能够阻止请求权效力的权利。抗辩权主要是针对请求权的，通过行使抗辩权，一方面可以阻止请求权的效力，另一方面可以使权利人能够拒绝向相对人履行义务。抗辩权的作用在于“对抗”、“反对”，阻止他人行使权利，但是他人的权利并不因此而消灭。

合同履行抗辩权的作用在于：当一方合同当事人违约或可能违约时，对方当事人享有暂时停止履约的权利，以避免或预防因履约给自己造成，或者可能造成的损失。这一制度是公平原则的体现，旨在维持合同履行上的权利义务平衡。《合同法》规定了同时履行抗辩权、先履行抗辩权和不安抗辩权。

1. 同时履行抗辩权

同时履行抗辩权，是指双务合同的当事人在无先后履行顺序时，一方在对方未为对待给付以前，可拒绝履行自己的债务之权。

《合同法》第66条规定，当事人互负债务，没有先后履行顺序的，应当同时履行。一方在对方履行之前有权拒绝其履行要求。一方在对方履行债务不符合约定时，有权拒绝其相应的履行要求。

同时履行抗辩权主要适用于一些没有约定履行先后顺序的双务合同，这在一些常见的“一手交钱，一手交货”的简单买卖、交易中经常会碰到，而在建设工程施工合同的履行中很少能见到。但是，当发包人在合同以外要求承包人进行“三通一平”工程施工时，往往只是口头约定工程价款，而不同时出具有效的签证，在此种情况下承包人可以主张同时履行的抗辩权，要求发包人同时出具工程价款签证。否则，承包人施工后发生争议的，责任由承包人自负。

2. 先履行抗辩权

先履行抗辩权，是指在双务合同中应当先履行的一方当事人未履行或者不适当履行，到履行期限的对方当事人享有不履行、部分履行的权利。

《合同法》第 67 条规定，当事人互负债务，有先后履行顺序，先履行一方未履行的，后履行一方有权拒绝其履行要求。先履行一方履行债务不符合约定的，后履行一方有权拒绝其相应的履行要求。

建设工程合同的先履行抗辩权的表现情形：发包人和承包人约定，在施工中发包人向承包人分期支付工程预付款，但到期后发包人没有支付款项，承包人因此而停工；发包人和承包人约定，在承包人完成隐蔽工程并检验合格后由发包人向承包人支付工程款，但承包人完成的隐藏工程经检验不合格，发包人因此而不支付工程款等。

建设工程承包合同的先履行抗辩权在现实中是大量存在的，但很多当事人不知道这种权利的存在，或不懂得如何依法行使这种合法权利去维护自己的权益。他们往往将这种情形视为违约，从而形成纠纷。建设工程承包合同纠纷的最终结果是要决定当事人的责任，这种责任往往表现为重大的经济责任。如果没有一种法律尺度去判断合同行为的合法性，就不能够正确地确定当事人的责任。因此，明确并正确地行使建设工程承包合同的后履行抗辩权，对于正确区分合同纠纷责任，维护当事人的合法权益，具有重大意义。

3. 不安抗辩权

不安抗辩权，是指双务合同成立后，应当先履行的当事人有证据证明对方不能履行义务，或者有不能履行合同义务的可能时，在对方没有履行或者提供担保之前，有权中止履行合同义务。

《合同法》第 68 条规定，应当先履行债务的当事人，有确切证据证明对方有下列情形之一的，可以中止履行：

(1) 经营状况严重恶化；

(2) 转移财产、抽逃资金，以逃避债务；

(3) 丧失商业信誉；

(4) 有丧失或者可能丧失履行债务能力的其他情形。

当事人没有确切证据中止履行的，应当承担违约责任。

《合同法》第 69 条规定，当事人中止履行的，应当及时通知对方。对方提供适当担保时，应当恢复履行。中止履行后，对方在合理期限内未恢复履行能力并且未提供适当担保的，中止履行的一方可以解除合同。

6.4.3 建设工程合同的保全

在合同履行过程中，为了保护债权人的合法权益，预防因债务人的财产不当减少，而危害债权人的债权时，法律允许债权人为保全其债权的实现而采取法律保障措施，称为合同的保全。合同的保全措施包括代位权和撤销权。

1. 债权人的代位权

债权人的代位权，是指债权人为了保障其债权不受损害，而以自己的名义代替债务人行使债权的权利。

《合同法》规定，因债务人怠于行使其到期债权，对债权人造成损害的，债权人可以向人民法院请求以自己的名义代位行使债务人的债权，但该债权专属于债务人自身的除外。代位权的行使范围以债权人的债权为限。债权人行使代位权的必要费用，由债务人负担。

2. 债权人的撤销权

债权人的撤销权，是指债权人对于债务人危害其债权实现的不当行为，有请求人民法院予以撤销的权利。在合同履行过程中，当债权人发现债务人的行为将会危害自身的债权实现对，可以行使法定的撤销权，以保障合同中约定的合法权益。

根据《合同法》及司法解释的规定，因债务人放弃其到期债权或无偿转让财产，对债权人造成损害的，债权人可以请求人民法院撤销债务人的行为。债务人以明显不合理的低价转让财产，对债权人造成损害，并且受让人知道该情形的，债权人也可以请求人民法院撤销债务人的行为。

撤销权的行使范围以债权人的债权为限。债权人行使撤销权的必要费用，由债务人承担；第三人有过错的，应当适当分担。

撤销权自债权人知道或者应当知道撤销事由之日起1年内行使。自债务人的行为发生之日起5年内没有行使撤销权的，该撤销权消灭。

6.4.4 建设工程承包合同履行应当注意的问题

1. 工期履行问题

1）拖延工期问题是工期履行问题的核心

拖延工期问题是工期履行问题的核心。拖延工期的原因主要有：工地交付不合格；勘察不翔实导致地基处理复杂；施工中频繁变更设计；业主资金短缺而使工程款不到位致使承包方怠工、停工；有些大型工程还可能出现几个施工单位之间衔接、配合不顺畅等。这些因素均可能导致工期延误。

2）工期延误产生的问题

工期延误将带来一系列的问题。首当其冲的是第三人责任问题。如果项目是商品住宅，就会涉及向购房人交付的问题，推迟交房会产生一系列的索赔发生；如果是部分工程停工（比如土建工程），就会影响后续工程的进行，会引发材料的品质变化，材料堆放的保管费用等。

2. 工程质量履行问题

尽管造成工程质量问题的原因很多，如建设单位不报建、不按建设程序办事、过度压低工程造价、选购质量低劣的建筑材料或设备等，但就其一般原因来讲主要有以下几种：

（1）设计缺陷引起的质量问题。工程设计是由发包方自己委托设计单位完成的，交由承包方执行，这就存在一个责任承担的问题。承包方应以图纸执行人的身份审核图纸，并且要从施工合理性和安全性的角度指出设计缺陷。

（2）施工作业本身的问题。施工作业本身的问题经常发生在隐蔽工程，如果事后发现就明显滞后了，这就要求承包方应将已经完成的隐蔽工程及时交付验收，确保隐蔽工程质检无误再进行下道工序。承包方不能忽视施工组织方案，应当针对具体工程的特点量身定做施工组织设计方案。

（3）质量保障体系问题。质量保障体系实际上是由一整套文件组成的。例如工地现场的材料管理体系，一些重点的、公共的工程或者对质量有特别要求的工程，需要双方共同选择一个中立实验室做材料检验工作。除了选择这个中立实验室之外还要注意送检方法，是在监理工程师的监督之下提取样品封存送检，还是由施工单位或者材料单位自己封存送检，再交给各方面检验报告，这二者之间的差异非常大。所以，施工现场管理问题是一个严格而科学的问题，应把它纳入到质量保障体系中严格执行。此外，还有工程的验收、检验方法，在质量保障体系中也要作出规定。

3. 价款履行问题

价款纠纷实际上就是结算纠纷。在工程签证工作中应注意以下几方面的问题：

（1）凡是发生工程设计变更，均必须由发包方书面告知承包方，方可组织实施。承包方无权擅自对原工程设计方案进行变更，否则发包方有权对设计变更调整的工作量不予认可并追究承包方的违约责任。

（2）承包方必须按照施工合同约定的时间，向发包方或监理单位提交已完工程量的报告并要求其签收。若发包方未能按期定支付工程进度款，双方又未达成延期付款协议，导致施工无法进行，则承包方可以停止施工，并由发包方承担违约责任。在因发包方原因造成停工时，承包方一定要在合同约定的时间内向发包方书面发函并说明停工理由。

（3）所有工期顺延均必须由承包方向发包方书面提出具体要求顺延的天数。承包方应在顺延工期情形发生后 14 天内，就延误的工期以书面形式向工程师提出报告。如果承包方仅仅是在函件中指出上述事实并提出要顺延工期，但并未明确提出顺延的天数，则工期仍无法顺延。在现实中，不少承包方确实曾经针对设计变更、甲供材不及时、甲方支付工程进度款不到位等情形向发包方或者监理单位提出了工期顺延的请求，但是并没有明确提出顺延的天数，这往往导致日后在诉讼过程中法院认定工期不应当顺延而判罚承包方承担高额逾期竣工违约金，致使承包方付出了沉重的代价，教训尤为深刻。

（4）发生合同价款调整的情形，承包方应及时向发包方发函。承包方应在设计变更、政策性价款调整、工程造价管理机构的价格调整等发生后 14 天内，将调整原因、金额以书面形式通知发包方。如果承包方没有在规定时间内书面通知发包方，则发包方有权不进行调整。

（5）工程完工后承包方应及时向发包方提交竣工验收报告并要求发包方签收。承包方应注意竣工验收备案表上载明的竣工时间应与实际竣工时间保持一致，以免在日后的诉讼中发生竣工时间约定不明的问题而对承包方不利。在工程竣工验收报告经发包方认可后 28 天（或者合同约定的其他时间）内，承包方应及时向发包方提交竣工结算报告，发包方拒绝签收竣工结算报告的，承包方可以采取公证送达的方式提交。承包方如果未能在约定时间内向发包方提交完整的竣工结算报告，经发包方催促后 14 天内仍未能提供，则发包方有权根据已有资料自行进行审查，责任由承包方自负。

4. 慎重签订补充协议或会议纪要问题

补充协议或会议纪要是施工合同的组成部分，个别协议或纪要甚至对工期、质量标准、付款方式、结算方式、违约条款等合同条款进行了重大修订，有时候往往就是凭一份关键的补充协议或会议纪要而导致案件胜诉或败诉，十分重要。如果在施工过程中需要与发包方达成补充协议、会议纪要或者应发包方要求出具书面承诺函时，应严格按照承包方内部的合同评审程序进行合同审核，及时将有关函件在签字盖章前送交承包方总部各部门进行审查，并报承包方高层领导同意，从而最大限度规避公司经营风险。

5. 注重法律文件的有效送达问题

一旦合作的双方发生纠纷，任何一个细节都可能成为主张权利的障碍。看一家企业的管理水平，首先要看企业在履行合同过程中的签证意识，尤其是送达的管理。可能一些施工企业提交了很多工程量报告、停工通知等，但只是交给了发包方，自己手上没有留存提交了这些法律文件的证据，一旦对方不承认收到，承包方就傻眼了。为了防范这一风险，可以采取以下的做法：

（1）所有提交给发包方、监理方的法律文书均一式两份，一份交送达对方，另一份要求对方的有权签认人签字后留己方保存；

（2）如果对方不愿意签字，可以采用EMS邮寄送达的方式，在备注中写清楚邮寄资料的包含主要内容的文件摘要；

（3）邮寄不能送达时或者比较重要的文件可以采用公证送达的方式。没有有效的送达就没有充分的权利，有效送达法律文书应当成为施工管理的重要内容。

6.5 建设工程合同的担保

合同担保，指合同双方当事人为确保合同履行，依照法律规定或者当事人约定而采取的具有法律效力的保证措施。建设工程合同担保，是指在工程建设活动中，根据法律法规规定或合同约定，由担保人向债权人提供的，保证债务人不履行债务时，由担保人代为履行或承担责任的法律行为。住房城乡建设部于2004年8月6日颁布了《关于在房地产开发项目中推行工程建设合同担保的若干规定（试行）》（以下简称《规定》），首次将工程建设合同担保以部门规章的形式予以规范，这对规范建筑市场主体行为，降低工程风险，保障从事建设工程活动各方合法权益和维护社会稳定，具有十分重要的意义。

根据《规定》，无论任何投资主体，工程建设合同造价在1000万元以上的房地产开发项目（包括新建、改建、扩建项目），均应实行工程建设合同担保。工程建设合同担保分为业主工程款支付担保、投标担保、承包商履约担保、承包商付款担保四种。

1. 业主工程款支付担保

业主工程款支付担保，是指为保证业主履行工程合同约定的工程款支付义务，由担保人为业主向承包商提供的，保证支付工程款的担保。近年来，由于国民经济的快速发展，拉动固定资产投资高速增长，建筑市场出现了前所未有的繁荣。由于市场机制不完善，也导致建筑市场出现一些问题，其中首当其冲的就是拖欠工程款。为解决这一建筑市场“顽症”，有必要实行业主工程款支付担保。

根据《规定》，业主工程款支付担保可以采用银行保函或专业担保公司的保证，上述两种担保方式均属保证方式。按惯例，银行或专业担保公司均会向担保权人提供无条件不可撤销保函，即提供连带责任保证。当业主不按约定支付工程款时，担保人将无条件地履行付款义务。

由于工程建设合同的价款一般来说都是巨大的，如果按合同价款数额提供相应担保，不但不便操作，且对担保人来说风险大，因此《规定》中规定对于工程建设合同金额超过一亿元的工程，可实行滚动担保。即根据工程施工合同确定的付款周期，将施工合同根据工程进度划分为若干阶段，每一阶段的担保金额为该阶段工程合同额的10%～15%，业主支付相应的工程款后，当期业主工程款支付担保解除，并自动进入下一阶段工程的担保（其原理类似于担保法中的最高额抵押）。

2. 投标担保

投标担保是指由担保人为投标人向招标人提供的，保证投标人按照招标文件的规定参加投标活动的担保。投标人在投标有效期内撤回投标文件，或中标后不签署工程建设合同的，由担保人按照约定履行担保责任。

投标担保可以采用银行保函、专业担保公司的保证或定金（保证金）的保证方式。投标担保的担保金额一般不超过投标总价的2%，最高不得超过80万元（人民币）。

如果中标人在投标截止日后的投标有效期内撤回投标文件，或者中标后在规定的时间内不与招标人签订合同的，除不可抗力外，招标人有权对该投标人所交付的保证金不予返还；或由保证人按照下列方式之一履行保证责任：

（1）代承包商向招标人支付投标保证金，支付金额不超过双方约定的最高保证金额；

（2）招标人依法选择次低标价中标，保证人向招标人支付中标价与次低标价之间的差额，支付金额不超过双方约定的最高保证金额；

（3）招标人依法重新招标，保证人向招标人支付重新招标的费用，支付金额不超过双方约定的最高保证金额。

3. 承包商履约担保

承包商履约担保，是指由保证人为承包商向业主提供的，保证承包商履行工程建设合同约定义务的担保。由于规定了业主工程款支付担保，为了体现合同当事人权利义务的对等性，《规定》规定了承包商履约担保。

承包商履约担保可以采用银行保函、专业担保公司的保证。承包商履约担保的担保金额不得低于工程建设合同（中标价格）的10%。采用经评审的最低投标价法中标的招标工程，担保金额不得低于工程合同价格的15%。对于非招标工程，合同当事人可以根据合同总价款，参照《规定》约定担保金额。

在工程建设合同履行过程中，承包商由于非业主的原因而不履行工程建设合同约定的义务时，由保证人按照下列方式之一履行保证责任：

（1）向承包商提供资金、设备或者技术援助，使其能继续履行合同义务；

（2）直接接管该项工程或者另觅经业主同意的有资质的其他承包商，继续履行合同，业主仍按原合同约定支付工程款，超出原合同部分的，由保证人在保证额度内代为支付；

（3）按照合同约定，在担保额度范围内，向业主支付赔偿金。

业主向保证人提出索赔之前，应当书面通知承包商，说明其违约情况并提供项目总监理工程师及其监理单位对承包商违约的书面确认书。如果业主索赔的理由是因建筑工程质量问题，业主还需同时提供建筑工程质量检测机构出具的检测报告。

由于在同一工程建设合同中，业主和承包商具有利益的冲突性，为了保证交易安全，《规定》规定，同一银行分支机构或专业担保公司不得为同一工程建设合同提供业主工程款支付担保和承包商履约担保。

4. 承包商付款担保

承包商付款担保，是指担保人为承包商向分包商、材料设备供应商、建设工人提供的，保证承包商履行工程建设合同的约定向分包商、材料设备供应商、建设工人支付各项费用和价款，以及工资等款项的担保。承包商不能按照合同约定及时支付分包商、材料设备供应商、工人工资等各项费用和价款的，由担保人按照保函或保证合同的约定承担保证责任。

拖欠工程款，有一大部分是由于层层分包，逐级拖欠形成的，因此《规定》对此作出了相应规定。

6.6 建设工程合同的变更与终止

6.6.1 建设工程合同的变更

1. 建设工程合同变更的概念

建设工程合同变更的概念有广义和狭义之分。从广义上理解，建设工程合同的变更不仅包括合同内容的变更，而且还包括合同主体的变更。从狭义上理解，建设工程合同的变更仅指合同内容的变更。由于合同主体的变更实际上是合同权利义务的转让，而且我国《合同法》将合同变更与合同转让进行了区分，因此这里的建设工程合同的变更是指狭义上的变更，即建设工程合同内容的变更。

根据我国《合同法》的规定，建设工程合同的变更，包括法定变更与协议变更两种情形。法定变更，即依据法律规定而变更合同内容。协议变更，即合同当事人在合意的基础上，以协议的方式对合同的内容进行变更。

【知识链接】

合同的转让，实际上是合同权利义务的转让，是指合同当事人一方依法将合同权利、义务全部或部分地转让给第三人。它包括合同权利的转让、合同义务的转让和合同权利义务的概括转让。

2. 建设工程合同变更的方式

《合同法》规定，当事人协商一致，可以变更合同。法律、行政法规规定变更合同应当办理批准、登记等手续的，依照其规定。当事人对合同变更的内容约定不明确的，推定为未变更。

建设工程合同的变更是通过工程签证来加以确认的工程签证，实际上就是工程承发包双方在施工过程中对支付各种费用、顺延工期、赔偿损失等事项所达成的补充协议。经双方书面确认的工程签证，将成为工程结算或工程索赔的依据。工程签证是双方协商一致的结果，是对原合同进行变更的法律行为，具有与原合同同等的法律效力，并构成整个工程合同的组成部分。

3. 建设工程合同变更的效力

由于建设工程合同的变更是在原合同的基础上将合同内容发生变化，因此建设工程合同依法变更后，发包人与承包人应按变更后的合同履行义务，任何一方违反变更后的合同内容都将违约。同时，由于建设工程合同的变更只是原合同内容的局部变更而非全部变更，因此对原合同中未变更的内容，仍然继续有效，双方应继续按原合同约定的内容履行义务。

建设工程合同的变更不具有溯及既往的效力，已经履行的债务不因合同的变更而失去法律依据。也就是说，无论是发包人还是承包人，均不得以变更后的合同条款来作为重新调整双方在变更前的权利义务关系的依据。

依我国《民法通则》第 115 条的规定，建设工程合同的变更，不影响当事人要求赔偿损失的权利。

6.6.2 建设工程合同的终止

1. 建设工程合同的终止原因

建设工程合同终止的原因有三大类：一是基于当事人的意思；二是基于合同目的消灭；三是基于法律的直接规定。

《合同法》第 91 条规定合同权利义务终止的原因有以下七个方面：

①债务已经按照约定履行；②合同解除；③债务相互抵销；④债务人依法将标的物提存；⑤债权人免除债务；⑥债权债务同归于一人；⑦法律规定或者当事人约定终止的其他情形。

工程实践中，除了发承包方按照合同约定履行义务而导致合同自然终止以外，最常见的就是因合同解除而引发的建设工程合同终止。

2. 合同解除概念及分类

合同的解除，是指合同成立后，因当事人一方的意思表示或者双方的协议，使基于合同而发生的债权债务关系归于消灭的行为。合同的解除可作以下分类：

1）约定解除

《合同法》第 93 条规定：当事人协商一致，可以解除合同。当事人可以约定一方解除合同的条件。解除合同的条件成就时，解除权人可以解除合同。

2）法定解除

《合同法》第 94 条规定：有下列情形之一的，当事人可以解除合同：

（1）因不可抗力致使不能实现合同目的；

（2）在合同履行期限届满之前，当事人一方明确表示或者以自己行为表明不履行主要债务；

（3）当事人一方迟延履行主要债务，经催告后在合理期限内仍未履行；

（4）当事人一方迟延履行债务或者有其他违约行为致使不能实现合同目的的；

（5）法律规定的其他情形。

3. 建设工程施工合同法定解除的特殊规定

建设工程一般都耗资巨大，解除合同对双方来说，均无益处，所以，一般情况下，当事人并不希望解除合同。而且，建设工程往往关系社会公共利益，影响深远，所以，应按照《合同法》的相关规定，严格限制合同解除权的行使。我国有关建设工程施工合同解除的规定主要体现在最高人民法院《关于审理建设工程施工合同纠纷案件适用法律问题的解释》（以下称《解释》），该《解释》在第 8 条和第 9 条中分别对发包人和承包人的合同解除权作出规定。

1）发包人的合同解除权

《解释》第 8 条明确规定在承包人存在四种根本违约行为的情况下，发包人享有单方解除合同的权利，即承包人具有下列情形之一，发包人请求解除建设工程施工合同的，应予支持：

(1) 承包人明确表示或者以行为表明不履行合同主要义务

此项规定与《合同法》第 94 条第 (2) 项的规定基本相同。对于发包人而言，承包人在建设工程施工合同中的主要义务是保质保量地完成建设工程。如果承包人明示或者以自己的行为表示不履行施工合同的主要义务，发包人当然有权解除合同。一般情况下，承包人是不愿意解除合同的，所以承包人明确表示其不履行合同主要义务的情形较少，但以行为表示不再履行合同，在实务中却普遍存在，如擅自停工。如果停工系承包人单方的原因引起，且在发包人没有违约的情况下，发包人主张解除合同，依法应当予以支持。

对于承包人的合同主要义务的界定，不能随意扩大范围，应结合建设工程施工合同的特点确定，一是按照合同约定的时间按时开工和按时完工，二是工程质量必须达到法律规定或者合同约定的标准。对于承包人的非根本性的违约行为，只要不影响合同目的的实现，发包人不能解除合同。

(2) 承包人在合同约定的期限内没有完工，且在发包人催告的合理期限内仍未完工的

承包人在合同约定的期限内按时完工，是承包人的主要合同义务，没有完工即没有履行合同约定的主要义务，发包人可以根据《合同法》第 94 条第 (3) 项的规定解除与承包人的施工合同。在具体实务中，需要注意的是催告的有效方式及催告的合理期限。由于《合同法》和《解释》对催告的形式都没有作明确规定，所以，书面或口头形式催告均可，但是从便于举证的角度来看，最好采用书面形式，且必须明确催告的具体内容。关于合理期限，由于不同的工程情况不同，建设周期也不尽相同，所以应区别对待。实务中，给予承包人的宽限期应与完成剩余工程建设所需时间大致相符，且为发包人认为可以接受的超过竣工时间的期限。作为发包人来讲，不到万不得已，不能轻易解除合同，应尽可能维护合同的稳定性。

(3) 承包人已经完成的建设工程质量不合格，并拒绝修复的

合同订立以后，当事人一方不按照合同的约定履行合同义务，或者当事人一方履行合同义务不符合约定的，即是该当事人违约。违约的形式有多种多样，例如迟延履行债务、交付的标的物不符合合同约定的质量要求、不按约定的地点履行等，但是，当事人一方有违约行为并不导致另一方当然享有合同解除权。只有在一方违约致使不能实现合同目的时，另一方才享有解除权。

质量是建设工程的灵魂。质量不合格的工程不能通过竣工验收并投入使用，发包人将不能实现签订合同的根本目的，因此，如果承包人对质量不合格的工程拒绝修复，承包人的行为即构成根本违约，发包人理应享有合同解除权。

【特别提示】

这里的工程质量不合格，只能是限于工程主体结构质量不合格或建设工程对质量有特别要求的情形。只有工程主体结构质量不合格才可能认定为发包人的合同目的无法实现，对于非主体结构的质量瑕疵，则可主张减少价款或要求对方承担违约金等权利。

(4) 承包人将承包的建设工程非法转包、违法分包的

① 工程转包

工程转包是指承包人在承包工程后，又将其承包的工程建设任务转让给第三人，转让人退出承包关系，受让人成为承包合同的另一方当事人的行为。由于转包容易使不具有相应资质的承包者进行工程建设，以致造成工程质量低下、建设市场混乱，所以我国法律、

行政法规均作了禁止转包的规定。实践中，常见的转包行为有：承包单位将其承包的全部建设工程转包给别人；承包单位将其承包的全部建设工程肢解以后以分包的名义分别转包给他人即变相的转包。

但不论何种形式的转包，都是法律所不允许的。如：2011 年 10 月，吉林省白山市的靖宇县和抚松县境内一段总价值 23 亿元铁路工程，竟被层层转包、违规分包给一家“冒牌”公司。项目的施工人竟然是“做过厨师、完全不懂建桥”的包工头。项目施工中，本应浇筑混凝土的桥墩，在工程监理的眼皮底下，被偷工减料投入大量石块，形成巨大的安全隐患。于是，一条被骗子承包厨子施工、总价 23 亿元、施工工人称“通车后打死也不坐”的铁路工程诞生了，最终经过有关部门鉴定，所有问题桥墩全被爆破拆除。

② 违法分包

违法分包是指建筑工程总承包人违反合同约定和未经建设单位认可，或者将工程分包给没有资质的分包人，或者将工程分包后不参加现场管理的行为。

如：2008 年 11 月 15 日下午 3 时 15 分，正在施工的杭州地铁一号线湘湖站北 2 基坑现场发生大面积坍塌事故，造成 21 人死亡，24 人受伤，直接经济损失 4961 万元。杭州地铁工程施工存在明显的工程转包和违法分包。中标承包工程的是中铁建设集团公司，中铁建设集团公司把工程授予下属的中铁四局施工，中铁四局又把工程授予下属的六分公司施工。由于三者确实存在着集团内部的上下属关系，但他们又均系承包资质各不相同的独立法人，这是承包企业分包后的再分包，属于法律上的违法分包，而这种违法分包纯系集团内部的承包方式的管理不善所致。

2）承包人的合同解除权

《解释》第 9 条规定，发包人不履行下列义务，致使承包人无法施工，且经承包人催告后，在合理期限内仍不履行的，承包人可以解除合同：

(1) 发包人未按约定支付工程价款

《合同法》第 94 条第（3）项规定的迟延履行，是指债务人能够履行，但在履行期限届满时却没有履行的情形。对于建设工程施工合同而言，发包人的主要义务是按约定支付工程款。若因发包人的迟延付款而致使承包人无法施工，承包人当然可以行使合同解除权。这里的“无法施工”，应是关系到合同目的不能实现的情况。由于建设工程施工合同毕竟是一种特殊的合同，《解释》对因发包人此类违约引起的承包人的合同解除权作出了一定的限制，即规定了催告制度，以给对方合理期限。根据国际惯例、建设工程施工合同特点及实务，合理期限一般以 28 天为宜，这也与一般建设工程施工合同示范文本中的通用条款中的表述一致。

(2) 发包人提供的主要建筑材料、建筑构配件和设备不符合强制性标准

按照国家有关规定及合同约定，由发包人提供的建筑材料、建筑构配件和设备应当符合国家强制性标准，且符合设计文件和合同要求。实务中，建筑材料、建筑构配件和设备不合格是造成建筑工程质量问题的主要原因之一。为保证建设工程质量，国家对有关建筑材料等规定了最低的质量标准，即强制性标准。《标准化法》、《标准化法实施条例》等法律法规明确规定“强制性标准，必须执行。不符合强制性标准的产品，禁止生产、销售和进口”。如果发包人提供的建筑材料等不符合国家强制性标准，即应当认为其没有履行合

同约定的主要义务。在催告后的合理期限内，发包人仍未履行其义务的，承包人可以要求解除合同。

（3）发包人不履行合同约定的协助义务

《合同法》第60条规定："当事人应当按照约定履行自己的义务。当事人应当遵循诚实信用的原则，根据合同的性质、目的和交易习惯履行通知、协助、保密等义务。"该条款中所说的通知、协助和保密的义务，即是当事人履行合同时的附随义务。其中的协助义务，是指合同当事人有互相协助对方，以使合同顺利履行的义务，主要包括指示义务，指给予对方以方便履行的提示义务；接受义务，指债权人接受债务人履行的义务。

在建设工程施工合同中，发包人必须履行的协助义务主要包括：按照约定的时间和要求提供原材料、设备、场地、资金、技术资料；提供符合《建设工程质量管理条例》所要求的原始资料；其他必须由发包人亲自履行的协助义务。当然以上协助义务必须在合同中作明确约定。另外如"三通一平"、"七通一平"等建筑行业的惯例也应作为发包人的协助义务，因为发包人如果不履行这些义务，承包人根本无法组织施工。

4. 建设工程合同解除的程序

《合同法》第96条规定，当事人一方主张解除合同的，应当通知对方。合同自通知到达对方时解除。对方有异议的，可以请求人民法院或者仲裁机构确认解除合同的效力。所以，不论是发包人还是承包人，在解除施工合同时均应遵循法律规定的程序，同时必须考虑建设工程施工合同的特殊性。

一般的建设工程施工合同示范文本中均有解除权行使程序的相应的约定，如行使解除权的一方应以书面形式向对方发出解除合同的通知，并在发出通知前7天告知对方，通知到达对方时合同解除。对解除合同有争议的，双方可以和解或者请求主管部门调解。当事人不愿和解、调解或者和解、调解不成的，双方可以按照合同约定提起仲裁或诉讼。

5. 建设工程合同解除的法律后果

1）建设工程施工合同解除的法律后果

根据《合同法》第97、98条以及《解释》第10条规定，建设工程施工合同解除后，已经完成的建设工程质量合格的，发包人应当按照约定支付相应的工程价款；已经完成的建设工程质量不合格的，参照对建设工程经竣工验收不合格的规定处理。因一方违约导致合同解除的，违约方应当赔偿因此而给对方造成的损失。

应当注意：合同一旦依法解除，权利人则无权再依据合同约定来主张若不解除合同的可得利益，对于合同如果履行的可得利益，不应当属于赔偿的范围。

2）建设工程设计合同解除的法律后果

《建设工程设计合同（示范文本）》（GF-2000-0209）第7.1条规定，在合同履行期间，发包人要求解除合同，设计人未开始设计工作的，不退还发包人已付的定金；已开始设计工作的，发包人应根据设计人已进行的实际工作量，不足一半时，按该阶段设计费的一半支付；超过一半时，按该阶段设计费的全部支付。合同解除后，设计人仍应对已提交设计资料及文件出现的遗漏或错误负责修改或补充。

3）建设工程勘察合同解除的法律后果

《建设工程勘察合同（示范文本）》（GF-2000-0203）中规定，合同履行期间，由于工程停建而终止合同或发包人要求解除合同时，勘察人未进行勘察工作的，不退还发包人已付定金；已进行勘察工作的；完成的工作量在50%以内时，发包人应向勘察人支付预算额50%的勘察费；完成的工作量超过50%时，则应向勘察人支付预算额100%的勘察费。勘察成果资料质量不合格，不能满足技术要求时，其返工勘察费用由勘察人承担。

4）建设工程监理合同解除的法律后果

建设工程监理合同就合同属性而言不可能或者不容易恢复原状。委托人解除合同的，委托人除对受托人已履行的部分给付监理报酬外，对在不可归责于受托人的情况下，因解除委托合同给委托人造成的监理报酬减少承担赔偿责任。

受托人解除合同的，对在不可归责于委托人的情况下，若委托人自己不可能亲自处理该项事务，而且又不能及时找到合适的受托人代他处理该委托事务而发生损害的，受托人应承担赔偿责任。

6.7 建设工程合同违约责任

建设工程合同是承发包双方在平等自愿基础上订立的明确权利义务的协议，是双方在建设实施过程中遵循的最高行为准则。针对我国目前普遍存在的合同意识淡漠、违约行为不断的状况，明确各自权利义务，强化合同规范管理，严格追究违约责任，成为维护建设市场正常秩序的重要保障。

6.7.1 违约责任的概念与特征

所谓违约责任，是指合同当事人不履行或者不适当履行合同义务而根据法律规定或者合同的约定应当承受的制裁。

违约责任具有以下特征：

(1) 违约责任是一种民事责任；

(2) 违约责任是违约的当事人一方对另一方承担的责任。

合同的相对性决定了违约责任的相对性，即违约责任是合同当事人之间的民事责任，合同当事人以外的第三人对当事人之间的合同不承担违约责任。

(3) 违约责任是当事人不履行或不完全履行合同的责任；

(4) 违约责任具有补偿性和一定的任意性。

违约责任制度是合同法律制度的重要组成部分，是保障债权实现的重要措施。法律规定违反合同应承担违约责任的目的在于用法律的强制约束力促使当事人严格履行合同义务，维护当事人的合法权益。如果没有该项制度，就无法从根本上保证合同的履行，当事人合法权益得到保障就无从谈起。

6.7.2 违约行为

《合同法》第60条规定，当事人应当按照约定全面履行自己的义务。只要是合同中明确规定的，当事人必须遵守，这是合同法律效力的具体表现。任何合同义务的不履行，都是对合同规定的违反，都将构成违约。

违约行为的表现形式多种多样，归纳起来可作如下分类：

(1) 按照是否完全违背缔约目的，违约行为可分为根本违约和非根本违约。

(2) 按照合同是否履行与履行状况，违约行为可分为不履行和不适当履行。不履行是指债务人不按合同约定履行义务；不适当履行，又称不完全履行，是指债务人履行义务不符合合同约定。不履行进一步可分为履行不能和拒绝履行，履约不能属于债务人客观上无法履行义务，拒绝履行属于债务人能够履行义务而主观上不履行。不适当履行进一步可分为瑕疵履行和加害履行。

(3) 按照是否造成侵权损害，违约行为可分为瑕疵履行和加害履行。瑕疵履行是指因债务人的履行有瑕疵，致使履行本身的价值或效用减少或丧失；加害履行是指债务人的履行不仅有瑕疵，而且瑕疵还导致债权人的其他权益受到损害。

(4) 按照迟延履行的主体，违约行为可分为债务人给付迟延和债权人受领迟延。

6.7.3 违约责任的承担方式

违约行为的后果直接导致对合同债权的侵害，必须承担相应的违约责任。违约责任以合同债务为发生前提，具有惩罚和补偿双重属性。《合同法》以严格责任作为承担违约责任的归责原则，不论违约人在主观上是否有过错，都应当承担违约责任。关于违约责任承担方式，《合同法》等法律规定可以采用继续履行、采取补救措施、赔偿损失、支付违约金、执行定金罚则等。

1. 继续履行

当事人一方未支付价款或者报酬的，对方可以要求其支付价款或者报酬。

当事人一方不履行非金钱债务或者履行非金钱债务不符合约定的，对方可以要求履行，但有下列情形之一的除外：

(1) 法律上或者事实上不能履行；

(2) 债务的标的不适于强制履行或者履行费用过高；

(3) 债权人在合理期限内未要求履行。

2. 采取补救措施

质量不符合约定的，应当按照当事人的约定承担违约责任。受损害方根据标的的性质以及损失的大小，可以合理选择要求对方承担修理、更换、重作、退货、减少价款或者报酬等违约责任。

3. 赔偿损失

当事人一方不履行合同义务或者履行合同义务不符合约定的，在履行义务或者采取补救措施后，对方还有其他损失的，应当赔偿损失。损失赔偿额应当相当于因违约所造成的损失，包括合同履行后可以获得的利益，但不得超过违反合同一方订立合同时预见到或者应当预见到的因违反合同可能造成的损失。

当事人一方违约后，对方应当采取适当措施防止损失的扩大；没有采取适当措施致使损失扩大的，不得就扩大的损失要求赔偿。当事人因防止损失扩大而支出的合理费用，由违约方承担。

4. 支付违约金

当事人可以约定一方违约时应当根据违约情况向对方支付一定数额的违约金，也可以约定因违约产生的损失赔偿额的计算方法。

约定的违约金低于造成的损失的，当事人可以请求人民法院或者仲裁机构予以增加；约定的违约金过分高于造成的损失的，当事人可以请求人民法院或者仲裁机构予以适当减少。

当事人就迟延履行约定违约金的，违约方支付违约金后，还应当履行债务。

5. 定金

当事人可以依照《担保法》约定一方向对方给付定金作为债权的担保。债务人履行债务后，定金应当抵作价款或者收回。给付定金的一方不履行约定的债务的，无权要求返还定金；收受定金的一方不履行约定的债务的，应当双倍返还定金。

当事人既约定违约金，又约定定金的，一方违约时，对方可以选择适用违约金或者定金条款。

6.7.4 建设工程合同当事人的主要义务和违约责任

1. 建设工程合同发包人的主要义务和违约责任

1）勘察、设计合同发包人的主要义务和违约责任

（1）勘察、设计合同发包人的主要义务

在建设工程中，勘察、设计合同发包人的主要义务是：第一，向勘察人、设计人提供开展工作所需的基础资料和技术要求，并对提供的时间、进度和资料的可靠性负责；第二，为勘察人、设计人提供必要的工作和生活条件；第三，按照合同规定向勘察人、设计人支付勘察、设计费；第四，维护勘察人、设计人的工作成果，不得擅自修改，不得转让给第三人重复使用。

（2）勘察、设计合同发包人的违约行为

《合同法》针对勘察、设计合同发包人的违约行为提出了三种具体方式：

① 发包人变更计划；

② 发包人提供的资料不准确；

③ 发包人未按照期限提供必需的勘察、设计工作条件。

（3）勘察、设计合同发包人承担违约责任

《合同法》第285条规定，因发包人变更计划，提供的资料不准确，或者未按照期限提供必需的勘察、设计工作条件而造成勘察、设计的返工、停工或者修改设计，发包人应当按照勘察人、设计人实际消耗的工作量增付费用。在这里发包人通过赔偿损失的方式承担违约责任。如果发包人未按合同规定的方式、标准和期限向勘察人、设计人支付勘察、设计费，发包人应当承担不履行或迟延履行违约责任，适用《合同法》第109条的规定，当事人一方未支付价款或者报酬的，对方可以要求其支付价款或者报酬。发包人迟延支付勘察、设计费的，除应支付勘察、设计费外，还应承担其他的违约责任，如支付违约金、赔偿逾期利息等。

由于发包人擅自修改勘察设计成果而引起的工程质量问题，发包人应当承担责任；发包人擅自将勘察设计成果转移给第三人使用，发包人应当赔偿相应的损失。住房城乡建设部、国家工商行政管理局颁布的《建设工程设计合同》规定，甲方应保护乙方的设计版权，未经乙方同意，甲方对乙方交付的设计文件不得复制或向第三方转让或用于本合同外的项目，如发生以上情况，乙方有权索赔。

2）施工合同发包人的主要义务和违约责任

（1）施工合同发包人的主要义务

在建设工程中，施工合同发包人的主要义务：

第一，做好施工前的各项准备工作；

第二，为施工人提供必要的条件，配合施工人的工作；

第三，按照合同规定向施工人支付工程预付款；

第四，在不妨碍施工人正常作业的情况下，进行必要的监督检查；

第五，按照合同规定向施工人支付工程进度款；

第六，组织竣工验收，支付竣工结算款。

（2）施工合同发包人的违约行为

在合同履行过程中发生的下列情形，属于发包人违约：

① 发包人原因未能在计划开工日期前 7 天内下达开工通知的；

② 发包人原因未能按合同约定支付合同价款的；

③ 包人违反合同中关于变更的约定，自行实施被取消的工作或转由他人实施的；

④ 发包人提供的材料、工程设备的规格、数量或质量不符合合同约定，或因发包人原因导致交货日期延误或交货地点变更等情况的；

⑤ 因发包人违反合同约定造成暂停施工的；

⑥ 发包人无正当理由没有在约定期限内发出复工指示，导致承包人无法复工的；

⑦ 发包人明确表示或者以其行为表明不履行合同主要义务的；

⑧ 发包人未能按照合同约定履行其他义务的。

发包人发生除本项⑦以外的违约情况时，承包人可向发包人发出通知，要求发包人采取有效措施纠正违约行为。发包人收到承包人通知后 28 天内仍不纠正违约行为的，承包人有权暂停相应部位工程施工，并通知监理人。

（3）施工合同发包人承担的违约责任

发包人应承担因其违约给承包人增加的费用和（或）延误的工期，并支付承包人合理的利润。

① 如果合同约定由发包人提供原材料、设备、场地、技术资料，而发包人未按约定的时间和要求提供这些条件，如果发包人未按约定支付工程预付款或工程进度款，发包人应承担不履行、不适当履行或迟延履行违约责任，适用《合同法》第 283 条规定，发包人未按照约定的时间和要求提供原材料、设备、场地、资金、技术资料的，承包人可以顺延工程日期，并有权要求赔偿停工、窝工等损失。在这里发包人承担违约责任的方式是赔偿损失，施工人有权要求工期和费用索赔。

② 如果出现发包人提供的技术资料存在错误、发包人变更设计文件、发包人变更工程量、发包人未按约定及时提供建筑材料和设备、发包人未提供必要的工作条件致使施工人无法正常作业等情况，发包人应当承担不履行、不适当履行或迟延履行违约责任，施工人可以停建、缓建，及时通知发包人并向发包人索赔损失。为此《合同法》第 284 条规定，因发包人的原因致使工程中途停建、缓建的，发包人应当采取措施弥补或者减少损失，赔偿承包人因此造成的停工、窝工、倒运、机械设备调迁、材料和构件积压等损失和实际费用。在这里发包人承担违约责任的方式是采取补救措施和赔偿损失。

③ 隐蔽工程隐蔽后，如果发生质量问题，需要重新开挖，除去覆盖物，必然造成返工浪费。因此施工人在隐蔽之前，首先应进行自检，然后通知发包人和监理工程师进行检查验收，发包人和监理工程师检查合格后，施工人才能进行隐蔽施工。在隐蔽前检查隐蔽工程，既是发包人的权利，也是发包人的义务。如果发包人接到通知后不及时检查，施工

人就无法进行隐蔽施工，发包人应承担迟延履行违约责任。《合同法》第278条规定，隐蔽工程在隐蔽以前，承包人应当通知发包人检查。发包人没有及时检查的，承包人可以顺延工程日期，并有权要求赔偿停工、窝工等损失。在这里发包人承担违约责任的方式是赔偿损失，施工人有权要求工期和费用索赔。

2. 建设工程合同承包人的主要义务和违约责任

1）勘察、设计合同承包人的主要义务和违约责任

（1）勘察、设计合同承包人的主要义务

在建设工程中，勘察、设计合同承包人的主要义务是：第一，按照勘察、设计合同规定的进度和质量要求向发包人提交勘察、设计成果；第二，配合施工，进行技术交底，解决施工过程中有关设计的问题，负责设计修改，参加工程竣工验收。

（2）勘察、设计合同承包人承担违约责任

勘察、设计的质量是决定建设工程质量的基础。如果勘察、设计的质量存在缺陷，整个建设工程的质量也就失去了保障。勘察、设计工作必须符合法律法规的有关规定，符合建设工程质量、安全标准，符合勘察、设计技术规范，符合勘察、设计合同的要求。如果勘察人、设计人提交的勘察、设计文件不符合质量要求，将承担瑕疵履行违约责任；如果勘察人、设计人不按合同约定的期限提交勘察、设计文件，将承担迟延履行违约责任。《合同法》第280条规定，勘察、设计的质量不符合要求或者未按照期限提交勘察、设计文件拖延工期，造成发包人损失的，勘察人、设计人应当继续完善勘察、设计，减收或者免收勘察、设计费并赔偿损失。在这里勘察人、设计人通过继续履行和赔偿损失的方式承担违约责任。

2）施工合同承包人的主要义务和违约责任

（1）施工合同承包人的主要义务

在建设工程中，施工合同承包人的主要义务是：第一，作好施工准备工作；第二，按照合同要求进行施工；第三，在不影响正常作业的前提下，随时接受发包人对进度、质量的监督检查；第四，按照合同规定，按质如期完成工程，参加竣工验收，进行工程交付；第五，在规定的保修期内，针对由于本方原因造成的工程质量问题，无偿负责维修。

（2）施工合同承包人的违约行为

在合同履行过程中发生的下列情形，属于承包人违约：

① 承包人违反合同约定进行转包或违法分包的；

② 承包人违反合同约定采购和使用不合格的材料和工程设备的；

③ 因承包人原因导致工程质量不符合合同要求的；

④ 承包人违反合同中关于材料与设备专用要求的约定，未经批准，私自将已按照合同约定进入施工现场的材料或设备撤离施工现场的；

⑤ 承包人未能按施工进度计划及时完成合同约定的工作，造成工期延误的；

⑥ 承包人在缺陷责任期及保修期内，未能在合理期限对工程缺陷进行修复，或拒绝按发包人要求进行修复的；

⑦ 承包人明确表示或者以其行为表明不履行合同主要义务的；

⑧ 承包人未能按照合同约定履行其他义务的。

承包人发生除本项⑦约定以外的其他违约情况时，监理人可向承包人发出整改通知，

要求其在指定的期限内改正。

(3) 施工合同承包人承担的违约责任

《合同法》第 281 条规定，因施工人的原因致使建设工程质量不符合约定的，发包人有权要求施工人在合理期限内无偿修理或者返工、改建。经过修理或者返工、改建后，造成逾期交付的，施工人应当承担违约责任。在这里施工人承担违约责任的方式主要表现为继续履行，同时还要承担逾期交付引起的违约责任，发包人可从支付违约金、减少价款、行使担保债权等方式中选择适当方式要求施工人承担违约责任。

建设工程质量关系到国家利益、社会公共利益和社会公众安全，关系到使用者的自身权益以及第三者的人身财产。施工人不仅应对施工质量负责，而且应对建设工程合理使用期间的质量安全承担责任。如果由于施工人的原因，在合理使用期限内发生了质量事故，造成发包人、最终用户或者第三者人身财产损害，那么施工人不仅应承担加害履行违约责任，而且还要依法承担相应的侵权责任，从而发生施工人违约责任与侵权责任之间的责任竞合。为此《合同法》第 282 条规定，因承包人的原因致使建设工程在合理使用期限内造成人身和财产损害的，承包人应当承担损害赔偿责任。发包人可以选择违约责任或者侵权责任要求施工人赔偿损失，其他受损害人可以根据侵权责任要求施工人承担损害赔偿责任。

【知识链接】

施工人按照合同规定完成工程建设后，取得发包人支付的竣工结算款，这是施工人享有的合法权益。为此《合同法》第 286 条规定，发包人未按照约定支付价款的，承包人可以催告发包人在合理期限内支付价款。发包人逾期不支付的，除按照建设工程的性质不宜折价、拍卖的以外，承包人可以与发包人协议将该工程折价，也可以申请人民法院将该工程依法拍卖。建设工程的价款就该工程折价或者拍卖的价款优先受偿。这是针对工程价款为施工人设立的优先受偿权。通过这一法律设计，强化了对施工人合法权益的优先救济和保护，为解决久治不愈的业主拖欠工程款问题提供了必要的法律依据。

6.8 建设工程合同纠纷的解决

6.8.1 建设工程合同纠纷的概念

建设工程合同纠纷，是指因建设工程合同的生效、解释、履行、变更、终止等行为而引起的建设工程合同当事人的所有争议。现代建设工程合同项目风险大、环境复杂、参与方多、投资规模巨大，所签订的合同种类繁多，因此，出现建设工程合同纠纷的可能性大，范围广，涵盖了一项建设工程合同的从订立到终止的整个过程，尤其是在大型建设工程合同及涉外建设工程合同。具体说来，建设工程合同的纠纷有：建设工程合同的效力，即建设工程合同是否有效之争议；建设工程合同文字语言理解之争议；建设工程合同是否已按约履行之争议；建设工程合同违约责任应当由何方承担及承担多少之争议；建设工程合同是否可能单方解除之争议等。

6.8.2 建设工程合同纠纷的种类

1. 已完工作量纠纷

除合同有约定外，多数承包合同的付款按实际完工量乘以该工程单价计算，虽合同已确定工程量，但实际施工中会有很多变化，如设计变更、工程师签发的变更指令、现场地质、地形条件的变化等均会引起工程量的增减，造成纠纷。

2. 工程质量纠纷

建设工程承包合同中承包方所用建筑材料不符合质量标准要求，偷工减料，无法生产出合同规定的合格产品，导致施工有严重缺陷造成质量纠纷。

3. 工期延误责任纠纷

一项工程的工期延误，往往由于错综复杂的原因造成，因此许多合同条件中都规定了工期延误损害赔偿的罚则，但同时也规定承包商对于非自己责任的工期延误免责，甚至对业主方面的原因造成的工期延误有权要求业主赔偿该项目工期延误的损失。但由于工期延误原因多样，要分清各方责任十分困难，对工期延误的责任认定容易产生分歧。

4. 工程付款纠纷

工程量、质量、工期的纠纷都会导致或直接表现为付款纠纷，施工过程中业主按进度支付工程款时，会扣除监理工程师未予确认的工程量和认为存在质量问题的已完工程的应付款，使承包商无法接受，造成工程付款纠纷。

5. 终止合同纠纷

业主认为，当承包商不履约，严重拖延工程并无力改变局面，或承包商破产或严重负无力偿还致使工程停顿等情形时，业主可宣布终止合同将承包商逐出工地，并要求赔偿损失，甚至通知开具履约保函和预付款保函的银行全额支付保函金额，承包商则否认自己责任，要求取得已完工程的款项。同样，业主不履约，严重拖延应付工程款并已无力支付欠款、破产或严重干扰阻碍承包商工作等，承包商可终止合同，业主则否认上述行为，双方发生终止合同纠纷。

6.8.3 建设工程合同纠纷的解决方式

按照《建设工程施工合同（示范文本）》（GF-2013-0201）的规定，建设工程合同发生争议的，可以采用以下几种方式来解决。

1. 和解

合同当事人可以就争议自行和解，自行和解达成协议的经双方签字并盖章后作为合同补充文件，双方均应遵照执行。

2. 调解

合同当事人可以就争议请求建设行政主管部门、行业协会或其他第三方进行调解，调解达成协议的，经双方签字并盖章后作为合同补充文件，双方均应遵照执行。

3. 争议评审

合同当事人在专用合同条款中约定采取争议评审方式解决争议以及评审规则，并按下列约定执行：

1）争议评审小组的确定

合同当事人可以共同选择一名或三名争议评审员，组成争议评审小组。除专用合同条款另有约定外，合同当事人应当自合同签订后28天内，或者争议发生后14天内，选定争议评审员。

选择一名争议评审员的，由合同当事人共同确定；选择三名争议评审员的，各自选定一名，第三名成员为首席争议评审员，由合同当事人共同确定或由合同当事人委托已选定的争议评审员共同确定，或由专用合同条款约定的评审机构指定第三名首席争议评审员。

除专用合同条款另有约定外，评审员报酬由发包人和承包人各承担一半。

2）争议评审小组的决定

合同当事人可在任何时间将与合同有关的任何争议共同提请争议评审小组进行评审。争议评审小组应秉持客观、公正原则，充分听取合同当事人的意见，依据相关法律、规范、标准、案例经验及商业惯例等，自收到争议评审申请报告后 14 天内作出书面决定，并说明理由。合同当事人可以在专用合同条款中对本项事项另行约定。

3）争议评审小组决定的效力

争议评审小组作出的书面决定经合同当事人签字确认后，对双方具有约束力，双方应遵照执行。

任何一方当事人不接受争议评审小组决定或不履行争议评审小组决定的，双方可选择采用其他争议解决方式。

4. 仲裁或诉讼

因合同及合同有关事项产生的争议，合同当事人可以在专用合同条款中约定以下一种方式解决争议：

（1）向约定的仲裁委员会申请仲裁；

（2）向有管辖权的人民法院起诉。

【特别提示】

争议解决条款效力：合同有关争议解决的条款独立存在，合同的变更、解除、终止、无效或者被撤销均不影响其效力。

6.9 2013 版《建设工程施工合同（示范文本）》简介

6.9.1 2013 版《建设工程施工合同（示范文本）》修订背景

1999 年 12 月原住房城乡建设部和原国家工商行政管理局联合颁布 1999 版施工合同以来，对于规范承发包双方行为、防止和解决纠纷以及促进建筑市场健康有序发展等方面发挥了较大的作用。但随着市场经济的快速发展和法律规范的完善，1999 版施工合同在实践过程中逐渐暴露出以下两个方面的主要问题。

一是 1999 版施工合同与现行法律规范不相适应。从 1999 版施工合同颁布实施至今已有近 14 年时间，其间国家出台了大量的涉及工程建设领域的法律、行政法规、规章和规范性文件，如《安全生产法》、《招标投标法》等法律，《建设工程质量管理条例》、《建设工程安全生产管理条例》和《招标投标法实施条例》等行政法规以及大量的规章和规范性文件。1999 版施工合同内容与现行法律规范的规定不一致，影响到施工合同管理以及合同风险控制等方面，尤其对于解决施工合同中暴露出来的典型问题显得乏力，比如招标发包的合同效力问题、转包挂靠问题、暂估价项目的管理问题、情势变更问题、迟延结算和支付问题、暂停施工问题、竣工验收与移交问题、缺陷责任问题、质量保证金返还问题、合同解除问题。因此，对 1999 版施工合同进行修订势所必然。

二是1999版施工合同结构和内容与建筑市场发展的实际情况不相适应。1999版施工合同颁布实施之前，我国建筑市场的专业化程度较低、行政管制较多，因此在合同条款设置上较为粗放，更多地体现了行政力量的介入。随着我国建筑市场的快速发展，工程建设的专业化、市场化日益突出，特别是随着国内外建筑市场的进一步融合，对于合同文本的专业性和操作性提出了更高的要求。如1999版施工合同中没有考虑暂停施工的问题，而暂停施工作为目前施工合同履行中的常见现象和纠纷争议事项，亟待予以规范。再如开工问题，1999版施工合同中没有对开工的程序进行约定。另外，1999版施工合同在结构和内容上存在条款设置粗放、权利义务设置及风险分配不明确等问题，不能有效地指导复杂的工程活动。从实际使用情况来看，因合同约定不明确产生纠纷的情况非常常见，有关各方呼吁对1999版施工合同进行相应的修订完善。

6.9.2 2013版《建设工程施工合同（示范文本）》结构

新版《示范文本》由合同协议书、通用合同条款和专用合同条款三部分组成，并包括了11个附件。

1）合同协议书

《示范文本》合同协议书共计13条，主要包括：工程概况、合同工期、质量标准、签约合同价和合同价格形式、项目经理、合同文件构成、承诺以及合同生效条件等重要内容，集中约定了合同当事人基本的合同权利义务。

2）通用合同条款

通用合同条款是合同当事人根据《建筑法》、《合同法》等法律法规的规定，就工程建设的实施及相关事项，对合同当事人的权利义务作出的原则性约定。

通用合同条款共计20条，具体条款分别为：一般约定、发包人、承包人、监理人、工程质量、安全文明施工与环境保护、工期和进度、材料与设备、试验与检验、变更、价格调整、合同价格、计量与支付、验收和工程试车、竣工结算、缺陷责任与保修、违约、不可抗力、保险、索赔和争议解决。前述条款安排既考虑了现行法律规范对工程建设的有关要求，也考虑了建设工程施工管理的特殊需要。

3）专用合同条款

专用合同条款是对通用合同条款原则性约定的细化、完善、补充、修改或另行约定的条款。合同当事人可以根据不同建设工程的特点及具体情况，通过双方的谈判、协商对相应的专用合同条款进行修改补充。专用合同条款的编号应与相应的通用合同条款的编号一致。

4）附件

《示范文本》包括了11个附件，分别为协议书附件：承包人承揽工程项目一览表；专用合同条款附件：发包人供应材料设备一览表、工程质量保修书、主要建设工程文件目录、承包人用于本工程施工的机械设备表、承包人主要施工管理人员表、分包人主要施工管理人员表、履约担保格式、预付款担保格式、支付担保格式、暂估价一览表。

6.9.3 2013版《建设工程施工合同（示范文本）》特点

2013版《建设工程施工合同示范文本》（GF-2013-0201）由住房城乡建设部、国家工商行政管理局联合发布，并于2013年7月1日实施，原1999版《建设工程施工合同示范文本》（GF-1999-0201）同时废止。与1999版施工合同相比，2013版施工合同主要有以下五个特点：

1. 增加了8项新的合同管理制度

2013版施工合同借鉴国内外相关合同文本的成功经验，在通用条款中增加了以下8项新的合同管理制度：

(1) 双向担保制度。为了解决施工合同中的履约担保，尤其是为了有效解决工程款拖欠问题，借鉴FIDIC合同，2013版施工合同通用条款的第2.5款规定了发包人的资金来源证明及支付担保，第3.7款则规定了承包人的履约担保。这两个条款要求发包人与承包人各自以其合同义务向对方提供资金来源证明及支付担保和履约担保，以保证实现双方在施工合同中的目的。

(2) 合理调价制度。为解决由于市场价格波动引起合同履行的风险问题，2013版施工合同中引入了适度风险适度调价的制度，亦称之为合理调价制度，其法律基础是合同风险的公平合理分担原则。通用条款第11.1款规定，市场价格波动超过合同当事人约定的范围，合同价格应当调整。这一规定与国内目前各省市执行的工程造价部门规定的调价规范的精神是一致的，有利于解决工程合同履行过程中市场价格波动引起的合同价款纠纷。

(3) 缺陷责任期制度。缺陷是指建设工程质量不符合工程建设强制性标准、设计文件，以及承包合同的约定。缺陷责任期一般为6个月、12个月或24个月，具体可由发、承包双方在合同中约定。为解决长期以来存在的合同当事人约定"保修期满返还保修金"的争议，2013版施工合同通用条款第15条引入了缺陷责任与保修制度，明确缺陷责任期是指"承包人按照合同约定承担缺陷修复义务，且发包人预留质量保证金的期限，自工程实际竣工日期起计算。"

(4) 工程系列保险制度。2013版施工合同通用条款第18条除对工程保险作出规定外，还根据全国人大对《建筑法》的修改意见，对工伤保险作了规定，同时还增加了其他保险的条款。工程系列保险制度不仅完善了我国工程保险制度，还对今后可能会推行的工程保修保险等制度预留了执行的空间，这与国际通用的FIDIC合同已基本接轨。

(5) 商定或确定制度。合同履行中遇到的最大问题即为发承包双方就履行事项产生分歧，如分歧不予及时处理即可转化成为合同履行的障碍，最终致使合同不能履行。2013版施工合同在处理该问题时，借鉴了FIDIC合同与《标准施工招标文件》(2007年)的做法，在通用合同条款的第4.4条引入了"商定或确定"制度，明确由总监理工程师承担商定与确定的组织和实施责任，并明确了该项制度起动的前提条件。

(6) 索赔期限制度。工程索赔无明确时效要求，是1999版合同较大的缺陷，对此2013版施工合同予以了调整。为了确保工程索赔的及时性，同时便于合同双方及时进行索赔证据的收集和评估，借鉴国外众多施工合同的规定和《标准施工招标文件》(2007年)的规定，2013版施工合同通用条款第19条对发承包双方的索赔期限都规定为28天，并明确规定，如当事人未在28天内对索赔事项提出书面的索赔通知，视为该项索赔的权利已经丧失。

(7) 双倍赔偿制度。为了解决发包人拖欠工程款问题，从违约责任承担的法律原则出发，在2013版施工合同中设立了迟延支付工程价款的双倍赔偿制度，该制度中包括了通知、合理期限改正等程序性规定，最终仍不履约的，则按中国人民银行发布的同期同类贷款基准利率的两倍支付违约金，该规定在竣工结算审核、最终结清两个对应条款中均有体现。

（8）争议评审解决制度。关于争议解决机制，鉴于施工合同周期长、合同管理要素多的特点，借鉴国外合同中普遍引用的争端裁决机制，2013 版施工合同通用条款第 20.3 款引入了争议评审解决机制，以期提高工程合同争议解决的效率，并保障其专业性。争议评审解决机制根据合同各方约定，可以由专家全过程参与，也可以单独发表评审意见，如此可以极大地消化工程合同履行中的分歧，减少合同履行困难，防止合同履行障碍，快速定纷止争，以确保工程建设项目的整体经济效益和社会效益，对于提高项目经济效益具有不可低估的作用。

2. 调整完善了合同结构体系

（1）合同结构体系更为完善，权利义务分配具体明确，有利于引导建筑市场健康有序发展。

针对工程建设项目的特点，2013 版施工合同对合同体系进行了全面系统的梳理，在合同要素上进行优化、合并与补充。2013 版施工合同由合同协议书、通用合同条款、专用合同条款等三大部分组成，并同时附具了 11 个合同附件格式。其中协议书共计 12 条；通用合同条款的 20 条具体条款分别为：一般约定、发包人、承包人、监理人、工程质量、安全文明施工与环境保护、工期和进度、材料与设备、试验与检验、变更、价格调整、合同价格、计量与支付、验收和工程试车、竣工结算、缺陷责任与保修、违约、不可抗力、保险、索赔和争议解决。前述条款安排既考虑建设工程施工管理的需要，又照顾到现行法律法规对建设工程的特殊要求，充分考虑到各方的意见，较好地平衡了建设工程各方当事人的权利义务。

（2）建立了以监理人为施工管理和文件传递核心的合同体系，提高施工管理的合理性和科学性。

1999 版施工合同将发包人代表和监理人的现场工程师均列在工程师名下，当发包人代表和监理工程师同时存在时，将无法进行有效区分，易导致工程施工管理的混乱。2013 版合同将监理人和发包人代表进行了区分，建立了以监理人为施工管理和文件传递核心的合同体系。在 2013 版施工合同中，从尊重发包人权利角度和便于高效管理合同的角度出发，对于监理人相关事项做了相应规定，如强调发包人对监理人进行合理授权，并将授权事项告知承包人；明确监理人作为合同履行文件传递中心，即发包人和承包人之间的文件往来均通过监理人来中转，确保监理人能够全面畅通地了解合同管理信息，以完成其法定义务和约定义务。

3. 完善了合同价格类型，增加了暂估价规定。

（1）完善合同价格类型，适应工程计价模式发展和工程管理实践需要。

2003 年以来，我国开始在建设工程领域推行工程量清单计价模式，并陆续发布了 2003 版、2008 版、2013 版《建设工程工程量清单计价规范》。1999 版合同由于当时的实际情况，规定了固定价格合同、可调价合同和成本加酬金合同 3 种合同计价形式。考虑到实践中对于固定价格合同存在一定的误解和歧义，为避免将固定价格合同理解为不可调价合同，2013 版施工合同按照价格形式将合同分为总价合同、单价合同及其他方式合同，其中由于成本加酬金合同形式的实践不具有典型性，故而在 2013 版施工合同文本中予以省略，归入其他方式合同，其他方式合同中还包含了采用定额计价的合同，还原了上述计价方式真实含义，并与国际惯例保持一致，以满足建设工程发展的需要，便于合同双方的实践操作。此外，在总价合同的计量环节，2013 版施工合同还引入了支付分解表，有利于提高总价合同计价的科学性和合理性。

（2）增加暂估价的规定，规定了暂估价项目的操作程序。相对于 1999 版施工合同，2013 版施工合同新增了暂估价内容，并根据暂估价专业分包工程、材料和工程设备的不同情况，结合国家有关建设工程项目招标范围的规定，明确了暂估价项目的选择方式和程序。2013 版施工合同将暂估价项目具体分为两类，分别为依法必须招标的暂估价项目和不属于依法必须招标的暂估价项目，并根据不同类别规定了暂估价项目的确认和批准程序及时间节点，便于暂估价项目的实施，提高工程的效率和效益，以保证暂估价项目的公平性和合法性。

4. 更加注重对发包人、承包人市场行为的引导、规范和权益平衡。

（1）重视合同文本的指引和指导作用，在通用合同条款和专用合同条款的设置上充分尊重发承包双方的意思自治。2013 版施工合同充分考虑了建设工程项目专业性强和管理复杂的特点，在合同条款的设置上，对于发承包双方的权利义务进行妥善的安排，在通用合同条款中积极引导发承包双方按照现行法律法规及合同的规定，合法行使各项权利，切实履行各项义务。同时考虑到建设工程项目的特殊性和专业性，在条款内容上安排时，给发承包双方预留了充分的协商空间。双方当事人可以根据工程项目的特点，对通用合同条款中需要补充的内容，均在专用合同条款预留了补充和完善的空间，供双方自行协商完善，兼顾示范文本的指引和指导作用。

（2）增加了防范阴阳合同、违法转包、违法分包和挂靠的内容，有利于促进建筑市场的有序健康发展。阴阳合同、违法分包、违法转包和挂靠是建筑市场长期以来的顽疾，严重破坏了建筑市场的正常秩序，对建设工程质量和安全监管提出了严峻的挑战，在客观上也是诱发拖欠工程款和农民工工资的因素之一。鉴于此，2013 版施工合同通过在协议书中引入宣誓性承诺条款及合同备案条款以遏制阴阳合同的发生；在通用合同条款中，通过增加限定新增承包人项目经理及主要施工管理人员条款、限定专业分包人及劳务分包人主要施工管理人员条款、承包人擅自更换项目经理及主要施工人员违约责任、工程款支付账户约定等条款，保证承包人实际施工管理人员与投标文件中载明的人员名单保持一致，有利于解决承包人违法分包、转包和挂靠等违法违规行为。

（3）细化了暂停施工条款，有利于避免因工程暂停导致发包人和承包人双方权益受损。暂停施工在工程实践中属于常见的现象，对于工程本身及合同双方当事人的影响均非常大，因此对于该条款的约定应当具体明确并具备极强的可操作性。虽然 1999 版施工合同第 12 条专条约定了暂停施工的内容，但该条约定过于简单，对于暂停施工的程序设置和复工的约定存在缺陷，且对暂停施工造成的不利后果的承担责任不明，无法有效指导工程实践。2013 版施工合同立足建设工程实践，在综合各方建议的基础上，结合 FIDIC 合同等，完善了暂停施工条款，增加了暂停施工后的复工和暂停施工解约条款，希望以此解决工程长期停工致使合同双方当事人之间的权利义务悬而未决等问题，避免因此影响工程经济效益和社会效益，并同时增加了暂停施工期间的工程照管的约定，避免因暂停施工对工程后续施工造成不可补救的损失，导致经济利益和社会利益的双重受损，以平衡发包人和承包人的权利义务。

（4）更加合理平衡发包人和承包人的权利义务。如1999版施工合同通用条款对不可抗力发生后，规定承包人机械设备损坏及停工损失由承包人承担，这样规定既过于简单又不尽合理。2013版施工合同按照合理分担的原则进行了调整，明确"因不可抗力影响承包人履行合同约定的义务，已经引起工期延误的，应当顺延工期，由此导致承包人停工的费用损失由发包人和承包人合理分担，停工期间必须支付的工人工资由发包人承担。"

5. 加强了与现行法律和其他文本的衔接，保证合同的适用性。

在法律层面，2013版施工合同在施工合同的项目管理、质量管理、安全生产管理、职业健康保障和工程担保等条款中充分体现了《建筑法》、《合同法》、《安全生产法》、《劳动合同法》、《物权法》以及《招标投标法》等法律的精神。

在行政法规层面，2013版施工合同在具体约定双方当事人权利义务方面体现了《建设工程质量管理条例》、《建设工程安全生产管理条例》、《民用建筑节能条例》等相关规定，同时还在一定程度上反映了《建设工程勘察设计管理条例》、《招标投标法实施条例》等法规的精神。

在部门规章和政策层面，2013版施工合同在施工合同结算、保修等条款中体现了《建设工程价款结算暂行办法》、《房屋建筑工程质量保修办法》、《建设工程质量保证金管理暂行办法》等部门规章规定，在计价模式上兼顾了《建设工程工程量清单计价规范》的要求。

另外，为了保证2013版施工合同的适用，充分借鉴了FIDIC合同文本及现行国家有关部委发布的合同文本等特点。2013版施工合同在保证文本内容的适用性和特殊性的基础上，在内容和适用范围上较好地考虑了与其他现行合同文本的衔接，同时有适度的前瞻性，并且在文字处理上，力求文本表述简练、通俗易懂、全面系统、有机统一。

6.9.4 2013版施工合同重点条款解读

1.《协议书》部分的修订条款解读

1）将"合同价款"修改为"签约合同价与合同价格形式"

1999版示范文本《协议书》部分对于工程价款的表述为"合同价款"，这一条款会给合同使用方造成"合同价格已经在协议书中确定"的印象。但即使是相同的合同价款数额，若采用不同的计价方式，其最后的工程款结算也会存在很大的差异。所以，需要在协议书中明确此合同价款是采用何种计价方式得出来的。例如工程量清单计价方式，是在建设工程招投标中，招标人自行或委托具有资质的中介机构编制反映工程实体消耗和措施性消耗的工程量清单，并作为招标文件的一部分提供给投标人，由投标人依据工程量清单自主报价的计价方式。由于招标人应对清单中工程量的准确性负责，因此合同价格必然根据实际发生的工程量进行调整，协议书中约定的合同价格，只能是签约时发包人接受承包人投标或报价的"签约合同价"。为保障术语的一致性，新版《示范文本》通用条款中专门定义了"签约合同价"，并在第12条"合同价格、计量与支付"中约定了合同当事人可以选择的合同价格形式。

2）当事人"承诺"中增加了关于不另行签订"黑白合同"的约定

新版《示范文本》在保留原版合同中承包人承诺按约完成工程、发包人承诺按约支付工程价款的基础上，增加了"双方理解并承诺不再就同一工程另行签订与合同实质性内容相背离的协议"的约定。

合同双方另行订立"黑白合同"的行为，既不利于行政主管部门对于建筑市场交易行为的规范，同时也无法通过合同约定体现当事人真实的意思表示，明确各自权利义务。因此，《招标投标法》第46条规定："招标人和中标人不得再行订立背离合同实质性内容的其他协议。"同时，针对工程实践中往往是发包人一方试图通过签订"黑白合同"来降低工程价款、规避费税等客观情况，最高人民法院《关于审理建设工程施工合同纠纷案件适用法律问题的解释》第21条进一步规定："当事人就同一建设工程另行订立的建设工程施工合同与经过备案的中标合同实质性内容不一致的，应当以备案的中标合同作为结算工程价款的根据。"

2."通用合同条款"部分的重要条款解读

(1) 增加了部分词语定义

1999版示范文本中词语定义为23个，新版示范文本的定义增加到49个。其中比较重要的新增词语定义包括：

① 根据建设部、财政部《建设工程质量保证金管理暂行办法》的规定，增加了"缺陷责任期"的定义；

② 借鉴国际咨询工程师联合会（菲迪克，FIDIC）《施工合同条件》的约定，增加了"基准日期"的定义；

③ 根据《建设工程工程量清单计价规范》的规定，增加了"暂估价"、"暂列金额"、"计日工"的定义。

(2) 增加了"联络"条款

合同当事人和监理人之间为逃避合同义务，规避法律风险，相互之间推诿拒绝签署接收工程联络文件的情形在工程实践中较为常见。这种做法不但损害了合同参与各方的合作意愿，而且严重降低了工程施工效率，是诚信缺失的表现。

示范文本通用条款增加了工程联络条款，并约定："发包人和承包人应当及时签收另一方送达至送达地点和指定接收人的来往信函。拒不签收的，由此增加的费用和（或）延误的工期由拒绝接收一方承担。"

(3) 增加了"知识产权"条款

为明确各类工程文件的知识产权归属，通用条款约定：发包人提供给承包人的图纸、发包人为实施工程自行编制或委托编制的技术规范以及反映发包人要求的或其他类似性质的文件的著作权属于发包人；承包人为实施工程所编制的文件，除署名权以外的著作权属于发包人。

(4)"发包人"条款中增加了"资金来源证明及支付担保为预防发包人因建设资金不足而拖欠承包人工程款，并遵循当事人权利义务对等"的原则，新版《示范文本》中增加了发包人提供"资金来源证明及支付担保"的规定："发包人应在收到承包人要求提供资金来源证明的书面通知后28天内，向承包人提供能够按照合同约定支付合同价款的相应资金来源证明。除专用合同条款另有约定外，发包人要求承包人提供履约担保的，发包人应当向承包人提供支付担保。”

(5)“承包人”条款约定了分包人和雇佣人员保护内容为防止承包人拖欠分包款和雇佣人员工资，范本通用条款中“承包人的一般义务”中特别约定：“承包人应将发包人按合同约定支付的各项价款专用于合同工程，且应及时支付其雇用人员工资，并及时向分包人支付合同价款。”

(6) 增加了“职业健康”条款

为了保障施工现场劳务工人的合法权益，新版范本通用条款特别制定了“职业健康”条款，对于承包人施工人员的生活条件、劳动环境、休息休假等作出了约定。承包人应按照法律规定安排现场施工人员的劳动和休息时间，保障劳动者的休息时间，并支付合理的报酬和费用。承包人应依法为其履行合同所雇用的人员办理必要的证件、许可、保险和注册等。承包人应按照法律规定保障现场施工人员的劳动安全，并提供劳动保护。

承包人应为其履行合同所雇用的人员提供必要的膳宿条件和生活环境；承包人应采取有效措施预防传染病，保证施工人员的健康。

(7) 增加了“环境保护”条款

承包人应在施工组织设计中列明环境保护的具体措施。在合同履行期间，承包人应采取合理措施保护施工现场环境。对施工作业过程中可能引起的大气、水、噪声以及固体废物污染采取具体可行的防范措施。

承包人应当承担因其原因引起的环境污染侵权损害赔偿责任，因上述环境污染引起纠纷而导致暂停施工的，由此增加的费用和（或）延误的工期由承包人承担。

(8) 增加了“测量放线”条款

借鉴了 FIDIC 系列合同条件中“测量”的惯例，新版《示范文本》对于测量放线中基准数据的提供责任以及工程定位责任进行了约定：“发包人应对其提供的测量基准点、基准线和水准点及其书面资料的真实性、准确性和完整性负责。承包人负责施工过程中的全部施工测量放线工作，并对工程各部分的定位负责。”

(9) 增加了“样品”条款

建设工程合同作为广义上的加工承揽合同，合同履行过程中许多材料供应均属凭样品买卖的采购合同。新版《示范文本》对于样品的报送、封存和保管做了约定。承包人应在计划采购前 28 天向监理人报送样品。经发包人和监理人审批确认的样品应按约定的方法封样，封存的样品作为检验工程相关部分的标准之一。经批准的样品应由监理人负责封存于现场，承包人应在现场为保存样品提供适当和固定的场所并保持适当和良好的存储环境条件。

(10) 明确了暂估价项目的招标方式

《建设工程工程量清单计价规范》规定：“招标人在工程量清单中提供了暂估价的材料和专业工程属于依法必须招标的，由承包人和招标人共同通过招标确定材料单价与专业工程分包价。”但是这一规定并未对暂估价项目的招标方式提供具有操作性的做法。新版《示范文本》对于暂估价项目区分依法必须招标的项目和不属于依法必须招标的项目，分别提供了承包人自行招标、承包人和发包人共同招标以及承包人自行实施等方式供合同当事人选择适用。

(11) 对合同价格调整做出了具体的规定

参照 FIDIC《施工合同条件》和发改委《标准施工招标文件》中通用合同条款的做

法，新版《示范文本》对于市场价格波动和法律变化引起的价格调整方法进行了约定。

① 对于市场价格波动引起的价格变化，通用条款提供了采用价格指数进行价格调整和采用造价信息进行价格调整两种方法；

② 对于法律变化引起的调整，通用条款约定：基准日期后，法律变化导致承包人在合同履行过程中所需要的费用发生增加时，由发包人承担由此增加的费用；减少时，应从合同价格中予以扣减。基准日期后，因法律变化造成工期延误时，工期应予以顺延。

(12) 对“合同价格形式”做了新的约定

根据《建设工程价款结算暂行办法》第8条的规定，发、承包人在签订合同时对于工程价款的约定，可选用固定总价、固定单价或可调价格其中一种方式。新版《示范文本》约定，发包人和承包人应在合同协议书中选择下列一种合同价格形式：单价合同、总价合同、其他价格形式。

(13) 同时约定了“缺陷责任期”和“保修期”条款

我国《建筑法》和《建设工程质量管理条例》中确立了“质量保修期限”的含义；《建设工程质量保证金管理暂行办法》借鉴FIDIC《施工合同条件》的惯例，确立了“缺陷责任期”制度。新版《示范文本》明确了承包人缺陷责任期内的缺陷维修义务和质量保修期内的保修义务。通用条款约定：在工程移交发包人后，因承包人原因产生的质量缺陷，承包人应承担质量缺陷责任和保修义务。缺陷责任期届满，承包人仍应按合同约定的工程各部位保修年限承担保修义务。

(14) 设立了“争议评审”制度

新版《示范文本》参照FIDIC合同条件中的“争端裁决委员会”(DAB)和“争议评审委员会”(DRB)制度，并结合我国工程管理实际，提出了专家解决工程争端的“争议评审”制度。通用条款约定，合同当事人可以共同选择一名或三名争议评审员，组成争议评审小组。合同当事人可在任何时间将与合同有关的任何争议共同提请争议评审小组进行评审。争议评审小组做出的书面决定经合同当事人签字确认后，对双方具有约束力，双方应遵照执行。

任何一方当事人不接受争议评审小组决定或不履行争议评审小组决定的，双方可选择采用

6.10 FIDIC合同简介

6.10.1 FIDIC组织介绍

国际咨询工程师联合会(Fédération lnternationale Des lngénieurs Conseils，法文缩写FIDIC)，中文音译为“菲迪克”；其英文名称是International Federation of Consulting Engineers；指国际咨询工程师联合会这一独立的国际组织；习惯上有时也指FIDIC条款或FIDIC方法，是由欧洲三个国家的咨询工程师协会于1913年在比利时根特成立，总部设在瑞士洛桑，2002年总部迁往日内瓦，我国于1996年正式加入该组织。

FIDIC成立100年来，对国际上实施工程建设项目，以及促进国际经济技术合作的发展起到了重要作用。由该会编制的《业主与咨询工程师标准服务协议书》(白皮书)、《土

木工程施工合同条件》(红皮书)、《电气与机械工程合同条件》(黄皮书)、《工程总承包合同条件》(桔黄皮书)被世界银行、亚洲开发银行等国际和区域发展援助金融机构作为实施项目的合同和协议范本。此外，FIDIC还编辑出版了一些供业主和咨询工程师使用的业务参考书籍和工作指南，以帮助业主更好地选择咨询工程师，使咨询工程师更全面地了解业务工作范围和根据指南进行工作。该会制订的承包商标准资格预审表、招标程序、咨询项目分包协议等都有很实用参考价值，在国际上受到普遍欢迎，得到了广泛承认和应用，FIDIC的名声也显著提高。

目前，最新的FIDIC工程合同条件为1999年出版的一系列的标准合同范本：《施工合同条件》(新红皮书)、《生产设备和设计—施工合同条件》(新黄皮书)、《设计才工施工(EPC)/交钥匙工程合同条件》(银皮书)和适合于小规模项目的《简明合同格式》(绿皮书)。《顾客/咨询服务模式的协议》(新白皮书，1998)、FIDIC《转包合同条件》、《咨询分包协议》和《招标程序》等也在世界范围内被广泛使用。2005年，FIDIC与世界银行、亚洲开发银行、非洲开发银行、泛美开发银行、加勒比开发银行、北欧开发基金等国际金融机构共同工作，对FIDIC《施工合同条件》(1999年第一版)进行了修改补充，编制了用于多边开发银行提供贷款项目的合同条件——多边开发银行统一版《施工合同条件》(2005版)。2006年和2010年出版了修订版。这本合同条件，不仅便于多边开发银行及其借款人使用FIDIC合同条件，也便于参与多边开发银行贷款项目的其他各方，如工程咨询机构、承包商等使用。该合同条件与FIDIC的其他合同条件的格式一样，包括通用条件、专用条件以及各种担保、保证、保函和争端委员会协议书的标准文本，方便用户的理解和使用。

6.10.2 FIDIC合同条件文本出版情况简介

1. 1999年前，FIDIC委员会推荐用于国际招标的合同条件文本

(1)《土木工程施工合同条件》(1988年修订第4版，简称红皮书)。

(2)《电气与机械工程合同条件》(1987年第三版，简称黄皮书)。

(3)《业主/咨询工程师标准服务协议书》(1990年第1版，简称白皮书)。

(4)《施工分包合同条件》(1994年第1版，亦称红皮书)。

(5)《设计——建造与交钥匙工程合同条件》(1995年第一版，简称橙皮书)。

2. 1999年FIDIC委员会修编出版新合同条件及其适用范围

FIDIC于1999年出版的4种新版的合同条件，是在继承了以往合同条件的优点的基础上，在内容、结构和措辞等方面作了较大修改，进行了重大的调整，称为第一版，可为今后改进留有余地。2002年，中国工程咨询协会经FIDIC授权将新版合同条件译成中文本。

1)《施工合同条件》

《施工合同条件》(Conditions of Contract for Construction)，简称新红皮书。该文件推荐用于有雇主或其代表——工程师设计的建筑或工程项目，主要用于单价合同。在这种合同形式下，通常由工程师负责监理，由承包商按照雇主提供的设计施工，但也可以包含由承包商设计的土木、机械、电气和构筑物的某些部分。

2)《生产设备和设计——施工合同条件》

《生产设备和设计——施工合同条件》(Conditions of Contr for Plant and Design-Build)，简称新黄皮书。该文件推荐用于电气和(或)机械设备供货和建筑或工程的设计

与施工，通常采用总价合同。由承包商按照雇主的要求，设计和提供生产设备和（或）其他工程，可以包括土木、机械、电气和建筑物的任何组合，进行工程总承包。但也可以对部分工程采用单价合同。

3)《设计采购施工（EPC)/交钥匙工程合同条件》

《设计采购施工（EPC)/交钥匙工程合同条件》（Conditions of Contract for EPC/Turnkey Projects)，简称银皮书。该文件可适用于以交钥匙方式提供工厂或类似设施的加工或动力设备、基础设施项目或其他类型的开发项目，采用总价合同。这种合同条件下，项目的最终价格和要求的工期具有更大程度的确定性；由承包商承担项目实施的全部责任，雇主很少介入。即由承包商进行所有的设计、采购和施工，最后提供一个设施配备完整、可以投产运行的项目。

4)《简明合同格式》

《简明合同格式》(Short Form of Contract)，简称绿皮书。该文件适用于投资金额较小的建筑或工程项目。根据工程的类型和具体情况，这种合同格式也可用于投资金额较大的工程，特别是较简单的、或重复性的、或工期短的工程。在此合同格式下，一般都由承包商按照雇主或其代表——工程师提供的设计实施工程，但对于部分或完全由承包商设计的土木、机械、电气和（或）构筑物的工程，此合同也同样适用。

3. 新版的FIDIC合同条件的特点

新版的FIDIC合同条件，同过去版本比较具有以下特点：

(1) 在编排格式上统一化。新版中的通用条件部分均分为20条，条款的标题以至部分条款的内容能一致的都尽可能一致。

(2) 四种新版合同条件的使用范围大大拓宽，适用的项目种类更加广泛。

(3) 与老版本相比较新版条款的内容作了较大的改进和补充。

(4) 在编写思想上也有了新的变化。新版本尽可能地在通用条件中做出全面而细致的规定，便于用户在专用条件中自行修改编写。

(5) 新版本对业主、承包商双方的职责、业务以及工程师的职权都作了更为严格而明确的规定，提出了更高的要求。

(6) 新版合同条件在语言上比以前的老版本简明，句子的结构也相对简单清楚。

4. 多边开发银行统一版《施工合同条件》(2005版)

FIDIC与世界银行、亚洲开发银行、非洲开发银行、泛美开发银行、加勒比开发银行、北欧开发基金等国际金融机构共同工作，对FIDIC《施工合同条件》（1999年第一版）进行了修改补充，编制了这本用于多边开发银行提供贷款项目的合同条件——多边开发银行统一版《施工合同条件》(2005版)。这本合同条件，不仅便于多边开发银行及其借款人使用FIDIC合同条件，也便于参与多边开发银行贷款项目的其他各方，如工程咨询机构、承包商等使用。

多边开发银行统一版《施工合同条件》，在通用条件中加入了以往多边开发银行在专用条件中使用的标准措辞，减少了以往在专用条件的增补和修改的数量，提高了用户的工作效率，减少了不确定性和发生争端的可能性。该合同条件与FIDIC的其他合同条件的格式一样，包括通用条件、专用条件以及各种担保、保证、保函和争端委员会协议书的标准文本，方便用户的理解和使用。

6.10.3 FIDIC《施工合同条件》的文本格式简介

FIDIC《施工合同条件》适用于工业与民用建筑、水利水电、铁路、公路交通等各类工程施工承包活动。FIDIC出版的所有合同文本结构，都是以通用条件、专用条件和其他标准化文件的格式编制。其内容包括通用条件和专用条件两部分。

1. 通用条件

所谓“通用”，其含义是工程建设项目不论属于哪个行业，也不管处于何地，只要是土木工程类的施工均可适用。条款内容涉及：合同履行过程中业主和承包商各方的权利与义务，工程师（交钥匙合同中为业主代表）的权利和职责，各种可能预见到事件发生后的责任界限，合同正常履行过程中各方应遵循的工作程序，以及因意外事件而使合同被迫解除时各方应遵循的工作准则等。

2. 专用条件

专用条件是相对于“通用而言”，要根据准备实施的项目的工程专业特点，以及工程所在地的政治、经济、法律、自然条件等地域特点，针对通用条件中条款的规定加以具体化。可以对通用条件中的规定进行相应补充完善、修订或取代其中的某些内容，以及增补通用条件中没有规定的条款。专用条件中条款序号应与通用条件中要说明条款的序号对应，通用条件和专用条件内相同序号的条款共同构成对某一问题的约定责任。如果通用条件内的某一条款内容完备、适用，专用条件内可不再重复列此条款。

3. 标准化的文件格式

FIDIC编制的标准化合同文本，除了通用条件和专用条件以外，还包括有标准化的投标书（及附录）和协议书的格式文件。

投标书的格式文件只有一页内容，是投标人愿意遵守招标文件规定的承诺表示。投标人只需要填写投标报价并签字后，即可与其他材料一起构成有法律效力的投标文件。投标书附件列出了通用条件和专用条件内涉及工期和费用内容的明确数值，与专用条件中的条款序号和具体要求相一致，以使承包商在投标时予以考虑。这些数据经承包商填写并签字确认后，合同履行过程中作为双方遵照执行的依据。

协议书是业主与中标承包商签订施工承包合同的标准化格式文件，双方只要在空格内填入相应内容，并签字盖章后合同即可生效。

6.10.4 FIDIC合同的应用简介

FIDIC合同条件的运用方法主要有四种运用方法：

1. 直接采用

国际金融组织贷款和一些国际项目直接采用，凡是世界银行、亚洲开发银行、非洲开发银行等贷款的工程项目以及一些国家的工程项目招标文件中，都全文采用FIDIC合同条件。在我国，凡亚行贷款项目，全文采用FIDIC“红皮书”。凡世行贷款项目，在执行世行有关合同原则的基础上，执行我国财政部在世行批准和指导下编制的有关合同条件。如我国的小浪底水利枢纽工程。

2. 对比分析使用

许多国家在学习、借鉴FIDIC合同条件的基础上，自己编制了一系列适合本国国情的标准合同条件。这些合同条件的项目和内容与FIDIC合同条件大同小异，只是在处理问题的程序规定以及风险分担等方面有所不同，主要差异体现在处理问题的程序规定上以及风险分担规定上。FIDIC合同条件的各项程序是相当严谨的，处理业主和承包商风险、权利及义务也比较公正。因此，业主、咨询工程师、承包商通常都会将FIDIC合同条件作为一把尺子、与工作中遇到的其他合同条件相对比，进行合同分析和风险研究，制定相应的合同管理措施，防止合同管理上出现漏洞。

3. 合同谈判时采用

FIDIC合同条件的国际性、通用性和权威性使合同双方在谈判中可以以“国际惯例”为理由要求对方对其合同条款的不合理、不完善之处作出修改或补充，以维护双方的合法权益。如果一方认为招标文件存在不合理之处，在合同谈判时可以引用FIDIC合同条款作为“国际惯例”，在合同谈判时要求对方修改或补充某些条款；这种方式在国际工程项目合同谈判中普遍使用。

4. 部分选择使用

即使不全文采用FIDIC合同条件，在编制招标文件、分包合同条件时，仍可以部分选择其中的某些条款、某些规定、某些程序甚至某些思路，使所编制的文件更完善、更严谨。在项目实施过程中，也可以借鉴FIDIC合同条件的思路和程序来解决和处理有关问题。

需要说明的是，FIDIC在编制各类合同条件的同时，还编制了相应的“应用指南”。在“应用指南”中，除了介绍招标程序、合同各方及工程师职责外，还对合同每一条款进行了详细解释和说明，这对使用者是很有帮助的。另外，每份合同条件的前面均列有有关措辞的定义和释义。这些定义和释义非常重要，它们不仅适合于合同条件，也适合于其全部合同文件。

5. 实例分析

这是一起中海外波兰高速公路项目巨额索赔案：2009年9月，波兰A2高速公路开始招标，中国海外工程有限公司（下称中海外），与上海建工等中国公司组成的联合体以4.4亿美元的价格中标A、C两个标段（约49公里），几乎比其他公司的报价低一半，连波兰政府预算的28亿兹罗提（约合10亿美元）的一半都不到。中海外在没有事先仔细勘探地形及研究当地法律、经济、政治环境的情况下，就与波兰公路管理局签下总价锁死的合约，以致成本上升、工程变更及工期延误都无法从业主方获得补偿，加之管理失控、沟通不畅及联合体内部矛盾重重，最终不得不撂荒走人。中海外在波兰面临的法律问题主要如下：

(1) A2项目C标段波兰语合同主体合同只有寥寥4页A4纸，但至少有7份合同附件。其中，仅关于“合同具体条件”的附件就长达37页。招标合同参考了国际工程招标通用的菲迪克（FIDIC）条款，但与菲迪克标准合同相比，中海外联合体与波兰公路管理局最终签署的合同删除了很多对承包商有利的条款。

在国际通用的菲迪克条款中，如果因原材料价格上涨造成工程成本上升，承包商有权要求业主提高工程款项。同时菲迪克条款明确指出，承包商竞标时在价格表中提出的工程数量都是暂时估计，不应被视为实际工程数量，承包商实际施工时有权根据实际工程量的增加要求业主补偿费用。但所有这些条款，在中海外的合同中都被一一删除。合同为可能的变更只保留了一点可能性。关于变更程序，A2合同补充规定称：所有导致合同金额变动或者完成工程时间需要延长的，必须建立书面的合同附件。

此外，波兰业主还在合同中增加了一些条款，用以限制承包商权利。比如，菲迪克条款规定，如果业主延迟支付工程款项，承包商有权终止合同，这一条款被明确删除。

(2) 中海外曾向波兰公路管理局提出，由于沙子、钢材、沥青等原材料价格大幅上涨，要求对中标价格进行相应调整，但遭到公路管理局的拒绝，公路管理局的理由和依据就是这份合同以及波兰《公共采购法》等相关法律规定。

波兰《公共采购法》禁止承包商在中标后对合同金额进行"重大修改"。一位熟悉法律的波兰人士解释说，波兰《公共采购法》是依据欧盟相关法律制定，禁止重大变更的目的是为了避免不正当竞争，因为以前波兰也经常出现竞标时报低价，后来不断发生变更，以至最终价格比当初竞标对手还高的情况。

(3) 语言也是一大障碍。波兰的官方语言是波兰语，英语在波兰人日常生活与工作中并不普及，精通中文且具备法律和工程专业背景的翻译更是凤毛麟角。中海外联合体和公路管理局签署的是波兰语合同，而英文和中文版本只是简单摘要，一位知情人士透露说，"中海外甚至只是请人翻译了部分波兰语合同"，并且，由于合同涉及大量法律和工程术语，当时聘请的翻译并不胜任。在被取消合同后，中海外曾对外表示，波兰业主在工程合同中设置了诸多对承包人不利的条款，这是造成工程失败的主要因素。

(4) 菲迪克条款规定业主应在开工前向承包商支付垫款作为启动资金。但在中海外联合体取得的合同中，关于工程款预付的菲迪克条款全部删除，工程没有预付款，同时另外规定，工程师每个月根据项目进度开具"临时付款证书"(Interim Payment Certificate 简称 IPC)，核定本月工程额，承包商则据此开具发票，公路管理局收到发票之后才付款。

(5) 由于启动资金的捉襟见肘，中海外只好着力于"节流"。中海外原本聘请了一家当地的法律事务所担任顾问，后来认为价格太高服务太少而辞退，最后雇了一位要价不高、20 多岁的波兰女孩来做项目律师。翻译也择便宜的用。有一次，一位波兰翻译帮助两位中波技术管理人员沟通，因其中文专业词汇量很不够，只得先将词汇从波兰语翻成英语，再通过字典将英语转换成中文。整个翻译过程颇费周折，效率极低。最后中方技术主管彻底糊涂了，频频追问："这说的是什么？没听说过。"

(6) 没有关注环保成本，工程施工过程中，为迁移珍稀蛙类浪费了中海外大量的精力，事实上，基建和环保的冲突在欧洲国家司空见惯。波兰罗斯布达 (Rospuda) 案即是一例。罗斯布达河河谷作为珍稀生态区受欧盟保护。波兰公路管理局计划于 2007 年 2 月开工修建一条"波罗的海之道"高速公路，需要通过罗斯布达河谷。后来，由于环保人士和机构不断游行抗议，欧洲委员会也发出警告，波兰最终解除了合同，并修改方案绕道而行。

(7) 在合同的争议部分，菲迪克合同文本中关于仲裁纠纷处理的条款全部被删除，代之以"所有纠纷由波兰法院审理，不能仲裁"。这使中海外联合体失去了在国际商业仲裁法庭争取利益的机会，而工程建设纠纷因涉及很多专业技术，法官听不懂，一般都是先走国际仲裁程序，法官再据此判定。

最终在 2011 年 6 月 13 日，中海外宣布放弃 A2 高速公路项目，导致公路无法按期完工。为此波兰公路管理局对中海外及其联合体的索赔估算为 7.41 亿兹罗提（约合 17.51

亿元人民币），同时禁止联合体 4 家公司 3 年内参与波兰市场的公开招标，并且在中国起诉中海外联合体，索赔 2 亿欧元。

本案是大型央企法务能力根本不适应“走出去”战略的真实情况。

【课后练习】

1. 单项选择题

（1）一方当事人以缔结合同为目的，向对方当事人提出合同条件，希望对方当事人接受的意思表示即为（　　）。

A. 要约邀请

B. 要约

C. 承诺

D. 缔约

（2）下列选项中属于要约的是（　　）。

A. 招股说明书

B. 投标书

C. 招标公告

D. 商品价目表

（3）下列书面文件中，（　　）是承诺。

A. 招标公告

B. 投标书

C. 中标通知书

D. 合同书

（4）下列（　　）不属于欺诈行为的构成要件。

A. 欺诈方有欺诈的故意

B. 欺诈方实施了欺诈行为

C. 欺诈必须是非法的

D. 相对人因受到欺诈而做出错误的意思表示

（5）按照《合同法》规定，合同履行中如果价款或报酬不明确，应按照（　　）履行。

A. 订立合同时履行地的政府定价

B. 订立合同时履行地的市场价格

C. 履行合同时履行地的政府定价

D. 履行合同时履行地的市场价格

（6）按照《合同法》规定，合同履行地点不明确时，给付货币的，在（　　）所在地履行。

A. 在支付货币一方

B. 接受货币一方

C. 接受货币方或支付货币方

D. 非接受货币方及支付货币方的第三方

（7）执行政府定价或者政府指导价的，逾期交付标的物的，遇价格变化时，正确的处理方法是（　　）。

A. 遇价格上涨时，按照新价格执行

B. 遇价格下跌时，按照平均价格执行

C. 遇价格上涨时，按照原价格执行

D. 遇价格下跌时，按照原价格执行

（8）承包商与业主签订的施工合同中约定由承包商先修建工程，然后按照工程量结算工程款。如果承包商没有达到合同中约定的质量标准，则（　　）。

A. 业主可以行使同时履行抗辩权

B. 业主可以行使不安履行抗辩权

C. 业主可以行使先履行抗辩权，但不能追究承包商的违约责任

D. 业主可以行使先履行抗辩权，也可以同时追究承包商的违约责任

2. 多项选择题

（1）下列属于要约邀请的是（　　）。

A. 商业广告

B. 投标书

C. 招标公告

D. 拍卖公告

E. 商品价目表

（2）根据《合同法》规定，下列免责条款无效的是（　　）。

A. 因不可抗力造成对方财产损失的

B. 造成对方人身伤害的

C. 因违约造成对方财产损失的

D. 故意造成对方财产损失的

E. 因重大过失造成对方财产损失的

（3）无效合同、可撤销合同的确认应由（　　）裁定。

A. 人民法院

B. 当事人双方

C. 主管部门

D. 仲裁机构

E. 检察机构

（4）下列合同中，（　　）合同是可撤销合同。

A. 因重大误解订立的

B. 违反法律的强制性规定的

C. 一方以欺诈、胁迫手段订立的

D. 订立合同时显失公平的

E. 以合法行为掩盖非法目的

（5）下列合同中（　　）属于效力待定的合同。

A. 甲、乙恶意串通订立的损害第三人丙利益的合同

B. 某公司法定代表人超越权限与善意第三人丁订立的买卖合同

C. 代理人甲超越代理权限与第三人丙订立的买卖合同
D. 限制民事行为能力人甲与他人订立的纯获利益的合同
E. 无处分权的人处分他人财产的合同
(6) 我国《合同法》所规定的抗辩权包括（　　）。
A. 先诉抗辩权
B. 同时履行抗辩权
C. 先履行抗辩权
D. 不安抗辩权
E. 质量异议抗辩权
(7) 下列表述中，属于合同权利义务终止情形的是（　　）。
A. 合同被解除
B. 债务人依法将标的物提存
C. 债权债务归于一人
D. 合同权利义务发生转移
E. 原合同内容发生变化
(8) 实际违约的具体形态包括（　　）。
A. 不履行
B. 任意履行
C. 实际履行
D. 迟延履行
E. 不适当履行
(9) 合同当事人承担违约责任的形式有（　　）。
A. 合同继续履行
B. 采取补救措施
C. 支付赔偿金
D. 返还财产恢复原状
E. 支付违约金
(10) A公司经乙公司同意，又分别与另外几个建筑公司签订了施工协议，则其与C、D、E、F公司订立的施工合同属于无效合同的情形有（　　）。
A. C公司未取得相应的建筑施工企业资质或者超越资质等级的
B. D公司没有资质借用另一有资质的建筑施工企业名义的
C. 将主体建设工程转包给E公司的
D. 该建设工程必须进行招标而未进行招标而与F公司订立合同的
3. 问答题
(1) 什么是合同？合同可分为哪些类型？
(2) 什么是要约？什么是要约邀请？要约与要约邀请有什么区别？
(3) 合同的效力有几种？分别包括哪些类型？
(4) 合同履行抗辩权有哪些？
(5) 合同法中对代位权和撤销权是如何规定的？

(6) 合同的担保形式有哪些?

(7) 承担违约责任的方式主要有哪几种?

(8) 合同条款约定不明确的履行规则有哪些?

(9) 与1999版施工合同相比，2013版施工合同增加了哪8项新的合同管理制度?

(10) 新版的FIDIC合同条件的特点有哪些?

4. 案例分析

背景1：某厂新建一车间，分别与市设计院和市建某公司签订设计合同和施工合同。工程竣工后厂房北侧墙壁发生裂缝。为此某厂向法院起诉市建某公司。经勘察裂缝是由于地基不均匀沉降引起。结论是结构设计图纸所依据的地质资料不准，于是某厂又诉讼市设计院。市设计院答辩，设计院是根据某厂提供的地质资料设计的不应承担事故责任。经法院查证：某厂提供的地质资料不是新建车间的地质资料，事故前设计院也不知道该情况。

问题：

(1) 事故的责任方是谁?

(2) 某厂所发生的诉讼费用应当由谁承担?

背景2：某工程项目，建设单位与施工总承包单位按《建设工程施工合同（示范文本）》签订了施工承包合同，并委托某监理公司承担施工阶段的监理任务。施工总承包单位将桩基工程分包给一家专业施工单位。

开工前：

(1) 总监理工程师组织监理人员熟悉设计文件时，发现部分图纸设计不当，即通过计算修改了该部分图纸，并直接签发给施工总承包单位；

(2) 在工程定位放线期间，总监理工程师又指派测量监理员复核施工总承包单位报送的原始基准点、基准线和测量控制点；

(3) 总监理工程师审查了分包单位直接报送的资格报审表等相关资料；

(4) 在合同约定开工日期的前5天，施工总承包单位书面提交了延期10天开工的申请，总监理工程师不予批准。

钢筋混凝土施工过程中监理人员发现：

(1) 按合同约定由建设单位负责采购的一批钢筋虽供货方提供了质量合格证，但在使用前的抽检试验中材料检验不合格；

(2) 在钢筋绑扎完毕后，施工总承包单位未通知监理人员检查就准备浇筑混凝土；

(3) 该部位施工完毕后，混凝土浇筑时留置的混凝土试块试验结果没有达到设计要求的强度。

竣工验收时：总承包单位完成了自查、自评工作，填写了工程竣工报验单，并将全部竣工资料报送项目监理机构，申请竣工验收。总监理工程师认为施工过程中均按要求进行了验收，即签署了竣工报验单，并向建设单位提交了质量评估报告。建设单位收到监理单位提交的质量评估报告后，即将该工程正式投入使用。

问题：

(1) 对总监理工程师在开工前所处理的几项工作是否妥当进行评价？并说明理由。如果有不妥当之处，写出正确做法。

（2）对施工过程中出现的问题，监理人员应分别如何处理？

（3）指出在工程竣工验收时，总监理工程师在执行验收程序方面的不妥之处，写出正确做法。

（4）建设单位收到监理单位提交的质量评估报告，即将该工程正式投入使用的做法是否正确？说明理由。

7 建设工程纠纷处理法律制度

【学习目标】

1. 掌握建设工程纠纷处理的仲裁制度与民事诉讼法律制度

2. 熟悉行政复议与行政诉讼法律制度

【学习重点】

1. 仲裁制度

2. 民事诉讼法律制度

在建设工程合同履行过程中，发包人和承包人为维护各自不同的利益，对建设工程技术要求和有关合同文件的理解不可能始终一致、完全相同，出现分歧和矛盾是正常的，这种分歧和矛盾往往会形成纠纷。尽管建设工程合同中对双方的义务和责任有明文规定，但对这些规定的理解会有不同，另外加上合同规定的某些疏漏与含义不清，就会造成建设工程纠纷。

解决建设工程纠纷主要有协商、调解、仲裁和诉讼四种方式，本章重点从法律制度上介绍解决建设工程纠纷的仲裁与诉讼两种方式。

7.1 仲裁法律制度

仲裁，亦称“公断”，是双方当事人在合同争议发生前或争议发生后达成协议，自愿将争议交给仲裁机构作出裁决，并负有自觉履行义务的一种解决争议的方式。仲裁与审判相比，有更大的灵活性和便利性，是公正、及时解决经济纠纷的重要手段，有重要的实际意义。越来越多的人从实践中认识到其优点，日益愿意选择仲裁方式解决争议。

7.1.1 仲裁范围

根据《中华人民共和国仲裁法》（以下简称《仲裁法》）第 2 条的规定，平等主体间的合同纠纷和其他财产权益纠纷可适用仲裁。

根据《仲裁法》第 3 条的规定，下列纠纷不能仲裁：婚姻、收养、监护、抚养、继承纠纷；依法应当由行政机关处理的行政争议。

根据《仲裁法》第 77 条的规定，劳动争议与农业集体经济组织内部的农业承包合同纠纷不得适用仲裁法。

7.1.2 仲裁的基本制度

1. 协议仲裁制度

当事人采用仲裁方式解决纠纷，应当双方自愿，达成仲裁协议。没有仲裁协议，一方申请仲裁的，仲裁委员会不予受理。

2. 或裁或审制度

当事人选择解决争议途径时，在仲裁与审判中只能二者取其一。当事人选择了以仲裁途径解决争议，就不可以再选择诉讼；当事人若选择了诉讼就不可以同时选择仲裁。

3. 一裁终局制度

仲裁裁决作出后，当事人就同一纠纷再申请仲裁或者向人民法院起诉，仲裁委员会或者人民法院不予受理。

7.1.3 仲裁委员会和仲裁协会

仲裁委员会可以在直辖市和省、自治区人民政府所在地的市设立，也可以根据需要在其他设区的市设立，不按行政区划层层设立。

仲裁委员会应当具备下列条件：有自己的名称、住所和章程；有必要的财产；有该委员会的组成人员；有聘任的仲裁员。

仲裁委员会由主任 1 人、副主任 2～4 人和委员 7～11 人组成。仲裁委员会的主任、副主任和委员由法律、经济贸易专家和有实际工作经验的人员担任。仲裁委员会的组成人员中，法律、经济贸易专家不得少于 2/3。

仲裁委员会独立于行政机关，与行政机关没有隶属关系。仲裁委员会之间也没有隶属关系。

中国仲裁协会是社会团体法人。仲裁委员会是中国仲裁协会的会员。中国仲裁协会是仲裁委员会的自律性组织，根据章程对仲裁委员会及其组成人员、仲裁员的违纪行为进行监督。

7.1.4 仲裁协议

1. 仲裁协议的概念及特征

仲裁协议系指双方当事人在合同中预先载明表示愿意将其履行合同过程中发生的争议交付仲裁解决的一种条款，或者当事人在争议发生后以其他方式达成的愿意交付仲裁的一种书面协议。从这个概念中，可以看出仲裁协议具有如下五个方面的法律特征：

(1) 仲裁协议是双方当事人一致的、真实的意思表示；

(2) 仲裁协议确定了双方当事人解决纠纷的仲裁途径；

(3) 仲裁协议的效力及于双方当事人和有关第三人（即法院、仲裁机构和仲裁员）；

(4) 仲裁协议的效力具有独立性；

(5) 仲裁协议具有严格的形式要求，即必须采用书面形式。仲裁协议的书面形式主要表现为包含于主合同中的仲裁条款和单独签订的仲裁协议书。

2. 仲裁协议的表现形式

我国《仲裁法》第 16 条规定，仲裁协议包括合同中订立的仲裁条款和以其他书面方式在纠纷发生前或发生后达成的请求仲裁的协议。

(1) 仲裁条款

仲裁条款是指双方当事人在合同中订立的，将今后可能因该合同所发生的争议提交仲裁的条款。这种仲裁协议的特点是当事人就他们将来可能发生的争议约定提交仲裁解决，而且是在合同中用一个条款来约定。该条款作为合同的一项内容订立于合同中，是合同的组成部分。仲裁条款是仲裁实践中最常见的仲裁协议的形式。

(2) 仲裁协议书

仲裁协议书是指双方当事人之间订立的，一致表示愿意将他们之间已经发生或可能发生的争议提交仲裁解决的单独的协议。这种仲裁协议的特点是独立于合同之外单独的仲裁协议，是在合同中没有规定仲裁条款的情况下，双方当事人为了专门约定仲裁内容而单独订立的一种协议。仲裁协议书可以在争议发生前订立，但更多是在争议发生后，双方订立专门的仲裁协议书。

(3) 其他文件中包含的仲裁协议

在民事活动中，当事人除了订立合同之外，还可能在相互之间有信函、电报、电传、传真、电子数据交换、电子邮件或其他书面材料的往来。这些往来文件中如果包含有双方当事人同意将他们之间已经发生或可能发生的争议提交仲裁的内容，那么，有关文件即是仲裁协议。这种类型的仲裁协议与前两种类型的仲裁协议的不同之处在于，仲裁的意思表示一般不集中表现于某法律文件中，而往往分散在当事人之间彼此多次往来的不同文件中。例如一方当事人将他希望订立仲裁协议的事宜向另一方当事人发出建议，如果另一方当事人愿意接受该项建议，必须将他接受该仲裁协议的意向传达给对方当事人，通过这种往来，仲裁协议才能成立。随着通讯方式的快速发展，这种形式的仲裁协议也较为常见。

3. 仲裁协议的内容

根据我国《仲裁法》第 16 条第 2 款规定，仲裁协议应当具有下列内容：

1) 请求仲裁的意思表示

请求仲裁的意思表示，是双方当事人在发生纠纷前或发生纠纷后提请仲裁解决的表示。一般多在合同中载有："凡由于本合同而发生的或与本合同有关的一切争议，双方当事人自愿提交××仲裁委员会解决"的条款。此条款必须是双方当事人自愿的意思表示。

2) 仲裁事项

仲裁事项即提请仲裁的纠纷范围。仲裁的事项必须有准确的约定，不可疏漏也不能超出法律规定的仲裁范围，否则会导致无效。如果对请求仲裁的是什么实体权利、与被申请人是什么法律关系、要求被申请人履行什么义务都不清楚，这样的仲裁协议是没有内容的，因而也是无效的。只有约定了仲裁事项，仲裁协议有了必备内容，才能有效。

合同纠纷中，仲裁事项通常是合同主要条款不履行或不完全履行的动态责任，往往合同条款中不明确不全面的地方容易发生争议，以致须提请仲裁解决。所以提请仲裁的事项，应与合同主要条款的违约责任基本一致。其他财产权益纠纷中，仲裁事项应与侵权责任基本一致。

3) 选定的仲裁委员会

根据我国《仲裁法》的规定，我国大中城市，即直辖市、省和自治区人民政府所在地及有建立仲裁机构需要的其他设区的市，都设有仲裁委员会。仲裁委员会没有级别管辖和地域管辖，只要双方当事人同意，可以选定任何一个仲裁委员会，为已经发生或将来可能发生的争议进行仲裁。仲裁委员会必须由合同双方当事人明确约定，如果没有约定，任何仲裁委员会都没有管辖权，以致无法进行仲裁。

4. 仲裁协议的效力

1) 仲裁协议的效力范围

(1) 对当事人的效力

仲裁协议有效成立后，首先对协议的双方当事人产生应有的法律效力，即妨碍双方当事人行使就该仲裁协议约定争议事项向法院起诉的权利，而对双方当事人产生了将仲裁协议约定争议提请仲裁机构仲裁的义务。如果一方当事人违反该义务，而就协议约定事项争议向法院起诉，则对方当事人享有以仲裁协议为由进行抗辩的权利，此时，视为当事人的起诉不合法，人民法院应当裁定驳回起诉。

(2) 对法院的效力

仲裁协议有效成立后，在对当事人产生妨碍起诉权效力的同时，相对于法院而言，就产生了排斥司法管辖权的效力，即人民法院不得受理当事人之间有仲裁协议的争议案件，除非该仲裁协议无效或者无法实现。

(3) 对仲裁机构的效力

仲裁协议对仲裁机构首先产生授权的法律效力，即仲裁协议是仲裁委员会受理仲裁案件的依据，没有仲裁协议就没有仲裁机构对案件的管辖权。同时，仲裁协议还限定了仲裁权行使的范围，仲裁机构只能对当事人在仲裁协议中约定的争议事项进行仲裁，而对仲裁协议约定范围之外的其他争议无权仲裁。

2) 仲裁协议的效力确认

当事人对仲裁协议的效力有异议的，可以请求仲裁委员会作出决定或者请求人民法院作出裁定。一方请求仲裁委员会作出决定，另一方请求人民法院作出裁定的，由人民法院裁定。当事人对仲裁协议的效力有异议，应当在仲裁庭首次开庭前提出。

3) 仲裁协议的无效情形

《仲裁法》第 17 条、第 18 条规定了仲裁协议无效的情形包括：

(1) 约定的仲裁事项超出法律规定的仲裁范围的；

(2) 无民事行为能力人或者限制民事行为能力人订立的仲裁协议；

(3) 一方采取胁迫手段，迫使对方订立仲裁协议的；

(4) 仲裁协议对仲裁事项或者仲裁委员会没有约定或者约定不明确的，当事人可以补充协议；达不成补充协议的，仲裁协议无效。

7.1.5 仲裁程序

1. 申请和受理

1) 申请仲裁的条件

当事人申请仲裁应当符合下列条件：

(1) 有仲裁协议；

(2) 有具体的仲裁请求和事实、理由；

(3) 属于仲裁委员会的受理范围。

2) 受理

仲裁委员会收到仲裁申请书之日起 5 日内，认为符合受理条件的，应当受理，并通知当事人；认为不符合受理条件的，应当书面通知当事人不予受理，并说明理由。

3) 送达法律文书

仲裁委员会受理仲裁申请后，应当在仲裁规则规定的期限内将仲裁规则和仲裁员名册送达申请人，并将仲裁申请书副本和仲裁规则、仲裁员名册送达被申请人。

被申请人收到仲裁申请书副本后，应当在仲裁规则规定的期限内向仲裁委员会提交答辩书。仲裁委员会收到答辩书后，应当在仲裁规则规定的期限内将答辩书副本送达申请人。被申请人未提交答辩书的，不影响仲裁程序的进行。

4）有仲裁协议但一方起诉时的处理

当事人达成仲裁协议，一方向人民法院起诉未声明有仲裁协议，人民法院受理后，另一方在首次开庭前提交仲裁协议的，人民法院应当驳回起诉，但仲裁协议无效的除外；另一方在首次开庭前未对人民法院受理该案提出异议的，视为放弃仲裁协议，人民法院应当继续审理。

5）财产保全

仲裁中的财产保全，是指法院根据仲裁委员会提交的当事人的申请，就被申请人的财产作出临时性的强制措施，包括查封、扣押、冻结、责令提供担保或法律规定的其他方法，以保障当事人的合法权益不受损失，保证将来作出的裁决能够得到实现。

当事人申请财产保全的，仲裁委员会应当将当事人的申请依照民事诉讼法的有关规定提交人民法院。申请有错误的，申请人应当赔偿被申请人因财产保全所遭受的损失。

2. 仲裁庭

1）仲裁庭的组成

仲裁庭可以由 3 名仲裁员或者 1 名仲裁员组成。由 3 名仲裁员组成的，设首席仲裁员。

当事人约定由 3 名仲裁员组成仲裁庭的，应当各自选定或者各自委托仲裁委员会主任指定 1 名仲裁员，第三名仲裁员由当事人共同选定或者共同委托仲裁委员会主任指定。第三名仲裁员是首席仲裁员。

当事人约定由 1 名仲裁员成立仲裁庭的，应当由当事人共同选定或者共同委托仲裁委员会主任指定仲裁员。

2）仲裁员的回避

仲裁员有下列情形之一的，必须回避，当事人也有权提出回避申请：是本案当事人或者当事人、代理人的近亲属；与本案有利害关系；与本案当事人、代理人有其他关系，可能影响公正仲裁的；私自会见当事人、代理人，或者接受当事人、代理人的请客送礼的。

当事人提出回避申请，应当说明理由，在首次开庭前提出。回避事由在首次开庭后知道的，可以在最后一次开庭终结前提出。

仲裁员是否回避，由仲裁委员会主任决定；仲裁委员会主任担任仲裁员时，由仲裁委员会集体决定。

仲裁员因回避或者其他原因不能履行职责的，应当依照《仲裁法》规定重新选定或者指定仲裁员。因回避而重新选定或者指定仲裁员后，当事人可以请求已进行的仲裁程序重新进行，是否准许，由仲裁庭决定；仲裁庭也可以自行决定已进行的仲裁程序是否重新进行。

3. 开庭和裁决

1）不公开仲裁

仲裁应当开庭进行但不公开进行。当事人协议公开的，可以公开进行，但涉及国家秘密的除外。

所谓仲裁不公开进行，包括申请、受理仲裁的情况不公开报道，仲裁开庭不允许旁听，裁决不向社会公布等等。

2）举证责任

当事人应当对自己的主张提供证据。仲裁庭认为有必要收集的证据，可以自行收集。在证据可能灭失或者以后难以取得的情况下，当事人可以申请证据保全。

3）和解与调解

仲裁和解，是指仲裁当事人通过协商，自行解决已提交仲裁的争议事项的行为。《仲裁法》规定，当事人申请仲裁后，可以自行和解。达成和解协议的，可以请求仲裁庭根据和解协议作出裁决书，也可以撤回仲裁申请。当事人达成和解协议，撤回仲裁申请后反悔的，可以根据仲裁协议申请仲裁。

仲裁调解，是指在仲裁庭的主持下，仲裁当事人在自愿协商、互谅互让基础上达成协议从而解决纠纷的一种制度。《仲裁法》规定，仲裁庭在作出裁决前，可以先行调解。当事人自愿调解的，仲裁庭应当调解。调解不成的，应当及时作出裁决。调解达成协议的，仲裁庭应当制作调解书或者根据协议的结果制作裁决书。调解书与裁决书具有同等法律效力。调解书经双方当事人签收后，即发生法律效力。在调解书签收前当事人反悔的，仲裁庭应当及时作出裁决。

4）仲裁裁决

仲裁裁决是指仲裁庭对当事人之间所争议的事项进行审理后所作出的终局的权威性判定。仲裁裁决的作出，标志着当事人之间的纠纷的最终解决。

裁决应当按照多数仲裁员的意见作出，少数仲裁员的不同意见可以记入笔录。仲裁庭不能形成多数意见时，裁决应当按照首席仲裁员的意见作出。

裁决书应当写明仲裁请求、争议事实、裁决理由、裁决结果、仲裁费用的负担和裁决日期。当事人协议不愿写明争议事实和裁决理由的，可以不写。裁决书由仲裁员签名，加盖仲裁委员会印章。对裁决持不同意见的仲裁员，可以签名，也可以不签名。

裁决书自作出之日起发生法律效力。

7.1.6 仲裁裁决的撤销

仲裁实行一裁终局制度，仲裁裁决一经作出，即发生法律效力。为保护当事人的合法权益，申请撤销裁决是法院实行外部监督的一种方法。

1. 撤销仲裁裁决的情形

当事人提出证据证明裁决有下列情形之一的，可以向仲裁委员会所在地的中级人民法院申请撤销裁决：

（1）没有仲裁协议的；

（2）裁决的事项不属于仲裁协议的范围或者仲裁委员会无权仲裁的；

（3）仲裁庭的组成或者仲裁的程序违反法定程序的；

（4）裁决所根据的证据是伪造的；

（5）对方当事人隐瞒了足以影响公正裁决的证据的；

（6）仲裁员在仲裁该案时有索贿受贿，徇私舞弊，枉法裁决行为的。

人民法院经组成合议庭审查核实裁决有前款规定情形之一的，应当裁定撤销。

人民法院认定该裁决违背社会公共利益的，应当裁定撤销。

2. 申请撤销裁决的期限

当事人申请撤销裁决的，应当自收到裁决书之日起6个月内提出。

人民法院应当在受理撤销裁决申请之日起 2 个月内作出撤销裁决或者驳回申请的裁定。

7.1.7 仲裁裁决的执行

1. 仲裁裁决的执行

仲裁裁决的执行，是指人民法院经当事人申请，采取强制措施将仲裁裁决书中的内容付诸实现的行为和程序。

对依法设立的仲裁机构的裁决，一方当事人不履行的，对方当事人可以向有管辖权的人民法院申请执行。受申请的人民法院应当执行。

2. 仲裁裁决的不予执行

被申请人提出证据证明仲裁裁决有下列情形之一的，经人民法院组成合议庭审查核实，裁定不予执行：

(1) 当事人在合同中没有订立仲裁条款或者事后没有达成书面仲裁协议的；

(2) 裁决的事项不属于仲裁协议的范围或者仲裁机构无权仲裁的；

(3) 仲裁庭的组成或者仲裁的程序违反法定程序的；

(4) 裁决所根据的证据是伪造的；

(5) 对方当事人隐瞒了足以影响公正裁决的证据的；

(6) 仲裁员在仲裁该案时有贪污受贿，徇私舞弊，枉法裁决行为的。

人民法院认定执行该裁决违背社会公共利益的，裁定不予执行。

3. 不予执行或撤销裁决的后果

仲裁裁决被人民法院依法裁定撤销或者不予执行的，当事人就该纠纷可以根据双方重新达成的仲裁协议申请仲裁，也可以向人民法院起诉。

7.2 民事诉讼法律制度

2012 年 8 月 31 日第 11 届全国人大常委会第 28 次会议表决通过了《关于修改〈中华人民共和国民事诉讼法〉的决定》，于 2013 年 1 月 1 日实施。这是我国《民事诉讼法》自 1991 年 4 月 9 日正式颁布后的第二次修正，较 2007 年的修正而言，更为全面和广泛。从内容上看，此次修改的内容涉及《民事诉讼法》所有的制度和程序，在章节顺序和立法体例维持不变的基础上，一是将已经被司法解释明确规定和已经在司法实践广泛运用，达到相应成熟度的相关新型制度以法律的形式固定下来，形成创设性规定；二是对原有诉讼程序和制度在现有基础上进行了修改，作出补充和完善，形成了修补性规定，其分散于民事诉讼法有关章节中；三是对某些条文虽然没有实质修改，但也根据其他条文的修改而调整了表述，属于立法技术层面的完善。

7.2.1 民事诉讼受案范围

《民事诉讼法》第 3 条规定："人民法院受理公民之间、法人之间、其他组织之间以及他们相互之间因财产关系和人身关系提起的民事诉讼，适用本法的规定。"属于我国人民法院主管的民事案件主要有以下几类：

1. 第一类纠纷

(1) 婚姻家庭纠纷。包括离婚及离婚的财产纠纷、解除非法同居关系纠纷、恋爱引起的财产纠纷、抚养和赡养纠纷、解除收养关系纠纷等。

(2) 继承遗产纠纷。包括继承权纠纷、遗嘱继承纠纷、遗赠抚养协议纠纷、分割遗产份额纠纷等。

(3) 土地纠纷。包括宅基地纠纷、侵犯土地使用权纠纷等。

(4) 房屋纠纷。包括房屋确权纠纷，房屋买卖、使用、租赁、代管、典当、拆迁、调换等纠纷。

(5) 各种物权纠纷。包括所有权、用益物权、担保物权等纠纷。

(6) 相邻关系纠纷。包括相邻采光、通风、通行、排水、滴水、噪音、防险等纠纷。

(7) 涉及人身权纠纷。包括侵害他人身体的侵权纠纷，医疗事故纠纷，美容致人损害的纠纷，产品质量不合格造成他人损害的纠纷，被动物致伤造成的纠纷，侵犯他人姓名权、肖像权、名誉权、隐私权等引起的纠纷。

(8) 债务纠纷。包括合同纠纷、代理纠纷、追还不当得利纠纷、无因管理索赔纠纷等。

(9) 知识产权纠纷。包括著作权纠纷，商标权纠纷，侵犯他人商业秘密纠纷，发明、发现权纠纷，工业产权转让、使用许可等纠纷。

(10) 各种票据纠纷。包括股票纠纷、债券纠纷、彩票纠纷等。

2. 第二类纠纷

(1) 劳动合同争议纠纷。

(2) 除名、辞退或开除争议纠纷。

(3) 对企业作出的其他处理或处分决定不服争议纠纷。

(4) 关于是否工伤的认定争议纠纷。

(5) 其他。

这类纠纷或争议引起民事官司的前提条件是必须先由相关的劳动争议管理部门进行仲裁，当事人对仲裁结论不服才可以去法院打官司，未经仲裁不能直接向法院提起诉讼。

3. 第三类纠纷

第三类纠纷是指上述纠纷种类尚不能包括进去的其他纠纷或非纠纷。如选民不服选举委员会对选民资格的申诉所作的处理决定而引起的纠纷，申请宣告死亡、失踪，申请认定公民无民事行为能力或限制行为能力，申请认定财产无主等非纠纷。

7.2.2 民事诉讼管辖

1. 民事诉讼管辖概念

民事诉讼管辖，是指上级人民法院和下级人民法院之间，以及同级人民法院之间受理第一审民事案件的分工和权限。设立诉讼管辖制度的意义在于：第一，便于人民法院行使审判权，防止法院之间发生管辖权纠纷，避免法院之间对诉讼案件互相争管辖权或者互相推诿；第二，便于诉讼当事人请求司法保护；第三，便于确定涉外诉讼的管辖权，以利于维护国家主权及经济利益。

2. 民事诉讼管辖的种类

1) 级别管辖

级别管辖是指人民法院内部划分上下级法院之间受理第一审民事案件的分工和权限。

(1) 基层人民法院管辖的第一审民事案件：除最高人民法院、高级人民法院和中级人民法院管辖的第一审民事案件外，其余的第一审民事案件都由基层人民法院管辖。

（2）中级人民法院管辖的第一审民事案件：重大涉外案件；在本辖区有重大影响的案件；最高人民法院确定由中级人民法院管辖的案件。

（3）高级人民法院管辖在本辖区有重大影响的第一审民事案件。

（4）最高人民法院管辖下列第一审民事案件：在全国有重大影响的案件；认为应当由本院审理的案件。

2）地域管辖

地域管辖，是指确定同级人民法院之间受理第一审民事案件的分工和权限。地域管辖实际上是着重于法院与当事人、诉讼标的以及法律事实之间的隶属关系和关联关系来确定的，主要分为一般地域管辖、特殊地域管辖和专属管辖等。

（1）一般地域管辖

一般地域管辖，是指根据当事人住所地与人民法院辖区的隶属关系所确定的管辖。一般地域管辖以由被告住所地法院管辖为原则，由原告住所地法院管辖为例外。

“原告就被告”原则，即以被告住所地作为确定管辖的标准。对公民提起的民事诉讼，由被告住所地人民法院管辖；被告住所地与经常居住地不一致的，由经常居住地人民法院管辖。对法人或者其他组织提起的民事诉讼，由被告住所地人民法院管辖。同一诉讼的几个被告住所地、经常居住地在两个以上人民法院辖区的，各该人民法院都有管辖权。

由原告住所地人民法院管辖是一般地域管辖的例外，是对“原告就被告”原则的补充，包括：对不在中华人民共和国领域内居住的人提起的有关身份关系的诉讼；对下落不明或者宣告失踪的人提起的有关身份关系的诉讼；对被采取强制性教育措施的人提起的诉讼；对被监禁的人提起的诉讼。

【知识链接】

根据《最高人民法院关于适用<中华人民共和国民事诉讼法>若干问题的意见》的规定：公民的住所地是指公民的户籍所在地，法人的住所地是指法人的主要营业地或者主要办事机构所在地。公民离开住所地最后连续居住1年以上的地方，为经常居住地。但住医院治病的除外。公民由其户籍所在地迁出后至迁入另一地之前，无经常居住地的，仍以其原户籍所在地为住所。

（2）特殊地域管辖

特殊地域管辖，又称特别地域管辖，是指以诉讼标的所在地或者引起民事法律关系发生、变更、消灭的法律事实所在地为标准确定的管辖。特殊地域管辖是相对于一般地域管辖而言的，是法律针对特别类型案件的诉讼管辖作出的规定。《民事诉讼法》中规定了特殊地域管辖的十种情形如下：

① 因合同纠纷提起的诉讼，由被告住所地或者合同履行地人民法院管辖；

② 因保险合同纠纷提起的诉讼，由被告住所地或者保险标的物所在地人民法院管辖；

③ 因票据纠纷提起的诉讼，由票据支付地或者被告住所地人民法院管辖；

④ 因公司设立、解散等纠纷提起的诉讼，由公司住所地人民法院管辖；

⑤ 因铁路、公路、水上、航空运输和联合运输合同纠纷提起的诉讼，由运输始发地、目的地或者被告住所地人民法院管辖；

⑥ 因侵权行为提起的诉讼，由侵权行为地或者被告住所地人民法院管辖；

⑦ 因铁路、公路、水上和航空事故请求损害赔偿提起的诉讼，由事故发生地或者车辆、船舶最先到达地、航空器最先降落地或者被告住所地人民法院管辖；

⑧ 因船舶碰撞或者其他海事损害事故请求损害赔偿提起的诉讼，由碰撞发生地、碰撞船舶最先到达地、加害船舶被扣留地或者被告住所地人民法院管辖；

⑨ 因海难救助费用提起的诉讼，由救助地或者被救助船舶最先到达地人民法院管辖；

⑩ 因共同海损提起的诉讼，由船舶最先到达地、共同海损理算地或者航程终止地的人民法院管辖。

(3) 专属管辖

专属管辖，是指法律规定特定的民事案件只能由特定的人民法院管辖。下列案件属于专属管辖：

① 因不动产纠纷提起的诉讼，由不动产所在地人民法院管辖；

② 因港口作业中发生纠纷提起的诉讼，由港口所在地人民法院管辖；

③ 因继承遗产纠纷提起的诉讼，由被继承人死亡时住所地或者主要遗产所在地人民法院管辖。

(4) 协议管辖

协议管辖，是指双方当事人在纠纷发生前或纠纷发生后，以书面形式约定管辖法院。国内民事案件的协议管辖必须符合下列条件：

① 当事人只能就合同纠纷案件达成管辖协议。

② 协议管辖只能协议改变第一审的法定地域管辖，不能协议变更级别管辖，也不能协议改变专属管辖。

③ 必须在法律规定的范围内选择管辖法院。

④ 管辖协议必须采用书面形式。

《民事诉讼法》第 34 条规定：合同或者其他财产权益纠纷的当事人可以书面协议选择被告住所地、合同履行地、合同签订地、原告住所地、标的物所在地等与争议有实际联系的地点的人民法院管辖，但不得违反本法对级别管辖和专属管辖的规定。

【特别提示】

两个以上人民法院都有管辖权的诉讼，原告可以向其中一个人民法院起诉；原告向两个以上有管辖权的人民法院起诉的，由最先立案的人民法院管辖。

3) 移送管辖和指定管辖

(1) 移送管辖

移送管辖是指已经受理案件的人民法院，因发现本法院对该案件没有管辖权，而将案件移送有管辖权的人民法院审理。

《民事诉讼法》第 36 条规定：人民法院发现受理的案件不属于本院管辖的，应当移送有管辖权的人民法院，受移送的人民法院应当受理。受移送的人民法院认为受移送的案件依照规定不属于本院管辖的，应当报请上级人民法院指定管辖，不得再自行移送。

(2) 指定管辖

指定管辖，是指上级人民法院根据法律规定，以裁定的方法指定其所属的下级人民法院对某件民事案件行使管辖权。

《民事诉讼法》第 37 条规定：有管辖权的人民法院由于特殊原因，不能行使管辖权的，由上级人民法院指定管辖。

4）管辖权的转移

管辖权的转移是指经过上级人民法院决定或者同意，将某一诉讼案件的管辖权由下级人民法院转移给上级人民法院，或者由上级人民法院转移给下级人民法院。

《民事诉讼法》第 38 条规定：上级人民法院有权审理下级人民法院管辖的第一审民事案件；确有必要将本院管辖的第一审民事案件交下级人民法院审理的，应当报请其上级人民法院批准。下级人民法院对它所管辖的第一审民事案件，认为需要由上级人民法院审理的，可以报请上级人民法院审理。

7.2.3 回避制度

回避制度，是指为了保证案件的公正审判，而要求与案件有一定利害关系的审判人员或其他有关人员，不得参与本案的审理活动的审判制度。回避制度是保证案件获得公正审理的制度。《民事诉讼法》第 44 条中对回避的规定修改为：审判人员有下列情形之一的，应当自行回避，当事人有权用口头或者书面方式申请他们回避：

（1）是本案当事人或者当事人、诉讼代理人近亲属的；

（2）与本案有利害关系的；

（3）与本案当事人、诉讼代理人有其他关系，可能影响对案件公正审理的。

审判人员接受当事人，诉讼代理人请客送礼，或者违反规定会见当事人，诉讼代理人的，当事人有权要求他们回避。

审判人员有以上行为的，应当依法追究法律责任。

上述规定，适用于书记员、翻译人员、鉴定人、勘验人。

7.2.4 诉讼参加人

1. 当事人

民事诉讼中的当事人，是指因民事权利和义务发生争议，以自己的名义进行诉讼，请求人民法院进行裁判的人。公民、法人和其他组织可以作为民事诉讼的当事人。法人由其法定代表人进行诉讼。其他组织由其主要负责人进行诉讼。

《民事诉讼法》第 55 条规定还增加了，对污染环境、侵害众多消费者合法权益等损害社会公共利益的行为，法律规定的机关和有关组织可以向人民法院提起诉讼。

【知识链接】

《最高人民法院关于审理建设工程施工合同纠纷案件适用法律问题的解释》中规定：因建设工程质量发生争议的，发包人可以以总承包人、分包人和实际施工人为共同被告提起诉讼。实际施工人以转包人、违法分包人为被告起诉的，人民法院应当依法受理。实际施工人以发包人为被告主张权利的，人民法院可以追加转包人或者违法分包人为本案当事人。发包人只在欠付工程价款范围内对实际施工人承担责任。

2. 诉讼代理人

诉讼代理人，是指根据法律规定或者当事人的授权，代理当事人一方，以被代理人的名义进行诉讼的人。诉讼代理人分为法定代理人和委托代理人。

1）法定代理人

法定代理人，是依照法律规定代无民事行为能力的当事人行使诉讼权利，承担诉讼义务的人。无诉讼行为能力人由他的监护人作为法定代理人代为诉讼。法定代理人之间互相推诿代理责任的，由人民法院指定其中1人代为诉讼。

2）委托代理人

委托代理人，是指受当事人、法定代表人、法定代理人和诉讼代表人的委托，代为实施诉讼行为的人。

当事人、法定代理人可以委托1～2人作为诉讼代理人。下列人员可以被委托为诉讼代理人：

（1）律师、基层法律服务工作者；

（2）当事人的近亲属或者工作人员；

（3）当事人所在社区、单位以及有关社会团体推荐的公民。

委托权限分为一般授权和特别授权。一般授权，委托代理人仅有程序性的诉讼权利。特别授权可以行使实体性的诉讼权利，即代为承认、放弃、变更诉讼请求，进行和解，提起反诉或者上诉。若授权委托书仅写“全权代理”而无具体授权的情形，视为诉讼代理人没有获得特别授权，无权行使实体性诉讼权利。

7.2.5 证据

1. 证据的种类

根据《民事诉讼法》第63条规定，证据包括：当事人的陈述；书证；物证；视听资料；电子数据；证人证言；鉴定意见；勘验笔录。证据必须经法定程序查证属实，才能作为认定事实的根据。

（1）当事人陈述

当事人陈述是指当事人在诉讼中就本案的事实向法院所作的说明。当事人是事件的亲历人，其口述的事实是一种直接证据，比起其他证据更能恢复事件的真实情况，考虑到当事人的立场不同，何种陈述才是正确的，可以通过庭审的质证来辨识，因此，也可通过诚实信用原则来进行辨别，而不应排除当事人的陈述在证据之外。人民法院对当事人的陈述，应当结合本案的其他证据，审查确定能否作为认定事实的根据。当事人拒绝陈述的，不影响人民法院根据证据认定案件事实。

（2）书证

书证是指以其文字或数字记载的内容起证明作用的书面文书和其他载体。如合同文本、财务账册、欠据、收据、往来信函以及确定有关权利的判决书、法律文件等。

（3）物证

物证是指以其存在、存放的地点、外部特征及物质特性来证明案件事实真相的证据。如买卖过程中封存的样品，被损坏的机械、设备，有质量问题的产品等。

（4）视听资料

视听资料是指利用录音、录像等技术手段反映的声音、图像以及电子计算机储存的数据证明案件事实的证据。如录像带、录音带、胶卷、电脑数据等。

（5）电子数据

电子数据（EDI）与计算机的运用密不可分，是以电子形式记录的数据，也称数据电文。联合国国际贸易委员会通过的《电子贸易示范法》第2条规定，数据电文是指经由电子手段，光学手段或类似手段生成、发送、接收或储存的信息，包括电子数据交换、电子邮件、电报、电传或传真。随着计算机和网络技术的普及，电子数据在企业跨国经营中被广泛应用。在国际惯例和外国法律中，电子数据早已作为一种独立的证据形式，直接进入诉讼程序。我国现行《民事诉讼法》增加了电子数据的独立证据地位，在诉讼程序中直接使用，有一定的现实意义。

（6）证人证言

证人是指了解案件事实情况并向法院或当事人提供证词的人。证言，是指证人将其了解的案件事实向法院所作的陈述或证词。

（7）鉴定结论

鉴定结论是指鉴定人运用自己的专门知识，对案件中的专门性问题进行鉴定后所作出的书面结论。如损伤鉴定、痕迹鉴定、质量责任鉴定等。

（8）勘验笔录

勘验笔录是指人民法院审判人员或者行政机关工作人员对能够证明案件事实的现场或者对不能、不便拿到人民法院的物证，就地进行分析、检验、测量、勘察后所作的记录。包括文字记录、绘图、照相、录像、模型等材料。

【知识链接】

现行《民事诉讼法》中对证人证言做了更加详尽的规定：

第 72 条　凡是知道案件情况的单位和个人，都有义务出庭作证。有关单位的负责人应当支持证人作证。不能正确表达意思的人，不能作证。

第 73 条　经人民法院通知，证人应当出庭作证。有下列情形之一的，经人民法院许可，可以通过书面证言、视听传输技术或者视听资料等方式作证：

（1）因健康原因不能出庭的；

（2）因路途遥远，交通不便不能出庭的；

（3）因自然灾害等不可抗力不能出庭的；

（4）其他有正当理由不能出庭的。

第 74 条　证人因履行出庭作证义务而支出的交通、住宿、就餐等必要费用以及误工损失，由败诉一方当事人负担。当事人申请证人作证的，由该当事人先行垫付；当事人没有申请，人民法院通知证人作证的，由人民法院先行垫付。

2. 证明对象

1）证明对象的范围

在民事诉讼中，需要运用证据加以证明的对象包括：当事人主张的实体权益的法律事实；当事人主张的程序法事实；证据事实；习惯、地方性法规。

2）不需要证明的事实

根据最高人民法院《关于民事诉讼证据的若干规定》，对下列事实，当事人无需举证证明：众所周知的事实；自然规律及定理；根据法律规定或者已知事实和日常生活经验法则，能推定出的另一事实；已为人民法院发生法律效力的裁判所确认的事实；已为仲裁机构的生效裁决所确认的事实；已为有效公证文书所证明的事实。

3. 证据收集

一般可以通过以下方法收集证据：当事人提供证据；人民法院认为审理案件需要的证据，依职权主动调查收集；当事人及其诉讼代理人因客观原因不能自行收集的证据，可依法申请人民法院调查收集。

4. 举证责任

1）举证责任的概念

举证责任，又称证明责任，即当事人对自己主张的事实，应当提供证据加以证明，不能证明时将承担诉讼上的不利后果。《最高人民法院关于民事诉讼证据的若干规定》第2条对举证责任作出了明确规定，即当事人对自己提出的诉讼请求所依据的事实或者反驳对方诉讼请求所依据的事实有责任提供证据加以证明。没有证据或者证据不足以证明当事人的事实主张的，由负有举证责任的当事人承担不利后果。

2）民事诉讼举证责任分配

(1) 一般原则。谁主张相应的事实，谁就应当对该事实加以证明，即“谁主张，谁举证”。

在合同纠纷案件中，主张合同关系成立并生效的一方当事人对合同订立和生效的事实承担举证责任；主张合同关系变更、解除、终止、撤销的一方当事人对引起合同关系变动的事实承担举证责任。对合同是否履行发生争议的，由负有履行义务的当事人承担举证责任。对代理权发生争议的，由主张有代理权一方当事人承担举证责任。

在劳动争议纠纷案件中，因用人单位作出开除、除名、辞退、解除劳动合同、减少劳动报酬、计算劳动者工作年限等决定而发生劳动争议的，由用人单位负举证责任。

(2) 举证责任倒置。为了弥补一般原则的不足，针对一些特殊的案件，将按照一般原则本应由己方承担的某些证明责任，改为由对方当事人承担的证明方法。证明责任倒置必须由法律的规定，法官不可以在诉讼中任意将证明责任分配加以倒置。如《最高人民法院关于民事诉讼证据的若干规定》中规定：高度危险作业致人损害的侵权诉讼，由加害人就受害人故意造成损害的事实承担举证责任；因环境污染引起的损害赔偿诉讼，由加害人就法律规定的免责事由及其行为与损害结果之间不存在因果关系承担举证责任；建筑物或者其他设施以及建筑物上的搁置物、悬挂物发生倒塌、脱落、坠落致人损害的侵权诉讼，由所有人或者管理人对其无过错承担举证责任；因缺陷产品致人损害的侵权诉讼，由产品的生产者就法律规定的免责事由承担举证责任。

5. 证明程序

(1) 举证时限。举证时限，是指法律规定或法院指定的当事人能够有效举证的期限。

举证期限可以由当事人协商一致，并经人民法院认可；由人民法院指定举证期限的，指定的期限不得少于30日。

当事人应当在举证期限内向人民法院提交证据材料，当事人在举证期限内不提交的，视为放弃举证权利。对于当事人逾期提交的证据材料，人民法院审理时不组织质证。但对方当事人同意质证的除外。当事人增加、变更诉讼请求或者提起反诉的，应当在举证期限届满前提出。

(2) 证据交换。我国民事诉讼法中的证据交换，是指于诉讼答辩期届满之后开庭审理以前，在人民法院的主持下，当事人之间相互明示其持有证据的过程。

经当事人申请，人民法院可以组织当事人在开庭审理前交换证据。人民法院对于证据较多或者复杂疑难的案件，应当组织当事人在答辩期届满后、开庭审理前交换证据。

交换证据的时间可以由当事人协商一致并经人民法院认可，也可以由人民法院指定。

人民法院组织当事人交换证据的，交换证据之日举证期限届满。当事人申请延期举证经人民法院准许的，证据交换日相应顺延。

（3）质证。质证，是指当事人在法庭的主持下，围绕证据的真实性、合法性、关联性，针对证据证明力有无以及证明力大小，进行质疑、说明与辩驳的过程。

证据应当在法庭上出示，由当事人质证。未经质证的证据，不能作为认定案件事实的依据。

（4）认证。认证，是指法庭经过质证或者当事人在证据交换中认可的各种证据材料作出审查判断，确认其能否作为认定案件事实的根据。论证的具体内容是对作为认证对象的证据资料是否具有证明力及证明力大小进行审查确认。

审判人员应当依照法定程序，全面、客观地审核证据，依据法律的规定，遵循法官职业道德，运用逻辑推理和日常生活经验，对证据有无证明力和证明力大小独立进行判断，并公开判断的理由和结果。

7.2.6 财产保全和先予执行

1. 财产保全

1）财产保全概念

财产保全，是指法院在受理案件前或诉讼过程中，根据利害关系人或当事人提出的申请，或者依职权对当事人遇到的有关财产可能被转移、隐匿、毁灭等情形从而将会造成利害关系人权益损害或可能使人民法院的判决难以执行或不能执行时所作出的强制性保护措施。

民事案件从人民法院受理到作出生效判决需要经过几个月甚至更长的时间。法院判决生效后，如果债务人不履行义务，债权人申请强制执行又需要一段时间。在这一过程中，如果债务人隐匿、转移或者挥霍争议中的财产或者以后用于执行的财产而得不到制止，不仅会激化当事人双方的矛盾，而且可能会使生效的判决不能得到执行。有些争执标的物，如水果、水产品等，容易腐烂变质，必须及时处理，保存价款，以减少当事人的损失。

2）财产保全种类

财产保全以时间为标准分为诉前财产保全和诉讼财产保全两种。

（1）诉前财产保全

诉前财产保全，是指在起诉前人民法院根据利害关系人的申请对相关财产采取的财产保全措施。诉前财产保全属于应急性的保全措施，目的是保护利害关系人不致遭受无法弥补的损失。例如，双方当事人签订买卖合同，需方按约定给付卖方150万元的预付款，事后发现供方有欺诈行为，根本没有能力履行合同，而且所付货款有被转移的可能，如不及时采取强制保全措施加以控制，必将产生难以弥补的损失。由于从债权人起诉到法院受理需要一段时间，法律就有必要赋予利害关系人在情况紧急时，请求法院及时保全可能被转移的财产的权利。

诉前财产保全的适用条件有：

第一，需要采取诉前财产保全的申请必须具有给付内容，即申请人将来提起案件的诉讼请求具有财产给付内容。

第二，情况紧急，不立即采取相应的保全措施，可能使申请人的合法权益受到难以弥补的损失。

第三，由利害关系人提出诉前财产保全申请。利害关系人，即与被申请人发生争议，或者认为权利受到被申请人侵犯的人。

第四，诉前财产保全申请人必须提供担保。申请人如不提供担保，人民法院驳回申请人在起诉前提出的财产保全申请。

根据《民事诉讼法》及司法解释的规定，诉前财产保全和诉讼中财产保全都必须交纳保全费用，并依照《人民法院诉讼收费办法》执行。

诉前财产保全的申请人即利害关系人必须在人民法院采取保全措施后30日内提起诉讼，使与被保全的财产的有关争议能够通过审判得到解决。如果利害关系人未在30日内向人民法院起诉，人民法院应当解除财产保全措施。

（2）诉讼财产保全

诉讼财产保全，是指人民法院在诉讼过程中，为保证将来生效判决的顺利执行，对当事人的财产或争议的标的物采取的强制措施。《民事诉讼法》第101条规定：利害关系人因情况紧急，不立即申请保全将会使其合法权益受到难以弥补的损害的，可以在提起诉讼或者申请仲裁前向被保全财产所在地、被申请人住所地或者对案件有管辖权的人民法院申请采取保全措施。申请人应当提供担保，不提供担保的，裁定驳回申请。人民法院接受申请后，必须在48小时内作出裁定；裁定采取保全措施的，应当立即开始执行。申请人在人民法院采取保全措施后30日内不依法提起诉讼或者申请仲裁的，人民法院应当解除保全。

3）财产保全范围

《民事诉讼法》102条规定："财产保全限于请求的范围，或者与本案有关的财物。"限于请求的范围，是指保全的对象只能是利害关系人即将起诉或诉讼当事人在诉讼中所指向的某项具体财物，并且保全财产的价值与诉讼请求的数额基本相同；与本案有关的财物，是指保全的财产应是利害关系人之间发生争议而即将起诉的标的物或诉讼当事人在诉讼中所指向的标的物有关联的物品。

被申请人提供担保的，人民法院应当解除财产保全。申请有错误的，申请人应当赔偿被申请人因财产保全所遭受的损失。

【知识链接】

《最高人民法院关于适用〈中华人民共和国民事诉讼法〉若干问题的意见》第102、104、105条作了明确规定，人民法院对抵押物、留置物、债务人到期应得的收益、债务人对第三人的到期债权可以采取财产保全措施。《最高人民法院关于在经济审判工作中严格执行〈中华人民共和国民事诉讼法〉的若干规定》第14条规定，人民法院采取财产保全措施时，保全的范围应当限于当事人争议的财产，或者被告的财产。这些规定在一定程度上突破了《民事诉讼法》财产保全的范围。

4）财产保全的措施

财产保全采取查封、扣押、冻结或者法律规定的其他方法。

查封，是指人民法院清点财产、粘贴封条、就地封存，以防止他人处理和移动的一种财产保全措施。这种措施主要适用于不动产。

扣押，是指人民法院对需要采取财产保全措施的财物就地扣留或异地扣留保存，在一定期限内不得动用和处分。这种措施主要适用于动产。

冻结，是指人民法院依法通知有关银行、信用合作社等单位，不准被申请人提取或转移其存款的一种财产保全措施。人民法院依法冻结的款项，任何人（包括银行和信用合作社）都不准动用。冻结期限为6个月。6个月的诉讼期限届满之后，人民法院没有重新办理冻结手续的，原冻结措施视为自动撤销，权利人有权自由处分冻结的款项。对股权、债券的保全措施也适用冻结。

法律准许的其他方法，是指除上述三项措施以外的其他方法。这是一种弹性规定，实践中这些方法主要包括：

(1) 对季节性商品，鲜活、易腐烂变质以及其他不宜长期保存的物品，可以采用变卖后由人民法院保存价款的方法予以保全。

(2) 对不动产和特定动产（如车辆、船舶等），人民法院可以采取扣押有关财产证照并通知有关产权登记部门不予办理该项财产产权转移手续的方式予以保全。

(3) 人民法院对抵押物、留置物可以采取财产保全措施，但抵押权人、留置权人有优先受偿权。

(4) 人民法院对债务人到期应得的利益，可以限制其支配，通知有关单位协助执行。

(5) 债务人的财产不能满足保全请求，但对第三人有到期债权的，人民法院可以以债权人的申请裁定该第三人不得对本案债务人清偿。该第三人要求清偿的，由人民法院提存财物或价款。

人民法院在财产保全中采取查封、扣押财产措施时，应当妥善保管被查封、扣押的财产。当事人、负责保全的有关单位和个人以及人民法院都不得动用该项财产。人民法院冻结财产后，应当立即通知被冻结财产的人。财产已被查封、冻结的，其他任何单位包括人民法院都不得重复查封、冻结。

【特别提示】

要注意诉前财产保全与诉讼中财产保全的区别

1. 申请的主体不同。诉前财产保全是在起诉前由利害关系人向人民法院提出；诉讼中财产保全是当事人在诉讼进行中申请财产保全。诉讼中财产保全应当由申请人提出申请，必要时人民法院可以依职权采取保全措施。诉前财产保全由利害关系人提出申请，法院不得依职权采取保全措施。

2. 申请财产保全的时间不同。诉讼中财产保全应当在案件受理后、判决生效前提出申请；诉前财产保全必须在起诉前向有管辖权的人民法院提出申请。

3. 对申请人是否提供担保的要求不同。诉讼中财产保全，人民法院责令提供担保的，申请人必须提供担保，不提供担保的，驳回申请。没有责令申请人提供担保的，申请人可以不提供担保，人民法院依职权采取保全措施的，有关的利害关系人也可以不提供担保。诉前财产保全，申请人必须提供担保，不提供担保的，驳回申请。

2. 先予执行

先予执行，是指人民法院对某些民事案件作出终局判决前，为了解决权利人的生活或生产经营急需，根据其申请，裁定另一方当事人预先履行一定义务的诉讼措施。

1) 先予执行的适用范围

人民法院对下列案件，根据当事人的申请，可以裁定先予执行：

(1) 追索赡养费、扶养费、抚育费、抚恤金、医疗费用的；

(2) 追索劳动报酬的；

(3) 因情况紧急需要先予执行的。

2) 先予执行的条件

(1) 当事人之间权利义务关系明确，不先予执行将严重影响申请人的生活或者生产经营的；

(2) 被申请人有履行能力；

(3) 申请人向人民法院提出了申请；

(4) 人民法院应当在受理案件后终审判决作出前采取。

3) 先予执行的程序

(1) 申请。先予执行根据当事人的申请而开始，人民法院不能主动采取先予执行措施。

(2) 责令提供担保。人民法院应据案件具体情况来决定是否要求申请人提供担保。如果认为有必要让申请人提供担保，可以责令其提供担保，申请人不提供担保的，驳回申请。

(3) 裁定。人民法院对当事人先予执行的申请，经审查认为符合法定条件的，应当及时作出先予执行的裁定。裁定经送达当事人，即发生法律效力，当事人不服的，可申请复议。

(4) 错误的补救。人民法院裁定先予执行后，经过审理，判决申请人败诉的，申请人应返还因先予执行所取得的利益。拒不返还的，由法院强制执行，被申请人因先予执行遭受损失的，还应赔偿被申请人的损失。

7.2.7 强制措施

民事诉讼中的强制措施，是指人民法院在民事诉讼中，为了制止和排除诉讼参与人或案外人对民事诉讼的妨害，维护正常的诉讼秩序，保证审判和执行活动的顺利进行，而依法对妨害人所采取的各种强制手段的总称。人民法院对妨害民事诉讼的行为可以采取以下强制措施：

1) 对必须到庭的被告，经两次传票传唤，无正当理由拒不到庭的，可以拘传。

必须到庭的被告是指追索赡养费、扶养费、抚育费、劳动报酬案件的被告，以及其他不到庭就无法查清案情的被告。两次传票传唤是指人民法院送达传票，并由受送达人或者法定的代收人在送达回证上签字或者盖章。无正当理由，主要指没有不可抗力、意外事件等使被告无法到庭的特殊情况。

2) 对违反法庭规则的人，可以予以训诫，责令退出法庭或者予以罚款、拘留。

人民法院对哄闹、冲击法庭，侮辱、诽谤、威胁、殴打审判人员，严重扰乱法庭秩序的人，依法追究刑事责任；情节较轻的，予以罚款、拘留。

3) 诉讼参与人或者其他人有下列行为之一的，人民法院可以根据情节轻重予以罚款、拘留；构成犯罪的，依法追究刑事责任：

(1) 伪造、毁灭重要证据，妨碍人民法院审理案件的。

伪造证据是指为了掩盖事实而伪造书证、物证、视听资料，提供假的鉴定结论和勘验笔录。毁灭证据是指把能够证明案件事实的证据毁灭掉。

(2) 以暴力、威胁、贿买方法阻止证人作证或者指使、贿买、胁迫他人作伪证的。

这是针对证人证言的两个方面的行为，一是不让知道案件情况的人作证；二是让证人或者并非证人的人提供与案件事实相悖或者本不存在的证据。

(3) 隐藏、转移、变卖、毁损已被查封、扣押的财产，或者已被清点并责令其保管的财产，转移已被冻结的财产的。

这是在人民法院采取保全措施后的行为。转移已被冻结的财产，主要指银行将已被人民法院冻结的财产私自解冻，挪作他用。

(4) 对司法工作人员、诉讼参加人、证人、翻译人员、鉴定人、勘验人、协助执行的人，进行侮辱、诽谤、诬陷、殴打或者打击报复的。

司法工作人员，诉讼参与人、协助执行的人，在诉讼中享有一定的诉讼权利，承担一定的诉讼义务，只要诉讼程序没有结束，在其行使权利或者履行义务时，任何人对其侮辱、诽谤、诬陷、殴打或者以其他方法打击报复的，都是妨害诉讼的行为。

(5) 以暴力、威胁或者其他方法阻碍司法工作人员执行职务的。

这种行为是直接施加于司法工作人员的，是在司法工作人员执行职务时采取的。比如，围攻、殴打审判人员、执行人员等。

(6) 拒不履行人民法院已经发生法律效力的判决、裁定的。

这是在执行阶段妨害诉讼的行为。比如，明明有财产，背地里却隐藏、转移财产；或者外出躲藏，以逃避履行生效法律文书确定的义务。

7.2.8 民事诉讼程序

民事诉讼是指公民之间、法人之间、其他组织之间以及他们相互之间因财产关系和人身关系提起的诉讼。民事诉讼程序包括第一审程序（也称普通诉讼程序）、第二审程序、再审程序（审判监督程序）、督促程序、执行程序。

1. 第一审程序

第一审程序，也称普通诉讼程序，是指人民法院审理第一审民事案件通常所适用的一种诉讼程序，是基础程序，它体现了诉讼程序的全貌，是诉讼程序中最完整、最系统、最全面的程序，具有广泛的适用性。

1) 起诉与受理

起诉必须符合下列条件：

(1) 原告是与本案有直接利害关系的公民、法人和其他组织；

(2) 有明确的被告；

(3) 有具体的诉讼请求和事实、理由；

(4) 属于人民法院受理民事诉讼的范围和受诉人民法院管辖。

起诉应当向人民法院递交起诉状，但当事人书写起诉状确有困难的，可以口头起诉，由人民法院记入笔录，并告知对方当事人。

当事人起诉到人民法院的民事纠纷，适宜调解的，先行调解，但当事人拒绝调解的除外。

人民法院应当保障当事人依照法律规定享有的起诉权利。对符合民事诉讼法规定的起诉，必须受理。符合起诉条件的，应当在7日内立案，并通知当事人；不符合起诉条件的，应当在7日内作出裁定书，不予受理；原告对裁定不服的，可以提起上诉。

2) 审理准备

(1) 向当事人发送起诉状、答辩状副本。人民法院应当在立案之日起5日内将起诉状副本发送被告，被告在收到之日起15日内提出答辩状。答辩状应当记明被告的姓名、性别、年龄、民族、职业、工作单位、住所、联系方式；法人或者其他组织的名称、住所和法定代表人或者主要负责人的姓名、职务、联系方式。人民法院应当在收到答辩状之日起五日内将答辩状副本发送原告。被告不提出答辩状的，不影响人民法院审理。

(2) 告知当事人的诉讼权利义务。当事人享有的诉讼权利有：委托诉讼代理人，申请回避，收集提出证据，进行辩论，请求调解，提起上诉，申请执行。当事人可以查阅本案的有关资料，并可以复制本案的有关资料和法律文书。双方当事人可以自行和解。原告可以放弃或变更诉讼请求，被告人可以承认或反驳诉讼请求，有权提起反诉等。当事人应承担的诉讼义务有：当事人必须依法行使诉讼权利，遵守诉讼程序，履行发生法律效力的判决裁定和调解协议。

(3) 管辖权异议。人民法院受理案件后，当事人对管辖权有异议的，应当在提交答辩状期间提出。人民法院对当事人提出的异议，应当审查。异议成立的，裁定将案件移送有管辖权的人民法院；异议不成立的，裁定驳回。当事人未提出管辖异议，并应诉答辩的，视为受诉人民法院有管辖权，但违反级别管辖和专属管辖规定的除外。

(4) 审阅诉讼材料，调查收集证据。人民法院受案后，审判人员必须认真审核诉讼材料，进一步了解案情。同时受诉人民法院既可以直接派出人员进行调查，在必要时也可以委托外地人民法院调查。

(5) 更换和追回当事人。人民法院受案后，如发现起诉人或应诉人不合格，应将不合格的当事人更换为适格当事人。在审理前的准备阶段，人民法院如发现必须共同进行诉讼的当事人没有参加诉讼的，人民法院应当通知其参加诉讼。当事人也可以向人民法院申请追加。

(6) 人民法院对受理的案件，分别情形，予以处理：

①当事人没有争议，符合督促程序规定条件的，可以转入督促程序；②开庭前可以调解的，采取调解方式及时解决纠纷；③根据案件情况，确定适用简易程序或者普通程序；④需要开庭审理的，通过要求当事人交换证据等方式，明确争议焦点。

3) 开庭审理

开庭审理是指人民法院在当事人和其他诉讼参与人参加下，对案件进行实体审理的诉讼活动过程。主要有以下几个步骤：

(1) 开庭准备。开庭审理前，书记员应当查明当事人和其他诉讼参与人是否到庭，宣布法庭纪律，由审判长核对当事人，宣布开庭并公布法庭组成人员。

(2) 法庭调查。法庭调查按照下列顺序进行：当事人陈述；证人作证，宣读未到庭的证人证言；出示书证、物证和视听资料和电子数据；宣读鉴定意见；宣读勘验笔录。当事人可以在法庭上提出新的证据，也可以要求法庭重新调查证据。如审判员认为案情已经查清，即可终结法庭调查，转入法庭辩论阶段。

(3) 法庭辩论。其顺序为：原告及其诉讼代理人发言；被告及其诉讼代理人答辩；第三人及其诉讼代理人发言或者答辩；互相辩论。法庭辩论终结，由审判长按照原告、被告、第三人的先后顺序征询各方最后意见。

(4) 法庭调解。法庭辩论终结，应当依法做出判决。判决前能够调解的，还可以进行调解。

(5) 合议庭评议。法庭辩论结束后，调解又没达成协议的，合议庭成员退庭进行评议。

(6) 宣判。合议庭评议完毕后应制作判决书，宣告判决公开进行。宣告判决时，须告知当事人上诉的权利、上诉期限和上诉法院。

人民法院适用普通程序审理的案件，应当在立案之日起6个月内审结。有特殊情况需要延长的，由本院院长批准，可以延长6个月；还需要延长的，报请上级人民法院批准。

2. 第二审程序

第二审程序又叫终审程序，是指民事诉讼当事人不服地方各级人民法院未生效的第一审裁判，在法定期限内向上级人民法院提起上诉，上一级人民法院对案件进行审理所适用的程序。第二审程序并不是每一个民事案件的必经程序，如果当事人在案件一审过程中达成调解协议或者在上诉期内未提上诉，一审法院的裁判就发生法律效力，第二审程序也因无当事人的上诉而无从发生，当事人的上诉是第二审程序发生的前提。

1) 上诉的提起和受理

(1) 上诉的条件

第一，上诉人都是第一审程序中的当事人；

第二，上诉的对象必须是依法可以上诉的判决和裁定；

第三，须在法定的上诉期限内提起。对判决不服，提起上诉的时间为15天；对裁定不服，提起上诉的期限为10天。

【特别提示】

注意判决与裁定的区别：

1. 判决解决的是案件的实体问题；裁定是解决诉讼中的程序事项。

2. 裁定发生于诉讼的各个阶段，一个案件可能有多个裁定；判决在案件审理终结时作出。

3. 裁定可采用书面形式，也可采用口头形式；判决只能采用书面形式。

4. 除不予受理、对管辖权的异议、驳回起诉的裁定可上诉外，其他裁定一律不准上诉；一审判决可以上诉。

第四，须递交上诉状。上诉状的内容，应当包括当事人的姓名，法人的名称及其法定代表人的姓名或者其他组织的名称及其主要负责人的姓名；原审人民法院名称、案件的编号和案由；上诉的请求和理由。

(2) 上诉的受理

上诉状应当通过原审人民法院提出，并按照对方当事人或者代表人的人数提出副本。当事人直接向第二审人民法院上诉的，第二审人民法院应当在5日内将上诉状移交原审人民法院。

原审人民法院收到上诉状，应当在5日内将上诉状副本送达对方当事人，对方当事人在收到之日起15日内提出答辩状。人民法院应当在收到答辩状之日起5日内将副本送达上诉人。对方当事人不提出答辩状的，不影响人民法院审理。原审人民法院收到上诉状、答辩状，应当在5日内连同全部案卷和证据，报送第二审人民法院。

2) 上诉的审理

(1) 审理范围

第二审人民法院应当对上诉请求的有关事实和适用法律进行审查。

（2）审理方式

第二审人民法院对上诉案件，应当组成合议庭，开庭审理。经过阅卷和调查，询问当事人，对没有提出新的事实、证据或者理由，合议庭认为不需要开庭审理的，可以不开庭审理。

3）对上诉案件的裁判

第二审人民法院对上诉案件，经过审理，按照下列情形，分别处理：

（1）原判决、裁定认定事实清楚，适用法律正确的，以判决、裁定方式驳回上诉，维持原判决、裁定；

（2）原判决、裁定认定事实错误或者适用法律错误的，以判决、裁定方式依法改判、撤销或者变更；

（3）原判决认定基本事实不清的，裁定撤销原判决，发回原审人民法院重审，或者查清事实后改判；

（4）原判决遗漏当事人或者违法缺席判决等严重违反法定程序的，裁定撤销原判决，发回原审人民法院重审。

原审人民法院对发回重审的案件作出判决后，当事人提起上诉的，第二审人民法院不得再次发回重审。

4）二审裁判的法律效力

我国实行两审终审制度，第二审法院对上诉案件作出裁判后，该裁判发生如下效力：

（1）当事人不得再行上诉；

（2）不得就同一诉讼标的，以同一事实和理由再行起诉；

（3）对具有给付内容的裁判具有强制执行的效力。

3. 再审程序（审判监督程序）

再审程序即审判监督程序，是指由有审判监督权的法定机关和人员提起，或由当事人申请，由人民法院对发生法律效力的判决、裁定、调解书再次审理的程序。审判监督程序的提起方式有三种：

1）人民法院提起再审

人民法院提起再审，须为判决、裁定已经发生法律效力，必须是判决裁定确有错误。

各级人民法院院长对本院已经发生法律效力的判决、裁定、调解书，发现确有错误，认为需要再审的，应当提交审判委员会讨论决定。

最高人民法院对地方各级人民法院已经发生法律效力的判决、裁定、调解书，上级人民法院对下级人民法院已经发生法律效力的判决、裁定、调解书，发现确有错误的，有权提审或者指令下级人民法院再审。

2）当事人申请再审

当事人对已经发生法律效力的判决、裁定，认为有错误的，可以向上一级人民法院申请再审；当事人一方人数众多或者当事人双方为公民的案件，也可以向原审人民法院申请再审。当事人申请再审的，不停止判决、裁定的执行。

根据《民事诉讼法》第 200 条规定，当事人的申请符合下列情形之一的，人民法院应当再审：

（1）有新的证据，足以推翻原判决、裁定的；

(2) 原判决、裁定认定的基本事实缺乏证据证明的；

(3) 原判决、裁定认定事实的主要证据是伪造的；

(4) 原判决、裁定认定事实的主要证据未经质证的；

(5) 对审理案件需要的主要证据，当事人因客观原因不能自行收集，书面申请人民法院调查收集，人民法院未调查收集的；

(6) 原判决、裁定适用法律确有错误的；

(7) 审判组织的组成不合法或者依法应当回避的审判人员没有回避的；

(8) 无诉讼行为能力人未经法定代理人代为诉讼或者应当参加诉讼的当事人，因不能归责于本人或者其诉讼代理人的事由，未参加诉讼的；

(9) 违反法律规定，剥夺当事人辩论权利的；

(10) 未经传票传唤，缺席判决的；

(11) 原判决、裁定遗漏或者超出诉讼请求的；

(12) 据以作出原判决、裁定的法律文书被撤销或者变更的；

(13) 审判人员审理该案件时有贪污受贿，徇私舞弊，枉法裁判行为的。

当事人对已经发生法律效力的调解书，提出证据证明调解违反自愿原则或者调解协议的内容违反法律的，可以申请再审。经人民法院审查属实的，应当再审。

当事人对已经发生法律效力的解除婚姻关系的判决、调解书，不得申请再审。

当事人申请再审，应当在判决、裁定发生法律效力后 6 个月内提出；有《民事诉讼法》第 200 条第 (1) 项、第 (3) 项、第 (12) 项、第 (13) 项规定情形的，自知道或者应当知道之日起 6 个月内提出。

3) 人民检察院抗诉

(1) 各级人民检察院抗诉

最高人民检察院对各级人民法院已经发生法律效力的判决、裁定，上级人民检察院对下级人民法院已经发生法律效力的判决、裁定，发现有《民事诉讼法》第 200 条规定情形之一的，或者发现调解书损害国家利益、社会公共利益的，应当提出抗诉。

地方各级人民检察院对同级人民法院已经发生法律效力的判决、裁定，发现有《民事诉讼法》第 200 条规定情形之一的，或者发现调解书损害国家利益、社会公共利益的，可以向同级人民法院提出检察建议，并报上级人民检察院备案；也可以提请上级人民检察院向同级人民法院提出抗诉。

各级人民检察院对审判监督程序以外的其他审判程序中审判人员的违法行为，有权向同级人民法院提出检察建议。

(2) 当事人申请检察建议或抗诉

有下列情形之一的，当事人可以向人民检察院申请检察建议或者抗诉：

① 人民法院驳回再审申请的；

② 人民法院逾期未对再审申请作出裁定的；

③ 再审判决、裁定有明显错误的。

人民检察院对当事人的申请应当在 3 个月内进行审查，作出提出或者不予提出检察建议或者抗诉的决定。当事人不得再次向人民检察院申请检察建议或者抗诉。

【特别提示】

注意三个程序的联系与区别：

1）三个程序的联系

第一审程序、第二审程序和再审程序，是民事诉讼中三个独立的审判程序。第一审程序是第二审程序的前提和基础，第二审程序是第一审程序的继续和发展，再审程序是纠正人民法院已发生法律效力的错误裁判的一种补救程序。第二审程序和再审程序都不是人民法院审理民事案件的必经程序。第一审程序中，当事人对一审判决和裁定在上诉期限内不上诉，或一审案件经调解达成协议，以及依照法律规定实行一审终审的案件，均不会发生第二审程序。

2）三个程序的区别

(1) 程序发生的原因或主体不同；(2) 提起方式不同；(3) 提起诉讼的时间要求不同；(4) 审理的对象不同；(5) 审理的理由不同；(6) 适用的程序不同；(7) 审结期限不同；(8) 裁判的效力不同。

4. 督促程序

督促程序是指人民法院根据债权人符合法律规定的申请，向债务人发出支付令，催促债务人履行债务的一种程序。向法院申请支付令，应当具备以下条件：

(1) 请求给付的内容为金钱、有价证券，且数额确定，已到给付期限；

(2) 债权人与债务人没有其他债务纠纷；

(3) 支付令能够送达债务人，且债务人在我国境内。

债权人提出申请后，人民法院应当在5日内通知债权人是否受理。

人民法院受理申请后，经审查债权人提供的事实、证据，对债权债务关系明确、合法的，应当在受理之日起15日内向债务人发出支付令；申请不成立的，裁定予以驳回。债务人应当自收到支付令之日起15日内清偿债务，或者向人民法院提出书面异议。债务人在规定的期间不提出异议又不履行支付令的，债权人可以向人民法院申请执行。

人民法院收到债务人提出的书面异议后，经审查，异议成立的，应当裁定终结督促程序，支付令自行失效。但债务人对债务本身没有异议，只是提出缺乏清偿能力的，不影响支付令的效力。

支付令失效的，转入诉讼程序，但申请支付令的一方当事人不同意提起诉讼的除外。

5. 执行程序

所谓民事诉讼执行，是指人民法院的执行组织依照法定的程序，对发生法律效力的法律文书确定的给付内容，以国家的强制力为后盾，依法采取强制措施，迫使义务人履行义务的行为。执行程序是保证具有执行效力的法律文书得以实施的程序。

1）执行根据

执行根据是当事人申请执行、人民法院移交执行以及人民法院采取强制措施的依据。执行根据是执行程序发生的基础，没有执行根据，当事人不能向人民法院申请执行，人民法院也不得采取强制措施。执行根据主要有：

(1) 人民法院民事、行政判决、裁定、调解书，民事制裁决定、支付令，以及刑事附带民事判决、裁定、调解书；

(2) 依法应由人民法院执行的行政处罚决定、行政处理决定；

(3) 我国仲裁机构作出的仲裁裁决和调解书；人民法院依据《中华人民共和国仲裁法》有关规定作出的财产保全和证据保全裁定；

(4) 公证机关依法赋予强制执行效力的关于追偿债款、物品的债权文书；

(5) 经人民法院裁定承认其效力的外国法院作出的判决、裁定，以及国外仲裁机构作出的仲裁裁决；

(6) 法律规定由人民法院执行的其他法律文书。

2) 执行案件的管辖

(1) 发生法律效力的民事判决、裁定，以及刑事判决、裁定中的财产部分，由第一审人民法院或者与第一审人民法院同级的被执行的财产所在地人民法院执行。

(2) 法律规定由人民法院执行的其他法律文书，由被执行人住所地或者被执行的财产所在地人民法院执行。

(3) 两个以上人民法院都有管辖权的，当事人可以向其中一个人民法院申请执行；当事人向两个以上人民法院申请执行的，由最先立案的人民法院管辖。

3) 执行程序的发生

(1) 申请执行。发生法律效力的法律文书，当事人必须履行。一方当事人不履行的，另一方当事人可向有管辖权的人民法院申请执行。申请执行的期间为 2 年。申请执行时效的中止、中断，适用法律有关诉讼时效中止、中断的规定。从法律文书规定履行期间的最后一日起计算；法律文书规定分期履行的，从规定的每次履行期间的最后 1 日起计算；法律文书未规定履行期间的，从法律文书生效之日起计算。

(2) 移交执行。发生法律效力的具有给付赡养费、扶养费、抚育费内容的法律文书、民事制裁决定书，以及刑事附带民事判决、裁定、调解书，由审判庭移送执行机构执行。

(3) 委托执行。被执行人或者被执行的财产在外地的，可以委托当地人民法院代为执行。受委托人民法院收到委托函件后，必须在 15 日内开始执行，不得拒绝。执行完毕后，应当将执行结果及时函复委托人民法院；在 30 日内如果还未执行完毕，也应当将执行情况函告委托人民法院。受委托人民法院自收到委托函件之日起 15 日内不执行的，委托人民法院可以请求受委托人民法院的上级人民法院指令受委托人民法院执行。

4) 执行措施

(1) 对被执行人或者其法定代理人、有关单位的主要负责人或者直接责任人员予以罚款、拘留；

(2) 查询、冻结、划拨、变价被执行人的财产；

(3) 扣留、提取被执行人的收入；

(4) 查封、扣押、冻结、拍卖、变卖被执行人的财产；

(5) 对被执行人及其住所或者财产隐匿地进行搜查；

(6) 强制被执行人交付法律文书指定的财物或者票证；

(7) 强制被执行人迁出房屋或者退出土地；

(8) 强制被执行人履行法律文书指定的行为；

(9) 办理财产权证照转移手续；

(10) 强制被执行人加倍支付迟延履行期间的债务利息或支付迟延履行金；

(11) 债权人可以随时请求人民法院执行；

（12）采取或者通知有关单位协助采取限制出境，在征信系统记录、通过媒体公布不履行义务信息以及法律规定的其他措施。

【知识链接】

《民事诉讼法》第242条规定：被执行人未按执行通知履行法律文书确定的义务，人民法院有权向有关单位查询被执行人的存款、债券、股票、基金份额等财产情况。人民法院有权根据不同情形扣押、冻结、划拨、变价被执行人的财产。人民法院查询、扣押、冻结、划拨、变价的财产不得超出被执行人应当履行义务的范围。

人民法院决定扣押、冻结、划拨、变价财产，应当作出裁定，并发出协助执行通知书，有关单位必须办理。

5）执行中止和终结

（1）执行中止。即在执行过程中，因发生特殊情况，需要暂时停止执行程序。有下列情形之一的，人民法院应裁定中止执行：申请人表示可以延期执行的；案外人对执行标的提出确有理由的异议的；作为一方当事人的公民死亡，需要等待继承人继承权利或者承担义务的；作为一方当事人的法人或者其他组织终止，尚未确定权利义务承受人的；人民法院认为应当中止执行的其他情形。中止的情形消失后，恢复执行。

（2）执行终结。即在执行过程中，由于出现某些特殊情况，执行工作无法继续进行或滑必要继续进行时，结束执行程序。有下列情形之一的，人民法院裁定终结执行：申请人撤销申请的；据以执行的法律文书被撤销的；作为被执行人的公民死亡，无遗产可供执行，又无义务承担人的；追索赡养费、扶养费、抚育费案件的权利人死亡的；作为被执行人的公民因生活困难无力偿还借款，无收入来源，又丧失劳动能力的；人民法院认为应当终结执行的其他情形。

7.3　行政复议与行政诉讼法律制度

7.3.1　行政复议法律制度

1. 行政复议事项

1）可以申请行政复议的事项

有下列情形之一的，公民、法人或者其他组织可以依照本法申请行政复议：

（1）对行政机关作出的警告、罚款、没收违法所得、没收非法财物、责令停产停业、暂扣或者吊销许可证、暂扣或者吊销执照、行政拘留等行政处罚决定不服的；

（2）对行政机关作出的限制人身自由或者查封、扣押、冻结财产等行政强制措施决定不服的；

（3）对行政机关作出的有关许可证、执照、资质证、资格证等证书变更、中止、撤销的决定不服的；

（4）对行政机关作出的关于确认土地、矿藏、水流、森林、山岭、草原、荒地、滩涂、海域等自然资源的所有权或者使用权的决定不服的；

（5）认为行政机关侵犯合法的经营自主权的；

（6）认为行政机关变更或者废止农业承包合同，侵犯其合法权益的；

（7）认为行政机关违法集资、征收财物、摊派费用或者违法要求履行其他义务的；

(8) 认为符合法定条件，申请行政机关颁发许可证、执照、资质证、资格证等证书，或者申请行政机关审批、登记有关事项，行政机关没有依法办理的；

(9) 申请行政机关履行保护人身权利、财产权利、受教育权利的法定职责，行政机关没有依法履行的；

(10) 申请行政机关依法发放抚恤金、社会保险金或者最低生活保障费，行政机关没有依法发放的；

(11) 认为行政机关的其他具体行政行为侵犯其合法权益的。

2) 不得申请行政复议的事项

下列事项应按规定的纠纷处理方式解决，而不能提起行政复议：

(1) 行政机关的行政处分或者其他人事处理决定；

(2) 行政机关对民事纠纷作出的调解或者其他处理。

2. 行政复议程序

1) 行政复议申请

公民、法人或者其他组织认为具体行政行为侵犯其合法权益的，可以自知道该具体行政行为之日起60日内提出行政复议申请，但是法律规定的申请期限超过60日的除外。因不可抗力或者其他正当理由耽误法定申请期限的，申请期限自障碍消除之日起继续计算。

申请人申请行政复议，可以书面申请，也可以口头申请。

2) 行政复议受理

行政复议机关收到行政复议申请后，应当在5日内进行审查，对不符合本法规定的行政复议申请，决定不予受理，并书面告知申请人；对符合行政复议法规定，但是不属于本机关受理的行政复议申请，应当告知申请人向有关行政复议机关提出。

行政复议期间具体行政行为不停止执行，但是，有下列情形之一的，可以停止执行：被申请人认为需要停止执行的；行政复议机关认为需要停止执行的；申请人申请停止执行，行政复议机关认为其要求合理，决定停止执行的；法律规定停止执行的。

3) 行政复议决定

行政复议机关负责法制工作的机构应当对被申请人作出的具体行政行为进行审查，提出意见，经行政复议机关的负责人同意或者集体讨论通过后，按照下列规定作出行政复议决定：

(1) 具体行政行为认定事实清楚，证据确凿，适用依据正确，程序合法，内容适当的，决定维持；

(2) 被申请人不履行法定职责的，决定其在一定期限内履行；

(3) 具体行政行为有下列情形之一的，决定撤销、变更或者确认该具体行政行为违法；决定撤销或者确认该具体行政行为违法的，可以责令被申请人在一定期限内重新作出具体行政行为：主要事实不清、证据不足的；适用依据错误的；违反法定程序的；超越或者滥用职权的；具体行政行为明显不当的。

(4) 被申请人不按照法律规定提出书面答复、提交当初作出具体行政行为的证据、依据和其他有关材料的，视为该具体行政行为没有证据、依据，决定撤销该具体行政行为。

申请人在申请行政复议时可以一并提出行政赔偿请求，行政复议机关对符合国家赔偿法的有关规定应当给予赔偿的，在决定撤销、变更具体行政行为或者确认具体行政行为违法时，应当同时决定被申请人依法给予赔偿。

行政复议机关一般应当自受理申请之日起 60 日内作出行政复议决定。行政复议决定书一经送达，即发生法律效力。

7.3.2 行政诉讼法律制度

1. 行政诉讼受理范围

1）予以受理的行政案件

人民法院受理公民、法人和其他组织对下列具体行政行为不服提起的诉讼：

（1）对拘留、罚款、吊销许可证和执照、责令停产停业、没收财物等行政处罚不服的；

（2）对限制人身自由或者对财产的查封、扣押、冻结等行政强制措施不服的；

（3）认为行政机关侵犯法律规定的经营自主权的；

（4）认为符合法定条件申请行政机关颁发许可证和执照，行政机关拒绝颁发或者不予答复的；

（5）申请行政机关履行保护人身权、财产权的法定职责，行政机关拒绝履行或者不予答复的；

（6）认为行政机关没有依法发给抚恤金的；

（7）认为行政机关违法要求履行义务的；

（8）认为行政机关侵犯其他人身权、财产权的。

除前款规定外，人民法院受理法律、法规规定可以提起诉讼的其他行政案件。

2）不予受理的行政案件

人民法院不受理公民、法人或者其他组织对下列事项提起的诉讼：

（1）国防、外交等国家行为；

（2）行政法规、规章或者行政机关制定、发布的具有普遍约束力的决定、命令；

（3）行政机关对行政机关工作人员的奖惩、任免等决定；

（4）法律规定由行政机关最终裁决的具体行政行为。

2. 行政诉讼程序

1）第一审程序

（1）起诉

提起诉讼应当符合下列条件：原告是认为具体行政行为侵犯其合法权益的公民、法人或者其他组织；有明确的被告；有具体的诉讼请来和事实根据；属于人民法院受案范围和受诉人民法院管辖。

申请人不服复议决定的，可以在收到复议决定书之日起 15 日内向人民法院提起诉讼，复议机关逾期不作决定的，申请人可以在复议期满之日起 15 日内向人民法院提起诉讼。法律另有规定的除外。公民、法人或者其他组织直接向人民法院提起诉讼的，应当在知道作出具体行政行为之日起 3 个月内提出，法律另有规定的除外。

（2）受理

受理是人民法院对原告的起诉进行审查，认为符合规定条件的，决定立案审理的诉讼行为。人民法院接到起诉状，经审查，应当在 7 日内立案或者作出裁定不予受理。原告对裁定不服的，可以提起上诉。

(3) 审理与判决

人民法院应当在立案之日起5日内，将起诉状副本发送被告。被告应当在收到起诉状副本之日起10日内向人民法院提交作出具体行政行为的有关材料，并提出答辩状。人民法院应当在收到答辩状之日起5日内，将答辩状副本发送原告。被告不提出答辩状的，不影响人民法院审理。

人民法院审理行政案件，由审判员组成合议庭，或者由审判员、陪审员组成合议庭。合议庭的成员，应当是3人以上的单数。

诉讼期间，不停止具体行政行为的执行。但有下列情形之一的，停止具体行政行为的执行：被告认为需要停止执行的；原告申请停止执行，人民法院认为该具体行政行为的执行会造成难以弥补的损失，并且停止执行不损害社会公共利益，裁定停止执行的；法律、法规规定停止执行的。

人民法院审理行政案件，不适用调解。

2）第二审程序

(1) 上诉期限

当事人不服人民法院第一审判决的，有权在判决书送达之日起15日内向上一级人民法院提起上诉。当事人不服人民法院第一审裁定的，有权在裁定书送达之日起10日内向上一级人民法院提起上诉。逾期不提起上诉的，人民法院的第一审判决或者裁定发生法律效力。

(2) 审理方式

人民法院对上诉案件，认为事实清楚的，可以实行书面审理。

(3) 审理期限

人民法院审理上诉案件，应当在收到上诉状之日起2个月内作出终审判决。有特殊情况需要延长的，由高级人民法院批准，高级人民法院审理上诉案件需要延长的，由最高人民法院批准。

(4) 人民法院对上诉案件的处理

3）审判监督程序

当事人对已经发生法律效力的判决、裁定，认为确有错误的，可以向原审人民法院或者上一级人民法院提出申诉，但判决、裁定不停止执行。

人民法院院长对本院已经发生法律效力的判决、裁定，发现违反法律、法规规定认为需要再审的，应当提交审判委员会决定是否再审。上级人民法院对下级人民法院已经发生法律效力的判决、裁定，发现违反法律、法规规定的，有权提审或者指令下级人民法院再审。

人民检察院对人民法院已经发生法律效力的判决、裁定，发现违反法律、法规规定的，有权按照审判监督程序提出抗诉。

4）执行程序

当事人必须履行人民法院发生法律效力的判决、裁定。

公民、法人或者其他组织拒绝履行判决、裁定的，行政机关可以向第一审人民法院申请强制执行，或者依法强制执行。

行政机关拒绝履行判决、裁定的，第一审人民法院可以采取以下措施：

(1) 对应当归还的罚款或者应当给付的赔偿金，通知银行从该行政机关的帐户内划拨；

（2）在规定期限内不履行的，从期满之日起，对该行政机关按日处 50 元～100 元的罚款；

（3）向该行政机关的上一级行政机关或者监察、人事机关提出司法建议。接受司法建议的机关，根据有关规定进行处理，并将处理情况告知人民法院；

（4）拒不履行判决、裁定，情节严重构成犯罪的，依法追究主管人员和直接责任人员的刑事责任。

公民、法人或者其他组织对具体行政行为在法定期限内既不提起诉讼又不履行的，行政机关可以申请人民法院强制执行，或者依法强制执行。

【课后练习】

1. 单项选择题

（1）施工合同纠纷，一般是指（　　）对施工合同条款的理解产生异议，而不承担相应的义务等原因而产生的纠纷。

A. 施工质量监督部门

B. 总监理工程师

C. 施工合同当事人

D. 工商行政部门负责人

（2）调解是指建设工程当事人对法律规定或者约定的权利、义务发生争议，（　　）通过查明事实，依据一定的道德和法律规范，促使双方在互谅互让的基础上，自愿达成协议从而解决争议的活动。

A. 业主

B. 承包商

C. 双方当事人

D. 在第三人的参加与主持下

（3）仲裁是指合同当事人双方达成仲裁协议，自愿将争议交给第三者，由第三者对合同双方（　　）作出裁决的一种解决争议的方式。

A. 权利

B. 合同争议

C. 一般责任

D. 相互责任

（4）仲裁委员会在收到符合受理条件的仲裁申请书之日起（　　）日内应当受理。

A. 3

B. 5

C. 7

D. 10

（5）裁决书自作出（　　）起发生法律效力。

A. 当日

B. 3 日

C. 5 日

D. 10 日

(6) 诉讼，是指建设工程当事人请求（　　）行使审判权，审理双方当事人之间发生的纠纷，作出由国家强制保证实现其合法权益，从而解决纠纷的活动。

A. 仲裁委员会

B. 调解委员会

C. 人民法院

D. 人民检察院

(7) 在司法实践中，如果发生工程纠纷的当事人未达成仲裁协议，则解决纠纷的最终方式只能为（　　）。

A. 诉讼

B. 和解

C. 调解

D. 仲裁

(8) 我国仲裁的一般程序为（　　）。

A. 组成仲裁庭、仲裁申请和受理、开庭和裁决

B. 组成仲裁庭、仲裁申请和受理、裁决和开庭

C. 仲裁申请和受理、组成仲裁庭、开庭和裁决

D. 仲裁受理和申请、组成仲裁庭、开庭和裁决

2. 多项选择题

(1) 施工合同纠纷所采用的调解方式有（　　）。

A. 法院调解

B. 民间调解

C. 诉讼调解

D. 仲裁调解

E. 行政调解

(2) 仲裁的基本原则主要有（　　）原则。

A. 自愿

B. 独立

C. 或裁或审

D. 先行调解

E. 有偿仲裁

(3) 起诉必须符合以下条件（　　）。

A. 原告是与本案有直接利害关系的公民、法人和其他组织

B. 有明确的被告

C. 有具体的诉讼请求、事实和理由

D. 属于人民法院受理民事诉讼范围和受诉人民法院管辖

E. 有协议书

(4) 人民法院对当事人不履行已生效的判决，可采取的强制措施有（　　）。

A. 扣留被执行人应当履行义务部分的收入

B. 提取扣留被执行人应当履行义务部分的收入

C. 冻结被执行人应履行义务范围内的存款

D. 划拨被执行人的存款

E. 对被执行人隐匿财产进行搜查

3. 问答题

(1) 建设工程合同纠纷发生后，当事人应如何选择处理纠纷的方式?

(2) 仲裁具有哪些特点?

(3) 仲裁的范围包括哪些?

(4) 民事诉讼中举证责任如何分配?

(5) 仲裁与民事诉讼有何区别?

(6) 属于我国人民法院主管的民事案件主要有哪几类?

(7)《民事诉讼法》中对特殊地域管辖是如何规定?

(8) 第一审程序起诉必须符合哪些条件?

(9) 证据的种类有哪些?

(10) 什么情况下可以申请行政复议?

4. 案例分析

原告兰太实业有限责任公司（以下简称甲公司）为发包方，被告为鑫蓝建筑公司（以下简称乙公司）为承包方，天意监理公司为监理方（以下简称丙公司）。

2004 年 5 月 6 日，甲公司与乙公司签订了建设工程施工合同。由乙公司承建甲公司名下的多功能酒店式公寓。为确保工程质量优良，甲公司与丙公司签订了建设工程监理合同。合同签订后，乙公司如期开工。但开工仅几天，丙公司监理工程师就发现施工现场管理混乱，遂当即要求乙公司改正。1 个多月后，丙公司监理工程师和甲公司派驻工地代表又发现工程质量存在严重问题。丙公司监理工程师当即要求乙公司停工。令甲公司不解的是，乙公司明明是当地最具实力的建筑企业，所承建的工程多数质量优良，却为何在这项施工中出现上述问题？经过认真、细致地调查，甲公司和丙公司终于弄清了事实真相。原来，甲公司虽然是与乙公司签订的建设工程合同，但实际施工人是当地的一支没有资质的农民施工队（以下简称施工队）。施工队为了承揽建筑工程，挂靠于有资质的乙公司。为了规避相关法律、法规关于禁止挂靠的规定，该施工队与乙公司签订了所谓的联营协议。协议约定，施工队可以借用乙公司的营业执照和公章，以乙公司的名义对外签订建设工程合同；合同签订后，由施工队负责施工，乙公司对工程不进行任何管理，不承担任何责任，只提取工程价款 5%的管理费。甲公司签施工合同时，见对方（实际是施工队负责人）持有乙公司的营业执照和公章，便深信不疑，因而导致了上述结果。甲公司认为乙公司的行为严重违反了诚实信用原则和相关法律规定，双方所签订的建设工程合同应为无效，要求终止履行合同。但乙公司则认为虽然是施工队实际施工，但合同是甲公司与乙公司签订的，是双方真实意思的表示，合法有效，双方均应继续履行合同；而且，继续由施工队施工，本公司加强对施工队的管理。对此，甲公司坚持认为乙公司的行为已导致合同无效，而且本公司已失去了对其的信任，所以坚决要求终止合同的履行。双方未能达成一致意见，甲公司遂诉至法院。

问题：此案应如何认定?

8 其他相关法律制度

【学习目标】

1. 掌握标准化法律制度、环境保护法律制度
2. 熟悉档案法律制度、节约能源法律制度、消防法律制度

【学习重点】

1. 标准化法律制度
2. 环境保护法律制度
3. 消防法律制度

8.1 标准化法律制度

《中华人民共和国标准化法》(以下简称《标准化法》)于1988年12月29日中华人民共和国主席令第11号公布,1989年4月1日正式施行。《标准化法》的立法目的在于发展社会主义商品经济,促进技术进步,改进产品质量,提高社会经济效益,维护国家和人民的利益,使标准化工作适应社会主义现代化建设和发展对外经济关系的需要。

继《标准化法》之后,我国陆续发布了与工程建设标准有关的一系列行政法规、部门规章。其中主要有:1990年4月6日实施的《中华人民共和国标准化法实施条例》(以下简称《标准化法实施条例》);1992年12月30日实施的《工程建设国家标准管理办法》;1992年12月30日实施的《工程建设行业标准管理办法》;2000年8月25日实施的《实施工程建设强制性标准监督规定》以及水利、交通、铁路等其他行业的标准管理办法。

8.1.1 工程建设标准的级别

《标准化法》按照标准的级别不同,把标准分为国家标准、行业标准、地方标准和企业标准。

1. 国家标准

国家标准是指由国家机构通过并公开发布的标准。中华人民共和国国家标准:是指对我国经济技术发展有重大意义,必须在全国范围内统一的标准。《标准化法》第6条规定,对需要在全国范围内统一的技术标准,应当制定国家标准。也就是说,国家标准是对需要在全国范围内统一的技术要求制定的标准。《工程建设国家标准管理办法》规定了应当制定国家标准的种类:"通用的技术术语、符号、代号(含代码)、制图方法;保障人体健康和人身、财产安全的技术要求;基本原料、材料、燃料的技术要求;通用的试验检验方法;工程建设勘察、规划、设计、施工及验收的重要技术要求;工程建设、交通运输、资源等通用的管理技术要求;国家需要控制的其他重要产品和工程建设的通用技术要求等。"

国家标准在全国范围内适用,其他各级标准不得与国家标准相抵触。国家标准一经发

布，与其重复的行业标准、地方标准相应废止，国家标准是四级标准体系中的主体。国家标准分为强制性国标和推荐性国标。强制性国标是保障人体健康，人身、财产安全的标准和法律及行政法规规定强制执行的国家标准；推荐性国标是指生产、交换、使用等方面，通过经济手段或市场调节而自愿采用的国家标准。但推荐性国标一经接受并采用，或各方商定同意纳入合同中，就成为各方必须共同遵守的技术依据，具有法律上的约束性。强制性国家标准代号：GB；推荐性国家标准代号：GB/T。

2. 行业标准

行业标准是指在全国范围内各行业统一的技术要求。行业标准是对国家标准的补充，是在全国范围的某一行业内统一的标准。《标准化法》第 6 条规定，对没有国家标准而又需要在全国某个行业范围内统一的技术要求，可以制定行业标准。根据《标准化法》的规定，由我国各主管部、委（局）批准发布，在该部门范围内统一使用的标准，例如：机械、电子、建筑、化工、冶金、轻工、纺织、交通、能源、农业、林业、水利等等，都制定有行业标准。

目前，国务院标准化行政主管部门已批准发布了 61 个行业的标准代号。如进出口行业标准代号为：SN。强制性行业标准代号：××；推荐性行业标准代号：××/T。

行业标准不得与国家标准相抵触，有关行业标准之间应保持协调、统一，不得重复。行业标准在相应的国家标准公布后，即行废止。

需要在行业内统一的下列技术要求，可以制定行业标准：

（1）技术术语、符号、代号（含代码）、制图等方法等；

（2）工程建设勘察、规划、设计、施工及验收的技术要求及方法；

（3）交通运输、资源等的技术要求及其管理技术要求等。

行业标准也分为强制性标准和推荐性标准。行业标准是由国务院该行业行政主管部门组织制定的，并由该部门统一审批、编号、发布，送国务院标准化行政主管部门备案。

3. 地方标准

地方标准是指对没有国家标准、行业标准，而又需要在某个地区范围内统一的技术要求所制定的技术标准。《标准化法》第 6 条规定，对没有国家标准和行业标准而又需要在省、自治区、直辖市范围内统一的工业产品的安全、卫生要求，可以制定地方标准。地方标准根据当地的气象、地质、资源等特殊情况的技术要求而制定。各省、自治区、直辖市建设主管部门负责本地区工程建设标准的计划、组织草拟、审查和发布。例如，我国东北地区寒冷，有些地方是冻土，沿海一带是软土地区，中西部多为黄土地区，这些地区的地质情况与通常一般的地质情况是不一样的，允许这些地区在符合我国地基基础技术规范国家标准所规定的基本技术要求的前提下，结合当地地质的具体情况下，补充制定适合本地区地基基础的技术规范。

4. 企业标准

企业标准是对企业范围内需要协调、统一的技术要求，管理要求和工作要求所制定的标准。企业标准由企业制定，由企业法人代表或法人代表授权的主管领导批准、发布。企业标准一般以“Q”作为企业标准的开头。

《中华人民共和国标准化法》第 17 条规定：企业生产的产品没有国家标准和行业标准的，应当制定企业标准，作为组织生产的依据。企业的产品标准须报当地政府标准化行政主管部门和有关行政主管部门备案。已有国家标准或者行业标准的，国家鼓励企业制定严于国家标准或者行业标准的企业标准，在企业内部适用。

在经济全球化的今天，“得标准者得天下”，标准的作用已不只是企业组织生产的依据，而是企业开创市场继而占领市场的“排头兵”，这方面的例子不胜枚举。我国钢铁企业“堆积如山”的矿渣既占用大量的土地资源，又加重了环境污染，宝钢成功地将矿渣研制成具有抗腐蚀性好、抗微收缩、强度高的矿渣微粉，并将这一科研成果转化为《宝钢高炉渣微粉》企业标准，依靠标准，打开了市场大门，矿渣微粉广泛应用于磁浮工、越江隧道等大型工程，既节约了能源，实现废物综合利用，每年还可创利润5000万元。

8.1.2 工程建设的强制性标准与推荐性标准

过去我国的技术标准一经发布就是技术法规，必须严格执行，也就是说，过去我国实行单一的强制性标准，这是与我国实行计划经济管理体制相适应的。近年来，为了适应改革开放和经济建设的要求，我国《标准化法》按法律属性将国家标准划分为强制性标准和推荐性标准。这是我国标准规范体制的一项重要改革。

1. 强制性标准

强制性标准是指保障人体健康、人身财产安全的标准以及法律法规规定强制执行的标准。对工程建设来说，凡属于有关安全、卫生、环境保护和政府需要控制的质量标准，重要的试验、检验和质量评定标准，以及国家规定需要强制执行的其他工程技术标准，都应当制定强制性标准。

强制性标准一旦发布施行，就必须严格执行，并由政府机构组织监督和检查。

根据《工程建设国家标准管理办法》第3条第1款规定，下列工程建设国家标准属于强制性标准：

（1）工程建设勘察、规划、设计、施工安装及验收通用的综合标准和重要的通用的质量标准；

（2）工程建设通用的有关安全、卫生和环境保护的标准；

（3）工程建设通用的术语、符号、代号、量与单位、建筑模数和制图方法标准；

（4）工程建设重要的通用的试验、检验和评定方法等标准；

（5）工程建设重要的通用的信息技术标准；

（6）国家需要控制的其他工程通用标准。

根据《工程建设国家标准管理办法》第3条第2款规定，下列工程建设行业标准属于强制性标准：

（1）工程建设勘察、规划、设计、施工（包括安装）及验收等行业专用的综合性标准和重要的行业专用的质量标准；

（2）工程建设行业专用的有关安全、卫生和环境保护的标准；

（3）工程建设重要的行业专用术语、符号、代号、量与单位和制图方法等标准；

（4）工程建设重要的行业专用的试验、检验和评定方法等标准；

（5）工程建设行业专用的信息技术标准；

（6）行业需要控制的其他工程建设标准。

2. 推荐性标准

推荐性标准是指强制性标准以外的非强制性标准或自愿性标准。推荐性标准由政府有关部门批准发布，国家鼓励企业自愿采用，其本身不具有法规的约束力，但推荐性标准在工程承包合同中被当事人双方共同确认，从而该推荐性标准对合同的双方就具有约束力。

8.1.3 强制性标准的监督管理

1. 监督检查机构

《实施工程建设强制性标准监督规定》中规定了实施工程建设强制性标准的监督机构，包括：

（1）建设项目规划审查机关应当对工程建设规划阶段执行强制性标准的情况实施监督；

（2）施工图设计审查单位应当对工程建设勘察、设计阶段执行强制性标准的情况实施监督；

（3）建筑安全监督管理机构应当对工程建设施工阶段执行施工安全强制性标准的情况实施监督；

（4）工程质量监督机构应当对工程建设施工、监理、验收等阶段执行强制性标准的情况实施监督；

（5）工程建设标准批准部门应当对工程项目执行强制性标准情况进行监督检查。

2. 监督检查方式

工程建设标准批准部门应当定期对建设项目规划审查机关、施工图设计文件审查单位、建筑安全监督管理机构、工程质量监督机构实施强制性标准的监督进行检查，对监督不力的单位和个人，给予通报批评，建议有关部门处理。

工程建设标准批准部门应当对工程项目执行强制性标准情况进行监督检查。监督检查可以采取重点检查、抽查和专项检查的方式。

工程建设标准批准部门应当将强制性标准监督检查结果在一定范围内公告。

3. 监督检查内容

根据《实施工程建设强制性标准监督规定》，强制性标准监督检查的内容包括：

（1）有关工程技术人员是否熟悉、掌握强制性标准；

（2）工程项目的规划、勘察、设计、施工、验收等是否符合强制性标准的规定；

（3）工程项目采用的材料、设备是否符合强制性标准的规定；

（4）工程项目的安全、质量是否符合强制性标准的规定；

（5）工程中采用的导则、指南、手册、计算机软件的内容是否符合强制性标准的规定。

8.2 环境保护法律制度

为贯彻落实党的十八大关于全面深化改革的战略部署，十八届中央委员会第三次全体会议研究了全面深化改革的若干重大问题，作出《中共中央关于全面深化改革若干重大问题的决定》。《决定》指出：改革生态环境保护管理体制，建立和完善严格监管所有污染物排放的环境保护管理制度，独立进行环境监管和行政执法。建立陆海统筹的生态系统保护修复和污染防治区域联动机制。健全国有林区经营管理体制，完善集体林权制度改革。及时公布环境信息，健全举报制度，加强社会监督。完善污染物排放许可制，实行企事业单位污染物排放总量控制制度。对造成生态环境损害的责任者严格实行赔偿制度，依法追究刑事责任。

目前我国狭义的环境保护法仍然是1989年12月26日实施的《中华人民共和国环境保护法》(以下简称《环境保护法》),《中华人民共和国环境保护法修正案(草案)》(全国人大常委会2012年8月31日发布),广义的环境保护法指的是与环境保护相关的法律体系,包括《环境保护法》、《水污染防治法》、《大气污染防治法》、《环境噪声污染防治法》和《固体废物污染防治法》等。

8.2.1 环境保护基本制度

1. 环境影响评价制度

环境影响评价,是指对规划和建设项目实施后可能造成的环境影响进行分析、预测和评估,提出预防或者减轻不良环境影响的对策和措施,进行跟踪监测的方法与制度。2002年12月28日全国人民代表大会常务委员会发布了《环境影响评价法》,以法律的形式确立了规划和建设项目的环境影响评价制度。关于建设项目的环境影响评价制度,该法主要规定了如下内容:

1) 对建设项目的环境影响评价实行分类管理

建设单位应当按照下列规定组织编制环境影响报告书、环境影响报告表或者填报环境影响登记表(以下统称环境影响评价文件):

(1) 可能造成重大环境影响的,应当编制环境影响报告书,对产生的环境影响进行全面评价;

(2) 可能造成轻度环境影响的,应当编制环境影响报告表,对产生的环境影响进行分析或者专项评价;

(3) 对环境影响很小、不需要进行环境影响评价的,应当填报环境影响登记表。

2) 环境影响报告书的基本内容

建设项目的环境影响报告书应当包括下列内容:

(1) 建设项目概况;

(2) 建设项目周围环境现状;

(3) 建设项目对环境可能造成影响的分析、预测和评估;

(4) 建设项目环境保护措施及其技术、经济论证;

(5) 建设项目对环境影响的经济损益分析;

(6) 对建设项目实施环境监测的建议;

(7) 环境影响评价的结论。

涉及水土保持的建设项目,还必须有经由水行政主管部门审查同意的水土保持方案。

3) 建设项目环境影响评价机构

接受委托为建设项目环境影响评价提供技术服务的机构,应当经国务院环境保护行政主管部门考核审查合格后,颁发资质证书,按照资质证书规定的等级和评价范围,从事环境影响评价服务,并对评价结论负责。为建设项目环境影响评价提供技术服务的机构的资质条件和管理办法,由国务院环境保护行政主管部门制定。

国务院环境保护行政主管部门对已取得资质证书的为建设项目环境影响评价提供技术服务的机构的名单,应当予以公布。

为建设项目环境影响评价提供技术服务的机构,不得与负责审批建设项目环境影响评价文件的环境保护行政主管部门或者其他有关审批部门存在任何利益关系。

环境影响评价文件中的环境影响报告书或者环境影响报告表，应当由具有相应环境影响评价资质的机构编制。任何单位和个人不得为建设单位指定对其建设项目进行环境影响评价的机构。

4）建设项目环境影响评价文件的审批管理

建设项目的环境影响评价文件，由建设单位按照国务院的规定报有审批权的环境保护行政主管部门审批；建设项目有行业主管部门的，其环境影响报告书或者环境影响报告表应当经行业主管部门预审后，报有审批权的环境保护行政主管部门审批。

审批部门应当自收到环境影响报告书之日起 60 日内，收到环境影响报告表之日起 30 日内，收到环境影响登记表之日起 15 日内，分别作出审批决定并书面通知建设单位。

建设项目的环境影响评价文件经批准后，建设项目的性质、规模、地点、采用的生产工艺或者防治污染、防止生态破坏的措施发生重大变动的，建设单位应当重新报批建设项目的环境影响评价文件。

建设项目的环境影响评价文件自批准之日起超过 5 年，方决定该项目开工建设的，其环境影响评价文件应当报原审批部门重新审核；原审批部门应当自收到建设项目环境影响评价文件之日起 10 日内，将审核意见书面通知建设单位。

建设项目的环境影响评价文件未经法律规定的审批部门审查或者审查后未予批准的，该项目审批部门不得批准其建设，建设单位不得开工建设。建设项目建设过程中，建设单位应当同时实施环境影响报告书、环境影响报告表以及环境影响评价文件审批部门审批意见中提出的环境保护对策措施。

5）环境影响的后评价和跟踪管理

在项目建设、运行过程中产生不符合经审批的环境影响评价文件的情形的，建设单位应当组织环境影响的后评价，采取改进措施，并报原环境影响评价文件审批部门和建设项目审批部门备案；原环境影响评价文件审批部门也可以责成建设单位进行环境影响的后评价，采取改进措施。

环境保护行政主管部门应当对建设项目投入生产或者使用后所产生的环境影响进行跟踪检查，对造成严重环境污染或者生态破坏的，应当查清原因、查明责任。对属于为建设项目环境影响评价提供技术服务的机构编制不实的环境影响评价文件的，或者属于审批部门工作人员失职、读职，对依法不应批准的建设项目环境影响评价文件予以批准的，依法追究其法律责任。

2.“三同时”制度

“三同时”制度，是指建设项目中的环境保护设施必须与主体工程同时设计、同时施工、同时投产使用的制度。该制度适用于下几个方面的开发建设项目：新建、扩建、改建项目；技术改造项目；一切可能对环境造成污染和破坏的其他工程建设项目。

1）设计阶段

建设项目的初步设计，应当按照环境保护设计规范的要求，编制环境保护篇章，并依据经批准的建设项目环境影响报告书或者环境影响报告表，在环境保护篇章中落实防治环境污染和生态破坏的措施以及环境保护设施投资概算。

2）试生产阶段

建设项目的主体工程完工后，需要进行试生产的，其配套建设的环境保护设施必须与主体工程同时投入试运行。建设项目试生产期间，建设单位应当对环境保护设施运行情况和建设项目对环境的影响进行监测。

3）竣工验收和投产使用阶段

建设项目竣工后，建设单位应当向审批该建设项目环境影响报告书、环境影响报告表或者环境影响登记表的环境保护行政主管部门，申请该建设项目需要配套建设的环境保护设施竣工验收。环境保护设施竣工验收，应当与主体工程竣工验收同时进行。需要进行试生产的建设项目，建设单位应当自建设项目投入试生产之日起3个月内，向审批该建设项目环境影响报告书、环境影响报告表或者环境影响登记表的环境保护行政主管部门，申请该建设项目需要配套建设的环境保护设施竣工验收。分期建设、分期投入生产或者使用的建设项目，其相应的环境保护设施应当分期验收。环境保护行政主管部门应当自收到环境保护设施竣工验收申请之日起30日内，完成验收。建设项目需要配套建设的环境保护设施经验收合格，该建设项目方可正式投入生产或者使用。

3. 排污申报登记制度

排污申报登记制度，是指由排污者向环境保护行政主管部门申报其污染物的排放和防止情况，并接受监督管理的一系列法律规范。该制度主要包括以下内容：

1）申报登记的适用对象

排污申报登记适用于在中华人民共和国领域内及中华人民共和国管辖的其他海域内直接或间接向环境排放污染物、工业和建筑施工噪声、产生工业固体废物的单位。这里的污染物包括废水、废气和其他有害环境的物质。但是，排放生活废水、废气和生活垃圾以及生活噪声的，不需要申报登记。排放放射性废物的，有特殊的申报登记要求。

2）申报登记的内容

申报登记的内容，因排放污染物的不同而异。但通常要包括排污单位的基本情况，使用的主要原料，排放污染物的种类、数量、浓度，排放地点、去向、方式，噪声源的种类、数量和噪声强度，污染防止的设施等。

4. 环境保护许可证制度

环境保护许可证制度，是指从事有害或可能有害环境的活动之前，必须向有关管理机关提出申请，经审查批准，发给许可证后，方可进行该活动的一整套管理措施。在环境保护方面，最经常涉及的是排污许可证制度，而目前我国只在水污染防止方面实行了水污染物的排污许可证制度。该制度主要包括：排污申报登记、分配排污量、发放许可证、发证后的监督管理。

5. 排污收费制度

排污收费制度，是指国家环境管理机关依照法律规定对排污者征收一定费用的一整套管理措施。我国的排污收费制度主要包括以下内容：

1）排污收费的对象

按照征收排污费暂行办法的规定，征收排污费的对象是超过国家或地方污染物排放标准排放污染物的企业、事业单位。

2）排污收费的范围

排污收费的范围，是指对排放的哪些污染物征收排污费。按照有关规定，征收排污费的污染物包括污水、废气、固体废物、噪声、放射性物质等五大类。

但是，对于蒸汽机车和其他流动污染源排放的废气，在符合环境保护标准的贮存或处置的设施、处置的工业固体废物，进入城市水集中处理设施的污水，不征收排污费。

6. 环境标准制度

环境标准制度，是国家根据人体健康、生态平衡和社会经济发展对环境结构、状态的要求，在综合考虑本国自然环境特征、科学技术水平和经济条件的基础上，对环境要素间的配比、布局和各环境要素的组成以及进行环境保护工作的某些技术要求加以限定的规范。我国的环境标准制度主要包括以下内容：

1）环境标准的分类

我国的环境标准分为五大类：环境质量标准、污染物排放标准、环境基础标准、环境方法标准和环境样品标准。

2）环境标准的分级

我国的环境标准分为两级，即国家环境标准和地方环境标准。我国环境保护标准自1973年创立以来，经过30余年发展完善，已形成了“两级五类”环境保护标准体系。其中“两级”指国家级环境保护标准和地方级环境保护标准，“五类”即指以环境质量标准、污染物排放（控制）标准和环境监测规范等三类标准为核心，包含环境基础标准与标准制修订规范、管理规范类环境保护标准二类标准在内的国家环境保护标准体系。

“十一五”期间，我国环境保护标准数量快速增长，共发布国家环境保护标准502项，平均每年发布100项。目前，环境保护标准的影响范围已覆盖水、空气、土壤、声与振动、固体废物与化学品、生态、核与电磁辐射等领域。

在现行标准中，包括国家环境质量标准14项、国家污染物排放（控制）标准138项、环境监测规范707项、环境基础标准与标准制修订规范18项、管理规范类环境保护标准430项。环境质量标准、污染物排放（控制）标准、环境监测规范等重要环境保护标准体系已经基本建立，国家环境保护标准体系基础框架已经形成。

3）环境标准制定权利的划分

按照法律规定，国务院环境保护行政主管部门可以制定所有种类的环境标准。省、自治区、直辖市人民政府只能就国家环境质量标准中未规定的项目制定地方补充标准，对国家已有规定的，不能另行制定标准；对国家污染物排放标准中的未规定的项目，可以制定地方污染物排放标准；对国家污染物排放标准中已规定的项目，只能制定严于国家污染物排放标准的地方污染物排放标准，而不能制定宽于国家污染物排放标准的地方污染物排放标准。地方环境标准必须报国务院环境保护行政主管部门备案。省、自治区、直辖市人民政府无权制定环境基础标准、环境方法标准和环境样品标准

7. 限期治理制度

限期治理制度，是指对现已存在的危害环境的污染源，由法定机关作出决定，令其在一定期限内治理并达到规定要求的一整套措施。本制度主要包括以下几个方面内容：

1）限期治理的对象

目前法律规定的限期治理对象主要有两类：一是位于特别保护区域内的超标排污的污染源。在国务院、国务院有关主管部门和省、自治区、直辖市人民政府划定的风景名胜区、自然保护区和其他需要特别保护的区域内，按规定不得建设污染环境的工业生产设施；建设其他设施，其污染物排放不得超过规定的排放标准；已经建成的设施，其污染物

排放超过规定的排放标准的，要限期治理。二是造成严重污染的污染源。实践中通常是根据污染物的排放是否对人体健康有严重影响和危害、是否严重扰民、经济效益是否远小于环境危害所造成的损失、是否属于有条件治理而不治理等情况，来考虑是否属于严重污染。

2）限期治理的决定权

按照法律规定，市、县或者市、县以下人民政府管辖的企业事业单位的限期治理，由市、县人民政府决定；中央或省、自治区、直辖市人民政府直接管辖的企业事业单位的限期治理，由省、自治区、直辖市人民政府决定。

3）限期治理的目标和期限

限期治理的目标，就是限期治理要达到的结果。一般情况下是浓度目标，即通过限期治理使污染源排放的污染物达到一定的排放标准。

限期治理的期限由决定限期治理的机关根据污染源的具体情况、治理的难度、治理能力等因素来合理确定。其最长期限不得超过 3 年。

8. 环境规划制度

《环境保护法》第 12 条规定：县级以上人民政府环境保护行政主管部门，应当会同有关部门对管辖范围内的环境状况进行调查和评价，拟订环境保护规划，经计划部门综合平衡后，报同级人民政府批准实施。

1）环境规划的分类和内容

（1）按规划的时间期限分为：短期规划、中期规划和长规规划。通常短期规划以 5 年为限，中期规划以 15 年为限，长期规划以 20、30、50 年为限。

（2）按规划的法定效力分为：强制性规划和指导性规划。

（3）按规划的性质可以分为：污染控制规划、国民经济整体规划和国土利用规划三大类，每一类还可以按范围、行业或专业再细划成子项规划。其中，污染控制规划是针对污染引起的环境问题编制的，主要是对工农业生产、交通运输、城市生活等人类活动对环境造成的污染而规定的防治目标和措施。

2）环境规划的编制程序

（1）对象调查；

（2）历史比较及有关环境问题的分类排队；

（3）目标导向预测；

（4）拟制方案；

（5）系统分析，择优决策。

8.2.2 水污染防治法律制度

1. 水污染防治法概述

《中华人民共和国水污染防治法》（以下简称《水污染防治法》）于 1984 年 5 月 11 日第六届全国人民代表大会常务委员会第五次会议通过，经 1996 年 5 月 15 日第八届全国人民代表大会常务委员会第十九次会议、2008 年 2 月 28 日第十届全国人民代表大会常务委员会第三十二次会议两次修订，新修订后的《水污染防治法》将于 2008 年 6 月 1 日起施行。

中国的水环境质量已经到了一个危险的临界点，从松花江水污染事故，到太湖蓝藻爆发危及无锡群众饮水安全，直至刚刚发生的汉江严重污染致使20余万人无法正常用水，千吨融雪剂流入水源地造成广东上万村民饮水困难等。一起起水污染事件不断引起社会高度关注，也凸显了水环境保护面临的挑战。目前全国7大水系的26%是Ⅴ类和劣Ⅴ类，9大湖泊中有7个是Ⅴ类和劣Ⅴ类，水环境将是未来相当一个历史时期内环境领域的最重要、最紧迫的主题。

面对水环境的挑战，国家环境保护部提出了“让江河湖泊休养生息”的战略思想。新修订的《水污染防治法》，为“让江河湖泊休养生息”战略思想的实施提供了最有力的法律保障。这一战略下的五大强有力的对策——严格环境准入、淘汰落后产能、全面防治污染、强化综合手段、鼓励公众参与，在新修订的《水污染防治法》中都上升为了法律意志。

新修订的《水污染防治法》总结了现行水污染防治法实施的经验教训，结合我国水污染防治工作面临的新形势，对已实施11年的水污染防治法进行了大量修改，修订指导思想明确，内容比较全面，为水污染防治工作由被动应对转向主动防控、让江河湖泊休养生息奠定了坚实的法律基础。

新修订的《水污染防治法》有以下八个方面的新突破：

1）饮用水安全保障成为首要任务

饮用水的安全问题，直接关系到人民群众的身体健康，关系到社会的和谐稳定，关系到经济社会的可持续发展。新修订的《水污染防治法》在第1条就增加了“保障饮用水安全”作为该法的立法目的，并且在第3条提出“水污染防治应当坚持预防为主、防治结合、综合治理的原则，优先保护饮用水水源，严格控制工业污染、城镇生活污染，防治农业面源污染，积极推进生态治理工程建设，预防、控制和减少水环境污染和生态破坏”，将“优先保护饮用水水源”放在了首位。新修订的《水污染防治法》将饮用水水源保护专门列为一章，显示了对于饮用水水源地保护的决心和重视程度。在这一章中，一是完善了饮用水水源保护区分级管理制度。新法规定饮用水水源保护区分为一级和二级保护区，必要时，可以在饮用水水源保护区外围划定一定的区域作为准保护区。二是明确了饮用水水源保护区的划定机关和争议解决机制。三是对饮用水水源保护区实行严格管理。新法规定禁止在饮用水水源保护区内设置排污口。四是在饮用水准保护区内实行积极的保护措施。新法规定县级以上地方人民政府应当根据保护饮用水水源地的实际需要，在准保护区内采取工程措施或者建造湿地、水源涵养林等生态保护措施，防止水污染物直接排入饮用水水体，确保饮用水安全。

2）总量控制制度适用范围扩大

修订前的《水污染防治法》中是“对实现水污染物达标排放仍不能达到国家规定的水环境质量标准的水体，可以实施重点污染物排放的总量控制制度”，新修订的《水污染防治法》将总量控制范围扩大到对重点水污染物排放实施总量控制制度，为实施减排的目标责任状提供了法律支持。新修订的《水污染防治法》第18条规定：“省、自治区、直辖市人民政府应当按照国务院的规定削减和控制本行政区域的重点水污染物排放总量，并将重点水污染物排放总量控制指标分解落实到市、县人民政府。市、县人民政府根据本行政区域重点水污染物排放总量控制指标的要求，将重点水污染物排放总量控制指标分解落实到排污单位。省、自治区、直辖市人民政府可以根据本行政区域水环境质量状况和水污染防治工作的需要，确定本行政区域实施总量削减和控制的重点水污染物。”严格实施污染物排放总量控制制度，将加快淘汰落后生产能力，促进浪费资源、污染环境的违法排污企业停产关闭，推动循环经济和清洁生产的发展，促进产业结构优化升级。

3）“区域限批”制度趋向法制化

“区域限批”制度是以解决区域严重环境问题为切入点，从根本上推进地区产业结构升级和布局优化，走出低水平发展道路，实现经济发展与环境保护的协调统一。实践证明，“区域限批”制度作为环境执法手段，效果非常明显，既解决了一些遗留的严重环境违法问题，也扭转了一些地方政府先污染后治理的发展思路，使他们逐渐甩掉对高耗能产业规模数量的依赖，加速跨入发展新型产业的行列。新修订的《水污染防治法》规定：“对超过重点水污染物排放总量控制指标的地区，有关人民政府环境保护主管部门应当暂停审批新增重点水污染物排放总量的建设项目的环境影响评价文件。”这使得“区域限批”制度法制化，使“区域限批”制度从过去运动式的“风暴”变成常规化的法律制度，将使“区域限批”制度在调整产业结构、转变经济增长方式、实现减排目标和打击环境违法行为方面发挥更大的作用。

新修订的《水污染防治法》第 19 条还规定：“国务院环境保护主管部门对未按照要求完成重点水污染物排放总量控制指标的省、自治区、直辖市予以公布。省、自治区、直辖市人民政府环境保护主管部门对未按照要求完成重点水污染物排放总量控制指标的市、县予以公布。县级以上人民政府环境保护主管部门对违反本法规定、严重污染水环境的企业予以公布。”

4）强化地方政府责任

中国环境问题已从观念启蒙阶段进入利益博弈阶段，环境保护和环境污染的力量之间必定有一个此起彼伏的拉锯过程。环境指标纳入官员考核指标体系将是斩断这场拉锯战链条的利剑，新修订的《水污染防治法》第 5 条规定：“国家实行水环境保护目标责任制和考核评价制度，将水环境保护目标完成情况作为对地方人民政府及其负责人考核评价的内容。”同时还规定：“县级以上人民政府应当将水环境保护工作纳入国民经济和社会发展规划。县级以上地方人民政府应当采取防治水污染的对策和措施，对本行政区域的水环境质量负责。”在新修订的《水污染防治法》中，地方政府还有确定本行政区域实施总量削减和控制的重点水污染物、分配总量控制指标、制定或适时修订国家水环境质量标准中未作规定的项目的地方标准，调处跨行政区域的水污染纠纷、合理规划工业布局，提高本行政区域城镇污水的收集率和处理率、划定饮用水水源保护区等责任。

5）构建全面防治水污染机制

当前，我国水污染排放的构成日趋复杂，工业污染还在发展，生活、农业污染又日益突出。让江河湖泊休养生息，必须在进一步加强工业污染防治的同时，实行工业、城镇、农业和农村、船舶水污染全面防治，实现上游、中游、下游水环境保护协调发展。现行的《水污染防治法》只是将水污染防治简单地分为地表水和地下水的污染防治，新修订的《水污染防治法》将水污染防治重新进行归类并划分为：一般规定、工业水污染防治、城镇水污染防治、农业和农村水污染防治以及船舶水污染防治，构建了一整套全面防治水污染的法律机制。

如在工业水污染防治方面，新修订的《水污染防治法》制定了排污许可制度，落后工艺和设备淘汰制度、限期治理制度和严格的环境准入制度，还通过公布禁止采用的工艺名录和禁止生产、销售、进口、使用的设备名录，加快落后产能的淘汰和重污染企业的关闭，促进区域产业结构优化升级，大幅度削减污染，努力实现经济增长、污染减排。在新修订的《水污染防治法》中，城镇水污染防治、农业和农村水污染防治的重要性得到凸显，污染防治措施、手段和要求更加明确和具体，可操作性加强。

6）建立水环境信息统一发布制度

新修订的《水污染防治法》理顺了水环境监测机制，在第25条中规定由国务院环境保护主管部门负责制定水环境监测规范，统一发布国家水环境状况信息。很长一段时间以来，江河湖库水环境质量评价的标准并不一样，监管部门的评价标准也不一样，造成很多数据不一致，这对于污染情况和治污评价都有影响。而且多个部门向社会公告水质状况，往往因取水点位、计算方法、分析方法等的不同，造成向社会公告的环境质量数据有一定的差异，而使人民群众无所适从，甚至干扰正常的生产生活秩序而造成社会混乱。新修订的《水污染防治法》规定由国务院环境保护主管部门负责制定水环境监测规范，统一发布国家水环境状况信息，确保了向社会公布数据的统一和规范，今后将避免产生不同部门发布数据的差异，保证公众有效获得相关环境信息，为公众参与环境保护提供帮助，充分保障人民群众的环境知情权、监督权和参与权。

7）加大违法成本

“守法成本高、违法成本低”一直是水污染防治的瓶颈。修订后的《水污染防治法》加大了水污染的违法成本，“重典”治污，大大增强了对违法行为的震慑力。

第一，对于造成水污染事故的罚款额不再有上限。现行的《水污染防治法实施细则》对水污染事故处罚的最高限额是100万元人民币，而新修订的《水污染防治法》则规定：“对造成一般或者较大水污染事故的，按照水污染事故造成的直接损失的20%计算罚款；对造成重大或者特大水污染事故的，按照水污染事故造成的直接损失的30%计算罚款”，同时，对超标排污或者超过重点水污染物排放总量控制指标的罚款数额，也修改为“处应缴纳排污费数额2倍以上5倍以下的罚款”，也就是说，超标排放行为越严重，造成的损失越大，罚的款就越多，即上不封顶了。

第二，对造成水污染事故的直接负责的主管人员和其他直接责任人进行罚款，新法规定，企事业单位造成水污染事故的，除对单位给予处罚外，还可对直接负责的主管人员和其他直接责任人员处上一年度从本单位取得的收入50%以下的罚款。新法同时还规定，违反本法规定，构成违反治安管理行为的，依法给予治安管理处罚；构成犯罪的，依法追究刑事责任。

第三，对私设暗管排放水污染物的行为将予严惩。新修订的《水污染防治法》规定：违反法律、行政法规和国务院环境保护主管部门的规定设置排污口或者私设暗管的，由县级以上地方政府环境保护主管部门责令限期拆除，处2万以上10万以下的罚款；逾期不拆除的，强制拆除，所需费用由违法者承担，处10万以上50万以下罚款；私设暗管或者有其他严重情节的，县级以上地方政府环境保护主管部门责令停产整顿。

8）增加水污染事故应急处置

从松花江事件后，平均每两天发生一起的环境突发事故中，70%是水污染事故。事实证明，水污染事故与公共危机往往只是一步之遥，水污染事故应急处置不好，对公众健康、经济发展、社会稳定甚至是外交局势都会造成重大损失。此次修订专门设定了“水污染事故处置”一章，将水污染事故的应急处置上升到了国家法律的高度。

新修订的《水污染防治法》一是完善了水污染事故报告制度，规定企业事业单位造成或者可能造成水污染事故的，应当立即向事故发生地的县级以上地方人民政府或者环境保护主管部门报告；有关地方人民政府及其环境保护主管部门要按规定上报事故，通告可能受到危害的毗邻或者相关地方人民政府和单位。造成渔业污染事故或者渔业船舶造成水污染事故的，向事故发生地的海事管理机构报告。二是明确了应急演练制度，规定对可能发生水污染事故的企业事业单位，应当制定有关水污染事故的应急方案，作好应急准备，并定期进行演练。新法同时还规定生产、储存危险化学品的企事业单位，应当采取措施，防止在处理安全生产事故过程中产生的可能严重污染水体的消防废水、废液直接排入水体，防止措施不当引发新的污染，减少水污染事故对环境造成的危害。

2. 水污染防治措施

1）一般规定

（1）禁止向水体排放油类、酸液、碱液或者剧毒废液。禁止在水体清洗装贮过油类或者有毒污染物的车辆和容器。

（2）禁止向水体排放、倾倒放射性固体废物或者含有高放射性和中放射性物质的废水。向水体排放含低放射性物质的废水，应当符合国家有关放射性污染防治的规定和标准。

（3）向水体排放含热废水，应当采取措施，保证水体的水温符合水环境质量标准。

（4）含病原体的污水应当经过消毒处理；符合国家有关标准后，方可排放。

（5）禁止向水体排放、倾倒工业废渣、城镇垃圾和其他废弃物。禁止将含有汞、镉、砷、铬、铅、氰化物、黄磷等的可溶性剧毒废渣向水体排放、倾倒或者直接埋入地下。存放可溶性剧毒废渣的场所，应当采取防水、防渗漏、防流失的措施。

（6）禁止在江河、湖泊、运河、渠道、水库最高水位线以下的滩地和岸坡堆放、存贮固体废弃物和其他污染物。

（7）禁止利用渗井、渗坑、裂隙和溶洞排放、倾倒含有毒污染物的废水、含病原体的污水和其他废弃物。

（8）禁止利用无防渗漏措施的沟渠、坑塘等输送或者存贮含有毒污染物的废水、含病原体的污水和其他废弃物。

（9）多层地下水的含水层水质差异大的，应当分层开采；对已受污染的潜水和承压水，不得混合开采。

（10）兴建地下工程设施或者进行地下勘探、采矿等活动，应当采取防护性措施，防止地下水污染。

（11）人工回灌补给地下水，不得恶化地下水质。

2）工业水污染防治

（1）国务院有关部门和县级以上地方人民政府应当合理规划工业布局，要求造成水污染的企业进行技术改造，采取综合防治措施，提高水的重复利用率，减少废水和污染物排放量。

（2）国家对严重污染水环境的落后工艺和设备实行淘汰制度。国务院经济综合宏观调控部门会同国务院有关部门，公布限期禁止采用的严重污染水环境的工艺名录和限期禁止生产、销售、进口、使用的严重污染水环境的设备名录。生产者、销售者、进口者或者使用者应当在规定的期限内停止生产、销售、进口或者使用列入前款规定的设备名录中的设备。工艺的采用者应当在规定的期限内停止采用列入前款规定的工艺名录中的工艺。规定被淘汰的设备，不得转让给他人使用。

(3) 国家禁止新建不符合国家产业政策的小型造纸、制革、印染、染料、炼焦、炼硫、炼砷、炼汞、炼油、电镀、农药、石棉、水泥、玻璃、钢铁、火电以及其他严重污染水环境的生产项目。

(4) 企业应当采用原材料利用效率高、污染物排放量少的清洁工艺，并加强管理，减少水污染物的产生。

8.2.3 大气污染防治法律制度

《中华人民共和国大气污染防治法》（以下简称《大气污染防治法》）于 2000 年 4 月 29 日中华人民共和国第 9 届全国人民代表大会常务委员会第 15 次会议修订通过，并于 2000 年 9 月 1 日起施行。这里的大气污染，是指有害物质进入大气，对人类和生物造成危害的现象。

我国《大气污染防治法》自 1987 年制定，自 1995 年和 2000 年分别修订至今，主要针对城市煤烟型污染，重点解决以二氧化硫、氮氧化物和颗粒物 PM10 为特征的城市污染，但对当前以细颗粒物 PM2.5、臭氧、雾霾、挥发性有机化合物污染等为特征的区域性污染则没有涉及。由于空气污染的开放性和流动性，对解决区域性（特别是区域污染严重的地区）污染问题的措施和手段还缺乏法律规制。当前，我国大气污染形势严峻，以可吸入颗粒物（PM10）、细颗粒物（PM2.5）为特征污染物的区域性大气环境问题日益突出，损害人民群众身体健康，影响社会和谐稳定。

随着我国工业化、城镇化的深入推进，能源资源消耗持续增加，大气污染防治压力继续加大。为切实改善空气质量，国务院于 2013 年 9 月制定了《大气污染防治行动计划》，为我国未来 5 年大气污染防治勾勒出一幅明晰的路径图。

1.《中华人民共和国大气污染防治法》概述

1）防治大气污染的监督管理体制

《大气污染防治法》规定："国务院和地方各级人民政府，必须将大气环境保护工作纳入国民经济和社会发展计划，合理规划工业布局，加强防治大气污染的科学研究，采取防治大气污染的措施，保护和改善大气环境。""县级以上人民政府环境保护部门对大气污染防治实施监督管理。各级公安、交通、铁道、渔业管理部门根据各自的职责，对机动车船污染大气实施监督管理。县级以上人民政府其他有关主管部门在各自职责范围内对大气污染防治实施监督管理。"这是该法对防治大气污染的监督管理体制的规定。我国大气污染防治任务艰巨，大气污染源多，牵涉面广，危害范围大，仅由环境保护部门承担监督管理职责是难以胜任的。该法同时规定，由公安、交通、铁道、渔业管理部门根据各自的职责，分管机动车船污染大气的监督管理工作。

《大气污染防治法》对国务院和地方各级人民政府在大气污染防治中总的职责作出规定，可概括为四个方面：

(1) 统一规划管理。"国务院和地方各级人民政府，必须将大气环境保护工作纳入国民经济和社会发展计划，合理规划工业布局，加强防治大气污染的科学研究，采取防治大气污染的措施，保护和改善大气环境。”这一规定将大气环保工作纳入国家发展计划，是保障大气污染防治与经济建设协调发展的关键。

(2) 依靠科学技术。国务院和地方各级人民政府必须加强大气污染防治的科学研究，并采取各种防治大气污染的技术措施，如改进城市燃料结构等。只有国家和地方各级行政机关亲自组织推广，这些科学技术措施才能在大气环境保护中得以有效的实施。

(3) 综合手段调整。“国家采取有利于大气污染防治以及相关的综合利用活动的经济、技术政策和措施”是修改后的《大气污染防治法》新设置的重要条款。这里所指的经济政策，如中国人民银行规定，大气污染防治投资项目可享受优先贷款的待遇。在技术政策方面，如国家鼓励、支持生产无铅汽油技术等。

(4) 重视植树绿化。“各级人民政府应当加强植树造林、城市绿化工作。”树林和草地具有阻挡烟尘、净化大气的作用，搞好绿化是保护和改善大气环境质量的重要工作。

2) 大气污染防治措施

我国能源主要依靠燃煤，防治大气污染应以防治燃煤所产生的烟尘和二氧化硫为主。为此，修订后的《大气污染防治法》设专章作了明确的规定，主要包括从燃煤污染的一般防治和燃煤产生的二氧化硫的特殊防治，作了如下规定：

(1) 推行煤炭洗选加工。《大气污染防治法》第 24 条规定：国家推行煤炭洗选加工，降低煤的硫份和灰份，限制高硫份、高灰份煤炭的开采。新建的所采煤炭属于高硫份、高灰份的煤矿，必须建设配套的煤炭洗选设施，使煤炭中的含硫份、含灰份达到规定的标准。

对已建成的所采煤炭属于高硫份、高灰份的煤矿，应当按照国务院批准的规划，限期建成配套的煤炭洗选设施。

禁止开采含放射性和砷等有毒有害物质超过规定标准的煤炭。

(2) 清洁替代能源。《大气污染防治法》第 25 条规定：国务院有关部门和地方各级人民政府应当采取措施，改进城市能源结构，推广清洁能源的生产和使用。

大气污染防治重点城市人民政府可以在本辖区内划定禁止销售、使用国务院环境保护行政主管部门规定的高污染燃料的区域。该区域内的单位和个人应当在当地人民政府规定的期限内停止燃用高污染燃料，改用天然气、液化石油气、电或者其他清洁能源。

(3) 鼓励洁净煤技术。《大气污染防治法》第 26 条规定：国家采取有利于煤炭清洁利用的经济、技术政策和措施，鼓励和支持使用低硫份、低灰份的优质煤炭，鼓励和支持洁净煤技术的开发和推广。

(4) 锅炉大气污染物排放要求。《大气污染防治法》第 27 条规定：国务院有关主管部门应当根据国家规定的锅炉大气污染物排放标准，在锅炉产品质量标准中规定相应的要求；达不到规定要求的锅炉，不得制造、销售或者进口。

(5) 燃煤供热地区的集中供热要求。《大气污染防治法》第 28 条规定：城市建设应当统筹规划，在燃煤供热地区，统一解决热源，发展集中供热。在集中供热管网覆盖的地区，不得新建燃煤供热锅炉。

(6) 民用清洁能源的推广。《大气污染防治法》第 29 条规定：大、中城市人民政府应当制定规划，对饮食服务企业限期使用天然气、液化石油气、电或者其他清洁能源。

对未划定为禁止使用高污染燃料区域的大、中城市市区内的其他民用炉灶，限期改用固硫型煤或者使用其他清洁能源。

(7) 新建扩建企业脱硫除尘要求和"两控区"已建企业限期治理要求。《大气污染防治法》第 30 条规定：新建、扩建排放二氧化硫的火电厂和其他大中型企业，超过规定的污染物排放标准或者总量控制指标的，必须建设配套脱硫、除尘装置或者采取其他控制二氧化硫排放、除尘的措施。

在酸雨控制区和二氧化硫污染控制区内，属于已建企业超过规定的污染物排放标准排放大气污染物的，依照本法第 48 条的规定限期治理。

国家鼓励企业采用先进的脱硫、除尘技术。企业应当对燃料燃烧过程中产生的氮氧化物采取控制措施。

(8) 人口集中地区（环境敏感区）存放煤炭物料要求。《大气污染防治法》第 31 条规定：在人口集中地区存放煤炭、煤矸石、煤渣、煤灰、砂石、灰土等物料，必须采取防燃、防尘措施，防止污染大气。

3) 防治废气、粉尘和恶臭污染

《大气污染防治法》对防治废气、粉尘和恶臭污染作了专章规定。基本内容有：

(1) 严格限制含有毒物质的废气和粉尘的排放

工矿企业在生产过程中会向环境排放大量含有毒物质的废气，如汞蒸气、氯气等，对人体健康十分有害。粉尘是工业锅炉以及烧汽油的汽车所排放的直径小于烟尘的微粒，对人体危害性更大。因此，《大气污染防治法》第 36 条规定："严格限制向大气排放含有毒物质的废气和粉尘；确需排放的，必须经过净化处理，不超过规定的排放标准。"对于毒性较小或者不含毒性物质的粉尘，排放单位必须采取除尘措施，如大型工业窑炉采用静电、袋式等高效除尘技术。

为了防止运输、装卸、贮存过程中有毒有害气体或粉尘散发污染大气环境。《大气污染防治法》第 35 条规定："必须采取密闭措施或其他防护措施。"如采用密闭式车辆运输，或在运输前加湿等。

(2) 防止可燃性气体污染大气

工业生产中排放的许多可燃性气体，如焦炉气、石油化工尾气等，是可以回收利用作为工业或民用的燃料和热源的。《大气污染防治法》规定，不具备回收利用条件而向大气排放的，应当进行防治污染处理，如进行过滤净化或者使其充分燃烧等。对于含有毒有害物质的可燃性气体，如电石气、有机烃类尾气等，因排入环境会造成对人体健康的危害，需要严格控制和采取防范措施，排放之前须报当地环境保护行政主管部门批准。

(3) 配备脱硫装置。减少温室气体排放、防止全球气候变暖是当今世界各国共同关注的全球环境问题。《大气污染防治法》第 38 条规定："炼制石油、生产合成氨、煤气和燃煤焦化、有色金属冶炼过程中排放有硫化物气体的，应当配备脱硫装置或者采取其他脱硫措施。"硫是十分重要的化工原料，积极采取措施回收利用硫，既保护了环境，又增加了经济收入。但是，回收硫的成本很高，《大气污染防治法》只规定了对排硫量大的上述五类企业应当配备脱硫装置或采取其他脱硫措施，如采取排烟脱硫等。

(4) 防止放射性物质污染大气和保护臭氧层的规定。《大气污染防治法》第 39 条规定："向大气排放含放射性物质的气体和气溶胶，必须符合国家有关放射性防护的规定，不得超过规定的排放标准。”大气中的放射性物质，除了自然因素之外，主要来自人们从事核材料的开采和冶炼、核工业的排放物、核电站和核试验的散落物等，这些放射性物质进入人体，到达一定剂量会引起病变，因此，它们只有不超过规定的排放标准才准予排放。为此，我国制定了有关放射性防护的规定。

新修改的《大气污染防治法》还增加了保护臭氧层的规定，这是根据我国承认的有关国际环境保护公约作出的规定。本法第 45 条规定，国家鼓励、支持消耗臭氧层物质替代品的生产和使用，逐步减少消耗臭氧层物质的产量，直至停止消耗臭氧层物质的生产和使用。在国家规定的期限内，生产、进口消耗臭氧层物质的单位必须按照国务院有关行政主管部门核定的配额进行生产、进口。

（5）防治饮食服务业排放油烟污染。《大气污染防治法》第 44 条规定：“城市饮食服务业的经营者，必须采取措施，防治油烟对附近居民的居住环境造成污染。”这是针对近年来迅速发展的城市第三产业所作的新规定。为贯彻该项规定，国家环境保护局和国家工商行政管理局于 1995 年 2 月 11 日联合发布了《关于加强饮食娱乐服务企业环境管理的通知》。

（6）防治恶臭气体和有毒有害烟尘污染

恶臭气体是指能刺激人的感官引起不快或有有害影响的气体。恶臭气体可对人体呼吸系统、消化系统、心血管系统、内分泌系统及神经系统产生不利影响。高浓度的恶臭气体会引起吸入者发生肺水肿甚至死亡。《大气污染防治法》第 40 条规定：“向大气排放恶臭气体的排污单位，必须采取措施防止周围居民区受到污染。”这些措施包括防止泄漏、高温燃烧、水洗、掩埋等。《大气污染防治法》第 41 条还规定：“在人口集中地区和其他依法需要特殊保护的区域内，禁止焚烧沥青、油毡、橡胶、塑料、皮革、垃圾以及其他产生有毒有害烟尘和恶臭气体的物质。禁止在人口集中地区、机场周围、交通干线附近以及当地人民政府划定的区域露天焚烧秸秆、落叶等烟尘的物质。”焚烧这些物质不仅有恶臭气味，而且还产生对人体健康有毒有害的气体和粉尘，并可能对交通安全造成威胁，所以必须禁止。

（7）防治沙尘污染

由沙尘造成的大气污染是我国近年来城市大气污染的重要污染源，且污染程度急剧加深，新修改的《大气污染防治法》对这类污染的防治作出专门规定。第 10 条规定：“各级人民政府应当加强植树种草、城乡绿化工作，因地制宜地采取有效措施做好防沙治沙工作，改善大气环境质量。”第 43 条规定：“城市人民政府应当采取绿化责任制，加强建设施工管理，扩大地面铺装面积，控制渣土堆放和清洁运输等措施，提高人均占有绿地面积，减少市区裸露地面和地面尘土，防治城市扬尘污染。”防治沙尘污染不同于传统的污染防治，而必须强调自然资源保护和污染防治的结合，这类法律规定体现了现代环境法的发展趋势。

4）防治机动车船污染

近年来，我国汽车使用量急剧增加，氮氧化物污染已成为北京等特大城市冬季的主要污染物。为了遏止这种趋势，新修改的《大气污染防治法》对防治车船污染列专章予以规定。第 32 条规定：“机动车船向大气排放污染物不得超过规定的排放标准。任何单位和个人不得制造、销售或者进口污染物排放超过规定排放标准的机动车船。”对超过规定排放标准的机动车船，应当采取治理措施。其中的“排放标准”是指《汽车柴油机全负荷烟度排放标准》、《汽油车怠速污染物排放标准》等。“治理措施”是指如年检达不到国家规定排放标准的不准继续行驶、强制安装催化净化装置等措施。

同时，《大气污染防治法》规定：“国家鼓励生产和消费使用清洁能源的机动车船。国家鼓励和支持生产、使用优质燃料油，采取措施减少燃料油中有害物质对大气环境的污染。单位和个人应当按照国务院规定的期限，停止生产、进口销售含铅汽油。”

2.《大气污染防治行动计划》概述

2013年9月12日，国务院正式公布各界期盼的《大气污染防治行动计划》（下称《行动计划》）。这将是继环保部等三部委于2012年底联合发布《重点区域大气污染防治“十二五”规划》之后，我国出台的第二个大气污染防治规划，该计划被认为是我国有史以来最为严格的大气治理行动计划。这是当前和今后一个时期全国大气污染防治工作的行动指南。

1)《行动计划》出台背景

大气污染是影响空气质量的根本原因。燃煤、机动车、工业、建筑和交通扬尘是主要的排放源。从74个城市2013年上半年空气质量监测数据分析，我国大气污染呈现以PM2.5、臭氧为特征的快速蔓延性、污染综合性和影响区域性等复合型大气污染特征，京津冀、长三角、珠三角地区区域污染和本地污染叠加，一旦遇到不利气象条件，使PM2.5等污染物浓度水平进一步升高，客观上也加重了空气污染程度。

进入2013年以后，空气污染情况仍未得到明显改善，年初曾发生大范围持续雾霾天气，污染范围接近270万平方公里，超过1/4的国土面积，波及17个省区约40余个重点城市，影响人口近6亿人。而据环保部发布的5月份重点区域和74个城市空气质量状况显示，74个城市平均达标天数比例为60.1%，平均超标天数比例为39.9%。其中，京津冀地区空气质量形势最为严峻，主要污染物为PM2.5和PM0.3，平均达标天数比例仅为27.4%，低于全国32.7个百分点。在该区域13个城市中，张家口、秦皇岛达标天数比例在50%～80%之间，其他城市达标天数比例不足50%，污染较重。

2)《行动计划》总体要求与目标

《行动计划》按照“政府调控与市场调节相结合、全面推进与重点突破相配合、区域协作与属地管理相协调、总量减排与质量改善相同步”的总体要求，提出“要加快形成政府统领、企业施治、市场驱动、公众参与的大气污染防治新机制”，本着“谁污染、谁负责，多排放、多负担，节能减排得收益、获补偿”的原则，实施分区域、分阶段治理。

《行动计划》提出，经过五年努力，使全国空气质量总体改善，重污染天气较大幅度减少；京津冀、长三角、珠三角等区域空气质量明显好转。力争再用五年或更长时间，逐步消除重污染天气，全国空气质量明显改善。具体指标是：到2017年，全国地级及以上城市可吸入颗粒物浓度比2012年下降10%以上，优良天数逐年提高；京津冀、长三角、珠三角等区域细颗粒物浓度分别下降25%、20%、15%左右，其中北京市细颗粒物年均浓度控制在60微克/立方米左右。

3)《行动计划》具体措施

为实现以上总体目标，《行动计划》确定了10项具体措施：

(1) 加大综合治理力度，减少多污染物排放。全面整治燃煤小锅炉，加快重点行业脱硫、脱硝、除尘改造工程建设。综合整治城市扬尘和餐饮油烟污染。加快淘汰黄标车和老旧车辆，大力发展公共交通，推广新能源汽车，加快提升燃油品质。

（2）调整优化产业结构，推动经济转型升级。严控高耗能、高排放行业新增产能，加快淘汰落后产能，坚决停建产能严重过剩行业违规在建项目。

（3）加快企业技术改造，提高科技创新能力。大力发展循环经济，培育壮大节能环保产业，促进重大环保技术装备、产品的创新开发与产业化应用。

（4）加快调整能源结构，增加清洁能源供应。到2017年，煤炭占能源消费总量比重降到65%以下。京津冀、长三角、珠三角等区域力争实现煤炭消费总量负增长。

（5）严格投资项目节能环保准入，提高准入门槛，优化产业空间布局，严格限制在生态脆弱或环境敏感地区建设“两高”行业项目。

（6）发挥市场机制作用，完善环境经济政策。中央财政设立专项资金，实施以奖代补政策。调整完善价格、税收等方面的政策，鼓励民间和社会资本进入大气污染防治领域。

（7）健全法律法规体系，严格依法监督管理。国家定期公布重点城市空气质量排名，建立重污染企业环境信息强制公开制度。提高环境监管能力，加大环保执法力度。

（8）建立区域协作机制，统筹区域环境治理。京津冀、长三角区域建立大气污染防治协作机制，国务院与各省级政府签订目标责任书，进行年度考核，严格责任追究。

（9）建立监测预警应急体系，制定完善并及时启动应急预案，妥善应对重污染天气。

（10）明确各方责任，动员全民参与，共同改善空气质量。

8.2.4 环境噪声污染防治法律制度

《中华人民共和国环境噪声污染防治法》（以下简称《环境噪声污染防治法》）于1996年10月29日第八届全国人民代表大会常务委员会第二十二次会议通过，自1997年3月1日起施行。

1. 环境噪声污染防治监督管理体制

现实生活中能够产生环境噪声的噪声源比较多，涉及工业生产、建筑施工、交通运输和社会生活，我国环境噪声污染防治的监督管理体制是环境保护部门负责统一监督管理与其他有关部门按照各自职责分别实施监督管理相结合的体制。

1）环境保护行政主管部门对环境噪声污染防治实施统一监督管理。

（1）国务院环境保护行政主管部门作为对全国环境噪声污染防治工作实施统一监督管理的部门，负责下列主要工作：

第一，分别不同的功能区，制定国家声环境质量标准；

第二，根据国家声环境质量标准和国家经济、技术条件，制定国家环境噪声排放标准；

第三，建立环境噪声监测制度，制定监测规范，并会同有关部门组织监测网络等。

（2）县级以上地方人民政府环境保护行政主管部门作为对本行政区域内的环境噪声污染防治工作实施统一监督管理的部门，负责下列主要工作：

第一，建设项目环境影响报告书的审批；

第二，建设项目中环境噪声污染防治设施的验收；

第三，企事业单位拆除或者闲置环境噪声污染防治设施申报的审批；

第四，对排放环境噪声的单位进行现场检查；

第五，负责接受工业企业使用产生环境噪声污染的固定设备的申报；

第六，负责接受城市市区范围内施工单位使用机械设备产生环境噪声的申报；

第七，负责接受城市市区噪声敏感建筑物集中区域内商业企业使用固定设备造成环境噪声污染的申报；

第八，依法对违法行为给予行政处罚等。

2）其他有关部门按照各自职责分别对有关的环境噪声污染防治工作实施监督管理。

各级公安、交通、铁路、民航等主管部门，根据各自的职责，对交通运输和社会生活噪声污染防治实施监督管理。如城市人民政府公安机关可以根据本地城市市区区域声环境保护的需要，划定禁止机动车辆行驶和禁止其使用声响装置的路段和时间，向社会公告；并进行监督管理，对违反者予以处罚等。

2. 环境噪声污染防治措施

1）工业与建筑施工噪声污染防治

《环境噪声污染防治法》第22～30条对防治工业建筑施工噪声污染作了规定，概述如下：

(1) 在城市范围内向周围生活环境排入工业与建筑施工噪声的，应当符合国家规定的工业企业厂界和建筑施工场界环境噪声排放标准。

(2) 产生环境噪声污染的工业企业，应当采取有效措施，减轻噪声对周围生活的影响。

(3) 国务院有关部门要对产生噪声污染的工业设备，根据噪声环境保护要求和技术经济条件，逐步在产品的国家标准和行业标准中规定噪声限值。

(4) 在城市市区范围内，建筑施工过程中使用机械设备，可能产生环境噪声污染的，施工单位必须在开工15日以前向所在地县以上环境行政主管部门申报该工程的项目名称、施工场所和期限、可能产生的环境噪声值以及所采取的环境噪声污染防治措施的情况。

(5) 在城市市区噪声敏感区域内，禁止夜间进行产生噪声污染的施工作业，但抢修、抢险作业和因生产工艺上要求或者特殊需要必须连续作业的除外。因特殊需要必须连续作业的，必须有县级以上人民政府或者其有关主管部门的证明。夜间作业的，必须公告附近居民。

2）交通运输噪声污染防治

《环境噪声污染防治法》第31～47条对防治交通运输噪声污染作了规定。

(1) 禁止制造、销售或者进口超过规定的噪声限值的汽车。

(2) 在市区范围内行驶的机动车的消声器和喇叭必须符合国家规定的要求，必须使用喇叭的，应控制音量。

(3) 机动车和机动船在市内航道行驶，铁路机动车驶经或者进入市区、疗养区，必须按规定使用声响装置。

(4) 城市公安机关可根据声环需要，划定禁止机动车行驶和禁鸣喇叭路段。

(5) 民用航空器除起飞降落一般不得飞越城市上空。

3）社会生活噪声污染防治

《环境噪声污染防治法》第41～47条对防治社会生活噪声污染作了规定。

(1) 商业活动造成噪声污染，必须向县以上环保行政主管部门申报防治噪声污染设施情况，禁用高音喇叭招揽顾客。

(2) 文化娱乐场所的边界噪声必须符合国家规定的标准，不符合规定的不发许可和营业执照。

(3) 禁止单位和个人在噪声敏感区使用高音量广播。

(4) 使用家用电器、乐器，应控制音量，避免对周围造成噪声污染。

8.2.5 固体废物污染防治法律制度

《中华人民共和国固体废物污染环境防治法》(以下简称《固废法》)已由中华人民共和国第十届全国人民代表大会常务委员会第十三次会议于2004年12月29日修订通过，自2005年4月1日起施行。固体废物污染是指固体废物在产生、收集、贮藏、运输、利用、处置的过程中产生的危害环境的现象。

1.《固废法》修订背景

近年来，随着我国工业化、城市化的发展以及人民生活水平的提高，固体废物产生量持续增长。据资料显示，中国工业固体废物产生量从1996年的6.59亿吨增加到2001年的8.88亿吨，每年增长7%；城市生活垃圾清运量由1996年的1.08亿吨增加到2001年的1.35亿吨，每年增长4%，虽然集中处理率达到了58.2%，但无害化处理仅为20%左右。当前十分突出的问题有：固体废物处置能力明显不足，导致了工业固体废物（很多是危险物）长年堆积，中国许多城市都被垃圾包围着，一些地方为争夺垃圾堆放地发生剧烈冲突；固体废物处置标准不高，管理不严，不少工业固体废物仅仅做到简单堆放；农村固体废物污染问题日益突出，畜禽养殖业污染严重，大多数农村生活垃圾根本没有处置；电子产品的使用量不断增加，电器更新速度明显加快，废弃电器产品等新型废物不断增长，造成新的污染。

2. 固体废物污染防治原则

1)"三化"原则

"三化"原则是指对固体废物的污染防治采用减量化、资源化、无害化的指导思想和基本战略。

(1) 减量化：减量化意味采取措施，减少固体废物的产生量，最大限度地合理开发资源和能源，这是治理固体废物污染环境的首先要求和措施。就我国而言，应当改变粗放经营的发展模式，鼓励和支持开展清洁生产，开发和推广先进的技术和设备。就产生和排放固体废物的单位和个人而言，法律要求其合理地选择和利用原材料、能源和其他资源，采用可使废物产生量最少的生产工艺和设备。

(2) 资源化：资源化是指对已产生的固体废物进行回收加工、循环利用或其他再利用等，即通常所称的废物综合利用，使废物经过综合利用后直接变成产品或转化为可供再利用的二次原料，实现资源化不但减轻了固废的危害，还可以减少浪费，获得经济效益。

(3) 无害化：无害化是指对已产生但又无法或暂时无法进行综合利用的固体废物进行对环境无害或低危害的安全处理、处置，还包括尽可能地减少其种类、降低危险废物的有害浓度，减轻和消除其危险特征等，以此防止、减少或减轻固体废物的危害。

2) 全过程管理原则

全过程的管理原则是指对固体废物的产生、运输、贮存、处理和处置的全过程及各个环节上都实行控制管理和开展污染防治工作，这一原则又形象地被称为从"摇篮"到"坟墓”的管理原则，固废环境管理是一项集体活动，废物产生者、承运者、贮存者、处置者和有关过程中的其他操作者都要分担责任。

3）固废分类，优先管理危险废物的原则

固体废物种类繁多，危害特性与方式各有不同，因此，应根据不同废物的危害程度与特性区别对待，实行分类管理。

《固废法》中第 3 章第 2 节明确规定：政府经济主管部门负责工业固废产生，运输贮存、综合利用的管理，促进清洁生产。环境主管部门负责监督工业固废可能产生和产生的污染环境行为，杜绝工业固废向环境排放。

《固废法》中第 3 章第 3 节对城市生活垃圾污染环境的防治，明确了人民政府环境卫生行政主管部门的责任，并且明确了建设部门对清运建筑垃圾的责任。

对含有特别严重危害性质的危险废物，实行严格控制的优先管理，对其污染防治提出比一般废物的污染防治更为严厉的特别要求和实行特殊控制，在固体废物污染环境防治法中对危险废物的污染防治专辟一章，作出严格的特别规定，来体现优先管理的原则。

4）鼓励集中处置的原则

根据国内外固体废物污染防治的经验，对固体废物的处置，采取社会化区域性控制的形式，不但可以从整体上改善环境质量，又可以较少地投入获得尽可能大的效益，还利于监督管理。固体废物污染环境防治法规定国家鼓励支持有利于保护环境的集中处置固体废物的措施，集中处置的形式多样，其中主要是建设区域专业性集中处置设施，如医疗垃圾集中焚烧炉及危险废物区域性专业处置场所等。

3.《固废法》的适用范围

《固废法》第 2 条规定：“本法适用于中华人民共和国境内固体废物污染环境的防治。固体废物污染海洋环境的防治和放射性固体废物污染环境的防治不适用本法。”

同时《固废法》第 98 条规定：“液态废物的污染防治，适用本法；但是排入水体的废水的污染防治适用有关法律，不适用本法。”

4.固体废物概念及分类

所谓固体废物，一般来说，是指在生产建设、日常生活和其他活动中产生的污染环境的固态、半固态废弃物质。我国《固体废物污染环境防治法》第 88 条也对固体废物作了比较详细的定义：“在生产、生活和其他活动中产生的丧失原有利用价值或虽未丧失利用价值但被抛弃或者放弃的固态、半固态和置于容器中的气态的物品、物质以及法律、行政法规纳入固废管理的物品、物质。”

按照《固体法》中的相关划定，通常将固体废物分为以下三大类。

(1) 工业固体废物：指来自各工业生产部门的生产和加工过程及流通中所产生的废渣、粉尘、污泥、废屑等。

(2) 城市生活垃圾：也称城市固体废物，主要指城市日常生活中或者为城市日常生活提供服务的活动中所产生的固体废物，以及法律、行政法规视作城市生活垃圾的固体废物。

(3) 危险废物：指列入国家危险废物名录，或者根据国家规定的危险废物鉴别标准和鉴别方法所认定的具有危险特性的废物。简单来讲，就是含有高度持久性元素、化学品或化合物的废物，且该废物对人体健康和环境具有及时的和潜在的危害。

广义上讲，农村固体废物当然属于固体废物一种，适用于有关固体废物的有关规定。但农村固体废物因农村环境的特殊性而有其特定的指代对象。在这里，我们所说的农村固体废物是指在农业生产和农村生活中产生的固体废物，主要成分包括农作物秸秆、蔬菜、果树的枝条、糠秕、畜禽养殖废弃物、农用塑料残膜、农村生活垃圾等。

5. 固体废物污染环境防治的主要制度

1）环境影响评价和三同时制度

《固防法》第 13 条规定：建设产生固体废物的项目以及建设贮存、利用、处置固体废物的项目，必须依法进行环境影响评价，并遵守国家有关建设项目环境保护管理的规定。

《固防法》第 14 条规定："建设项目的环境影响评价文件确定需要配套建设的固体废物污染环境防治设施，必须与主体工程同时设计、同时施工、同时投入使用。固体废物污染环境防治设施必须经原审批环境影响评价文件的环境保护行政主管部门验收合格后，该建设项目方可投入生产或者使用。对固体废物污染环境防治设施的验收应当与对主体工程的验收同时进行。"

《固防法》第 69 条规定：违反本法规定，建设项目需要配套建设的固体废物污染环境防治设施未建成、未经验收或者验收不合格，主体工程即投入生产或者使用的，由审批该建设项目环境影响评价文件的环境保护行政主管部门责令停止生产或者使用，可以并处 10 万元以下的罚款。

2）排污申报登记制度

根据《固防法》第 32 条第 2 款的规定，产生工业固体废物的单位，必须按照国务院环境保护行政主管部门的规定向所在地的县级以上地方人民政府环境保护行政主管部门提供工业固体废物的种类、产生量、流向、贮存、处置等有关资料。也就是说，所有在中华人民共和国领域内或者中华人民共和国管辖的其他海域内产生工业固体废物的企事业单位，都应当进行申报登记。申报登记必须按照国务院环境保护行政主管部门的规定进行。1992 年国家环保局发布了《排放污染物申报登记管理规定》，对申报登记制度的实施作了比较系统的规定。1997 年国家环保局发布了《关于全面推行排污申报登记的通知》，2004 年国家环保总局又发布了《关于加强排污申报与核定工作的通知》，进一步推动了申报登记工作的开展。需要注意的是，本条规定只适用于一般工业固体废物，即未被列入《国家危险废物名录》或者根据国家规定的有关鉴别标准和方法判定不具有危险特性的工业固体废物，危险废物的申报在《固防法》第 53 条另行作了规定，生活垃圾不适用申报登记制度。

根据《固防法》第 32 条第 3 款还规定，工业固体废物的种类、产生量、流向、贮存、处置等申报事项有重大改变的，应当及时申报。据此，只要工业固体废物各项申报事项的其中之一有重大改变的，都应当按照规定的程序申报。这里所指的"重大改变"，适用时应当注意两点，一是这种改变必须是重大的，轻微的或者在正常作业范围内的变动不在申报之列。如何判断是重大的，一般说来就是超过正常作业所可能产生的工业固体废物变动情况，且这种变动直接影响到各项指标的重大改变。二是这里所说的改变不一定仅仅针对污染加重的情形。如果企业采取了新技术或者将某些污染严重的设施停用了，产生的工业固体废物明显减少的，也应当及时申报。

3）危险废物经营许可证制度

（1）危险废物的定义

危险废物，是指列入《国家危险废物名录》或者根据国家规定的危险废物鉴别标准和鉴别方法认定的具有危险性的废物。

（2）实行危险废物经营活动实行许可证管制的条件及重大意义

危险废物的危险特性，决定了并非任何单位和个人都可以从事危险废物的收集、贮存、利用、处置等经营活动、从事此类经营活动的单位，尤其是危险废物利用活动，必须要具备相应的专业技术条件，具有相应的管理和操作、经营能力，拥有相应的处置设备和设施；从事此类活动单位的工作人员也必须具备一定的专业技术知识和能力，即从事此类活动的单位及其工作人员都必须具备一定的专门性的资格条件。否则，便有可能在收集、贮存、利用、处置过程中造成污染危害，从而导致严重污染事故时有发生，给环境造成严重危害，也给人民群众的生命健康和公私财产造成严重损害或损失。

对危险废物经营活动实行许可证管制，是法律限制措施的重要形式和依法实施、加强监督管理的重要手段，也是许多国家的成功经验和通行做法。国际社会在 1989 年签署了《控制危险废物越境转移及其处置的巴塞尔公约》，并且每年召开成员国大会，推动危险废物的管理和处置。我国于 1991 年加入该公约。目前，从世界发达国家有关危险废物经营许可的法律规定看，从事危险废物的收集、贮存、利用、处理或处置经营活动的，均实行许可制度，只是在管理机构和发证种类上略有不同。

（3）危险废物经营许可证的范围。

《固防法》第 57 条规定："从事收集、贮存、处置危险废物经营活动的单位，必须向县级以上人民政府环境保护行政主管部门申请领取经营许可证；从事利用危险废物经营活动的单位，必须向国务院环境保护行政主管部门或者省、自治区、直辖市人民政府环境保护行政主管部门申请领取经营许可证。具体管理办法由国务院规定。"根据本条规定，我国危险废物许可证只适用于危险废物的收集、贮存、利用、处置这几个重点环节，而不是全面、全过程展开，这体现了"重点环节控制"的指导原则。同时，许可证只适用于从事收集、贮存、利用、处置危险废物的经营活动，不只是为收集、贮存、处置自己产生的危险废物，而是面向社会从事对外服务等专门性的经营活动。这包括区域性的集中收集、贮存、利用、处置设施，也包括企业将自建的危险废物贮存、利用、处置设施对外单位开放，接受其他单位的危险废物或加入区域性危险废物处置网络系统而承担的贮存、利用、处置其他单位的危险废物的任务。

《固防法》第 57 条规定，将可从事经营活动的主体限定为"单位"，这意味着禁止个人从事危险废物的收集、贮存、利用、处置的经营活动。这是因为危险废物的收集、贮存、利用、处置活动，不仅需要具备专门性的知识和技术、设备，还需具有较为厚实的经济能力，而作为个人是难以全面具备这些资格条件的。由于本款所规定的许可证只适用于"经营活动"。因此，企事业单位自行收集、贮存、利用、处置自己产生的危险废物则不必获得许可，但须符合国家的有关规定，并应接受环境保护部门和其他监督管理部门的监督管理。

（4）危险废物经营许可证的种类

根据《危险废物经营许可证管理办法》第 3 条的规定危险废物经营许可证按照经营方

式，分为危险废物收集、贮存、处置综合经营许可证和危险废物收集经营许可证。领取危险废物综合经营许可证的单位，可以从事各类别（47类）危险废物的收集、贮存、处置经营活动。因考虑到机动车维修活动中产生的废油和居民生活产生的废铬镍电池虽然属于危险废物，但是相对而言危害较小，产生量较少，而且具有点多面广的特点，为了便于及时收集，应当允许一些小规模的单位能够从事上述危险废物的收集活动，因此，该办法还规定，领取危险废物收集经营许可证的单位，只能从事机动车维修活动中产生的废矿物油和居民日常生活中产生的废镉镍电池的危险废物收集经营活动。

（5）申请领取危险废物经营许可证的条件

《危险废物经营许可证管理办法》第二章对申请领取危险废物经营许可证的条件作了规定，按照该规定，申请领取危险废物收集、贮存、处置综合经营许可证，应当具备下列条件：

① 有3名以上环境工程专业或者相关专业中级以上职称，并有3年以上固体废物污染治理经历的技术人员；

② 有符合国务院交通主管部门有关危险货物运输安全要求的运输工具；

③ 有符合国家或者地方环境保护标准和安全要求的包装工具，中转和临时存放设施、设备以及经验收合格的贮存设施、设备；

④ 有符合国家或者省、自治区、直辖市危险废物处置设施建设规划，符合国家或者地方环境保护标准和安全要求的处置设施、设备和配套的污染防治设施；其中，医疗废物集中处置设施，还应当符合国家有关医疗废物处置的卫生标准和要求；

⑤ 有与所经营的危险废物类别相适应的处置技术和工艺；

⑥ 有保证危险废物经营安全的规章制度、污染防治措施和事故应急救援措施；

⑦ 以填埋方式处置危险废物的，应当依法取得填埋场所的土地使用权。掌握固体废物贮存、处置设施、场所的有关规定。

（6）申请危险废物经营许可证的程序和期限

按照《危险废物经营许可证管理办法》，许可程序包括申请、审查和现场核查、征求有关部门和专家的意见、发证、公告，发证时限为20天。如果考虑在程序中加人公开征求公众意见，或者将审批权限提高到省级以上，就需要适当延长审批发证时限。危险废物综合经营许可证有效期为5年；危险废物收集经营许可证有效期为3年。

（7）危险废物经营许可机关

根据本条规定，从事收集、贮存、处置危险废物经营活动的单位，必须向县级以上人民政府环境保护行政主管部门申请领取经营许可证。根据《危险废物经营许可证管理办法》的规定，国家对危险废物经营许可证实行四级分级审批颁发，具体审批颁发的权限是：年焚烧1万吨以上危险废物的、处置含多氯联苯、汞等对环境和人体健康威胁极大的危险废物的以及利用列入国家危险废物处置设施建设规划的综合性集中处置设施处置危险废物的单位的危险废物经营许可证，由国务院环境保护行政主管部门审批颁发；医疗废物集中处置单位的危险废物经营许可证，由医疗废物集中处置设施所在地设区的市级人民政府环境保护行政主管部门审批颁发；危险废物收集经营许可证，由县级人民政府环境保护行政主管部门审批颁发；其他危险废物经营许可证，由省、自治区、直辖市人民政府环境保护行政主管部门审批颁发。

4）转移危险废物联单制度

危险废物的转移，是指将危险废物从产生源转移至产生源以外的地方，而不是指在危险废物产生源内变动危险废物的堆放场地的活动。其包括越境转移，即从国外、境外向国内、境内转移，或从国内、境内向国外、境外转移；也包括境内转移，即从一单位向另一单位转移，或从一地转移至另一地。

《固废法》第59条规定：转移危险废物的，必须按照国家有关规定填写危险废物转移联单，并向危险废物移出地设区的市级以上地方人民政府环境保护行政主管部门提出申请。移出地设区的市级以上地方人民政府环境保护行政主管部门应当经接受地设区的市级以上地方人民政府环境保护行政主管部门同意后，方可批准转移该危险废物。未经批准的，不得转移。本条所涉及的转移，只限国内的转移活动。转移可以是一次性的，也可以是连续性的；可以是短距离的，也可以是长途的。转移的方式有多种，可以通过公路、铁路、船舶或者管道等方式进行。涉及危险废物转移的活动的，既有危险废物的产生者，也包括危险废物的运输者或者准备接受危险废物的贮存者、处置者等。

5）危险废物标志制度

根据第52条规定，对危险废物的容器和包装物以及收集、贮存、运输、处置危险废物的设施、场所，必须设置危险废物识别标志规定，识别标志的适用即必须使用、设置的对象，包括器物和设施场地两个方面。器物包括了容纳、放置、装载、覆盖危险废物的容器和包装物。设施和场所包括收集、贮存、运输、处置的工具、设备、设施、场地等，如收集危险的工具、器物，运输工具，堆放、转运或暂贮场所，危险废物接收或处理、处置设施、场所等。

凡在本条所规定范围之列的容器和包装物以及设施、场所等，都必须执行有关危险废物识别标志的规定，依要求使用、悬挂、粘贴、设置与废物性质和类别相应的识别标志。除了前述《环境保护图形标志—固体废物贮存（处置）场》（GB 15562.2—1995）对固体废物贮存、处置场的标志作了规定外，其他一些规范性文件也对设置危险废物标志作了规定。例如《危险废物安全填埋处置工程建设技术要求》规定，安全填埋场运作场地入口处应设一定数量的光字牌，标明危险字样，牌子必须从7米远处清晰可见。2001年国家环保总局关于发布《危险废物污染防治技术政策》的通知明确规定："装运危险废物的容器应根据危险废物的不同特性而设计，不易破损、变形、老化，能有效地防止渗漏、扩散。装有危险废物的容器必须贴有标签，在标签上详细标明危险废物的名称、重量、成分、特性以及发生泄漏、扩散污染事故时的应急措施和补救方法。"《医疗废物专用包装物、容器标准和警示标识规定》（2003年国家环保总局、卫生部发布）规定，医疗废物包装袋的颜色为黄色，并有盛装医疗废物类型的文字说明，如盛装感染性废物，应在包装袋上加注"感染性废物"字样；容器盒整体颜色为黄色，在盒体侧面注明"损伤性废物"；包装袋、容器盒、周转箱（桶）上均应印制医疗废物警示标识。根据本法第75条规定，不设置危险废物识别标志的，由县级以上人民政府环境保护行政主管部门责令停止违法行为，限期改正，处以1万元以上10万元以下的罚款。

6）危险废物集中处置与代处置制度

《固废法》第54条规定："国务院环境保护行政主管部门会同国务院经济综合宏观调控部门组织编制危险废物集中处置设施、场所的建设规划，报国务院批准后实施。县级以上地方人民政府应当依据危险废物集中处置设施、场所的建设规划组织建设危险废物集中处置设施、场所危险废物处置，是指将危险废物焚烧和用其他改变危险废物的物理、化学、生物特性的方法，达到减少已产生的固体废物数量、缩小固体废物体积、减少或者消除其危险成分的活动，或者将固体废物最终置于符合环境保护规定要求的填埋场的活动。”

处置危险废物主要有三种方式：

（1）分散处置，即由产生危险废物的单位自行处置；

（2）集中处置，即为专业性的或区域性的集中处置设施予以处置；

（3）集中处置与分散处置相结合。

我国长期以来，在危险废物处置方面，主要采取分散处置即要求产生者自行处置的方式。

自20世纪80年代以来，在国家的要求、鼓励和支持下，一些经济能力和技术力量较强的国有大中型企业陆续建设了自己的处置设施，对危险废物进行处置，这对控制危险废物污染、保护环境和人体健康起了积极作用。对这种方式，国家仍应继续支持和鼓励。但是，就全国范围而言，单纯采取分散处置的方式却有很大局限性和难度。对于大多数中小企事业单位，特别是乡镇企业，由于受资金、技术、场地等条件的诸多限制，缺乏独自建设和管理运转处置设施的能力。同时，由于若干企业生产规模小，产品种类多，因此其产生的危险废物的种类颇多，但每一种类的产生量却并不大；有的企业的规模虽大，但产生的危险废物数量却不大，或者绝对总量较多而各个具体种类的数量却有较大差异等。凡此种种，如果机械的简单的不加区别的要求所有产生者都自行处置其产生的所有废物，则会造成重复建设，资金浪费，也会使各产生者的处置设施因接纳的废物数量有限而造成设备闲置。因此，为切实解决危险废物处置问题，提高治理污染的效益应从保护环境的要求和实际国情出发，在继续鼓励、支持产生者自行处置，加强对分散处置管理的同时，还应采取其他措施，包括推行集中处置和区域控制，实行污染控制的社会化形式，采取分散处置与集中处置相结合。

8.3 节约能源法律制度

2007年10月28日，第十届全国人大常委会第三十次会议修订通过《中华人民共和国节约能源法》（中华人民共和国主席令第77号，以下简称《节能法》）颁布，自2008年4月1日起施行。《节能法》共7章87条，分为总则、节能管理、合理使用与节约能源、节能技术进步、激励措施、法律责任和附则。新修订的节约能源法扩大了调整范围，设专节规定了工业节能、建筑节能、交通运输节能、公共机构节能和重点用能单位节能，健全了节能标准体系和监管制度，设专章规定了激励措施。新修订的节约能源法的实施，将为实现节能降耗提供必要的法律保障，促使我国的经济增长建立在节约能源资源和保护环境的基础上。

8.3.1 节约能源与节约能源法概念及意义

1. 节约能源概念

《节能法》第2条规定：“本法所称能源，是指煤炭、石油、天然气、生物质能和电力、热力以及其他直接或者通过加工、转换而取得有用能的各种资源。”《节能法》第3条规定：“节约能源，是指加强用能管理，采取技术上可行、经济上合理以及环境和社会可以承受的措施，从能源生产到消费的各个环节，降低消耗、减少损失和污染物排放、制止浪费，有效、合理地利用能源。”新的《节能法》在法律层面将“节约资源”确定为我国的基本国策，明确规定：“国家实行节约资源的基本国策，实施节约与开发并举、把节约放在首位的能源发展战略”，真可谓是国家发展经济的一项长远战略方针。

2. 我国推行节约能源发展战略的意义

在我们国家，推行节约能源的基本国策与发展战略，具有十分重大的现实意义和深远的历史意义。这主要表现在：

（1）推行节约能源的基本国策与发展战略是转变经济增长方式的需要。新中国成立后，特别是改革开放以来，我国经济社会发展取得了举世瞩目的巨大成就，同时在资源和环境方面也付出了巨大的代价。长期以来，经济建设走了一条粗放型发展路子，突出的问题是，资源消耗高、浪费大、污染重。我国资源对于支撑这样的经济社会发展模式已经到了难以承受的地步，必须加快建设节约型社会，促进能源资源节约，努力实现经济增长方式的根本转变。

（2）推行节约能源的基本国策与发展战略是由我国基本国情决定的。人口众多、资源相对不足、环境承载能力较弱，是中国的基本国情。能源短缺是我国经济社会发展的“软肋”，淡水和耕地紧缺是中华民族的心腹之患。这种基本国情决定了我国经济社会发展必须特别重视节约和合理利用资源。

（3）推行节约能源的基本国策与发展战略是建设节约型社会的基础与保障。人均资源相对短缺的国情和资源利用效率较低、能源浪费严重的现状，决定我们国家必须从科学发展观出发，积极建设节约型社会，实现资源的永续利用，促进经济循环发展。要想将我们的社会建设真正的节约型社会，就大力推行与实施节约能源的基本国策与发展战略。

（4）推行节约能源的基本国策与发展战略是全面建设小康社会的重要保障。近年来我国经济快速增长，能源、水、土地、矿产等资源不足的矛盾十分突出，已经成为制约我国经济发展的重要因素。加快推进节约型社会建设，提高资源利用效率，既是当前保持经济平稳较快发展的迫切需要，也是实现全面建设小康社会宏伟目标的重要保障。

（5）推行节约能源的基本国策与发展战略是保障经济安全和国家安全的重要举措。解决我国现代化建设需要的资源问题，要充分利用国内外两个市场、两种资源，但我们的着眼点和立足点必须放在国内。加快推进节约型社会建设，控制和降低对国外资源的依赖程度，对于确保经济安全和国家安全有着重要意义。

8.3.2 节约能源法基本法律制度

1. 节能目标责任制和节能考核评价制度

修订后的《节约能源法》规定，实行节能目标责任制和节能评价考核制度，将节能目标完成情况作为对地方政府及其负责人考核评价的内容，省级地方政府每年要向国务院报告节能目标责任的履行情况。这使节能问责制的要求刚性化、法定化，有利于增强各级领导干部的节能责任意识，强化政府的主导责任。

2. 固定资产投资项目节能评估和审查制度

《节约能源法》规定建立固定资产投资项目节能评估和审查制度，通过项目评估和节能评审，控制不符合强制性节能标准和节能设计规范的投资项目，遏制高耗能行业盲目发展和过快增长。对于不符合强制性节能标准的项目，依法负责项目审批或者核准的机关不得批准或者核准建设；建设单位不得开工建设；已经建成的，不得投入生产、使用。具体办法由国务院管理节能工作的部门会同国务院有关部门制定。

3. 落后高耗能产品、设备和生产工艺淘汰制度

《节约能源法》规定，国家要制定并公布淘汰的用能产品、设备和生产工艺的目录及实施办法；禁止生产、进口、销售国家明令淘汰的用能产品、设备。一方面把住了高耗能产品、设备和生产工艺的市场入口关，同时也加大了淘汰力度。淘汰的用能产品、设备、生产工艺的目录和实施办法，由国务院管理节能工作的部门会同国务院有关部门制定并公布。生产过程中耗能高的产品的生产单位，应当执行单位产品能耗限额标准。对超过单位产品能耗限额标准用能的生产单位，由管理节能工作的部门按照国务院规定的权限责令限期治理。对高耗能的特种设备，按照国务院的规定实行节能审查和监管。禁止生产、进口、销售国家明令淘汰或者不符合强制性能源效率标准的用能产品、设备；禁止使用国家明令淘汰的用能设备、生产工艺。

4. 能效标识管理制度

新修订的《节约能源法》将能效标识管理作为一项法律制度确立下来，明确了能效标识的实施对象，并对违规使用能效标识等行为规定了具体的处罚措施。国家对家用电器等使用面广、耗能量大的用能产品，实行能源效率标识管理。

5. 节能产品认证制度

用能产品的生产者、销售者，可以根据自愿原则，按照国家有关节能产品认证的规定，向经国务院认证认可监督管理部门认可的从事节能产品认证的机构提出节能产品认证申请；经认证合格后，取得节能产品认证证书，可以在用能产品或者包装物上使用节能产品认证标志。禁止使用伪造的节能产品认证标志或者冒用节能产品认证标志。

6. 重点用能单位节能管理制度

《节约能源法》明确了重点用能单位的范围，对重点用能单位和一般用能单位实行分类指导和管理，规定重点用能单位必须设立能源管理岗位，聘任能源管理负责人。

7. 重要行业节能规制制度

1）工业节能

国务院和省、自治区、直辖市人民政府推进能源资源优化开发利用和合理配置，推进有利于节能的行业结构调整，优化用能结构和企业布局。

2）建筑节能。国务院建设行政主管部门负责全国建筑节能的监督管理工作。县级以上地方各级人民政府建设行政主管部门负责本行政区域内建筑节能的监督管理工作。县级以上地方各级人民政府建设行政主管部门会同同级管理节能工作的部门编制本行政区域内的建筑节能规划。

3）交通运输节能

国务院有关交通运输行政主管部门按照各自的职责负责全国交通运输相关领域的节能监督管理工作。国务院有关交通运输行政主管部门会同国务院管理节能工作的部门分别制定相关领域的节能规划。国务院及其有关部门指导、促进各种交通运输方式协调发展和有效衔接，优化交通运输结构，建设节能型综合交通运输体系。

8. 公共机构节能规制制度

公共机构，是指全部或者部分使用财政性资金的国家机关、事业单位和团体组织。公

共机构应当厉行节约，杜绝浪费，带头使用节能产品、设备，提高能源利用效率。国务院和县级以上地方各级人民政府管理机关事务工作的机构会同有关部门制定和组织实施本级公共机构节能规划。

9. 节能表彰奖励制度。《节约能源法》规定，各级人民政府对在其节能管理、节能科学技术研究和推广应用中有显著成绩以及检举严重浪费能源行为的单位与个人，给予表彰和奖励。

8.3.3 建筑节能法律规定

1. 建筑节能监督管理体制

国务院建设主管部门负责全国建筑节能的监督管理工作。县级以上地方各级人民政府建设行政主管部门负责本行政区域内建筑节能的监督管理工作。县级以上地方各级人民政府建设行政主管部门会同同级管理节能工作的部门编制本行政区域内的建筑节能规划。建筑节能规划应当包括既有建筑节能改造计划。

建设行政主管部门应当加强对在建建筑工程执行建筑节能标准情况的监督检查。

2. 建筑节能制度

（1）使用空调采暖、制冷的公共建筑应当实行室内温度控制制度。

（2）国家采取措施，对实行集中供热的建筑分步骤实行供热分户计量、按照用热量收费的制度。新建建筑或者对既有建筑进行节能改造，应当按照规定安装用热计量装置、室内温度调控装置和供热系统调控装置。

（3）国家鼓励在新建建筑和既有建筑节能改造中使用新型墙体材料等节能建筑材料和节能设备，安装和使用太阳能等可再生能源利用系统。

3. 建筑节能责任

建筑工程的建设、设计、施工和监理单位应当遵守建筑节能标准。不符合建筑节能标准的建筑工程，建设行政主管部门不得批准开工建设；已经开工建设的，应当责令停止施工、限期改正；已经建成的，不得销售或者使用。

1）建设单位节能责任

建设单位应当按照节能政策要求和节能标准委托工程项目的设计。建设单位不得以任何理由要求设计单位、施工单位擅自修改经审查合格的节能设计文件，降低节能标准。

2）设计单位节能责任

设计单位应当依据节能标准的要求进行设计，保证节能设计质量。

3）施工图设计文件审查机构节能责任

施工图设计文件审查机构在进行审查时，应当审查节能设计的内容，在审查报告中单列节能审查章节；不符合节能强制性标准的，施工图设计文件审查结论应当定为不合格。

4）监理单位节能责任

监理单位应当依照法律、法规以及节能标准、节能设计文件、建设工程承包合同及监理合同对节能工程建设实施监理。

5）施工单位节能责任

施工单位应当按照审查合格的设计文件和节能施工标准的要求进行施工，保证工程施工质量。

8.4 消防法律制度

修订后的《中华人民共和国消防法》（以下简称《消防法》）已于2008年10月28日经第十一届全国人大常委会第五次会议审议通过，并于2009年5月1日施行。《消防法》是预防火灾和减少火灾危害，加强应急救援工作，维护公共安全的重要法律。《消防法》的修订和颁布实施，对加强我国消防法治建设，推进消防事业科学发展，维护公共安全，促进社会和谐，具有十分重要的意义。

8.4.1 《消防法》概述

1. 关于消防工作的方针、原则和责任制

1）消防工作的方针

修订后的《消防法》继承和发展了我国消防法制建设成果，在总则第2条中规定“消防工作贯彻预防为主、防消结合的方针”，这一规定科学准确地阐明了“防”和“消”的关系，正确地反映了同火灾作斗争的基本规律。“防”是“消”的先决条件，“消”必须与“防”紧密结合，“防”与“消”是实现消防安全的两种必要手段，互相联系，互相渗透，相辅相成，缺一不可。在消防工作中，必须坚持“防”“消”并举、“防”“消”并重的思想，将火灾预防和火灾扑救有机地结合起来，最大限度地保护人身、财产安全，维护公共安全，促进社会和谐。

2）消防工作的原则

《消防法》在第2条中规定：“按照政府统一领导、部门依法监管、单位全面负责、公民积极参与的原则”，实行消防安全责任制，建立健全社会化的消防工作网络。这一消防工作原则是消防工作经验和客观规律的反映。

消防安全是政府社会管理和公共服务的重要内容，是社会稳定经济发展的重要保障。各级人民政府必须加强对消防工作的领导，这是贯彻落实科学发展观、建设现代服务型政府、构建社会主义和谐社会的基本要求；政府有关部门对消防工作齐抓共管，这是由消防工作的社会化属性决定的。各级公安、建设、工商、质监、教育、人力资源和社会保障等部门应当依据有关法律法规和政策规定，依法履行相应的消防安全监管职责；单位是社会的基本单元，是消防安全管理的核心主体；公民是消防工作的基础，没有广大人民群众的参与，消防工作就不会发展进步，全社会抗御火灾的基础就不会牢固。

“政府”、“部门”、“单位”、“公民”四者都是消防工作的主体，政府统一领导、部门依法监管、单位全面负责、公民积极参与，共同构筑消防安全工作格局，任何一方都非常重要，不可偏废，这是《消防法》确定的消防工作的原则。

3）消防工作的责任制

“实行消防安全责任制，建立健全社会化的消防工作网络”，这一规定是我国做好消防工作的经验总结，也是从无数火灾中得出的教训。消防安全渗透在人们生产、生活的各个方面，实践证明，各级政府、政府各部门、各行各业以及每个人在消防安全方面各尽其责，实行防火安全责任制，建立健全社会化的消防工作网络，有利于增强全社会的消防安全意识，有利于调动各部门、各单位和广大群众做好消防安全工作的积极性，有利于进一步提高全社会整体抗御火灾的能力。

2. 关于消防工作职责

1）各级政府消防工作职责

《消防法》第 3 条规定，国务院领导全国的消防工作，地方各级人民政府负责本行政区域内的消防工作。这是关于各级人民政府消防工作责任的原则规定。消防安全关系人民安居乐业、社会安定和经济建设，关系改革发展稳定大局，做好消防工作十分重要。国务院作为中央人民政府、最高国家权力机关的执行机关、最高国家行政机关，领导全国的消防工作。同时，消防工作又是一项地方性很强的政府行政工作，许多具体工作，必须以地方政府负责为主。《消防法》关于政府具体消防工作责任的规定主要有：

（1）在宏观规划方面，规定各级人民政府应当将消防工作纳入国民经济和社会发展计划，保障消防工作与经济社会发展相适应；地方各级人民政府应当将包括消防安全布局、消防站、消防供水、消防通信、消防车通道、消防装备等内容的消防规划纳入城乡规划，并负责组织实施。

（2）在火灾预防方面，规定各级人民政府应当组织开展经常性的消防宣传教育，提高公民的消防安全意识；对已经设置的生产、储存和装卸易燃易爆危险品的工厂、仓库和专用车站、码头，易燃易爆气体和液体的充装站、供应站、调压站，不再符合消防法规定的，组织、协调有关部门、单位限期解决，消除安全隐患；在农业收获季节、森林和草原防火期间、重大节假日期间以及火灾多发季节，应当组织开展有针对性的消防宣传教育，采取防火措施，进行消防安全检查。

（3）在农村消防工作方面，规定地方各级人民政府应当加强对农村消防工作的领导，采取措施加强公共消防设施建设，组织建立和督促落实消防安全责任制。乡镇人民政府、城市街道办事处应当指导、支持和帮助村民委员会、居民委员会开展群众性的消防工作。

（4）在消防组织建设方面，规定各级人民政府应当根据经济和社会发展的需要，建立多种形式的消防组织，加强消防技术人才培养，增强火灾预防、扑救和应急救援的能力；组织有关部门制定应急预案，建立应急反应和处置机制，为火灾扑救和应急救援工作提供人员、装备等保障。

⑤ 在灭火救援方面，规定公安消防队、专职消防队参加火灾以外的其他重大灾害或者事故的应急救援工作，由县级以上人民政府统一领导；根据扑救火灾的紧急需要，有关地方人民政府应当组织有关人员、调集所需物资支援灭火；对单位专职消防队、志愿消防队参加扑救外单位火灾所损耗的燃料、灭火剂和器材、装备等，火灾发生地的人民政府应当给予补偿。

⑥ 在执法监督方面，规定地方各级人民政府应当落实消防工作责任制，对本级人民政府有关部门履行消防安全职责的情况进行监督检查；对公安机关报告的城乡消防安全布局、公共消防设施不符合消防安全要求，或者本地区存在影响公共安全的重大火灾隐患情况，及时核实并组织或者责成有关部门、单位采取措施，予以整改；对公安机关报请的对经济和社会生活影响较大的责令停产停业意见，依法决定并组织有关部门实施。

2）公安机关及其消防机构消防工作职责

《消防法》第 4 条规定，国务院公安部门对全国的消防工作实施监督管理，县级以上地方人民政府公安机关对本行政区域内的消防工作实施监督管理，并由本级人民政府公安机关消防机构负责实施。这是关于公安机关及其消防机构的消防工作职责的原则规定。

(1)《消防法》关于公安机关及其消防机构的具体消防工作职责

① 宣传教育方面，规定公安机关及其消防机构应当加强消防法律、法规的宣传，并督促、指导、协助有关单位做好消防宣传教育工作。

② 监督执法方面，规定公安机关消防机构应当依法确定消防安全重点单位，实施建设工程消防设计审核、消防验收、公众聚集场所投入使用（营业）前消防安全检查、消防产品监督检查、消防监督检查、火灾事故调查、消防行政处罚，并依法实施临时查封、传唤等措施，依法实施强制执行；对经济和社会生活影响较大的责令停产停业，提出意见并由公安机关报请当地人民政府依法决定。

③ 灭火救援方面，规定公安消防队承担火灾扑救工作，依照国家规定承担重大灾害事故和其他以抢救人员生命为主的应急救援工作；统一组织和指挥火灾现场扑救，优先保障遇险人员的生命安全；根据扑救火灾的需要，调动指挥专职消防队参加火灾扑救工作。

④ 队伍建设方面，规定公安消防队应当按照国家规定，组织实施专业技能训练，配备并维护保养装备器材，提高火灾扑救和应急救援实战能力；对新建立的专职消防队予以验收，对专职消防队、志愿消防队等消防组织进行业务指导。

⑤ 廉政建设方面，《消防法》规定，公安机关消防机构及其工作人员应当按照法定的职权和程序进行消防设计审核、消防验收和消防安全检查，做到公正、严格、文明、高效；不得收取费用，不得利用消防设计审核、消防验收和消防安全检查谋取利益，不得利用职务为用户、建设单位指定或者变相指定消防产品的销售单位、品牌或者消防技术服务机构、消防设施施工单位。

同时，修订后的《消防法》规定公安机关消防机构及其工作人员执行职务，应当自觉接受社会和公民的监督；公安机关消防机构的工作人员在消防工作中滥用职权、玩忽职守、徇私舞弊，尚不构成犯罪的，依法给予处分。

(2) 公安部消防局安全提示

2013 年 12 月 16 日公安部消防局，针对广州市越秀区建业大厦“12.15”火灾事故，发布了高层建筑消防安全提示，从高层建筑火灾预防、逃生自救等五个方面，提醒社会单位和群众注意消防安全。具体提示内容为：

① 高层建筑疏散通道和楼梯间严禁堆放杂物，防火门要保持常闭状态。发现高层建筑火灾隐患，请拨打 96119 进行举报。

② 置身高层建筑火场时，要尽快从安全通道撤离。切勿贪恋财物，更不能返回火场拿取财物。

③ 建筑消防设施要确保完好有效，火灾自动报警、自动喷水灭火等消防设施处于自动启动状态。

④ 烟火封堵逃生通道时，可退回房间关闭门窗，用湿布条等堵塞门窗缝隙，向迎火门窗浇水降温，并通过拨打电话求助或在阳台、临街窗口大声呼喊、照射手电、抛扔衣物等发出求救信号。

⑤ 高层建筑着火后，切不可盲目跳楼。如果被困于 3 层以下，可沿排水管下滑或将床单结成绳索滑绳自救逃生，也可将室内席梦思，被子等软物抛到楼下，从窗口跳至软物上逃生。

3）有关行政主管部门的消防工作职责

修订后的《消防法》第4条第2款规定："县级以上人民政府其他有关部门在各自的职责范围内，依照本法和其他相关法律、法规的规定做好消防安全工作。"这是《消防法》关于有关行政主管部门消防工作职责的原则规定。修订后的《消防法》关于其他有关部门的具体消防工作职责的规定主要有：

（1）规定了教育、人力资源行政主管部门和学校、有关职业培训机构应当将消防知识纳入教育、教学、培训的内容。

（2）明确了建设工程的消防设计未经依法审核或者审核不合格的，负责审批该工程施工许可的部门不得给予施工许可。

（3）规定了产品质量监督部门、工商行政管理部门应当按照职责加强对消防产品质量的监督检查；对生产、销售不合格的消防产品或者国家明令淘汰的消防产品的，由产品质量监督部门或者工商行政管理部门依照《中华人民共和国产品质量法》的规定从重处罚。

（4）规定了县级以上地方人民政府有关部门应当根据本系统的特点，有针对性地开展消防安全检查，及时督促整改火灾隐患。

同时，《消防法》规定："建设、产品质量监督、工商行政管理等其他有关行政主管部门的工作人员在消防工作中滥用职权、玩忽职守、徇私舞弊，尚不构成犯罪的，依法给予处分。"

3. 关于消防安全责任

1）《消防法》消防安全责任划分涉及内容

《消防法》消防安全责任划分涉及四个方面内容主要是"政府统一领导、部门依法监管、单位全面负责、公民积极参与的新消防工作原则"。

政府统一领导是指各级人民政府应当将消防工作纳入国民经济和社会发展计划，保障消防工作与经济建设和社会发展相适应，将消防规划纳入城乡规划并组织实施，组织开展消防宣传教育和消防安全检查，督促或者组织整改重大火灾隐患，建立多种形式的消防组织，增强火灾预防、扑救和应急救援能力，建立应急反应和处置机制，落实人员、装备等保障。根据火灾扑救需要，组织支援灭火等。

部门依法监管是指公安机关依法对消防工作实施监督管理，并由公安消防机构负责实施，政府其他部门都要在各自的职责范围内，依照消防法和其他相关法律、法规的规定做好消防工作。

单位全面负责是指每个单位要对本单位的消防安全负责。单位是社会消防管理的基本单元，单位对消防安全和致灾因素的管理能力，反映了社会消防安全管理水平，在很大程度上决定了一个城市、一个地区的消防安全形势。修订后的《消防法》进一步强化了机关、团体、企业、事业等单位在保障消防安全方面的消防安全职责，明确单位的主要负责人是本单位的消防安全责任人。单位的主要负责人，应当加强对本单位人员的消防宣传教育，落实消防安全责任制。组织防火检查，及时消除火灾隐患，保障建筑消防设施完好有效，制定灭火和应急疏散预案，组织消防演练，发生火灾，及时报警和组织扑救。

公民积极参与是指任何人都有维护消防安全、保护消防设施、预防火灾、报告火警的义务，任何成年人都有参加有组织的灭火工作的义务，同时公民还有一个职责，就是要监督自己周边所发现的违法行为，对这些违法行为要给予制止，要给予检举揭发，以共同维护好消防安全工作。

2）《消防法》关于单位的消防安全责任的主要规定

（1）在总则中规定，任何单位都有维护消防安全、保护消防设施、预防火灾、报告火警的义务；任何单位都有参加有组织的灭火工作的义务；机关、团体、企业、事业等单位应当加强对本单位人员的消防宣传教育。

（2）规定了机关、团体、企业、事业等单位的消防安全职责：

①落实消防安全责任制，制定本单位的消防安全制度、消防安全操作规程，制定灭火和应急疏散预案；②按照国家标准、行业标准配置消防设施、器材，设置消防安全标志，并定期组织检验、维修，确保完好有效；③对建筑消防设施每年至少进行一次全面检测，确保完好有效，检测记录应当完整准确，存档备查；④保障疏散通道、安全出口、消防车通道畅通，保证防火防烟分区、防火间距符合消防技术标准；⑤组织防火检查，及时消除火灾隐患；⑥组织进行有针对性的消防演练；⑦法律、法规规定的其他消防安全职责。

（3）规定消防安全重点单位除履行单位消防安全职责外，还应当履行下列特殊的消防安全职责：

①确定消防安全管理人，组织实施本单位的消防安全管理工作；②建立消防档案，确定消防安全重点部位，设置防火标志，实行严格管理；③实行每日防火巡查，并建立巡查记录；④对职工进行岗前消防安全培训，定期组织消防安全培训和消防演练。

（4）规定同一建筑物由两个以上单位管理或者使用的，应当明确各方的消防安全责任，并确定责任人对共用的疏散通道、安全出口、建筑消防设施和消防车通道进行统一管理。

（5）规定任何单位不得损坏、挪用或者擅自拆除、停用消防设施、器材，不得埋压、圈占、遮挡消火栓或者占用防火间距，不得占用、堵塞、封闭疏散通道、安全出口、消防车通道。

（6）规定任何单位都应当无偿为报警提供便利，不得阻拦报警，严禁谎报火警；发生火灾，必须立即组织力量扑救，邻近单位应当给予支援；火灾扑灭后，发生火灾的单位和相关人员应当按照公安机关消防机构的要求保护现场，接受事故调查，如实提供与火灾有关的情况。

（7）规定被责令停止施工、停止使用、停产停业的单位，应当在整改后向公安机关消防机构报告，经公安机关消防机构检查合格，方可恢复施工、使用、生产、经营。

同时，《消防法》还规定，任何单位都有权对公安机关消防机构及其工作人员在执法中的违法行为进行检举、控告。

4. 关于公民在消防工作中的权利和义务

公民是消防工作重要的参与者和监督者，修订后的《消防法》关于公民在消防工作中权利和义务的规定主要有：

（1）任何人都有维护消防安全、保护消防设施、预防火灾、报告火警的义务；任何成年人都有参加有组织的灭火工作的义务。

（2）任何人不得损坏、挪用或者擅自拆除、停用消防设施、器材，不得埋压、圈占、遮挡消火栓或者占用防火间距，不得占用、堵塞、封闭疏散通道、安全出口、消防车通道。

（3）任何人发现火灾都应当立即报警；任何人都应当无偿为报警提供便利，不得阻拦报警；严禁谎报火警。

（4）火灾扑灭后，相关人员应当按照公安机关消防机构的要求保护现场，接受事故调查，如实提供与火灾有关的情况。

（5）任何人都有权对公安机关消防机构及其工作人员在执法中的违法行为进行检举、控告。

5. 建设工程消防设计审核、消防验收和备案抽查制度

建设工程消防设计是建筑消防安全的源头，公安机关消防机构依法对建设工程进行消防设计审核、消防验收和备案抽查，是保证建筑消防安全的重要措施。为减少行政许可事项，适应便民利民要求，修订后的《消防法》改革了建设工程消防监督管理制度，明确了建设工程消防设计审核、消防验收和备案抽查制度。

《消防法》第 10、11、12 条规定："按照国家工程建设消防技术标准需要进行消防设计的建设工程，除本法第 11 条另有规定的外，建设单位应当自依法取得施工许可之日起 7 个工作日内，将消防设计文件报公安机关消防机构备案，公安机关消防机构应当进行抽查；国务院公安部门规定的大型的人员密集场所和其他特殊建设工程，建设单位应当将消防设计文件报送公安机关消防机构审核。公安机关消防机构依法对审核的结果负责；依法应当经公安机关消防机构进行消防设计审核的建设工程，未经依法审核或者审核不合格的，负责审批该工程施工许可的部门不得给予施工许可，建设单位、施工单位不得施工；其他建设工程取得施工许可后经依法抽查不合格的，应当停止施工。"

6. 公众聚集场所使用、营业前的消防安全检查

公众聚集场所的消防安全，历来是消防监督管理的重点。公众聚集场所一旦发生火灾，易造成重大人员伤亡和财产损失，影响经济发展和社会和谐。修订后的《消防法》保留并完善了现行《消防法》关于公安机关消防机构对公众聚集的场所在使用、营业前实施消防安全检查的规定：

（1）规定公众聚集场所在投入使用、营业前，建设单位或者使用单位应当向场所所在地的县级以上地方人民政府公安机关消防机构申请消防安全检查。

（2）明确了公安机关消防机构实施消防安全检查的时限和工作要求，规定公安机关消防机构应当自受理申请之日起 10 个工作日内，根据消防技术标准和管理规定，对该场所进行消防安全检查。未经消防安全检查或者经检查不符合消防安全要求的，不得投入使用、营业。

（3）取消了现行《消防法》中关于对公众聚集场所未经消防安全检查或者经检查不符合消防安全要求擅自投入使用、营业的行政处罚中限期改正的前置条件，对存在上述违法行为的，直接给予责令停止施工、停止使用、停产停业和罚款等行政处罚。

7. 关于举办大型群众性活动的消防安全要求

为减少行政许可事项，《消防法》将大型群众性活动的消防安全纳入《大型群众性活动安全管理条例》（国务院令第 505 号）规定的治安行政许可审查内容，避免了多头审批，方便社会，方便群众。同时，明确了消防安全要求，规定举办大型群众性活动，承办人应当依法向公安机关申请安全许可，制定灭火和应急疏散预案并组织演练，明确消防安全责任分工，确定消防安全管理人员，保持消防设施和消防器材配置齐全、完好有效，保证疏

散通道、安全出口、疏散指示标志、应急照明和消防车通道符合消防技术标准和管理规定。

8. 关于消防产品监督管理

消防产品属于安全类产品，其质量好坏直接关系到在发生火灾后消防产品能否有效地发挥作用。修订后的《消防法》进一步明确了消防产品监督管理制度。

（1）明确了对消防产品的基本要求，规定消防产品必须符合国家标准；没有国家标准的，必须符合行业标准。禁止生产、销售或者使用不合格的消防产品以及国家明令淘汰的消防产品。

（2）明确了消防产品强制认证制度，规定依法实行强制性产品认证的消防产品，由具有法定资质的认证机构按照国家标准、行业标准的强制性要求认证合格后，方可生产、销售、使用。新研制的尚未制定国家标准、行业标准的消防产品，应当按照国务院产品质量监督部门会同国务院公安部门规定的办法，经技术鉴定符合消防安全要求的，方可投入生产、销售和使用。

（3）明确了消防产品的监督检查主体，规定产品质量监督部门、工商行政管理部门、公安机关消防机构应当按照各自职责加强对消防产品质量的监督检查。

（4）规定了对违法生产、销售和使用消防产品行为的处罚主体和具体处罚内容。规定对生产、销售不合格的消防产品或者国家明令淘汰的消防产品的，由产品质量监督部门或者工商行政管理部门依照《中华人民共和国产品质量法》的规定从重处罚。对人员密集场所使用不合格的消防产品或者国家明令淘汰的消防产品的，由公安机关消防机构责令限期改正，逾期不改正的，给予罚款处罚；情节严重的，责令停产停业。

（5）规定了消防产品监督管理中的部门协作制度，规定公安机关消防机构对于人员密集场所违法使用消防产品的情形，除依法对使用者给予处罚外，还应当将发现的不合格消防产品和国家明令淘汰消防产品的情况通报产品质量监督部门、工商行政管理部门。产品质量监督部门和工商行政管理部门应当对生产者、销售者依法及时查处。

9. 关于农村消防工作的规定

近年来，党中央、国务院一直高度重视农村消防工作，特别是 2006 年以来连续 3 年的中央 1 号文件中，都强调要加强农村消防工作，地方各级人民政府也不断加大农村消防工作力度，农村消防工作得以快速发展。但是，农村消防安全形势仍然非常严峻，火灾起数、损失和人员伤亡居高不下，村庄消防安全问题突出。修订后的《消防法》从消防工作全局出发，适应建设社会主义新农村、构建和谐社会的要求，作出了加强农村消防工作的新规定：

（1）明确了地方各级人民政府应当加强对农村消防工作的领导，采取措施加强公共消防设施建设，组织建立和督促落实消防安全责任制。

（2）将现行《消防法》中的“城市规划”修改为“城乡规划”，规定“地方各级人民政府应当将包括消防安全布局、消防站、消防供水、消防通信、消防车通道、消防装备等内容的消防规划纳入城乡规划，并负责组织实施。城乡消防安全布局不符合消防安全要求的，应当调整、完善；公共消防设施、消防装备不足或者不适应实际需要的，应当增建、改建、配置或者进行技术改造”。一字之差，“城”“乡”并重，体现了对农村消防工作的高度重视。

（3）针对农业收获季节火灾多发的实际，规定在农业收获季节，地方各级人民政府应当组织开展有针对性的消防宣传教育，采取防火措施，进行消防安全检查。

（4）在规定乡镇人民政府指导、支持和帮助村民委员会开展群众性的消防工作的同时，对村民委员会的消防工作内容作了具体规定，明确村民委员会应当确定消防安全管理人，组织制定防火安全公约，进行防火安全检查，加强消防宣传教育，建立志愿消防队等多种形式的消防组织，开展群众性自防自救工作。

10. 关于火灾公众责任保险

火灾公众责任保险对于利用市场手段平抑火灾风险、辅助社会管理具有积极作用，也是国外消防与保险工作的成熟做法。为进一步发挥保险在火灾防范、风险管理和灾后补偿方面的作用，修订后的《消防法》充分考虑我国国情，借鉴国外的通行做法，第一次将火灾公众责任保险写入法律，规定国家鼓励、引导公众聚集场所和生产、储存、运输、销售易燃易爆危险品的企业投保火灾公众责任保险；鼓励保险公司承保火灾公众责任保险。

公众聚集场所和生产、储存、运输、销售易燃易爆危险品的企业，应当积极投保火灾公众责任保险，充分运用市场手段化解火灾风险。保险公司应当积极发展、完善火灾公众责任保险业务，拓展保险在社会消防管理方面的作用，完善社会保障机制，进一步提高公共消防安全水平。

11. 关于建设多种形式消防力量

消防力量是消防安全的保障。多种形式消防力量的发展，为保卫经济建设的全面、协调、可持续发展，保障人民群众安居乐业发挥了重要作用。消防工作实践证明，建立多种形式消防力量，是由我国国情决定的，是发展和保障民生的重要基础，是全面建设小康社会的必然要求。修订后的《消防法》全面继承并发展了现行《消防法》中有关建设多种形式消防力量的规定。

（1）明确了建立多种形式的消防力量的总体要求。修订后的《消防法》规定："各级人民政府应当加强消防组织建设，根据经济和社会发展的需要，建立多种形式的消防组织，加强消防技术人才培养，增强火灾预防、扑救和应急救援的能力。"

（2）区分城市、乡镇，明确建设不同形式消防力量的要求。修订后的《消防法》规定："县级以上地方人民政府应当按照国家规定建立公安消防队、专职消防队，并按照国家标准配备消防装备，承担火灾扑救工作。乡镇人民政府应当根据当地经济发展和消防工作的需要，建立专职消防队、志愿消防队，承担火灾扑救工作。"

（3）针对一些特殊的单位，规定："建立单位专职消防队，承担本单位的火灾扑救工作：（1）大型核设施单位、大型发电厂、民用机场、主要港口；（2）生产、储存易燃易爆危险品的大型企业；（3）储备可燃的重要物资的大型仓库、基地；（4）第一项、第二项、第三项规定以外的火灾危险性较大、距离公安消防队较远的其他大型企业；（5）距离公安消防队较远、被列为全国重点文物保护单位的古建筑群的管理单位。"

（4）规定："机关、团体、企业、事业等单位以及村民委员会、居民委员会根据需要，建立志愿消防队。"

12. 关于应急救援的规定

完善应急救援机制是保障我国经济社会科学发展、安全发展的重要战略任务。公安消防队伍作为维护公共安全的重要力量，承担着许多应急救援工作，这是世界各国的通行做法和国际社会发展趋势。根据我国应急救援力量建设的实际需要，充分考虑公安消防队在现役体制、器材装备、训练管理等方面的优势，以及近年来公安消防队应急救援工作成效，特别是在汶川特大地震灾害事故救援中的突出作用，修订后的《消防法》在总则中明确立法目的之一是“加强应急救援工作”，并进一步加强了公安消防队和政府专职消防队的应急救援能力建设及必要的保障措施。

（1）明确了各级人民政府应当加强消防组织建设，根据经济和社会发展的需要，建立多种形式的消防组织，加强消防技术人才培养，增强火灾预防、扑救和应急救援的能力。

（2）明确了县级以上地方人民政府应当组织有关部门针对本行政区域内的火灾特点制定应急预案，建立应急反应和处置机制，为火灾扑救和应急救援工作提供人员、装备等保障。

（3）规定公安消防队、专职消防队依照国家规定承担重大灾害事故和其他以抢救人员生命为主的应急救援工作；公安消防队、专职消防队参加火灾以外的其他重大灾害或者事故的应急救援工作，由县级以上人民政府统一领导。

（4）规定了赶赴应急救援现场的消防人员和调集的消防装备、物资，需要铁路、水路或者航空运输的，有关单位应当优先运输。

（5）规定了对因参加应急救援受伤、致残或者死亡的人员，按照国家有关规定给予医疗、抚恤。

13. 关于监督检查的规定

有权必有责、用权受监督、侵权需赔偿、违法要追究，是依法行政和建立法治政府、责任政府的必然要求。为了加强消防执法监督，修订后的《消防法》专门增加了“监督检查”一章，着力规范和约束政府及政府各部门，特别是公安机关及其消防机构权力的行使，强化了对其依法履行职责的监督，这对公安机关及其消防机构依法监督管理也提出了更高、更严的要求。

（1）明确了政府及其有关部门的监督检查职责，规定地方各级人民政府应当落实消防工作责任制，对本级人民政府有关部门履行消防安全职责的情况进行监督检查。县级以上地方人民政府有关部门应当根据本系统的特点，有针对性地开展消防安全检查，及时督促整改火灾隐患。

（2）明确了公安机关消防机构及公安派出所的监督检查职责，规定公安机关消防机构对机关、团体、企业、事业等单位遵守消防法律、法规的情况依法进行监督检查。考虑到公安机关消防机构只在县级以上人民政府公安机关设立，而公安派出所覆盖广大农村和城市社区，我国60%以上的火灾和60%以上的火灾伤亡发生在农村和乡镇，因此，《消防法》规定，公安派出所可以负责日常消防监督检查、开展消防宣传教育，具体办法由国务院公安部门规定。

（3）规定公安机关消防机构及其工作人员应当按照法定的职权和程序进行消防设计审核、消防验收和消防安全检查，做到公正、严格、文明、高效。公安机关消防机构及其工作人员进行消防设计审核、消防验收和消防安全检查等，不得收取费用，不得利用消防设计审核、消防验收和消防安全检查谋取利益。公安机关消防机构及其工作人员不得利用职务为用户、建设单位指定或者变相指定消防产品的销售单位、品牌或者指定消防技术服务机构、消防设施施工单位。

（4）规定公安机关消防机构及其工作人员执行职务，应当自觉接受社会和公民的监督。任何单位和个人都有权对公安机关消防机构及其工作人员在执法中的违法行为进行检举、控告。收到检举、控告的机关，应当按照职责及时查处。公安机关消防机构的工作人员在消防工作中滥用职权、玩忽职守、徇私舞弊，尚不构成犯罪的，依法给予处分。

公安机关及其消防机构在消防监督管理中，要牢固树立保护人权意识和自觉接受监督的意识，自觉接受社会和公民的监督，正确处理好依法行使职权与自觉接受监督的关系，坚决杜绝各种侵犯人权和不廉洁现象的发生，切实保护公民合法权益。各级公安机关及其消防机构要不断加强内部执法监督工作，深入贯彻落实内部执法监督、执法过错责任追究规定，进一步完善执法监督机制，规范执法行为，做到公正、严格、文明、高效。

14. 关于消防行政处罚的规定

修订后的《消防法》适应消防工作发展的需要，在有关法律责任的规定上作出较大修订，加大消防行政处罚力度，补充完善了消防行政处罚制度。其主要规定是：

（1）加大了消防行政处罚力度。增加了应予行政处罚的违反消防法规的行为，解决了现行《消防法》对违反消防法规的行为规定的不全、不严密，一些违法行为得不到及时制止、纠正和依法惩处的问题，维护了法律的严肃性和权威性。

（2）调整了行政处罚的种类。设定了警告、罚款、拘留、责令停产停业（停止施工、停止使用）、没收违法所得、责令停止执业（吊销相应资质、资格）6类行政处罚，增加了责令停止执业（吊销相应资质、资格）行政处罚，对一些严重违反消防法规的行为特别是危害公共安全的行为增设了拘留处罚，增强了法律的威慑力。

（3）进一步明确了行政处罚的主体。明确提出《消防法》规定的行政处罚，除另有规定的外，由公安机关消防机构决定；拘留处罚由县级以上公安机关依照《中华人民共和国治安管理处罚法》的有关规定决定；责令停产停业，对经济和社会生活影响较大的，由公安机关消防机构提出意见，并由公安机关报请当地人民政府依法决定。生产、销售不合格的消防产品或者国家明令淘汰的消防产品的，由产品质量监督部门或者工商行政管理部门依照《中华人民共和国产品质量法》的规定从重处罚。消防技术服务机构出具、虚假失实文件，情节严重或者给他人造成重大损失的，由原许可机关依法责令停止执业或者吊销相应资质、资格。

（4）取消了一些消防行政处罚责令限期改正的前置条件。根据消防工作实践，修订后的《消防法》取消了现行《消防法》有关违反建设工程消防设计审核、消防验收、公众聚集场所开业前消防安全检查规定等行为的行政处罚前限期改正的前置条件，有利于从源头上消除火灾隐患，改善城乡消防安全条件，有利于依法严肃查处危害公共消防安全的行为，更好地保护人身、财产安全，维护公共安全。

（5）具体规定了消防行政处罚的罚款数额。综合考虑各地经济发展状况以及违反消防法规行为的危害程度，分别规定了罚款处罚的具体数额。

修订后的《消防法》强化了有关行政处罚的规定，为加强消防监督管理工作提供更加有力的法律武器，对依法惩处危害消防安全的行为，维护公共安全，具有重要意义，这不仅符合依法治国的要求，也是完善消防法制的迫切需要。

15. 修订后的《消防法》法律责任增加的消防违法行为

修订后的《消防法》新增的消防违法行为主要有：①消防设计经公安机关消防机构依

法抽查不合格，不停止施工的；②建设工程投入使用后经公安机关消防机构依法抽查不合格，不停止使用的；③建设单位未依法将消防设计文件报公安机关消防机构备案，或者在竣工后未依法报公安机关消防机构备案的；④建设单位要求建筑设计单位或者建筑施工企业降低消防技术标准设计、施工的；⑤建筑设计单位不按照消防技术标准强制性要求进行消防设计的；⑥工程监理单位与建设单位或者施工企业串通，弄虚作假，降低消防施工质量的；⑦人员密集场所在门窗上设置影响逃生和灭火救援的障碍物的；⑧生产、储存、经营易燃易爆危险品的场所与居住场所设置在同一建筑物内，或者未与居住场所保持安全距离的；⑨生产、储存、经营其他物品的场所与居住场所设置在同一建筑物内，不符合消防技术标准的；⑩非法携带易燃易爆危险品进入公共场所或者乘坐公共交通工具的；⑪阻碍公安机关消防机构的工作人员依法执行职务的；⑫在火灾发生后阻拦报警，或者负有报告职责的人员不及时报警的；⑬擅自拆封或者使用被公安机关消防机构查封的场所、部位的；⑭人员密集场所使用不合格的消防产品或者国家明令淘汰的消防产品的；⑮消防产品质量认证、消防设施检测等消防技术服务机构出具虚假、失实文件的。

上述行为，有的是消防工作机制调整后带来的新情况，有的是社会经济发展新形势下出现的新问题，也有的是近年来重、特大火灾事故教训的突出反映，有的还比较突出，危害性较大，因此，修订后的《消防法》规定对这些行为应当给予相应的行政处罚。

16. 关于消防行政强制措施的规定

修订后的《消防法》在继承现行《消防法》中有关强制措施的基础上，根据消防执法工作实践，增加了临时查封措施。修订后的《消防法》关于消防行政强制措施的规定主要有：

（1）规定公安机关消防机构在消防监督检查中发现火灾隐患的，应当通知有关单位或者个人立即采取措施消除隐患；不及时消除隐患可能严重威胁公共安全的，公安机关消防机构应当依照规定对危险部位或者场所采取临时查封措施。

（2）规定对下列行为，经责令改正拒不改正的，强制执行，所需费用由违法行为人承担：①占用、堵塞、封闭疏散通道、安全出口或者有其他妨碍安全疏散行为的；②埋压、圈占、遮挡消火栓或者占用防火间距的；③占用、堵塞、封闭消防车通道或者有其他妨碍消防车通行行为的；④人员密集场所在门窗上设置影响逃生和灭火救援的障碍物的。

（3）规定对逾期不执行公安机关消防机构作出的停产停业、停止使用、停止施工决定的，由作出决定的公安机关消防机构强制执行

8.4.2 《建设工程消防监督管理规定》概述

2009 年 4 月 30 日，公安部制定公布《建设工程消防监督管理规定》（公安部令第 106 号），自 2009 年 5 月 1 日起施行。1996 年 10 月 16 日发布的《建筑工程消防监督审核管理规定》（公安部令第 309 号）同时废止。制定《建设工程消防监督管理规定》的目的是为了加强建设工程消防监督管理，落实建设工程消防设计、施工质量和安全责任，规范消防监督管理行为。

1. 建设工程消防监督管理的基本要求

1）《建设工程消防监督管理规定》的适用范围

《建设工程消防监督管理规定》适用于新建、扩建、改建（含室内装修、用途变更）等建设工程的消防监督管理，不适用住宅室内装修、村民自建住宅、救灾和其他临时性建筑的建设活动。这里注意改建的建设工程包括室内装修、用途变更，主要指商业用房、公

共用房等，新建、扩建、改建的住宅建设工程的公共消防应当适用《建设工程消防监督管理规定》。住宅室内装修、村民自建住宅、救灾和其他临时性建筑的建设活动不适用《建设工程消防监督管理规定》。

2）公安机关消防机构的职责

依据《建设工程消防监督管理规定》，公安机关消防机构依法实施建设工程消防设计审核、消防验收和备案、抽查。除省、自治区人民政府公安机关消防机构外，县级以上地方人民政府公安机关消防机构承担辖区建设工程的消防设计审核、消防验收和备案抽查工作，具体分工由省级公安机关消防机构确定。

跨行政区域的建设工程消防设计审核、消防验收和备案抽查工作，由其共同的上一级公安机关消防机构指定管辖。

2. 消防设计和施工的质量责任

1）建设单位的责任

依据《建设工程消防监督管理规定》，建设单位不得要求设计、施工、工程监理等有关单位和人员违反消防法规和国家工程建设消防技术标准，降低建设工程消防设计、施工质量。建设单位在消防设计、施工的质量方面承担以下责任：

（1）依法申请建设工程消防设计审核、消防验收，依法办理消防设计和竣工验收备案手续并接受抽查；建设工程内设置的公众聚集场所未经消防安全检查或者经检查不符合消防安全要求的，不得投入使用、营业。

（2）实行工程监理的建设工程，应当将消防施工质量一并委托监理。

（3）选用具有国家规定资质等级的消防设计、施工单位。

（4）选用合格的消防产品和满足防火性能要求的建筑构件、建筑材料及室内装修装饰材料。

（5）依法应当经消防设计审核、消防验收的建设工程，未经审核或者审核不合格的，不得组织施工；未经验收或者验收不合格的，不得交付使用。

2）设计单位的责任

依据《建设工程消防监督管理规定》，设计单位应当承担下列消防设计的质量责任：

（1）根据消防法规和国家工程建设消防技术标准进行消防设计，编制符合要求的消防设计文件，不得违反国家工程建设消防技术标准强制性要求进行设计。

（2）在设计中选用的消防产品和有防火性能要求的建筑构件、建筑材料、室内装修装饰材料，应当注明规格、性能等技术指标，其质量要求必须符合国家标准或者行业标准。

（3）参加建设单位组织的建设工程竣工验收，对建设工程消防设计实施情况签字确认。

3）施工单位的责任

依据《建设工程消防监督管理规定》，施工单位应当承担下列消防施工的质量和安全责任：

（1）按照国家工程建设消防技术标准和经消防设计审核合格或者备案的消防设计文件组织施工，不得擅自改变消防设计进行施工，降低消防施工质量。

（2）查验消防产品和有防火性能要求的建筑构件、建筑材料及室内装修装饰材料的质量，使用合格产品，保证消防施工质量。

(3) 建立施工现场消防安全责任制度，确定消防安全负责人。加强对施工人员的消防教育培训，落实动火、用电、易燃可燃材料等消防管理制度和操作规程。保证在建工程竣工验收前消防通道、消防水源、消防设施和器材、消防安全标志等完好有效。

4) 工程监理单位的责任

依据《建设工程消防监督管理规定》，工程监理单位应当承担下列消防施工的质量监理责任：

(1) 按照国家工程建设消防技术标准和经消防设计审核合格或者备案的消防设计文件实施工程监理。

(2) 在消防产品和有防火性能要求的建筑构件、建筑材料、室内装修装饰材料施工、安装前，核查产品质量证明文件，不得同意使用或者安装不合格的消防产品和防火性能不符合要求的建筑构件、建筑材料、室内装修装饰材料。

(3) 参加建设单位组织的建设工程竣工验收，对建设工程消防施工质量签字确认。

5) 服务机构和人员的责任

依据《建设工程消防监督管理规定》，为建设工程消防设计、竣工验收提供图样审查、安全评估、检测等消防技术服务的机构和人员，应当依法取得相应的资质、资格，按照法律、行政法规、国家标准、行业标准和执业标准提供消防技术服务，并对出具的审查、评估、检验、检测意见负责。

3. 消防设计审核和消防验收

依据《建设工程消防监督管理规定》，人员密集场所和特殊工程是列为公安消防机构进行消防设计审核和消防验收的范围。

1) 消防设计审核和消防验收的范围

第一，人员密集场所

依据《建设工程消防监督管理规定》，对具有下列情形之一的人员密集场所，建设单位应当向公安机关消防机构申请消防设计审核，并在建设工程竣工后向出具消防设计审核意见的公安机关消防机构申请消防验收：

(1) 建筑总面积大于2万平方米的体育场馆、会堂，公共展览馆、博物馆的展示厅。

(2) 建筑总面积大于1.5万平方米的民用机场航站楼、客运车站候车室、客运码头候船厅。

(3) 建筑总面积大于1万平方米的宾馆、饭店、商场、市场。

(4) 建筑总面积大于2500平方米的影剧院，公共图书馆的阅览室，营业性室内健身、休闲场馆，医院的门诊楼，大学的教学楼、图书馆、食堂，劳动密集型企业的生产加工车间，寺庙、教堂。

(5) 建筑总面积大于1000平方米的托儿所、幼儿园的儿童用房，儿童游乐厅等室内儿童活动场所，养老院、福利院，医院、疗养院的病房楼，中小学校的教学楼、图书馆、食堂，学校的集体宿舍，劳动密集型企业的员工集体宿舍。

(6) 建筑总面积大于500平方米的歌舞厅、录像厅、放映厅、卡拉OK厅、夜总会、游艺厅、桑拿浴室、网吧、酒吧，具有娱乐功能的餐馆、茶馆、咖啡厅。

第二，特殊建设工程

依据《建设工程消防监督管理规定》，对具有下列情形之一的特殊建设工程，建设单位应当向公安机关消防机构申请消防设计审核，并在建设工程竣工后向出具消防设计审核意见的公安机关消防机构申请消防验收：

（1）设有本规定所列的人员密集场所的建设工程。

（2）国家机关办公楼、电力调度楼、电信楼、邮政楼、防灾指挥调度楼、广播电视楼、档案楼。

（3）本条第1项、第2项规定以外的单体建筑面积大于四万平方米或者建筑高度超过50米的其他公共建筑。

（4）城市轨道交通、隧道工程，大型发电、变配电工程。

（5）生产、储存、装卸易燃易爆危险物品的工厂、仓库和专用车站、码头，易燃易爆气体和液体的充装站、供应站、调压站。

2）消防设计审核和消防验收提供的材料

第一，申请消防设计审核提供的材料

（1）建设工程消防设计审核申报表。

（2）建设单位的工商营业执照等合法身份证明文件。

（3）新建、扩建工程的建设工程规划许可证明文件。

（4）设计单位资质证明文件。

（5）消防设计文件。

第二，申请消防验收提供的材料

（1）建设工程消防验收申报表。

（2）程竣工验收报告。

（3）消防产品质量合格证明文件。

（4）有防火性能要求的建筑构件、建筑材料、室内装修装饰材料符合国家标准或者行业标准的证明文件、出厂合格证。

（5）消防设施、电气防火技术检测合格证明文件。

（6）施工、工程监理、检测单位的合法身份证明和资质等级证明文件。

（7）其他依法需要提供的材料。

3）消防设计审核的合格条件

《建设工程消防监督管理规定》第18条规定：公安机关消防机构应当依照消防法规和国家工程建设消防技术标准对申报的消防设计文件进行审核。对符合下列条件的，公安机关消防机构应当出具消防设计审核合格意见；对不符合条件的，应当出具消防设计审核不合格意见，并说明理由：

（1）设计单位具备相应的资质；

（2）消防设计文件的编制符合公安部规定的消防设计文件申报要求；

（3）建筑的总平面布局和平面布置、耐火等级、建筑构造、安全疏散、消防给水、消防电源及配电、消防设施等的消防设计符合国家工程建设消防技术标准；

（4）选用的消防产品和具有防火性能要求的建筑材料符合国家工程建设消防技术标准和有关管理规定。

4）消防设计审核合格意见、消防验收合格意见的撤销

依据《建设工程消防监督管理规定》，消防设计审核合格意见、消防验收合格意见具

有下列情形之一的，出具许可意见的公安机关消防机构或者其上级公安机关消防机构，根据利害关系人的请求或者依据职权，可以依法撤销许可意见：

（1）对不具备申请资格或者不符合法定条件的申请人作出的。

（2）建设单位以欺骗、贿赂等不正当手段取得的。

（3）公安机关消防机构超出法定职责和权限作出的。

（4）公安机关消防机构违反法定程序作出的。

（5）公安机关消防机构工作人员滥用职权、玩忽职守作出的。

依照上述规定撤销消防设计审核合格意见、消防验收合格意见，可能对公共利益造成重大损害的，不予撤销。

4. 公安机关消防机构的执法监督

依据《建设工程消防监督管理规定》，公安机关消防机构应当履行下列执法监督职责：

（1）公安机关消防机构办理建设工程消防设计审核、消防验收，实行主责承办、技术复核、审验分离和集体会审等制度。

公安机关消防机构实施消防设计审核、消防验收的主责承办人、技术复核人和行政审批人应当依照职责对消防执法质量负责。

（2）省级公安机关消防机构应当在互联网上设立消防设计和竣工验收备案受理系统，结合辖区内建设工程数量和消防设计、施工质量情况，统一确定消防设计与竣工验收备案预设程序和抽查比例，并对备案、抽查实施情况进行定期检查。对设有人员密集场所的建设工程的抽查比例不应低于50%。

公安机关消防机构和人员应当依照本规定对建设工程消防设计和竣工验收实施备案抽查，不得擅自确定抽查对象。

（3）办理消防设计审核、消防验收、备案抽查的公安机关消防机构工作人员，若为申请人、利害关系人近亲属，或者与申请人、利害关系人有其他利害关系者应当回避。

（4）公安机关消防机构接到公民、法人和其他组织有关建设工程违反消防法律法规和国家工程建设消防技术标准的举报，应当在3日内组织人员核查，核查处理情况应当及时告知举报人。

（5）公安机关消防机构实施建设工程消防监督管理时，不得对消防技术服务机构、消防产品设定法律法规规定以外的地区性准入条件。

（6）公安机关消防机构及其工作人员不得指定或者变相指定建设工程的消防设计、施工、工程监理单位和消防技术服务机构。不得指定消防产品和建筑材料的品牌、销售单位。不得参与或者干预建设工程消防设施施工、消防产品和建筑材料采购的招投标活动。

（7）公安机关消防机构实施消防设计审核、消防验收和备案、抽查，不得收取任何费用。

（8）公安机关消防机构实施建设工程消防监督管理的依据、范围、条件、程序、期限及其需要提交的全部材料的目录和申请书示范文本应当在互联网网站、受理场所、办公场所公示。消防设计审核、消防验收、备案抽查的结果，除涉及国家秘密、商业秘密和个人隐私的以外，应当予以公开，公众有权查阅。

5. 法律责任

1）违反备案的处理

（1）违反申报备案的处理

《建设工程消防监督管理规定》第29条规定："建设工程的消防设计、竣工验收未依法报公安机关消防机构备案的，公安机关消防机构应当依法处罚，责令建设单位在5日内备案，并纳入抽查范围；对逾期不备案的，公安机关消防机构应当在备案期限届满之日起5日内通知建设单位，责令其停止施工、使用。"

（2）违反备案抽查的处理

《建设工程消防监督管理规定》第27条规定："公安机关消防机构发现消防设计不合格的，应当在5日内书面通知建设单位改正；已经开始施工的，同时责令停止施工。建设单位收到通知后，应当停止施工，对消防设计组织修改后送公安机关消防机构复查。经复查，对消防设计符合国家工程建设消防技术标准强制性要求的，公安机关消防机构应当出具书面复查意见，告知建设单位恢复施工。"

《建设工程消防监督管理规定》第28条规定："公安机关消防机构实施竣工验收抽查时，发现有违反消防法规和国家工程建设消防技术标准强制性要求或者降低消防施工质量的，应当在5日内书面通知建设单位改正。建设单位收到通知后，应当停止使用，组织整改后向公安机关消防机构申请复查。经复查符合要求的，公安机关消防机构应当出具书面复查意见，告知建设单位恢复使用。"

2）公安机关消防机构工作人员违反规定的处理

依据《建设工程消防监督管理规定》第47条规定，公安机关消防机构的人员玩忽职守、滥用职权、徇私舞弊，构成犯罪的，依法追究刑事责任。有下列行为之一，尚未构成犯罪的，依照有关规定给予处分：

（1）对不符合法定条件的建设工程出具消防设计审核合格意见、消防验收合格意见的。

（2）对符合法定条件的建设工程消防设计、消防验收的申请，不予受理、审核、验收或者拖延时间办理的。

（3）指定或者变相指定设计单位、施工单位、工程监理单位的。

（4）指定或者变相指定消防产品品牌、销售单位或者技术服务机构、消防设施施工单位的。

（5）利用职务接受有关单位或者个人财物的。

8.5 档案法律制度

《中华人民共和国档案法》（以下简称《档案法》）于1987年9月5日第六届全国人民代表大会常务委员会第二十二次会议通过，1996年7月5日第八届全国人民代表大会常务委员会第二十次会议对其进行了修正。《档案法》的立法目的在于加强对档案的管理和收集、整理工作，有效地保护和利用档案，为社会主义现代化建设服务。

依据《档案法》，2001年3月5日，住房城乡建设部、国家质量监督总局联合发布了《建设工程文件归档整理规范》，该规范自2001年7月1日起实施，适用于建设工程文件的归档整理以及建设工程档案的验收。此外，2006 年 6 月 14 日，国家档案局、国家发展和改革委员会联合印发了《重大建设项目档案验收办法》，该办法对重大建设项目档案的验收组织、验收申请、验收要求作出了更具体的规定。

8.5.1 档案法概述

1.《档案法》关于档案定义

《档案法》所称的档案：即法定档案，是指过去和现在的国家机构、社会组织以及个人从事政治、军事、经济、科学、技术、文化、宗教等活动直接形成的对国家和社会有保存价值的各种文字、图表、声像等不同形式的历史记录。

2.《档案法》颁布情况

《档案法》1988 年 1 月 1 日开始施行，1996 年进行了修改。全文共 6 章 27 条，包括总则、档案机构及其职责、档案的管理、档案的利用和公布、法律责任和附则。

总则部分主要内容：

(1) 制定《档案法》的目的；

(2)《档案法》所管理档案的范围；

(3) 保护档案是全社会的义务；

(4) 档案事业的地位；

(5) 档案工作的原则。

分则部分主要内容：

(1) 规定了档案机构及其职责，对档案工作人员政治素质和业务素质提出了要求；

(2) 确定了档案管理的基本内容和制度；

(3) 确立了档案馆和博物馆、图书馆、纪念馆在档案管理与利用方面的互相协作关系；

(4) 确立了集体和个人所有档案的法律地位，规定其中对国家和社会具有保存价值的，或应当保密的档案的管理方式；

(5) 授权国家档案行政管理部门，制定国有企事业单位资产转让时转让有关档案的具体办法（第 17 条）；

(6) 规定了档案利用原则，确立了档案定期开放制度；

(7) 对社会各方面、档案机构及其工作人员在档案事务中的权利、义务和责任作了明确的规定，要求档案馆应当定期公布开放档案的目录（第 19 条）；

(8) 对各类违法行为的法律责任作了具体规定，赋予档案部门行政管理的行政处罚权（第 5 章）。

3. 档案法律管辖范围

档案法律管辖范围是指档案法律的影响力范围及法律所规定的档案行政管理部门的权限范围。档案法律的管辖适用于属人和属地相结合的原则。

4. 档案工作原则

统一领导、分级管理。全国档案事业由党和政府统一领导，地方档案工作由地方党委和政府分级管理，各级档案机构分层实施对档案实体的集中统一管理。维护档案完整与安全。档案完整包括收集和保管环节上的齐全完整；档案安全包括信息和载体两方面的安全。便于社会各方面的利用，是档案工作的根本目的。

5. 档案机构及其主要职责

县级以上各级人民政府的档案行政管理部门主管本行政区域内的档案事业，并对本行政区域内机关、团体、企事业单位和其他组织的档案工作实行监督和指导。乡、民族乡、镇人民政府指定人员负责保管本机关的档案，并对所属单位的档案工作实行监督和指导。机关、团体、企事业单位和其他组织的档案机构或者档案工作人员负责保管本单位的档案，并对所属机构的档案工作实行监督和指导。

6. 档案人员

档案工作人员应当忠于职守，遵守纪律，具备专业知识。这是档案人员应遵守的法律要求，同时也是档案人员应履行的道德义务。具备专业知识，指档案工作人员应参加并完成档案管理岗位知识培训和年度档案继续教育的学习。

7. 档案的管理

“对国家规定的应当立卷归档的材料，必须按照规定，定期向本单位档案机构或者档案人员移交”；“国家规定不得归档的材料，禁止擅自归档”。各立档单位执行各类档案管理制度，应按照国家规定向有关档案馆移交“对国家和社会有保存价值”的档案。

8. 档案法律责任

档案法律责任是指档案违法行为的当事人因违法行为而应当依法承担的责任。按其承担内容的不同，可以分为财产和非财产责任；按主体在主管上有无过错，可以分为过错和无过错责任；按其行政的不同可以分为行政、民事和刑事责任三种。

9.《档案法》规定的档案违法行为及处罚

（1）损毁、丢失属于国家所有的档案的；

（2）擅自提供、抄录、公布、销毁属于国家所有的档案的；

（3）涂改、伪造档案的；

（4）违反规定，擅自出卖或者转让档案的；

（5）倒卖档案牟利或者将档案卖给、赠送给外国人的；

（6）违反规定，不按规定归档或者不按期移交档案的；

（7）明知所保存的档案面临危险而不采取措施，造成档案损失的；

（8）档案工作人员玩忽职守，造成档案损失的。

在利用档案馆的档案中，有前款第一项、第二项、第三项违法行为的，由县级以上人民政府档案行政管理部门给予警告，可以并处罚款；造成损失的，责令赔偿损失。

企事业组织或者个人有第一款第四项、第五项违法行为的，由县级以上人民政府档案行政管理部门给予警告，可以并处罚款；有违法所得的，没收违法所得；并可以依照本法第 16 条的规定征购所出卖或者赠送的档案。

8.5.2 《建设工程文件归档整理规范》概述

1. 建设工程文件的概念及种类

建设工程文件是在工程建设过程中形成的各种形式的信息记录，包括工程准备阶段文件、监理文件、施工文件、竣工图和竣工验收文件，也可简称为工程文件。

1）工程准备阶段文件

工程准备阶段文件是指工程开工以前，在立项、审批、征地、勘察、设计、招投标等工程准备阶段形成的文件，包括：

(1) 立项文件;
(2) 建设用地、征地、拆迁文件;
(3) 勘察、测绘、设计文件;
(4) 招投标文件;
(5) 开工审批文件;
(6) 财务文件;
(7) 建设、施工、监理机构及负责人名单等。

2) 监理文件

监理文件，是指监理单位在工程设计、施工等监理过程中形成的文件。主要包括:

(1) 监理规划;
(2) 监理月报中的有关质量问题;
(3) 监理会议纪要中的有关质量问题;
(4) 进度控制文件;
(5) 质量控制文件;
(6) 造价控制文件;
(7) 分包资质文件;
(8) 监理通知;
(9) 合同与其他事项管理文件;
(10) 监理工作总结。

3) 施工文件

施工文件，指施工单位在工程施工过程中形成的文件。不同专业的工程对施工文件的要求不尽相同，一般包括:

(1) 施工技术准备文件;
(2) 施工现场准备文件;
(3) 地基处理记录;
(4) 工程图纸变更记录;
(5) 施工材料、预制构件质量证明文件及复试试验报告;
(6) 设备、产品质量检查、安装记录;
(7) 施工试验记录、隐蔽工程检查记录;
(8) 施工记录;
(9) 工程质量事故处理记录;
(10) 工程质量检验记录。

4) 竣工图和竣工验收文件

竣工图是指工程竣工验收后，真实反映建设工程项目施工结果的图样。竣工验收文件是指建设工程项目竣工验收活动中形成的文件。竣工验收文件主要包括:

(1) 工程竣工总结;
(2) 竣工验收记录;
(3) 财务文件;
(4) 声像、缩微、电子档案。

2. 建设工程文件归档整理

1）基本规定

（1）建设、勘察、设计、施工、监理等单位应将工程文件的形成和积累纳入工程建设管理的各个环节和有关人员的职责范围。

（2）在工程文件与档案的整理立卷、验收移交工作中，建设单位应履行下列职责：

①在工程招标及勘察、设计、施工、监理等单位签订协议、合同时，应对工程文件的套数、费用、质量、移交时间等提出明确要求；

②收集和整理工程准备阶段、竣工验收阶段形成的文件，并应进行立卷归档；

③负责组织、监督和检查勘察、设计、施工、监理等单位的工程文件的形成、积累和立卷归档工作；

④收集和汇总勘察、设计、施工、监理等单位立卷归档的工程档案；

⑤在组织工程竣工验收前，应提请当地的城建档案管理机构对工程档案进行预验收；未取得工程档案验收认可文件，不得组织工程竣工验收；

⑥对列入城建档案馆（室）接收范围的工程，工程竣工验收后 3 个月内，向当地城建档案馆（室）移交一套符合规定的工程档案。

（3）勘察、设计、施工、监理等单位应将本单位形成的工程文件立卷后向建设单位移交。

（4）建设工程项目实行总承包的，总包单位负责收集、汇总各分包单位形成的工程档案，并应及时向建设单位移交；各分包单位应将本单位形成的工程文件整理、立卷后及时移交总包单位。建设工程项目由几个单位承包的，各承包单位负责收集、整理立卷其承包项目的工程文件，并应及时向建设单位移交。

（5）城建档案管理机构应对工程文件的立卷归档工作进行监督、检查、指导。在工程竣工验收前，应对工程档案进行预验收，验收合格后，须出具工程档案认可文件。工程实行总承包的，总包单位负责收集、汇总各分包单位形成的档案，并应及时向建设单位移交；工程由几个单位承包的，各承包单位负责收集、整理立卷其承包项目的工程文件，并应及时移交给建设单位。

2）建设工程文件的归档管理

（1）建设工程文件的归档范围

对与工程建设有关的重要活动、记载工程建设主要过程和现状、具有保存价值的各种载体的文件，均应收集齐全，整理立卷后归档。建设工程文件的具体归档范围应符合本规范附录 A 的要求。

（2）归档文件的质量要求

①归档的工程文件应为原件。

②工程文件的内容及其深度必须符合国家有关工程勘察、设计、施工、监理等方面的技术规范、标准和规程。

③工程文件的内容必须真实、准确，与工程实际相符合。

④工程文件原则上要求电脑打印，如果手写应采用耐久性的书写材料，如碳素墨水、蓝黑墨水，不得使用易褪色的书写材料，如红墨水、纯蓝墨水、圆珠笔、复写纸、铅笔等。

⑤工程文件应字迹清楚，图样清晰，图表整洁，签字（手签）盖章手续完备。

⑥工程文件中文字材料幅面尺寸规格宜为 A4 幅面（297mm×210mm）。图纸宜采用国家标准图幅。

⑦工程文件的纸张应采用能够长期保存的韧力大、耐久性强的纸张。图纸一般采用蓝晒图，竣工图应是新蓝图。计算机出图必须清晰，不得使用计算机出图的复印件。

⑧所有竣工图均应加盖竣工图章。

⑨利用施工图改绘竣工图，必须标明变更修改依据；凡施工图结构、工艺、平面布置等有重大改变，或变更部分超过图面 1/3 的，应当重新绘制竣工图。

⑩不同幅面的工程图纸应按《技术制图复制图的折叠方法》（GB/10609.3-89）统一折叠成 A4 幅面（297mm×210mm），图标栏露在外面。

3）工程档案的验收与移交

（1）验收

① 列入城建档案管理部门档案接收范围的工程，建设单位在组织工程竣工验收前，应提请城建档案管理部门对工程档案进行预验收。建设单位未取得城建档案管理部门出具的认可文件，不得组织工程竣工验收。

② 城建档案管理部门在进行工程档案预验收时，应重点验收以下内容：工程档案分类齐全、系统完整；工程档案的内容真实、准确地反映工程建设活动和工程实际状况；工程档案已整理立卷，立卷符合现行《建设工程文件归档整理规范》的规定；竣工图绘制方法、图式及规格等符合专业技术要求，图面整洁，盖有竣工图章；文件的形成、来源符合实际，要求单位或个人签章的文件，其签章手续完备；文件材质、幅面、书写、绘图、用墨、托裱等符合要求。

工程档案由建设单位进行验收，属于向地方城建档案管理部门报送工程档案的工程项目还应会同地方城建档案管理部门共同验收。

③ 国家、省市重点工程项目或一些特大型、大型的工程项目的预验收和验收，必须有地方城建档案管理部门参加。

④ 为确保工程档案的质量，各编制单位、地方城建档案管理部门、建设行政管理部门等要对工程档案进行严格检查、验收。编制单位、制图人、审核人、技术负责人必须进行签字或盖章。对不符合技术要求的，一律退回编制单位进行改正、补齐，问题严重者可令其重做。不符合要求者，不能交工验收。

⑤ 凡报送的工程档案，如验收不合格将其退回建设单位，由建设单位责成责任者重新进行编制，待达到要求后重新报送。检查验收人员应对接收的档案负责。

⑥ 地方城建档案管理部门负责工程档案的最后验收。并对编制报送工程档案进行业务指导、督促和检查。

（2）移交

① 列入城建档案管理部门接收范围的工程，建设单位在工程竣工验收后 3 个月内向城建档案管理部门移交一套符合规定的工程档案。

② 停建、缓建工程的工程档案，暂由建设单位保管。

③ 对改建、扩建和维修工程，建设单位应当组织设计单位、监理单位、施工单位据实修改、补充和完善工程档案。对改变的部位，应当重新编写工程档案，并在工程竣工验

收后 3 个月内向城建档案管理部门移交。

④ 建设单位向城建档案管理部门移交工程档案时，应办理移交手续，填写移交目录，双方签字、盖章后交接。

⑤ 施工单位、监理单位等有关单位应在工程竣工验收前将工程档案按合同或协议规定的时间、套数移交给建设单位，办理移交手续。

8.5.3 重大建设项目档案验收

1. 适用范围

《重大建设项目档案验收办法》适用于各级政府投资主管部门组织或委托组织进行竣工验收的固定资产投资项目。所称的各级政府投资主管部门指各级政府发展改革部门和具有投资管理职能的经济（贸易）部门。

2. 验收组织

1）验收的组织与验收组的组成

（1）国家发展和改革委员会组织验收的项目，由国家档案局组织项目档案的验收；

（2）国家发展和改革委员会委托中央主管部门（含中央管理企业）、省级政府投资主管部门组织验收的项目，由中央主管部门档案机构、省级档案行政管理部门组织项目档案的验收，验收结果报国家档案局备案；

（3）省以下各级政府投资主管部门组织验收的项目，由同级档案行政管理部门组织项目档案的验收；

（4）国家档案局对中央主管档案机构、省级档案行政管理部门组织的项目档案验收进行监督、指导。项目主管部门、各级档案行政管理部门应加强项目档案验收前的指导和咨询，必要时可组织预检。

2）项目档案验收组的组成

（1）国家档案局组织的项目档案验收，验收组由国家档案局、中央主管部门、项目所在地省级档案行政管理部门等单位组成。

（2）中央主管部门档案机构组织的项目档案验收，验收组由中央主管部门档案机构及项目所在地省级档案行政管理部门等单位组成。

（3）省级及省以下各级档案行政管理部门组织的项目档案验收，由档案行政管理部门、项目主管部门等单位组成。

（4）凡在城市规划区范围内建设的项目，项目档案验收成员应包括项目所在地的城建档案接收单位。

（5）项目档案验收组人数为不少于 5 人的单数，组长由验收组织单位人员担任。必要时可邀请有关专业人员参加验收组。

3）验收申请

（1）申请项目档案验收应具备的条件。

① 项目主体工程和辅助设施已按照设计建成，能满足生产或使用的需要；

② 项目试运行指标考核合格或者达到设计能力；

③ 完成了项目建设全过程文件材料的收集、整理与归档工作；

④ 基本完成了项目档案的分类、组卷、编目等整理工作。

（2）项目建设单位应向项目档案验收组织单位报送档案验收申请报告，并填报《重大建设项目档案验收申请表》。

(3) 项目档案验收组织单位应在收到申请报告后的10个工作日内作出答复。

(4) 项目档案验收申请报告的主要内容。

①项目建设及项目档案管理概况；

②保证项目档案的完整、准确、系统所采取的控制措施；

③项目文件材料的形成、收集、整理与归档情况，竣工图的编制情况及质量状况；

④档案在项目建设、管理、试运行中的作用；

⑤存在的问题及解决措施。

(5) 验收要求

①项目档案验收会议

项目档案验收应在项目竣工验收3个月之前完成。项目档案验收以验收组织单位召集验收会议的形式进行。项目档案验收会议的主要议程包括：项目建设单位（法人）汇报项目建设概况、项目档案工作情况；监理单位汇报项目档案质量的审核情况；项目档案验收组检查项目档案及档案管理情况；项目档案验收组对项目档案质量进行综合评价；项目档案验收组形成并宣布项目档案验收意见。

② 项目档案质量的评价

检查项目档案，采用质询、现场查验、抽查案卷的方式。抽查档案数量应不少于100卷，抽查重点为项目前期管理性文件、隐蔽工程文件、竣工文件、质检文件、重要合同、协议等。

③ 项目档案验收意见

项目档案验收意见的主要内容包括：项目建设概况；项目档案管理情况，包括：项目档案工作的基础管理工作，项目文件材料的形成、收集、整理与归档情况，竣工图的编制情况及质量，档案的种类、数量，档案的完整性、准确性、系统性及安全性评价，档案验收的结论性意见；存在的问题、整改要求与建议。

④ 项目档案验收结果

档案验收结果分为合格与不合格。项目档案验收组半数以上成员同意通过验收的为合格。

项目档案验收合格的项目，由项目档案验收组出具项目档案验收意见。

项目档案验收不合格的项目，由项目档案验收组提出整改意见，要求建设单位于项目竣工验收前对存在的问题限期整改，并进行复查。复查后仍不合格的，不得进行竣工验收，并由档案验收组提请有关部门对建设单位进行通报批评。造成档案损失的，应依法追究有关单位及人员的责任。

【课后练习】

1. 单项选择题

(1) 根据《中华人民共和国标准化法》，对需要在全国范围内统一的技术要求，应当制定（　）。

A. 国家标准　B. 统一标准　C. 同一标准　D. 固定标准

(2) 根据《标准化法》，企业生产的产品没有国家标准和行业标准的，应当制定（　）

标准，作为组织生产的依据。

A. 地方 B. 企业 C. 部门 D. 综合

(3) 下列标准属于强制性标准的范围的是（ ）。

A. 保障人身、财产安全的标准

B. 行业标准

C. 实行安全认证所采用的标准

D. 企业制定的产品标准

(4) 环境保护设施验收，应当与主体工程竣工验收（ ）进行。

A. 分别 B. 同时 C. 交叉 D. 顺序

(5) 建设项目档案的原件由（ ）保管。

A. 建设单位 B. 施工单位 C. 城建档案馆 D. 监理单位

(6)《重大建设项目档案验收办法》适用于（ ）项目的档案验收。

A. 规模巨大、超过一定标准的建设项目 B. 中央部门投资的建设项目

C. 各级政府投资主管部门组织验收的项目 D. 列入重点工程的项目

(7) 建设单位组织竣工验收，应当对民用建筑是否符合民用建筑节能（ ）进行查验。

A. 设计文件 B. 强制性标准 C. 推荐信标准 D. 国家标准

(8) 按照合同约定由建设单位采购墙体材料、保温材料、门窗、采暖制冷系统和照明设备的，建设单位应当保证其符合（ ）要求。

A. 施工图设计文件 B. 国家标准 C. 企业标准 D. 施工单位

2. 问答题

(1) 环境保护基本制度有哪些?

(2) 大气污染防治措施有哪些?

(3) 哪些工程建设国家标准属于强制性标准?

(4) 消防设计审核和消防验收提供的材料有哪些?

(5) 处置危险废物主要有哪三种方式?

(6) 各级政府消防工作职责如何?

3. 案例分析题

光明造纸厂位于某河流中上游。1998 年 6 月，环境监测站对该造纸厂的污水进行监测，发现该厂对所排放的污水的净化处理不够，多种污染物质的含量严重超标。遂向该厂提出限期治理的要求，但光明纸厂不予理会，没有采取任何净化措施。1998 年 10 月，市环保局按照国家有关规定向其征收排污费，但该厂领导却以经济效益不好为由，拒绝缴纳。环保局在多次征收未果的情况下，向人民法院起诉，要求光明纸厂缴纳应缴排污费。

试分析此案。

主要参考文献

[1] 何伯洲，周显峰．建设工程合同．北京：知识产权出版社，2003.
[2] 郑润梅．建设法规概论．北京：中国建材工业出版社，2004.
[3] 国务院法制办农林资源环保法制司，建设部政策法规司，工程质量安全监督与行业发展司，建设工程安全生产管理条例释义．北京：知识产权出版社，2004.
[4] 黄安永．建设法规．南京：东南大学出版社，2005.
[5] 李辉．建设工程法规．上海：同济大学出版社，2006.
[6] 李志．建设工程法规．北京：中国电力出版社：2008.
[7] 齐甦．土木工程建设法规．北京：中国地质大学出版社：2011.